现代基础教育研究　第四十五卷
RESEARCH ON MODERN BASIC EDUCATION　Vol. 45. MARCH 2022

现代基础教育研究

2022年3月25日出版

第45卷，2022年3月

德育研究

深度学习探究

学科教学策略

艺术教育

执行编辑：王中男，孙　珏，张雪梅

Research on Modern Basic Education

Vol.45 March 2022

CONTENTS

(Main Articles)

《现代基础教育研究》
第45卷，2022年3月 (Research on Modern Basic Education) Vol.45, Mar. 2022

真实性学习视域下的“真实评价”探析

代建军[1],王素云[2]

(1. 江苏师范大学 教育科学学院,江苏 徐州 221116;2. 南京师范大学 教育科学学院,江苏 南京 210023)

摘 要:真实性学习让学生置身真实情境,在真实问题的牵引下进行探索求知,建构真实经验,达成认知的多维发展。真实性学习视域下的“真实评价”作为其实现链环的核心,旨在将评价融入真实情境,通过真实问题,全面评估个体的真实表现。“真实评价”要义为关联真实情境、聚焦真实问题、指向真实认知。文章通过深掘“真实评价”内核要素的关键特性,体悟“真实评价”发生过程的内在机理,发现“真实评价”的价值在于体现评价维度的多元性、彰显评价标准的层次性与凸显评价过程的复杂性;并基于此,以真实性学习的目标为导向,秉承评价应然的真实之意,提出“真实评价”的实践路径:评估真实情境、真实问题、真实认知。

关键词:真实性学习;真实情境;真实问题;真实认知;真实评价

“真实评价”通过真实情境中的真实任务来考察学生的真实表现①,力求扭转“唯分数、唯升学、唯文凭、唯论文、唯帽子”等评价导向,成为教育评价改革的必然选择。

一、何为“真实评价”:“真实评价”的要义

“真实评价”以真实性学习的目标为导向,以“真实评价”的基本特性“情境、问题与认知”为基,其要义为关联真实情境、聚焦真实问题、指向真实认知。

1. 关联真实情境

“真实评价”是针对真实性学习的真实情境中诸多客观要素与实体事物的。真实性学习追求情境与学生生活环境的贴合,以嵌入个体生活世界的客观事物为“真实”的首要表征,“真实评价”将真实情境中的客观事物与学生生活中的实物本体进行类比与分析,衡量情境中客观存在的真实性;它是面向真实性学习的真实情境中的多元群体及其相互关系的。真实情境嵌入了个体生活中的多元群体,成为其“真实”的又一重要表征,“真实评价”将情境中的真实或类真实群体与学生生活中的群体进行比较,对群体的行为方式、性格态度进行综合分析,评估情境中群体创设的适切性;它是针对真实性学习的真实情境再造与重塑的复杂过程的。“真实评价”将对再造或重塑后情境中的客观事物、多元群体再度剖析,比较前后情境中事物或群体的变化,衡量情境的动态性。真实性学习视域下的“真实评价”面向真实情境中的客观事物、多元群体及其变化关系,彰显了“真实评价”与

基金项目:本文系教育部人文社科项目“民间教学变革的知识生产研究”(项目编号:19YJA880003)、江苏省普通高校研究生科研创新计划项目“真实性学习的实现机制研究”(项目编号:KYCX20_2097)的部分成果。

作者简介:代建军,江苏师范大学教育科学学院教授,博士,主要从事课程与教学论研究;王素云,南京师范大学教育科学学院博士研究生,主要从事课程与教学论研究。

① 潘月娟:《儿童发展评价的新趋势——真实评价》,《学前教育研究》2003年第12期,第5-7页。

真实情境的关联性。

2. 聚焦真实问题

其一,"真实评价"针对真实问题的知识性。真实性学习下,真实问题来源于生活中多行业知识的迁移运用与合理创生过程。真实问题具有激活旧知、展示新知、应用新知及交融两者的丰盈价值[①],在个体置身情境解决真实问题的过程中,知识真正成为解决问题的一种有效工具。[②] 评价以真实问题为核心,对其能否真正激活个体旧知、展示个体新知、实现知识建构进行链环式评估,衡量问题的有效性。其二,"真实评价"面向真实问题的实践性。真实问题也具有实践性,问题使学生在工作领域中体验操作流程,学会迁移所学,发展实践能力。"真实评价"以问题为基,将对其是否能够激起学生动手实践、进行操作的积极性进行评估,评估问题的操作性。其三,"真实评价"针对真实问题的群体性。"真实评价"围绕真实问题,将考察真实群体与现实生活中本体的相似程度,即其能否还原群体的外在特点、内在性格与行为方式等,衡量真实性学习下真实问题的多元性。

3. 指向真实认知

"真实评价"是针对个体认知的不同维度与层次的。个体认知包括知觉、判断、信念、价值和态度等多个维度。[③] 首先,"真实评价"对探索真实情境、解决真实问题的个体原有的知识、思维水平进行衡量,通过情境中嵌入驱动性问题,评估个体意识域中已有的知识层次,确定个体原有的思维水平。其次,"真实评价"对解决问题后个体现有的知识、思维水平进行评估,通过将学生置于复杂情境之中,解决多层次问题,评估学生新知建构、思维深化的实际水平,并将其与学生原有知识、思维进行对比,对个体认知的发展进行判定。再次,"真实评价"面向个体感觉、情感的生发过程,将学生置于真实情境之中,让其与多元群体进行交流、互动,评价个体原有的处事风格、行为方式等,判断个体已有的情感水平。最后,"真实评价"将对个体探索问题后的情感状态加以判断,将学生个体置于复杂情境之中,与多行业群体进行深度交互,将个体前后的情感状态进行对比与分析,对个体认知发展进行衡量。总之,真实性学习视域下的"真实评价"针对个体多维度的成长,如知识、思维、情感等,通过对比个体知识、思维等的前后发展水平,明晰问题、情境对认知的促进作用,实现对个体认知的真实评价。

二、为何"真实评价":"真实评价"的价值意蕴

真实性学习视域下的"真实评价"强调学生发展的多元性,重视事物与群体发展变化的不同层次,关注事物或个体所处情境的复杂性,因此,"真实评价"的价值在于体现评价维度的多元性、彰显评价标准的层次性、凸显评价过程的复杂性。

1. 体现评价维度的多元性

真实性学习视域下的"真实评价"的首要价值是多元化评价维度。它针对学习中内蕴的"情境、问题、经验与认知"等多维目标,使评价维度走向多元。"真实评价"针对的每个对象(情境、问题、经验与认知)本身也是多向度的,这使评价指标也走向多元。

针对真实情境与真实问题中客观事物的多个维度,"真实评价"不仅面向实际生活中的客观事物,也针对真实情境中的类真实或虚拟的事物。它通过多感官方式对真实或类真实事物加以衡量。例如,借助视觉衡定事物的颜色明暗,通过听觉评价事物声音的强弱,凭借触觉评定事物的温度高低,通过感觉器官评定事物的细腻或粗糙等,使"真实评价"的对象能够指向复杂事物的多个方面。"真实评价"对象也面向真实性学习多元个体的多维成长。它针对不同个体或群体的知识建构、言语方式、表情状态、行为态度与处事风格等各方面进行评价,弥补了局限于评估个体单一知识维度的不足。面向多样态的真实或虚拟的客观对象、多行业个体或群体,真实性学习视域下的"真实评价"转向依据个体与群体多向度发展与变化而进行,使评价维度真正走向多元。

2. 彰显评价标准的层次性

"真实评价"通过对真实情境中诸多客观元素静态的多维属性、现实个体/群体外显的发展变化

① 秦瑾若,傅钢善:《STEM 教育:基于真实问题情景的跨学科式教育》,《中国电化教育》2017 年第 4 期,第 73 页。

② 杜威:《我们怎样思维·经验与教育》,姜文闵译,人民教育出版社 2005 年版,第 9 页。

③ 韩明安:《新语词大词典》,黑龙江人民出版社 1991 年版,第 392-393 页。

进行评估，借助对真实情境中客观事物动态变化的前后水平、个体/群体发展成长的不同状态的衡量，将评价标准从以往的固定单一转向随着情境中事物或群体的发展不断发展与变化，彰显评价标准的层次性。

“真实评价”的标准是根据重塑或再造后的动态情境而不断变化的，包括客观事物与真实群体两个维度。在真实性学习视域下，一方面，“真实评价”依据多样态情境的实时需求，不断调整自身原有的评价标准，评定情境变化前后的不同状态，如情境中客观事物是否从样态上实现了自身结构的变化（包括事物形状、颜色、体积、容积、动作、速度等），是否转变了自身本质的属性（如区别于其他事物“质的属性”，包括内在机理、内容构成等），客观事物是否以突破外在样态为方式促进自身本质属性的改变，它同时面向客观事物的外在属性与内在本质，让评价标准走向层次化。另一方面，“真实评价”也依据个体/群体动态成长的不同水平，不断改变自身的评价标准。根据个体探索情境的实际程度、解决问题的状态，“真实评价”相应地将评价标准上调或下移，评定真实群体的动态变化，如情境中真实群体是否在外在行为上发生改变（包括言语方式、行动方法、实践操作方式等），真实群体的内在关系是否发生改变，群体是否能以行为方式的改变促进群体关系的发展，它同时面向多元群体的外显行为与内在关系，实现了对真实群体的层次性评估。总之，真实性学习视域下的“真实评价”标准是随着情境中事物的外显或本质性变化、群体外在行为与内在关系的发展而不断调整与修正的，并非一条固化的标准线，而是一种不断变化的区间，凸显了评价标准的层次性。

3. 凸显评价过程的复杂性

“真实评价”是针对零散的客观事物、多元群体进行的动态交互过程，事物发展与群体成长本身存在复杂性，这体现了“真实评价”过程的复杂性。

一方面，面向生活世界中动态与静态的客观事物，使“真实评价”不仅需要在过程中对事物静态的固有状态、已有表征、存在位置进行记录，也需要对客观事物的复杂关系进行评估，如事物是否与其他元素存在直接关联（包括位置相邻、表征相似或地位对等），事物是否与其他元素产生隐喻性关系（包括自身位置作用于其他事物的位置变化、自身表征改变其他事物的外在样态、自身地位影响其他事物的所处地位等），事物能否以某种方式作用于其他元素的发展等。客观事物的复杂关系使“真实评价”过程呈现复杂性。另一方面，在评价的过程中，“真实评价”也指向个体/群体相互作用的复杂过程，如群体与个体是否存在直接关联（包括环境相邻、职业相同或生活相关等），体是否以外显行为与个体发生交互（包括言语交流、肢体接触或共同实践等），群体行为能否对个体发展产生影响（包括言语交流改变个体思维方式、肢体接触作用个体行动方式、共同实践影响个体情感生发等）。群体的交互本身是动态变化的，体现了“真实评价”过程的复杂性。总之，真实性学习下的“真实评价”是针对真实情境中的事物、群体关系进行的，评价过程不是将确定性的指标针对具体的评价对象，而是以动态化指标对复杂事物、群体关系都加以评估，评价过程本身具有复杂性。

三、如何“真实评价”：“真实评价”的实现路径

真实性学习视域下的“真实评价”以其内核要素“情境、问题、认知”为基，将评价嵌入学习发生、发展的全过程，面向个体成长、发展的多个维度，因此，评估真实情境、真实问题和真实认知成为“真实评价”有效实施的路径。

1. 评估真实情境：“真实评价”的首要前提

真实情境是嵌入具象事物的物性空间。真实性学习视域下的真实情境追求对个体生活环境的生态性重塑与再造，力求从视觉维度还原客观事物的外在样态与表征结构，以多元色彩、丰富形态为个体提供鲜活的视觉体验，引发个体利用多感官探索的积极性，使个体对事物形成更为深刻、形象的认识，建构起自身关于实物的丰盈图式。真实情境中鲜活的视觉体验具有审美价值，个体在鉴赏多元事物的鲜活色彩与独特结构，以及不断丰盈自身认识的过程中，也在不断发现事物的结构美、欣赏事物的色彩美，逐渐建构起自身的审美理念与体系，这使物性空间不仅是客观事物的简单堆砌，而且是具有审美价值与意义的真实情境。

评估真实情境可如下操作：第一，让个体观察

情境中多元事物的外在表征,包括事物的颜色、形状、形态和构造等,将事物与生活情境中实物的图式进行对比,判定基于物体原型而建构的情境是否给个体留下真切感受和深刻印象。第二,让个体将情境中的事物与自身已有认知图式中的影像加以类比,比较两者的颜色变化、亮度差异等;将情境中事物的艺术形式进行抽象对比与迁移审视,评定情境对物体原型进行概括、转换、变形和艺术化还原的程度。以小学英语五年级上册"Goldilocks and the Three Bears"为例,教师预先了解课本教材中可能涉及的真实人物、动物、植物等客观事物,如森林(forest)、熊(bears)、房子(house)等,并相应地为学生创设真实的学习情境,让学生置身在森林场景中进行学习;接着,学生观看Three Bears(三只熊)的短视频,对短片中的森林、熊、房子等产生视觉上体验;借助间断性视频、5D感知技术等,学生从听觉、触觉、感觉等方面对情境之中的事物有了更真实体验与察觉,能够对情境中的事物进行颜色、形状与构造多维度的比较。

真实情境是情景交融的人际场域。真实性学习视域下的真实情境不仅是个体形成认知图式的单一的环境空间,同时也是统一"情感、情趣、情调"与"意境、境界、场域"的复杂情境,该情境浸润着群体间的情感、情调与情趣。真实情境中,嵌入了生活环境中的多元群体,包括多行业的实践专家与理论研究者,个体在探索情境过程中,不仅主动、积极地与学术研究者进行言语交流、行为互动,也与实践性专家共同体验工作流程,从而在身体与言语多维度交互中感知不同群体的情绪与情感,生发真实体验。而体验是经由个体身体活动与直接经验而产生的感情和意识①,它使情境由外部环境进入个体的生命领域。个体情感和个性,群体互动和交流,充盈于情境现场,使情境的作用不仅指向认知事物、辨别空间的理性范畴,而且拓展至发展个体真实体验、促进群体交往等情感领域。

评估真实性学习视域下的真实情境可如下操作:在学生主动参与情境的过程中,观察其是否主动、积极与多元群体进行言语沟通与行为互动,并且愿意多次与群体进行长时间交流、互动;记录学生是否在与群体进行言语分析问题的过程中,发生了情绪态度、语速节奏等情感变化;衡量情境对激发个体积极情感与情绪、调动个体交往动机的作用。

2. 评估真实问题:"真实评价"的重要依托

首先,真实问题是一种大概念,这里的"大"不应简单理解为问题所涉及的主题、内容与范畴的"庞大",更重要的是它能"使得离散的事实和技能相联系,并具有一定的意义"。②真实性学习视域下的真实问题旨在以自身的统摄与关联作用,调动、抽离学生自身意识域中已有的知识和技能,将其与解决问题联系起来,整合、归纳个体头脑中不同学科、多个领域的零散的经验与方法,进而将其统整为具有迁移价值的知识体系。真实问题呈现的"大概念"结构类似于奥苏贝尔说的知识迁移所需要的学科"结构","即一些对该学科内容具有更强包容性、概括性与解释力的统一概念或者命题"。③

其次,真实问题本身是一种"主问题",是在学习过程中起到"牵一发而动全身"作用的重要问题。真实性学习视域下,真实问题作为个体探索情境、学习的重要支架,是具有相似主题与表达方式的系类问题。它将探索情境、解决问题的过程统一成层层深入、环环相扣的连续整体。个体在探索真实问题的复杂过程中,将不断地在一个疑难中发现另一个相似的疑难,由一个问题的探索引发另一个问题的出现。通过对真实问题的评估,能够评估学生在解决真实问题的过程中,能否对问题所涉的不同知识概念、操作方法进行分类汇总,并指出自身整合知识分类的核心依据,以及在探索问题的后续阶段,学生能否主动将不同问题中的知识与方法进行联系,整理出相似问题之间较为通用的解决方法,并能主动将真实问题与社会中重大或核心的政治、经济、社会问题进行联系,提出新的问题与疑难。以初中语文八年级下册第十九课《春酒》为例④,教师创设了五个"主问

① 于兰:《英语情境教学:原理、特征与策略》,《教育科学》2011年第6期,第36-39页。

② 威金斯,麦克泰格:《追求理解的教学设计》,闫寒冰等译,华东师范大学出版社2017年版,第6页。

③ 宗德柱:《大概念教学的意义、困境与实现路径》,《当代教育科学》2019年第5期,第25页。

④ 严建彪:《关乎宏旨 应然而生——也谈〈春酒〉教学中的"主问题"设计》,《中学语文学》2009年第11期,第34页。

题”，依次是：课文里哪句话概括了母亲为人处世的准则？母亲培养出了什么样的女儿？琦君家园里还有其他亲人吗？可否把标题“春酒”改成“家园”？去哪里找真正的家醅呢？审视这五个问题，会发现其关照了学生的日常生活，母亲角色与学生家庭相关，而母亲的处世法则促进学生反思日常生活中合理的处理事情的方法、与人交互的方式。通过评估教师创设问题的现实性、应用性，达成了对“主问题”真实的评价。

再次，真实问题呈现一种“类结构”。真实性学习视域下的真实问题是基于个体探索情境、发展认知需要而建构的，问题本身相互关联，以引导个体形成有差异又能相通的思维结构，同时也在选题材料、表达方式上相互联系，以促使问题情境的合理创设、重塑与再造。真实性学习视域下，真实问题的来源维度指向学生客观的现实生活、个体所处的复杂关系、动态发展的实际场域，是客观存在的性质类问题、复杂关系的实践类问题、事物发展的探究类问题的有机统一。从形式上看，该真实问题是一环套一环，一问接一问；“从内容上看，它是问问相连，环环紧扣；从目标上看，它是步步深入，由此及彼”。[①] 它的每一问都使学生的思维产生一次飞跃，并把学生的疑问和学习目标紧紧地连在一起，牵引学习的推进，引导学生的发展。该真实问题本身也呈现了一种链状递进结构，对其评价可借助以下方法：将诸多真实问题进行分类规整，判定其主题是否相同或相似，指向某种共同的学习目标；在提出真实问题时，判定表达问题的言语方式是否相同或类似，问题与问题之间是否有相似的文体特点，能否让学生直接理解；在设计真实问题时，判定是否存在主次之分，并且问题本身是否由主要问题向次要问题不断过渡；在进一步优化真实问题时，判定主次问题的难度是否呈现由浅入深、不断递进的状态。

以小学五年级上册《白鹭》为例，其是围绕人文主题“一花一鸟总关情”[②] 选编的。根据《白鹭》的课时目标——依散文文体特点，欣赏作者的构思和表达方式；品悟流露心扉语句，体认作者独特情思——预设主问题，分别是：(1)默读课文，假如你是摄影师，你会把镜头对准哪些画面？请结合文本说明理由。(2)研读课文，给你所拍摄的画面起个名字，并用语言描述画面。(3)有人认为，作家在第2—5段已写出白鹭之美，对白鹭的赞美也已表达到位，第6—8段显得多余。你赞同吗？并说明理由。(4)回忆生活中看到的白鹭，仿照课文的写法写话。这四个主问题，指向共同的学习目标；这四个难度递升的问题，由浅入深，不断调动学生思维，通过评估问题的层级性与主题指向性，达到对问题真实的评价。

3. 评估真实认知：“真实评价”的价值旨归

其一，真实认知以个体“科学知识”为基。个体的认知过程是一个由知识获得走向编码，再走向贮存、提取和使用的系列、连续的过程[③]，知识的“科学性”彰显在个体能够较为合理地建构、运用与综合多种知识的过程中。真实性学习视域下，个体主动置身情境，以自身行动探索真实问题，生发经验，建构新知，但由行动而成的新知并不意味着个体知识量的增加，而是指向知识质的变化与提高。知识超越原有概念信息与经验进行再造或重建，具有迁移应用价值。借鉴布卢姆的认知目标分类，可将真实性学习情境下个体知识的发展过程，按照程度由低到高分为“知道、领会、应用、分析、综合、评价”六个维度，然后结合一般性的知识分类，即基础性知识(具有普适性、通用性的知识)与学科性知识(具有强针对性、专业性的知识)的分类，评价个体内隐的认知性，让个体置身真实情境，观察个体在探索真实问题时，能否利用自身已有知识与经验，排除问题情境中所涉及的知识与方法障碍，把握知识的本质与价值；概括出其来源背景、目的与意义，提出问题解决的思路；提出超越问题情境之外的新思路和新方法，赋予旧知识以新的联系。

其二，真实认知在个体“逻辑思维”的形成过程中发展。个体思维是促使科学知识由习得走向理解，再转向运用的重要媒介，对个体认知的发展具有重要作用。根据朱绍禹的思维层次说，个体的逻辑思维具有阶梯型层级，包含认知性思维、理

① 王后雄：《“问题链”的类型及教学功能——以化学教学为例》，《教育科学研究》2010年第5期，第50页。

② 吴晓玲：《小学语文深度学习视域下的主问题教学》，《教学与管理》2020年第7期，第65-66页。

③ 箱田裕司：《高等学校心理学专业课教材：认知心理学》，华东师范大学出版社2013年版，第6页。

解性思维、评价性思维和创造性思维。[①] 在个体认知的发展过程中,逻辑思维表现为个体能够合理地调动新旧知识与方法,灵活解决不同的真实问题。凭借理性直觉与理解能力,可将个体自身行为与可能的结果进行前后连接,在"真实评价"中评估以下内容:能否在学习环境中的客观事物、群体与生活情境间建立新的联系,对其不同与差异提出疑问;能否对不同事物的性质与结构、多元群体的个性与特征进行比较、分析、综合,提出自己新颖的见解;能否整合事物、群体的动态变化与发展,并结合自身所处的时代特点,对其提出新看法。

其三,真实认知的发展需要个体"道德情感"的调控。"道德情感,是指个人按照一定的道德观念去评定行为、人品的善恶,或由于道德需要是否得到满足所引起的一种情绪体验。"[②] 个体道德情感的发展,使认知具有规则、意识等理性范畴,且包含人格、生命等领域。它使学习不仅是知识增长、规范建立的过程,同时也是个体身心和人格健全与发展的过程。真实性学习视域下,学生会主动参与情境,进行人际互动,观察群体行事方法或做事态度,并将其与自身的行事方法、道德理念进行比较。当群体的行事方法与自身的道德理念相违背时,个体可能生发对群体的厌恶与反感情绪,反之,则可能形成喜爱的真实感情,并对问题情境中涉及的是非、善恶、美丑生发"爱憎喜厌"情感。这样,个体在实践过程中形成了"道德情感"。在"真实评价"中,需观察个体在面对具体情境问题展开实践行动时出现的不同的情绪与情感状态,关注个体对不同群体行为的真实反应,及时记录个体在与群体共同探索中情绪与情感的变化与改变;以及在个体置身真实情境时,当自身的道德理念与群体的处事方式、道德行为处在矛盾与冲突之中,个体能否正确判断,并纠正其错误的道德行为,做出符合正确道德理念的选择。

总之,真实性学习视域下的"真实评价"力求融于实际生活或高度类似生活环境的真实情境中,以真实问题的方式谋求对个体真实表现的全面评估。它有力地革新了传统评价的单维度与静态性,使"真实评价"本身融合了对变化情境的考量、对个体多维度认知发展的关照,进而使评价真正走向多元化、层次化与复杂化。

Analysis of "Authentic Assessment" of Authentic Learning

DAI Jianjun[1], WANG Suyun[2]

(1. School of Educational Science, Jiangsu Normal University, Xuzhou Jiangsu, 221116;

2. School of Educational Science, Nanjing Normal University, Nanjing Jiangsu, 210023)

Abstract: Authentic learning puts students in real situations, explores and seeks knowledge under the guidance of real problems, constructs real experience and achieves multidimensional development of cognition. As the core of its realization chain, the "authentic assessment" under authentic learning aims to integrate evaluation into authentic situations and through authentic questions, it can comprehensively evaluate the real performance of the individual. Its core essence points to the combination of authentic situations, focuses on authentic questions, and points to authentic cognition. By digging deep into the key characteristics of the core elements of "authentic assessment" and understanding the internal mechanism of its process, this paper has found that its value lies in highlighting the diversification of evaluation dimensions, the level of evaluation standards and the complexity of the evaluation process. Based on this, guided by the goal of authentic learning and adhering to the true meaning of evaluation, this paper has proposed a practical path of "authentic assessment": evaluating authentic situations, authentic problems and authentic cognition.

Key words: authentic learning, authentic situations, authentic problems, authentic cognition, authentic assessment

① 陈玉秋:《思维学与语文教育》,广西师范大学出版社 2007 年版,第 119-123 页。

② 中国大百科全书出版社编辑部:《中国大百科全书(教育)》,中国大百科全书出版社 1985 年版,第 48 页。

教育标准化:“以学生为中心”理念实践的困境与超越

朱兴国[1],郭本禹[2]

(1. 南通大学 教育科学学院,江苏 南通 226019;2. 南京师范大学 心理学院,江苏 南京 210097)

摘　要: 教育需要标准化,教育标准化已成为引导教育改革的国家战略,其利益的主体是社会发展。“以学生为中心”理念对当前教育改革具有重要的指导意义,其核心是促进学生发展。教育标准化与“以学生为中心”理念的平衡是社会发展与人的发展一致性的体现,忽视两者的本质联系,将会使“以学生为中心”理念的实践陷入困境。寻求教育标准化与“以学生为中心”理念的合理平衡、构建“以学生为中心”的教学环境、在社会化进程中促进学生的自主发展,将为超越“以学生为中心”理念的实践困境提供应然路向。

关键词: 教育标准化;以学生为中心;困境;超越

自心理学家罗杰斯20世纪50年代首次提出“以学生为中心”以来,这一理念逐渐引起世人的关注,并产生了极为广泛的影响。① 人们普遍认为,21世纪将是“以教师为中心”的学习模式向“以学生为中心”的学习模式转变的时代。② 与此同时,自20世纪80年代美国国家教师委员会率先设置数学学业标准以来,一场教育标准化运动也开始了。③ 教育标准化是标准化战略的重要组成部分,已成为世界各国教育改革的共同趋势。“以学生为中心”的教育理念旨在促进学生的发展,特别强调学生个性的张扬与潜能的开发;而教育标准化的主要目标是通过发布和实施统一的规范,以获得最佳的教育秩序与效益。若只看到两者的矛盾与对立,而忽视其本质一致,则极易造成教育标准化背景下“以学生为中心”理念实践的困境。而认识并超越这些困境,将为“以学生为中心”理念的实践开拓新的视野。

一、教育标准化及其教育本质的体现

我国已通过立法明确提出教育标准化战略,这为教育标准化提供了法律依据,同时也为教育改革指

基金项目:本文系教育部人文社科规划基金项目“内地高校少数民族大学生中华民族共同体意识培育研究”(项目编号:20YJA710049)的阶段性研究成果。

作者简介:朱兴国,南通大学教育科学学院副教授,博士,主要从事发展与教育心理学研究;郭本禹,南京师范大学心理学院教授,博士生导师,博士,主要从事理论心理学与德育研究。

① 叶浩生:《心理学史》,华东师范大学出版社2009年版,第356页。

② 多丽丝·奈斯比特,约翰·奈斯比特:《掌控大趋势:如何正确认识、掌握这个变化的世界》,西江月译,中信出版集团2018年版,第192页。

③ Commission on Standard F of National Council of Teachers of Mathematics, *Curriculum & Evaluation Standards for School Mathematics*, Reston, VA: National Council of Teachers of Mathematics, 1989, p. 12.

明了方向。教育标准化在体现教育本质的同时,应适应学生发展的需要,实现教育目标①,否则会使"以学生为中心"理念的实践举步维艰。

1. 教育标准化的内涵

标准是衡量事物的准则,并可作为同类事物进行比较的依据;标准化是制定、公开和实施标准的过程。标准和标准化是人类文明的重要产物,对文化教育的发展有直接的影响。教育标准化是衡量教育工作质量、发展水平与竞争力的尺度,具体表现为一系列的标准,对教育事业的发展具有规范、引领与保障作用。与教育现代化的需求相比,教育标准化的建设显得尤为迫切。现存的主要问题表现为标准意识不强、体系未完善、机制不规范、质量要求未能与时俱进、实施与检查力度不够等。学校是教育的主阵地,教育标准化应成为引领学校发展的重要思想。由于标准化意识不强,长期以来人们对学校标准化建设的认识仅停留在硬件设施上,而对教育标准化的内涵缺乏科学的认识。1997年,联合国教科文组织公布的《国际教育标准分类法》(ISCED)基于学校教育各阶段的内部要素对教育进行了标准界定。可见,教育标准化具体到学校教育的层面,不仅应关注硬件建设,更应注重学科专业、学科教学、教学内容、教学方法、教学评价等软件的建设。前者是指教育资源的配置,通过标准化建设可以使每个学校的办学条件达到相对的一致,即教育均衡化;后者是指学校在人才培养的质量上要求达到一定的标准。教育标准化不同于工业标准化,其各个要素的标准化最终是通过师生的共同行为来为学生的发展服务。标准化学校教育是学生个体发展的最大推动力,也是民族进步的基础动力。②

2. 教育标准化的作用

教育标准化是社会发展的必然趋势,是国家标准化战略的重要组成部分,其作用主要体现为三个方面:首先,标准化有利于对学校教育质量的评估。为了衡量不同地区、学校对学生的培养质量,应采用一定的指标或标准,具体表现为学业测试的内容与方式更趋向于标准化,通过提高测试的信度与效度,使测试成绩能更好地对学生的学习情况进行表征。它不仅有利于培育与选拔社会发展所需的高尖端人才,还有利于整体教育质量的提升。其次,标准化可提升教学及学习效率。教学过程的标准化是以教学程序标准化为基础的,对于大部分教师尤其是新手教师来说,按照既定的程序和步骤进行教学,可以助其在较短的时间内掌握教学技能,并能按部就班地完成教学任务;而对学生来说,在规定的时间内完成既定的学习内容、通过标准化测试与评价,可提高其学习效率。再次,标准化有利于促进学生由"自然人"向"社会人"转变。随着时代发展,社会分工的精细化要求培养的人才更具有专业性,学校教育在促进个体成长的同时,还应帮助学生掌握社会规范,并达到特定的人才培养要求。教育标准化是社会规范、准则在学校教育领域的具体体现,标准化的实施使学生的发展有了更明确的目标,促进了其向"社会人"转变。

3. 教育标准化的教育本质体现

教育作为一种社会现象,是社会通过对人们的思想引领、知识灌输与行为指导,使人们具备适应世界与改造世界的能力。广义上的教育是指有目的、有计划地影响人的身心发展的社会实践活动,狭义上的教育专指学校教育。教育离不开一定的社会背景,并具有一定的阶级特性,其本质体现在作为一种社会活动与其他社会活动区别的根本特征即"培养什么人"上。这个"首要问题"的正确回答是教育本质的最集中、最鲜明的体现。③基于教育的本质问题,我们可以对教育标准化有更为深刻的认识。首先,教育的标准化必须坚持人民的立场,以马克思主义基本原理为指导。教育标准化对促进教育发展、提升教育质量、保障教育公平和创新教育管理有极其重要的作用,而这些作用的发挥都离不开对正确教育本质的坚持。无论是标准化的实施还是培养目标的确立,都要遵循教育自身发展的规律。其次,要以人的全面发展为出发点,注重培养学生的综合素养与创新能力。学校教育是社会行为的一部分,是实施教育功

① 苏光鸿:《教育标准化"三问"》,《人民论坛》2019年第6期,第64-65页。

② 龙承建,周鸿:《论教育标准化与义务教育均衡发展》,《河北师范大学学报(教育科学版)》2009年第1期,第168-173页。

③ 田心铭:《深刻认识教育的本质和我国教育的培养目标》,《学习时报》2019年2月18日,第1版。

能的主要途径。学校教育主要以学科教学为主，不同的学科有不同的内在结构与知识表征，各学科课程的教学均有显著的特点，它们在促进学生发展上发挥着不同的作用，因此，在制定学科标准时侧重点是不同的。如果一味地强调课程教学的标准化，忽视学科的丰富性、差异性，就会影响学生的全面发展，导致人才培育质量的单一化。再次，教育标准化是社会发展的必然要求。在我国改革开放与经济变革的背景下，教育标准化与其他行业的标准化一样，其利益的主体是社会发展，它是整个社会经济与政治变革的必然结果。

从历史发展的总趋势来看，社会发展与人的发展在根本上是一致的[①]，这就决定了以社会发展为利益主体的教育标准化与以学生发展为核心的"以学生为中心"理念在本质上具有一致性。每个人的全面发展离不开社会发展的支撑，教育标准化的目标是促进整个社会的发展。

二、"以学生为中心"理念的实践困境

"以学生为中心"理念是针对"以教师为中心"的教育理念提出来的，其目的是以学生的学习与发展为中心，实现以"教"为中心向以"学"为中心转变。在经济全球化与教育现代化的背景下，这一理念得到了越来越多人的认可。但是，由于各种因素的影响，加上对"以学生为中心"理念与教育标准化的片面理解，人们在实践过程中也出现了理念与实践的困境。

1. 将"以学生为中心"与"以教师为中心"完全对立

自夸美纽斯提出班级授课制后，"以教师为中心"的理念开始萌芽。19 世纪，赫尔巴特确立了"以教师为中心"作为核心的"三中心（课堂、教师、教材）"理念。20 世纪初，欧美出现了一股进步主义教育思潮，对"三中心"理念进行了猛烈的抨击，其中杜威等人提出了"以儿童为中心"的教育思想，后经罗杰斯等人的发展，逐步形成了"以学生为中心"的理念。1958 年，美国颁布《国防教育法》，要求提高自然科学科目标准，某种意义上使"以教师为中心"的理念得以回归。60 年代，随着工业化的发展与学生人数持续增加，在呼唤教育公平、反对种族歧视的背景下，"以学生为中心"的理念再次得到人们的关注。70 年代末至 80 年代初，由于经济萧条，又出现了"以教师为中心"理念的反复。直到 21 世纪初，由于经济全球化和教育国际化的发展，"以学生为中心"理念在以欧美为代表的一些发达国家又再度兴起。从上述"以教师为中心"到"以学生为中心"的反复变迁可见，两种"中心"理念争议的背后始终离不开政治、经济等因素的影响，本质上是社会本位与个人本位思想之争在教育中的体现。

尽管两者本质上是一致的，但现实生活中人们总是将两个"中心"理念截然对立，从而给教育实践造成诸多困惑。一方面，"以教师为中心"者认为，"以学生为中心"理念下的学生是唯一的主体，其知识的获得主要来源于自己对生活的实践和体验[②]，这对直接经验的获得是有利的，而人类的知识多以间接经验为主，仅凭有限的课堂教学时间让学生自主探究，是很难达到既定教学目的的。这不仅会影响教学效率，更会影响学生的发展。另一方面，"以学生为中心"者认为，作为学习主体的学生应能对知识主动探索、主动发现，并对所学知识意义主动建构。[③] 教师不应是知识的权威，而应为学生发展提供支架；师生之间也不应是传统的授受关系，而应该是学习合作的伙伴。两种理念的对立给政策制定、学校管理、教师教学、学生学习带来各种困惑，也严重制约了学生的发展。

2. 将"以学生为中心"理念的实践囿于教学方法层面

"以学生为中心"的教育思想古已有之，大凡成功的教育理论与实践中无不蕴含着这一思想。我国孔子的"三人行，必有我师""古之学者为己，今之学者为人"，古希腊苏格拉底的对话式教学与产婆术，古罗马昆体良的修辞教学等都体现了这一思想。近代，"以学生为中心"作为一种教育理念，源于杜威的

① 陈新夏：《唯物史观与人的发展理论》，江苏人民出版社 2013 年版，第 111 页。

② 陈新中，李忠云，胡瑞：《"以学生为中心"的本科教育实践误区及引导原则》，《中国高教研究》2012 年第 11 期，第 57-63 页。

③ 刘献君：《论"以学生为中心"》，《高等教育研究》2012 年第 8 期，第 1-6 页。

"儿童中心论",旨在尊重人的自由的天性、促进儿童心灵的成长与遵循儿童发展的规律。但几十年来,一直推进的"以学生为中心"理念的实践进展艰难而缓慢,以致依然局限于教学方法层面。[①]受传统观念影响,很多人将"以学生为中心"理念片面地理解为教学场域内教学方法的改革,主要表现为:一是教学模式之争,即不同的学科究竟要用什么样的模式才能做到以学生为中心,例如,20世纪初期设计教学法、道尔顿制曾兴起一时,但很快就淡出人们的视野;随着教育产业化的推进,在欧美又出现用不同的教学方法下学生成绩的变化来衡量学校教育是否实施"以学生为中心"教学的案例。二是学习范式之争。20世纪50年代美国进行了一场以布鲁纳为代表的教学改革,提出了发现式学习理论,旨在提高学生的主动性与激发学习的内在动机,奥苏贝尔针对发现式学习,提出了认知—接受式学习,但其偏重知识掌握、忽视能力培养的弊端遭人诟病。后来,又出现了建构主义学习,也存在过分重视学习过程的个别性而忽视其本质上的共同性的不足。由此可见,教育者将"以学生为中心"理念局限于教学方法的范畴,认为这一理念就是教学双方的双边活动,而忽视了"以学生为中心"还应包括教育体制改革、教育文化建设、教育条件改善以及教育模式创新等内容。

3. 将"以学生为中心"的利益主体局限于个人

教育目标是指人才培养需要达到的一定的标准,也指培养人的方向和规格。教育标准化是实现教育现代化的必然要求,在体现教育特点的同时,要能适应学生发展的需要,最终实现教育目标。标准化作为一种客观存在,其价值任何人都不能否定。进入21世纪,教育标准化运动已成为全球化趋势。标准化是教育评价的一种重要手段,对学生来说,其学业成绩可以通过一定的指标与标准来衡量;对于学校和教师来说,其教学质量的衡量也需要一定的标准与指标,这样更有利于整体教育质量的达标与提升。另外,教育标准化促进了学生社会化,它不仅规范了社会对各类人才的培养标准,而且还规范了身心尚未成熟的学生个体学习和习得技能的要求,以促使个体发展与社会同步。总之,教育标准化与其他行业的标准化一样,都具有社会本位的特性。但是,针对教育的社会本位论,有人认为,在社会本位的教育理念之下,人才的培养具有统一的标准,学生的个性发展受到压制。他们将"以学生为中心"定义为个人本位论[②],主要体现在自然主义与人文主义的教育思想之中。他们认为教育应根据个体发展的需要确定教育目标,并依据个体的特点进行教学。个人本位论最早的提倡者是古希腊的智者派,坚持反对一切社会权威与束缚,强调尊重个人发展的自由,认为教育的本质不应是谋求国家与社会的利益,而在于人的发展,人的价值高于社会价值。[③]可见,"以学生为中心"成为个人本位论对社会本位论纠正的体现。在存在主义、人本主义思潮影响下,建构主义提出了"以学生为中心"的教育理念。但若将"以学生为中心"理解为个人本位,必然会走向另一个极端,忽视学生社会适应能力与社会责任感的培育,使学生的社会化发展受到严重制约。

三、对"以学生为中心"理念的实践困境的超越

教育标准化是实现教育目标的手段,而不是目的。"唯标准化"教育对学生的发展是没有帮助的,只有尊重教育自身的特点,在教育标准化与"以学生为中心"理念的实践之间寻求合理的平衡[④],为学生的发展创造积极的环境,才能对后者的实践困境做出积极应对与超越。

---

① John Tagg, "The Learning-Paradigm Campus: From Single-to Double -Loop Learning", *New Directions for Teaching and Learning*, Vol. 2010, no. 123(2010), pp. 51-61.

② 朱欣:《"以学生为中心"教育理念的历史审视与价值定向》,《现代教育管理》2012年第4期,第6-9页。

③ 扈中平:《教育目的中个人本位论与社会本位论的对立与历史统一》,《华南师范大学学报(社会科学版)》2000年第2期,第87-94页。

④ George E. DeBoer, "Student-Centered Teaching in a Standards-Based World: Finding a Sensible Balance", *Science & Education*, Vol. 11, no. 4(2002), pp. 405 - 417.

1. 寻求教育标准化与"以学生为中心"理念的实践的合理平衡

教育标准化的利益主体是社会，通过标准化建设可以为社会发展培养更多的人才。但由于分工越来越细，社会对人才培养的专业性要求变得更高，专业要求与专业门类的增加在给学生带来更多选择的同时，也会给学生的自主发展带来更多的限制，这会导致"以学生为中心"理念的实践的教育实践面临更多困境。因此，教育标准化的实施与"以学生为中心"理念的实践存在着利益主体不同的问题，我们可以从教育的育人理念中寻找合理平衡。育人分为两个层面：一是学生共性的发展。其质量如何将由教育标准化做出质性规定。二是建立在共性基础上的个性发展。"以学生为中心"是个性发展的重要基础，只有学生的个性得到充分发展，共性发展才具有更高的水平。但无论是共性发展还是个性发展，最终都应该指向学生的发展，切不可顾此失彼。在两者之间寻求一个合理平衡，才能有利于学生的自由而全面的发展。在实践时，合理的平衡还应体现在"以教师为中心"理念与"以学生为中心"理念的教学之间。尽管"以学生为中心"的教学模式得到人们的普遍认同，但教师的主导作用也不应被忽视。有学者提出双主体的概念[①]，即在教学中应根据学生个性、教学内容的不同，充分发挥教学双方的主体作用，寻求两者之间的合理平衡，从而使教学回归本真。

2. 在信息化背景下构建"以学生为中心"的教学环境

当前信息技术革命正席卷全球，以前所未有的方式推动着社会变革。而随着高等教育大众化的到来，升学、就业的竞争显得尤为激烈，传统的教学模式在人才培养上已表现出无能为力。"以学生为中心"理念顺应了时代发展对人才的新需求，其实践必然离不开信息化的影响，为学生构建全新的学习环境已成为当务之急。首先，应建立以大数据为基础的学习分析系统。这对于坚持"以学生为中心"理念具有重大的意义，可以在缺乏必要提示的网络环境中帮助学生加强自我调节，以有效、道德和负责任的方式对自己的学习状况做出准确评价。[②] 其次，应构建以网络教育为载体的慕课。在全球信息化趋势下，信息技术与教育改革进行着深度融合，慕课的兴起为个性化教学与创新人才的培养提供了新的契机[③]，通过慕课，将更有助于"以学生为中心"理念的实践。再次，应健全基于网络的教学互评机制。对教学的评价不应仅局限于学生的学业成绩，更应对教师的教学质量进行及时监控。通过网络教学平台，可以完善教学质量监控体系，对"以学生为中心"理念的教学实践进行全程监控与调节，强化评价导向，构建促进学生全面发展与教师职业素养和教学水平逐步提升的信息化评价体系。

3. 在社会化进程中促进学生的自主发展

社会化过程伴随个体的一生，学校教育是个体社会化进程的重要载体。"以学生为中心"教育理念更多的是关心学生内心世界，旨在通过教学激发其潜能，并对情商、意商、自我效能感等非认知因素给以高度重视。因此，在"以学生为中心"理念的实践过程中应重视社会化与学生自主发展的相统一。首先，应将"立德树人"融入学生的学习之中，培养其主人翁精神，充分发挥学生学习的自主性，自觉克服各种困难，以实现对社会与个人均有意义的学习目标。其次，应将个体自主发展融入社会化发展之中，在实践中特别重视学生个体的生长起点和社会实际，重视学生个体生长环境与外部世界之间的内在联系，自觉将国家、社会的需要与激发学生潜能相结合，以培养具有高度社会责任感、创造精神与创新能力的优秀人才。再次，应根据社会化要求培养学生自主学习的意识与能力。人的社会化的实质既是社会文化的内化，也是人个性化发展的前提与基础。人的自主学习能力是个性化发展的重要组成部分，通过元认知、程序性、概念性和策略性学习，个体可以运用更为有效的方法进行学习，从而不断提高学习效率，增强自主学习的能力。最后，应充分发挥"双主体"效应，重视反馈与监督功能，及时分享学生在自主学习中获得的成功体验。学生与教师均是教育的主体，前者是学习的主体，后者是教学的主体，在"以学生为

① 吴维仲，李国庆，关晓辉：《"以学生为中心"的教学改革思考》，《东北师大学报（哲学社会科学版）》2017 年第 3 期，第 162-167 页。

② Xavier Ochoa &Alyssa Friend Wise ，"Supporting the Shift to Digital with Student-centered Learning Analytics"，*Educational Communications and Technology*，Vol. 69，no. 1(2021)，pp. 357-361.

③ 吴维仲，李国庆，关晓辉：《"以学生为中心"的教学改革思考》，《东北师大学报（哲学社会科学版）》2017 年第 3 期，第 162-167 页。

中心”理念的教学实践中只有将这两个主体相结合,才能真正促进学生的自主发展。

四、结语

教育标准化作为国家战略是教育改革的方向。在教育标准化背景下进行“以学生为中心”理念的教育实践,意味着教育者需要放弃原有的已经相当成熟的“以教为中心”的理念,向非传统教学过渡,同时发展相应的支撑条件。①尽管“以学生为中心”理念在实践中会面临许多困境,但这些困境的产生不是理念本身的问题,而是人们在实践中如何对待标准化背景下“以学生为中心”理念的问题。教育活动的特殊性时刻提醒人们,教育不应唯“标准化”,也不应唯“以学生为中心”,而应立足于教育的本真,寻求合理的平衡,真正做到为学生的全面发展服务。

Educational Standardization: The Dilemma and Transcendence of the Practice of “Student-centered” Concept

ZHU Xingguo[1], GUO Benyu[2]

(1. School of Education Science, Nantong University, Nantong Jiangsu, 226019;

2. School of Psychology, Nanjing Normal University, Nanjing Jiangsu, 210097)

Abstract: Education needs standardization, which has become a national strategy to guide the reform of education, and its main interest is social development. The “student-centered” concept has guiding significance for the current reform of education with its core of student development. The balance between educational standardization and the “student-centered” concept is the representation of the consistency between social development and human development. Ignoring their essential connection will put the practice of the “student-centered” concept into a dilemma. Thus, seeking a reasonable balance between them, constructing a “student-centered” teaching environment, and promoting students' independent development in the process of socialization can provide a natural way to surpass the practical dilemma of the “student-centered” concept.

Key words: educational standardization, student-centered concept, dilemma, transcendence

① Leslie S. Keillor, “Teachers' Roles and Identities in Student-centered Classrooms”, *International Journal of STEM Education*, Vol. 5, no. 1(2018), pp. 34-53.

上海市义务教育课程实施监测研究
——基于2234份班级课程表的调查分析

文 艺[1]，毛玮洁[2]，崔允漷[1]

（1. 华东师范大学 课程与教学研究所，上海 200062；2. 宁波大学 教师教育学院，浙江 宁波 315211）

摘 要：文章通过中小学各班级课程表与上海市义务教育课程计划的对比，发现上海市中小学课程“开齐”情况总体很好，“缺课时”的班级比例不足一成，“超课时”现象较之全国亦占比较低；进而归纳出上海市义务教育课程实施的经验：坚持素质教育的政策导向，重视课程实施的资源保障，强化基于证据的管导结合。但是，上海市中小学各班级存在课程“改名”现象，尤其是自然/科学和道德与法治课程“改名”较明显，八、九年级的艺术课程“未上足”情况较突出，“超课时”现象依然普遍。在未来的课程实施中，上海市义务教育课程推进需要注意：国家课程名称不得随意更改，同时，加强艺术课程建设，强化课时规范，以促进“双减”工作的落实推广。

关键词：课程实施；课程表；上海市义务教育课程计划

2021年7月24日，中共中央办公厅、国务院办公厅印发了《关于进一步减轻义务教育阶段学生作业负担和校外培训负担的意见》。作为全国教育综合改革试验区，上海市率先落实“双减”工作，以“校外治理、校内保障、疏堵结合、标本兼治”为总体思路，强化学校教育主阵地作用，深化校外培训机构治理①，由此进入学业负担治理的新阶段。学校是学生学业负担过重问题形成的主阵地之一，只有提升课堂教学质量、促使学生在校内学足、学好，才能为“双减”工作的开展提供坚实保障。因此，“双减”背景下，监测学校课程实施情况，进而改进学校课程质量，尤为重要。而课程实施的监测涉及多种证据，其中，学生课程表呈现学校实际开设什么课程以及每门课程的周课时数，是反映学校是否开齐、上足规定课程，有无超时、超量开课的重要证据。因此，本研究拟通过学生课程表探索上海市义务教育课程计划的实施情况，了解上海市义务教育课程改革的成就与不足，从而明确上海市义务教育课程实施的未来走向，为上海市落实“双减”工作助力。

基金项目：本文系教育部哲学社会科学2016年度重大课题攻关项目“中小学课程实施过程质量监测”（项目编号：16JZD047）的研究成果之一。

作者简介：文艺，华东师范大学课程与教学研究所博士研究生，主要从事课程与教学论、语文课程与教学研究；毛玮洁，宁波大学教师教育学院讲师，主要从事课程与教学论、课程评价研究；崔允漷，华东师范大学课程与教学研究所所长，教授，博士生导师，博士，主要从事课程与教学论研究。

① 上海市教育委员会：《本市发布〈关于进一步减轻义务教育阶段学生作业负担和校外培训负担的实施意见〉》，载上海教育官网：http://edu.sh.gov.cn/xwzx_xxgz/20210825/f2d82f1e1f2e41df8e882848e6d147a2.html，最后登录日期：2021年10月19日。

一、课程表调查的学理基础

古德莱德(Goodlad, J. I.)等人将课程实施分为理想课程、正式课程、领悟课程、运作课程和经验课程,分别解读为专家学者设想的课程,官方公布的课程计划、课程标准和教材,教师所领会的课程,教师实际实施的课程以及学生体验到的课程。① 布罗菲(Brophy, J. E.)认为,州或地方层级制定了官方课程,校长和教师委员会对其进行增删,教师又会在设计和实际教学时对其进行调整,而到了学生层面,还会发生遗漏和曲解,因此,最终只有一小部分课程是学生真正学到的。② 这种课程在不同层次间产生的缺口,被称为课程落差。③

在学校层面,课程落差主要体现为学校实际开设的课程与国家或地方课程计划之间的差别。在有限的时间内,学校开设哪些课、在每门课上分配多少时间,除了要遵循课程计划的规定,还受到激烈的观念和利益争夺的影响。④ 有些学校可能没有开设规定的科目、更改科目的教学时间,也可能重新组织学校的课程大纲、增开课程计划上没有的课程。⑤ 因此,我们用课程落差理论来分析上海市义务教育课程计划的实施情况(见图 1)。上海市义务教育课程计划规定了学校必须开设的学科课程 A,上海市中小学在落实课程计划时,会删去 $A_0$⑥ 部分,增加 B 部分,从而形成学校自身对于义务教育课程计划的理解,进一步表现为学生手中的课程表 C。我们将学生课程表 C 与上海市义务教育课程计划 A 进行比较,对比的维度是学科课程的"开齐"和"上足"情况。"开齐"指向课程的"完整性"维度,回答课程门类是否齐全、课程名称是否规范的问题。"上足"指向课程的"充足性"维度,回答是否存在超课时和缺课时现象,以及哪些科目超课时、哪些科目缺课时的问题。因此,本研究的核心问题是:上海市的小学、初中是否按照上海市义务教育课程计划的规定开齐、上足了课程?

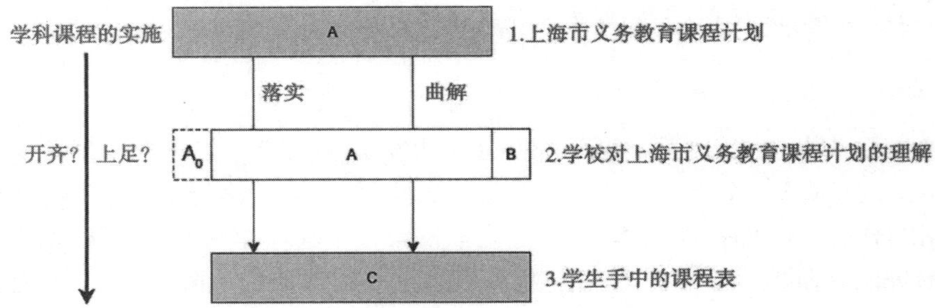

图 1 上海市义务教育课程计划学科课程的实施过程

二、调查数据的收集与处理

1. 数据收集与清理

本研究数据来源于华东师范大学课程与教学研究所项目组的"全国义务教育阶段学校课程表调

① Goodlad, J. I. et al., *Curriculum Inquiry: The Study of Curriculum Practice*, New York, USA: McGraw-Hill Book Company, 1979, pp. 344-350.

② Brophy, J. E., "How Teachers Influence What is Taught and Learned in Classrooms", *The Elementary School Journal*, Vol. 83, no. 1 (1982), pp. 1-13.

③ 李刚,吕立杰:《课程改革中的课程转化向度及分析》,《教育科学研究》2017 年第 11 期,第 12-18 页。

④ 潘凌云,王健,樊莲香:《我国学校体育政策执行的逻辑辨识与推进策略——基于"观念·利益·制度"的分析框架》,《体育科学》2017 年第 3 期,第 3-12 页。

⑤ Benavot, A. & Resh, N., "Educational Governance, School Autonomy, and Curriculum Implementation: A Comparative Study of Arab and Jewish Schools in Israel". *Journal of Curriculum Studies*, Vol. 35, no. 2 (2003), pp. 171-196.

⑥ A_0 表示上海市中小学在落实义务教育课程计划时删除的课程。

查”。数据收集时间为 2018 年 5—7 月。该调查通过学生及其家长（小学一、二年级的学生需要家长协助）一对一地获取学生“铅笔盒中的课程表”。问卷发放主要采取“滚雪球”与“招募调查志愿者”两种途径：一方面，通过滚雪球抽样，邀请学生或家长填写问卷，拍照并上传周课程表。在学生完成调查后，又鼓励他们动员所在学校其他年级或其他学校的学生参与。另一方面，课题组招募了大学生志愿者，对学生及家长进行入户调查。

随后，课题组根据收集到的课程表照片，逐一录入各班级课程信息，再对录入信息进行两轮核对。为了确保数据真实可靠，剔除了背景信息缺失及错误理解题意的问卷。此外，为了使收集的课程表更具代表性，相同班级的课程表算作 1 份处理。最终，我们在上海市 16 个区获得 2234 个班级的周课程表，样本的年级分布情况如表 1 所示。

表 1 上海市 16 个区 2234 个班级周课程表样本的年级分布情况

年级	一年级	二年级	三年级	四年级	五年级	六年级	七年级	八年级	九年级	合计
班级数（个）	399	428	400	346	322	107	95	98	39	2234

2. 数据处理与分析

(1)科目选择

根据《上海市中小学 2017 学年度课程计划》，义务教育课程涉及基础型课程、拓展型课程和探究型课程三类，基础型课程有统一的要求，拓展型课程和探究型课程由学校自主开发，因此，本研究主要聚焦于基础型课程。其中，生命科学、社会、劳动技术和信息科技四门课程在保证一定总课时数的情况下，可以由学校调整部分年级设置①，因此，这几门课程的开设情况不纳入本次统计。

在余下的课程中，按照科目性质，本研究将道德与法治、品德与社会和思想品德归入“道德与法治”②，将自然/科学/科学与技术③ 合并为“自然/科学”。艺术类课程中，唱游/音乐和美术开设在一至七年级，而“艺术”则特指八、九年级开设的艺术课程，因此，本次统计的科目共有语文、外语、数学、自然/科学、物理、化学、道德与法治、历史、地理、唱游/音乐、美术、艺术和体育与健身 13 门课程。

(2)数据处理

本研究将学生课程表与上海市义务教育课程计划进行对比，了解 13 门课程的实施情况。分类处理的规则如下：

未开齐：按规定要开的科目，学生课程表中没有或更改了课程名称。

符合标准：学生课程表中的课时与规定的课时相符。

缺课时：学生课程表中的课时少于规定的课时。

超课时：学生课程表中的课时多于规定的课时。

(3)数据分析

在数据分析上，本研究利用 Excel 2016 计算周总课时数和各科目的周课时数，在此基础上统计超课时、缺课时和符合标准的比例。

---

①《上海市初中 2017 学年度课程计划》有以下说明：(1)在保证生命科学课程总课时数为 102 的前提下，可调整八、九年级的生命科学课程设置；(2)在保证社会课程总课时数为 68 的前提下，可调整八、九年级的社会课程设置；(3)在保证劳动技术课程总课时数为 170 的前提下，可调整六至九年级的劳动技术课程设置；(4)在保证信息科技课程总课时数为 68 的前提下，可调整六、七年级的信息科技课程设置。

② 在上海市中小学 2019 年度及其之后的课程计划中，这三类课程统称为“道德与法治”。

③《上海市小学 2017 学年度课程计划》规定，虹口区和杨浦区进行科学与技术课程的试验，以其替代自然与劳动技术课程。

三、上海市义务教育课程实施的成就及经验

1. 上海市义务教育课程实施取得的成就

基于课程落差理论对上海市义务教育课程计划的实施情况进行研究,可以发现,上海市中小学课程实施的总体情况良好,如表2所示。

表2 上海市义务教育课程实施的总体情况

	应开设班级	未开设班级	缺课时比例	符合标准比例	超课时比例
语文	2234	0	4.61%	60.21%	35.18%
外语	2234	7	5.91%	76.14%	17.95%
数学	2234	0	3.18%	77.26%	19.56%
自然/科学	2097	3	8.55%	89.60%	1.85%
物理	137	0	2.92%	51.82%	45.26%
化学	39	1	2.86%	31.43%	65.71%
道德与法治	2234	10	11.82%	86.53%	1.66%
历史	193	2	2.59%	95.85%	1.55%
地理	202	3	3.96%	94.06%	1.98%
唱游/音乐	2097	2	5.48%	93.09%	1.43%
美术	2097	1	2.91%	96.57%	0.52%
艺术	137	3	27.74%	59.12%	13.14%
体育与健身	2234	2	2.77%	90.02%	7.21%
总课时	2234	0	9.36%	35.85%	54.79%

据表2可知:

第一,上海市中小学各门课程开齐情况很好,课程门类齐全。在被调查的2234个班级中,语文、数学和物理三科所有班级都开设了,自然/科学、化学、历史、地理、唱游/音乐、美术、艺术和体育与健身8门课程未开设的班级都在5个以内。即使是数量最多的道德与法治课程,未开设的班级也不超过10个,比例只占0.45%。

第二,缺课时的班级比例不足一成,绝大多数班级都足量开设国家课程。仅有9.36%的班级每周总课时少于规定课时。历史、地理、唱游/音乐、美术和体育与健身5门课程符合标准的比例超过90%,缺课时的比例不足10%。

第三,超课时比例低于全国平均水平,符合标准的比例高于全国平均水平。有54.79%的班级周总课时超课时,符合标准的班级比例为35.85%。这两项比例在全国分别为61.8%和30.7%。①

总体而言,上海市义务教育课程的实施情况优于全国平均水平。

2. 上海市义务教育课程实施的经验

上述结果表明,上海市中小学在开齐、上足义务教育课程计划规定课程方面的表现值得肯定。究其原因,上海市在二期课改的过程中,不断探索、完善义务教育课程实施的机制,保证了课程计划的有效落实,在以下方面积累了重要经验:

(1)坚持素质教育的政策导向

① 雷浩:《打开"黑箱":从近15万张学生课程表看国家课程实施现状与走向》,《教育研究》2020年第5期,第49-58页。

上海市为了推进素质教育，形成了良好的政策导向以及社会规范，对学校产生约束力，促使学校做出"开齐上足课程"的行为选择。上海市近年颁布了多项政策推进素质教育，如：《上海市中长期教育改革和发展规划纲要(2010—2020年)》强调德育、体育和艺术教育的实施，并提出建立义务教育质量评价和监测体系，实施教学质量综合评价改革试验，形成实施素质教育的导向机制；《上海市教育委员会关于切实规范中小学课程教学工作深入实施素质教育的若干意见》表明，各中小学要按照课程计划，开齐、上足三类课程和科目，尤其要确保体育与健身以及艺术类等课程(活动)的规定时间。

(2)重视课程实施的资源保障

课程的顺利实施离不开相关的资源支持。我国台湾地区学者黄政杰指出，在讨论课程实施问题时，教师最常提出的障碍是材料、空间和设备的缺乏或不足。[①] 而相关调查也发现，在我国，资源设备是影响体育、艺术类课程实施的重要原因。[②③] 上海市对于各类课程的资源保障是值得称道的。根据《2018年全国教育经费执行情况统计表》，2018年上海市小学的生均教育经费为28044.14元，排名全国第三；初中的生均教育经费为43477.80元，排名全国第二。与2017年相比，2018年小学的生均教育经费增长2.81%，初中的生均教育经费增长8.70%。[④] 在增长的教育经费支持下，上海市积极加强学校的体育和美育工作，推进基础教育项目建设[⑤]，充分保障了艺体类课程的顺利实施。

(3)强化基于证据的管导结合

上海市实行市与区分级督导、分工合作的教育督导体制，形成了专门的教育督导组织架构。[⑥] 教育督导机构负责对各类学校规范办学实施监督、指导，并对教育发展状况和教育质量组织开展监测、评估。其中，"执行国家规定的课程计划"是督导评估的一项基础性指标。2017年，上海市还开展了"规范办学行为"的专项督导，对科目没有开齐、上足和周课时总量超标的现象进行了全面排查，以建立问题清单的形式督促不达标的学校整改到位。同时，上海市教委还专门成立义务教育调查大队，定期采集各类数据，并基于这些数据做出管理或引导的决策。这一系列举措，有助于了解上海市中小学课程改革的实施情况，从而发现问题、总结经验，为深化上海市中小学课程与教学改革、落实义务教育课程计划做出贡献。

四、上海市义务教育课程实施的问题与原因

尽管上海市中小学在实施义务教育课程计划上表现良好，但在课程实施的规范性方面仍然存在一些问题，具体表现如下：

1. 上海市义务教育课程存在改名现象，尤其是自然/科学和道德与法治"改名"较明显

上海市义务教育课程开齐情况整体很好，但部分班级存在更改课程名称的现象，其中，自然/科学和道德与法治较为明显(见表3)。有46个班级将自然/科学课程被改为"常识"，主要分布于一年级(13个班级)、二年级(13个班级)和五年级(9个班级)。有104个班级将道德与法治更名为"政治"，主要分布在六年级(26个班级)、七年级(31个班级)和八年级(32个班级)。此外，语文、外语、数学和美术课程，也都存在不同程度的改名现象。

---

① 黄政杰：《课程设计》，东华书局1991年版，第418页。

② 徐伟，姚蕾，蔺新茂等：《学校体育改革与发展的制约因素——来自基层的调查》，《北京体育大学学报》2016年8期，第74-80页。

③ 荀洪梅：《中小学艺术课程实施现状研究》，东北师范大学博士学位论文，2013年，第102页。

④ 中华人民共和国教育部，国家统计局，财政部：《关于2018年全国教育经费执行情况统计公告》，载教育部官网：http://www.moe.gov.cn/srcsite/A05/s3040/201910/t20191016_403859.html，最后登录日期：2020年7月13日。

⑤ 上海市教育委员会：《2018年上海市教育工作年报》，载上海教育官网：http://edu.sh.gov.cn/xxgk_qtgz_jygznb/20200514/0015-gw_9042019001.html，最后登录日期：2020年7月14日。

⑥ 郭朝红：《上海市教育督导体制机制改革的动因、问题与建议》，《上海教育评估研究》2018年第6期，第65-70页。

表3 上海市16个区2234个班级更改课程名称情况及示例

科目	应开设班级数	更名班级数	更改之后的课程名称(次)
语文	2234	1	语拓(1)
外语	2234	4	快乐英语(1),英拓(1),综英(1),英文(1)
数学	2234	2	数拓(1)
自然/科学	2097	46	常识(46)
物理	137	0	
化学	39	0	
道德与法治	2234	116	政治(104),新德育(8),法制(3),法治(1)
历史	193	0	
地理	202	0	
唱游/音乐	2097	0	
美术	2097	1	画画(1)
艺术	137	0	
体育与健身	2234	0	

学校更改课程名称通常包括以下四种情况:(1)用通俗的理解指称正式的课程,如用“画画”代替“美术”;(2)用同义词或近义词替换规定的名称,如“英语”改为“英文”;(3)沿用过去的叫法,如小学有班级将“自然”称为“常识”,初中有班级将“道德与法治”称为“政治”①;(4)使用更具创新性的课程名称,如“快乐英语”“新德育”等。前三种情况出现是因为学校在设置课程名称时不够严谨,未能随着义务教育课程计划更新课程名称;第四种情况出现则是由于学校为了追求特色化办学,对规定的课程名称进行了重新包装。② 此外,由于本研究收集的是学生手中的课程表,因此也不能完全排除有学生记错或者写错课程名称的情况存在。

2. 八、九年级的艺术课程“未上足”问题较突出

虽然调查中缺课时的班级总体比例不足一成,但在某些特定的年级和科目上,缺课时现象仍不容忽视。其中,缺课时问题最突出的是八、九年级的艺术课程,缺课时的比例高达27.74%。其中,八年级有18.37%的班级缺课时,而九年级有51.28%的班级缺课时。

艺术是素质教育的重要组成部分,对于涵育学生身心、健全学生人格发挥着重要作用。艺术课程在八、九年级存在的缺课时现象主要是受到中小学应试教育风气的影响所致。2018年,上海市中考科目为语文、数学、外语、物理、化学、思想品德、体育、理化实验操作技能,艺术不在其中,这在很大程度上影响了学校艺术课程的开设。因为,学校教师在实施课程政策的过程中有“实施国家政策”“实施素质教育”和“帮助学生获取高分”三种社会责任,其中“帮助学生获取高分”常凌驾于前两者之上。③ 于是,有部分学校在一至七年级更愿意落实课程计划和实施素质教育,但在中考的压力下,则将“帮助学生获取高分”当成第一任务,压缩了非考试科目的艺术的教学时间。

另一方面,在强调素质教育尤其是核心素养的今天,很多家长重视孩子的素质拓展,但学校课程难

① 历史上,“自然/科学”曾被称为“自然常识”,“道德与法治”曾被称为“思想政治”。例如,2006年,一至三年级为“自然”,四、五年级为“自然常识”;2007年,一至四年级为“自然”,五年级为“自然常识”;2006年,六、七年级为“思想品德”,八、九年级为“思想政治”;2007年,六至八年级为“思想品德”,九年级为“思想政治”。因此,“常识”和“政治”的叫法被保留了下来。

② Benavot, A. & Resh, N., “The Social Construction of the Local School Curriculum: Patterns of Diversity and Uniformity in Israeli Junior High Schools”, *Comparative Education Review*, Vol. 45, no. 4 (2001), pp. 504-536.

③ 柯政:《规范性制度对新课程政策实施的影响及其政策意义》,《北京大学教育评论》2010年第1期,第101-113页。

以支持学生兴趣和特长的发展，家长就会让孩子在校外学习绘画、舞蹈、乐器等，于是便催生了庞大的校外培训需求①，这在很大程度上又加重了学生的学业负担和家庭的经济负担。

3. 超课时现象依然普遍

据调查，尽管上海市中小学超课时现象优于全国平均水平，但总课时超标问题仍然严重，比例为54.79%。从学科来看，如图2所示，超课时问题最突出的是化学（超课时比例为65.71%）、物理（超课时比例为45.26%）和语文（超课时比例为35.18%）；从年级来看，如图3所示，超课时现象初中比小学更普遍，小学各年级（一至五年级）周总课时的超课时比例均在60%以下，而初中各年级（六至九年级）周总课时超课时的比例均在75%以上。可见，上海市中小学超课时现象依然普遍，且与小学相比，初中超课时问题更为严重。

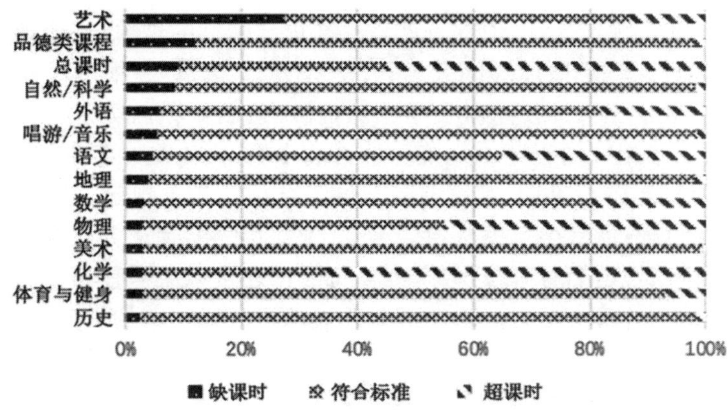

图2 上海市中小学周总课时和各科周总课时分布情况

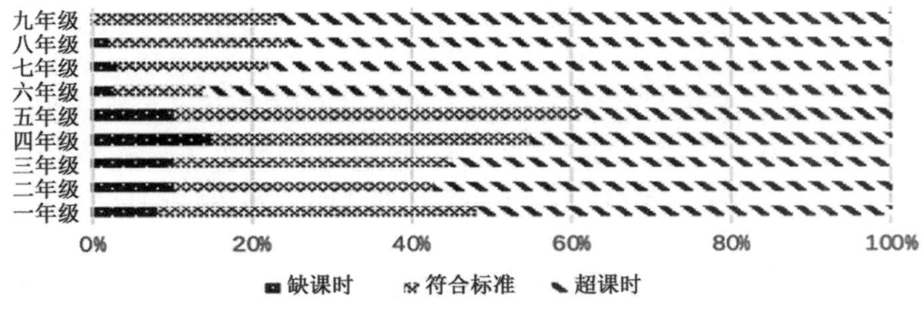

图3 上海市中小学各年级周课时分布情况

学校的教学时间是一种稀缺资源，在应试教育的导向下，学校通常期望通过增加课时来提高学生的学习成绩，因此，各考试科目课时和总课时超标的情况明显，初中超课时问题比小学更突出。在这方面，PISA测试结果亦可以提供佐证。在历次PISA测试中，上海市学生的课内外学习时间居高不下。② 2018年，包括上海市在内的四省市（北京、上海、江苏、浙江）学生平均每周课堂学习时间居于国际第4位，学生每周在语文、数学和科学三大科目上的学习时间占总学习时间的47.6%。③

① 杨德广：《中小学生课业负担重的源头及破解对策——从中学校长发出“救救孩子”的呼声谈起》，《中国教育学刊》2019年第8期，第1-5页，第90页。

② 陆璟：《审慎、理性、公正：用专业视角看待上海PISA测评结果》，《外国中小学教育》2014年第7期，第1-4页。

③ 张志勇，贾瑜：《自信与反思：从PISA 2018看我国基础教育改革走向》，《中国教育学刊》2020年第1期，第1-6页。

研究表明,过多的在校学习时间会挤占学生的正常作息时间,使得学生学业负担过重,身心健康受损。① 由于学校教学时间对于学生个人和社会发展具有长远影响,课时也是一种刚性的制度安排,因此,学校不应随意僭越。

五、上海市义务教育课程实施的未来展望

通过以上分析可以知道,上海市在义务教育课程计划的实施上总体表现良好,但在课程名称和课时规范性上仍然存在问题。在"双减"背景下,上海市需要将校内保障与校外治理相结合,推动学校课程、课时管理与教育评价的综合变革,实现义务教育课程改革的深化发展。展望未来,需要注意:

1. 国家课程的名称是正式课程的一部分,不得随意更改

上海市中小学基本开齐了规定课程,但部分课程存在更改名称的现象,这体现了上海市义务教育课程开设的不规范问题。学校课程集中体现国家意志,是落实"立德树人"根本任务的主渠道。学校更改国家课程的名称需要有法理依据。即使从激发学校课程活力、创新课程实施的视角来看,也需要谨慎,甚至需要政府建章立制,明确相应的程序或规范。从目前来看,无论是在各类课程文件,还是在中小学的办学评价指标和专项督导实施意见中,都鲜有针对课程名称的相关规定。这容易导致学校对课程名称规范性的认识不足,滋生更改课程名称的乱象。因此,上海市需要在义务教育课程计划中凸显课程名称的重要意义,引领学校按照规定名称开设国家课程。此外,还可以将课程名称的规范性作为基础性评估指标,使其成为督导行动中的检查项目。对于那些开展课程改革实验的学校,应明确其课程设置的申报和审批流程。同时,应通过宣传与解释上述政策,使学校和教师深化对课程名称规范性的认识。

2. 加强艺术课程建设,保证艺术课程的数量和质量

在应试教育的导向下,上海市艺术课程缺课时现象较为严重。在"双减"政策下,需要加强学校艺术类课程建设,以满足家长和学生对艺术教育的需求。首先,需要保证规定的艺术课时,确保教师应教尽教、学生学足学好。在观念上,可以以培养核心素养为目标,明确艺术课程的重要价值,引导中小学开齐、上足艺术课程;在管理上,可以将艺术课程作为重点考察指标,完善中小学学业质量绿色指标测评机制,以评价促进学校对艺术课程的重视。其次,可以鼓励各区和各学校整合校内校外资源,提供优质的艺术类课后服务。如普陀区"五育节"通过线上线下的活动和赛事创新了艺术教育的形式,在"小剧场"中展示学生学习艺术的成果。② 学生、家长、学校和社会机构(如艺术馆、大剧院、体育馆)等不同主体间应形成多方合力,为艺术课程的开设创造良好环境,为"双减"政策的落实提供保障。

3. 强化课时管理,切实减轻学生的学业负担

上海市中小学总课时和各考试科目课时的超课时现象普遍,这直接导致学生的学业负担过重。从时间分配的角度来讲,学生的学业负担过重主要是因为学业时间与业余时间,或者说校内时间与校外时间的失调。③ 学生的学业时间中,除了作业时间和校外培训时间,最主要的还是校内学习时间。如果校内学习(尤其是考试科目学习)的时间明显外溢,侵占了学生的业余时间,那"双减"政策的落实无异于隔靴搔痒,难以解决根本问题。因此,学校应该明确自身的权力边界,强化课时规范,不随意增减课时、增加内容;在课后服务中,切实为学生提供兴趣类课程和自习课程的辅导服务,不进行学科类课程的教学。此外,学校还需意识到,时间密集型的投入方式不是提高学生成绩的最佳策略,优化课程结构、促进课堂教学方式的变革才是提高学生学业水平的应有之策。对于上海市教育行政部门而言,一是可以完善教

① 范永丽:《中小学课业负担的深层成因与综合防治》,《课程·教材·教法》2014 年第 10 期,第 52-57 页。

② 上海市普陀区人民政府:《五育并举,梦想绽放,普陀区中小学首届五育节"云端"开幕》,载上海市普陀区人民政府官网:http://www.shpt.gov.cn/shpt/jywf-fwsx/20200527/499065.html,最后登录日期:2020 年 8 月 10 日。

③ 马健生,吴佳妮:《为什么学生减负政策难以见成效? ——论学业负担的时间分配本质与机制》,《北京师范大学学报(社会科学版)》2014 年第 2 期,第 5-14 页。

育质量综合评价制度，加强学校对于评价意见的落实和反馈要求，敦促学校实现"标准—检测—分析—改进"的良性循环；二是可以改进课程管理制度，建立市、区、校三级"课程长"制，形成一级抓一级、层层抓落实的工作格局；三是可以建设在线"晒课表"平台，打造面向学生和家长的信息直通车，对学校课时进行实时而长效的监督。

Monitoring Curriculum Implementation in Shanghai's Compulsory Education: A Survey Based on 2234 Class-level Timetables

WEN Yi[1], MAO Weijie[2], CUI Yunhuo[1]

(1. Institute of Curriculum and Instruction, East China Normal University, Shanghai, 200062;
2. College of Teacher Education, Ningbo University, Ningbo Zhejiang, 315211)

Abstract: Through comparing the class-level timetables in primary and secondary schools with the intended curriculum plan in Shanghai's compulsory education, this research has found that most classes had access to the compulsory courses; less than one-tenth of the surveyed classes lacked instruction time; and the percentage was also much lower than the national average level when it comes to the actual instruction time that went beyond intended instruction time. Based on the findings above, this research has summed up the following experience: (a) adhering to the policy guidance of quality education; (b) attaching importance to the resource support for curriculum implementation; and (c) strengthening the combination of management and guidance based on evidence. However, there still exist the following problems: (a) the course names of the subjects of science and moral education tended to be changed; (b) the actual instruction time for art courses in Grade Eight and Nine was not enough; and (c) it was also quite common that more class hours went to the main subjects. In the future, curriculum implementation in Shanghai compulsory education should pay attention to: the names of the national curriculum should not be changed at will, the curriculum construction of art subjects should be improved, and the supervision of class-hour allocation needs to be strengthened in order to promote the implementation of the "Double Reduction" policy.

Key words: curriculum implementation, class-level timetable, Shanghai compulsory education curriculum plan

身份认同视域下的乡村教师专业成长研究

——基于全国30个省乡村教师调查数据的多元线性回归分析

段志贵[1,2]

（1. 盐城师范学院 数学与统计学院，江苏 盐城 224002；
2. 盐城师范学院 苏北乡村教师专业发展研究与指导中心，江苏 盐城 224002）

摘　要：通过对全国30个省（市、自治区）2814名乡村教师进行问卷调查，研究采用R语言建构多元线性回归模型，解析当前乡村教师身份认同、专业成长状况及其相关性。研究发现：乡村教师的身份认同不均衡，群体身份认同有待改善；乡村教师的专业成长有短板，学科知识技能有待加强；乡村教师专业成长及其五个子维度与身份认同显著相关。为此，研究提出：要以完善政府政策体系为保障，促进乡村教师身份认同；要以学校人文关怀为先导，鼓励乡村教师加强专业成长；要以身份认同为抓手，激发乡村教师专业成长的内驱力。

关键词：乡村教师；身份认同；乡村教师专业成长

在国务院办公厅2015年印发的《乡村教师支持计划（2015—2020年）》① 实施结束后，教育部等六部门接着发布《关于加强新时代乡村教师队伍建设的意见》②，充分体现了国家对乡村教育和乡村教师队伍建设的高度重视。建设一支素质优良、扎根基层、“下得去、留得住、教得好”的师资队伍，已成为各级教育主管部门必须认真抓好的一项重要工作。而正如容中逵所提出的那样，乡村教师的主要问题不是简单的数量、质量和待遇问题，而是日益增长的乡村教师身份认同危机。③ 为此，本研究立足于乡村教师身份认同与专业成长之间的相关性探索，从“改进和加强乡村教师身份认同”这一视角研究乡村教师专业成长新的路径，以期促进乡村教师队伍建设稳步、健康发展。

基金项目：本文系全国教育科学规划课题国家一般项目“身份认同视阈下的乡村教师专业成长研究”（项目编号：BHA170152）、江苏高校哲学社会科学重点课题“《乡村教师支持计划（2015—2020年）》下的乡村教师身份认同与专业成长研究”（项目编号：2017ZDIXM151）、盐城市乡村教育专项课题“乡村优秀教师专业成长案例研究”（项目编号：XCZX21087）的研究成果。

作者简介：段志贵，盐城师范学院数学与统计学院教授，苏北乡村教师专业发展研究与指导中心兼职教授，主要从事教师教育、课程与教学论研究。

① 中华人民共和国国务院办公厅：《关于印发〈乡村教师支持计划（2015—2020年）〉的通知》，载中国政府网：http://www.gov.cn/zhengce/content/2015-06/08/content_9833.htm，最后登录日期：2021年12月7日。

② 中华人民共和国教育部：《教育部等六部门关于加强新时代乡村教师队伍建设的意见》，载教育部官网：http://www.moe.gov.cn/srcsite/A10/s3735/202009/t20200903_484941.html，最后登录日期：2021年12月7日。

③ 容中逵：《他者规训异化与自我迷失下的乡村教师——论乡村教师的身份认同危机问题》，《教育学报》2009年第5期，第83-88页。

一、研究设计与实施

1. 概念界定

乡村教师身份认同指的是“乡村教师通过反思和判断社会人员、环境对乡村教师角色的看法与体验，形成自己对这一角色的感知、理解和意义的阐释”。[①] 乡村教师身份认同主要集中在物质待遇、社会地位、精神需求等方面，本研究将乡村教师的身份认同划分为“职业物质我”（反映乡村教师职业角色和物质自我之间的一致性关系）、“职业社会我”（反映乡村教师职业角色和社会自我之间的一致性关系）以及“职业精神我”（反映乡村教师职业角色和精神自我之间的一致性关系）三个维度。

“教师专业成长”指的是以教师个体在专业领域内的自我发展为核心，以教师个体的经验反思为媒介，不断习得教育专业知识技能，实现专业自主，体现专业道德，并逐步提高自身从教素质专业化的一个过程。[②] 它主要包括“专业情意”“专业成长行动”“专业化理念”“专业问题意识”以及“专业知识技能”五个方面。[③]

2. 问卷编制

调查问卷包括性别、年龄、学历、职称、收入等乡村教师基本的人口学特征，乡村教师身份认同情况，以及专业成长状况调查三部分。基于上述“乡村教师身份认同”和“教师专业成长”两个核心概念的界定，本研究确定乡村教师身份认同包括的“职业精神我”“职业物质我”“职业社会我”三个维度权重相等，乡村教师专业成长所包括的五个方面的贡献度相同，同等重要，但调查问卷设计的题数根据实际需要确定，不一定相同。“乡村教师身份认同调查问卷”（以下简称“身份认同卷”）和“乡村教师专业成长自评问卷”（以下简称“专业成长卷”）主要参照有关文献[④⑤] 编制的两份问卷完成，部分问题保留原意，仅做了表述上的微调。“身份认同卷”从所包括的三个维度出发，共编制 15 道题；“专业成长卷”从所包括的五个方面出发，共编制 21 道题。每道题均分设“非常符合”“符合”“不清楚”“不符合”和“非常不符合”五个级别选项，依据李克特量表分别赋值 5、4、3、2、1 分。

3. 研究对象

问卷编制完成后，采用“问卷星”进行线上问答。来自全国 30 个省（市）近 3000 名乡村教师参加了作答。经查验核实，剔除部分不合格作答，最终有效问卷 2814 份，有效率 96.8%。基于不同类别的统计，样本教师中以“东北、华东、华南地区教师”“女教师”“31—50 岁教师”“大专及大学本科学历教师”居多。其中，“31—50 岁教师”作答数量几乎是“30 岁以下和 51 岁以上教师”的 2 倍；“大专及本科学历教师”占 96.13%，教龄分布较均匀；“任教小学和初中学段教师”占总人数的 95.13%；“具有中高级职称教师”占总人数的 56.9%；超过 4/5 的教师为普通任课教师；“月收入在 3000—5000 元之间”教师数达到一半以上。以上所有数据，与我国乡村教师队伍建设概况基本相符。[⑥⑦]

二、研究结果

调查研究的分析首先需要验证调查问卷的信效度。本研究“身份认同卷”各因子克隆巴赫系数在

① 胡艳：《中国当代乡村教师身份认同中的困境研究——基于一位乡村教师的口述历史》，《教师教育研究》2015 年第 6 期，第 72-78 页。

② 王卫东：《教师专业发展探新——若干理论的阐释与辨析》，暨南大学出版社 2007 年版，第 22 页。

③ 陈京军，刘成伟，王霞：《中小学教师专业发展问卷的编制》，《教育测量与评价（理论版）》2014 年第 8 期，第 4-8 页。

④ 张丽萍，陈京军，刘艳辉：《农村教师职业认同问卷的编制》，《当代教育论坛（综合研究）》2011 年第 9 期，第 10-12 页。

⑤ 陈京军，刘成伟，王霞：《中小学教师专业发展问卷的编制》，《教育测量与评价（理论版）》2014 年第 8 期，第 4-8 页。

⑥ 邬志辉，秦玉友：《中国农村教育发展报告 2019》，北京师范大学出版社 2020 年版，第 1-5 页。

⑦ 肖正德，林正范：《农村教师的发展状况和保障机制研究》，浙江大学出版社 2014 年版，第 62-83 页，第 104-117 页。

0. 740 至 0. 807 之间,总量表的 α 系数为 0. 863;“专业成长卷”各因子克隆巴赫系数在 0. 727 至 0. 829 之间,总量表的 α 系数为 0. 903,表明两份问卷都具有良好的信度。同时,采用 KMO 检验法计算,两份问卷总体 KMO 统计量分别为 0. 896、0. 912;“身份认同卷”各维度之间的相关系数在 0. 318—0. 425 之间,各维度与总问卷之间的相关系数在 0. 631—0. 814 之间;“专业成长卷”各维度之间的相关系数在 0. 297 — 0. 358 之间,各维度与总问卷之间的相关系数在 0. 654—0. 769 之间,反映出两份问卷也都具有良好的结构效度。

在此基础上,本研究先后对两份问卷进行独立的描述性统计分析,基于样本人口学特征推断乡村教师身份认同、专业成长的影响因素,并对两份问卷变量要素间的相关性进行研究。研究采用多元线性回归模型分析法,即根据研究目标及调查数据特点,建构多元线性回归模型如下:

$$y_i = \beta_0 + \beta_1 x_{i1} + \cdots + \beta_p x_{ip} + \varepsilon_i, i = 1, 2, \cdots, n$$

通过分别描述两份问卷的调查数据,并对它们之间的相关性进行分析,得出了统计意义上的研究结果。

1. 乡村教师身份认同基本情况

依据“身份认同卷”15 道题的调查结果,本研究首先统计每一个样本在“职业精神我”“职业物质我”“职业社会我”三个维度上的得分,计算各维度的四分位区间(按大小排序第 25% 位和第 75% 位组成的一个区间)、中位数及均值,并将归一化后的均值定义为各维度的整体水平,如表 1 所示。

表 1 “身份认同卷”描述性分析

维度	题数	均值区间	中位数	整体水平
职业精神我	4	[2.25, 3.75]	3.00	0.607
职业物质我	4	[3.25, 4.50]	3.75	0.749
职业社会我	7	[3.29, 4.14]	3.71	0.733

根据表 1 可知,乡村教师身份认同三个维度的中位数均低于 4 分(对应“符合”选项),反映群体身份认同度不高。进一步考察三个维度上的不同表现,可以看到:“职业物质我”的四分位区间偏于高分位,中位数较大,归一化整体水平最高。由于所给出的 4 个问题都是反向的,所以,这里并不表示乡村教师对物质生活的满意。恰恰相反,这一定程度上反映出当前乡村教师的工资收入与福利待遇还不足以让他们感到满足。“职业社会我”四分位区间和中位数都处于高位,归一化整体水平也相对较高,表明广大乡村教师内心比较认可自我的社会角色与人际交往。“职业精神我”四分位区间左端点偏低,中位数正好是 3 分,对应“不清楚”选项,归一化水平相对较低,反映出绝大多数乡村教师对乡村任教精神需求方面的满意度不高,渴望能得到更多的政策照顾和人文关怀。

本研究接下来对每个样本的三个维度得分(“职业精神”“职业物质”“职业社会”得分分别表示为 X_1、X_2、X_3)加和平均,得到“身份认同”的总得分 S(注意:这里的“职业物质”在问卷设计时为反向积分,对身份认同总得分的贡献应该是 $5-X_2$)为:

$$S = \frac{X_1 + (5 - X_2) + X_3}{3}$$

进一步利用乡村教师身份认同总得分,并依据样本人口学基本特征做多元线性回归(注意:所有人口学基本特征在 R 语言中以 Factor 类型存储)。因为变量个数庞大,本研究使用向后消除法(backwards elimination)进行自变量筛选和剔除多重共线性,最终的回归结果呈现在表 2 之中,由此再通过 P 值判断自变量对乡村教师身份认同的影响程度,通过回归系数符号判断自变量对乡村教师身份认同的影响方向,通过回归系数大小判断自变量对乡村教师身份认同的影响大小。

表 2 “身份认同卷”多元线性回归分析

变量	回归系数（Estimate）	标准误（SE）	t值（t value）	P值［Pr(>|t|)］
(截距项)	2.314853	0.423198	5.470	4.91e-08 ***
省份云南				
省份贵州	0.679063	0.137096	4.953	7.74e-07 ***
省份宁夏	0.583055	0.211325	2.759	0.005835 **
省份山东	0.416124	0.142108	2.928	0.003437 **
省份湖北	0.576276	0.291429	1.977	0.048094 *
省份辽宁	0.424553	0.136306	3.115	0.001860 **
性别(1)男				
性别(2)女	0.172582	0.027865	6.193	6.76e-10 ***
教龄(1)1-3年				
教龄(2)4—10年	-0.280588	0.046306	-6.059	1.55e-09 ***
教龄(3)11—20年	-0.258655	0.051158	-5.056	4.56e-07 ***
教龄(4)21—30年	-0.198799	0.055563	-3.578	0.000352 ***
教龄(5)30年以上	-0.152114	0.067946	-2.239	0.025251 *
任教科目(1)文科				
任教科目(3)文理都有	-0.076880	0.037973	-2.025	0.043007 *
任教科目(4)音、体、美	0.106289	0.050364	2.110	0.034911 *
任教学段(1)小学				
任教学段(2)初中	-0.089426	0.031010	-2.884	0.003960 **
任教学段(3)高中	-0.212771	0.065237	-3.262	0.001122 **
月收入(1)1000元以下				
月收入(2)1001—2000元	0.445959	0.242558	2.251	0.024474 *
月收入(3)2001—3000元	0.467043	0.229302	2.037	0.041765 *
月收入(4)3001—4000元	0.543984	0.230037	2.365	0.018110 *
月收入(5)4001—5000元	0.619085	0.231937	2.669	0.007648 **
月收入(6)5000元以上	0.712748	0.234011	3.046	0.002343 **

注：限于篇幅，此表仅列出 P <0. 05 的检验结果。

有关“身份认同卷”的整体模型综合检验中卡方为 238. 745，df=63，P=0. 000<0. 05，表示本次拟合的模型符合显著性检验要求，纳入的变量有统计学意义，即模型总体有意义。根据 Hosmer-Lemeshow 检验，得出卡方为 4. 977，P=0. 760>0. 05，表明当前数据信息已经被充分提取，模型拟合优度较高。由此，基于表 2 可以推断：贵州、宁夏、湖北、辽宁、山东等地的乡村教师身份认同度高于云南；女教师乡村任教的身份认同度高于男教师；教龄愈长的教师，对乡村教师的身份认同度愈低；执教理科或文理同时执教的教师身份认同度低于文科教师，而音体美教师高于文科教师；初中教师身份认同度低于小学教师，而高中教师认同度相对更低；月收入越高的教师，对乡村教师的身份认同度越高。

2. 乡村教师专业成长基本状况

依据“专业成长卷”21 道题的调查结果，本研究首先计算每一个样本在专业情意、专业成长行动、专业化理念、专业问题意识以及专业知识技能五个维度上的得分，并获得四分位区间及中位数，再求和折算得到各维度上的归一化整体化水平,如表3所示。

表3 “专业成长卷”描述性分析

维 度	题数	均值区间	中位数	整体水平
专业情意	3	[3.33, 4.67]	4.00	0.757
专业成长行动	5	[3.40, 4.40]	4.00	0.774
专业化理念	4	[4.00, 5.00]	4.50	0.878
专业问题意识	5	[4.00, 5.00]	4.40	0.885
专业知识技能	4	[3.25, 4.00]	3.50	0.724

通过表3可以推断,专业化理念和专业问题意识两个维度的答题均值区间和中位数都介于[4,5]内,它们的归一化整体水平都很高,表明广大乡村教师在这两个维度上比较自信。专业成长行动与专业情意两个维度均值区间及中位数也较好,归一化整体水平较高。相比之下,显然,他们专业知识能力方面的自信度明显低于其他四个方面,也许这正是乡村教师应该着力加强和提升的短板。

进一步对乡村教师专业成长五个维度得分加和平均得到专业成长总得分,并依据样本人口学基本特征做多元线性回归与向后消除,最终回归结果如表4所示。

表4 “专业成长卷”多元线性回归分析

变量	回归系数 (Estimate)	标准误(SE)	t值 (t value)	P值 [Pr(>|t|)]
(截距项)	3.09827	0.20858	14.854	< 2e-16 ***
云南				
贵州	0.48898	0.10726	4.559	5.37e-06 ***
宁夏	0.39110	0.16630	2.352	0.018755 *
山东	0.23975	0.11140	2.152	0.031464 *
湖北	0.65652	0.23032	2.850	0.004399 **
辽宁	0.42384	0.10717	3.955	7.85e-05 ***
黑龙江	0.24064	0.12220	1.969	0.049018 *
1-3年				
30年以上	0.17769	0.04686	3.792	0.000153 ***
文科				
音、体、美	0.11458	0.03970	2.886	0.003934 **
职务(1)普通任课教师				
职务(2)班主任	0.05677	0.02242	2.532	0.011404 *
职务(3)年级主任	0.23729	0.08142	2.914	0.003591 **
月收入(1)1000元以下				
月收入(2)1001—2000元	0.64351	0.19070	3.374	0.000750 ***
月收入(3)2001—3000元	0.53927	0.18058	2.986	0.002849 **
月收入(4)3001—4000元	0.53550	0.18126	2.954	0.003160 **
月收入(5)4001—5000元	0.54412	0.18273	2.978	0.002929 **
月收入(6)5000元以上	0.50575	0.18439	2.743	0.006130 **

注:限于篇幅,此表仅列出P<0.05的检验结果。

有关“专业成长卷”整体模型综合检验中的卡方为 294.656，df=63，P=0.000<0.05，表示本次拟合的模型符合显著性检验要求，纳入的变量有统计学意义，即模型总体有意义。根据 Hosmer–Lemeshow 检验，得出卡方为 4.977，df=8，P=0.240>0.05，表明当前数据中的信息已经被充分提取，模型拟合优度较高。由此，基于表 4 可以推断：贵州、宁夏、湖北、辽宁、山东、黑龙江等地的乡村教师专业成长自评分高于云南；教龄 30 年以上的教师专业成长自评分强于刚工作的新手教师；音体美教师的自评分高于文科教师；担任年级主任或班主任的专业成长自评分更高；月收入的增高，对乡村教师的专业成长会有激励作用。但值得注意的是，教师的专业水平不会随着月收入提高而持续提升。

3. 乡村教师专业成长与身份认同之间的相关性

为探索乡村教师专业成长与身份认同之间的相关性，本研究把教师身份认同涵盖的“职业精神我”“职业物质我”“职业社会我”三个维度作为三个自变量，建立多元回归模型并加以验证与分析，以解释乡村教师专业成长总体水平与它们之间的相关性。如表 5 所示，模型调整后的拟合优度 $R^2=0.626$，拟合度较好，意味着自变量能解释因变量变化得 62.6%（>0.6），即教师专业成长的影响因素有 62.6% 是由身份认同中的“职业精神我”“职业物质我”“职业社会我”三个维度引起的。

表 5 乡村教师专业成长模型摘要

模型	R	R^2	调整后 R^2	标准估算的错误	德宾—沃森
1	0.792[a]	0.627	0.626	0.428367482	2.036

a. 预测变量：(常量),职业社会我,职业物质我,职业精神我

再由表 6 可知，在显著性水平为 0.05 的情况下，模型中“职业精神我”“职业物质我”“职业社会我”三个维度的变量回归系数检验的 t 统计量的概率 P 值均小于显著性水平，说明这三个维度的自变量对乡村教师专业成长的影响均是显著的。

表 6 乡村教师专业成长回归方程的系数检验

变量	系数	标准错误	t	显著性	共线性统计	
					容差	VIF
(截距项)	2.28181	0.06616	34.489	<2e−16***		
职业精神我（X_1）	0.17896	0.01183	15.127	<2e−16***	0.486	2.059
职业物质我（X_2）	−0.07925	0.01018	7.784	9.78e−15***	0.836	1.196
职业社会我（X_3）	0.25071	0.01569	15.977	<2e−16***	0.503	1.989

同时，可以发现：乡村教师身份认同包含的“职业精神我”“职业社会我”两个维度的回归系数为正数，这意味着它们的符合程度越高，专业成长满足度越高；“职业物质我”维度的回归系数为负数，是因为相关的问题属于反向设计，这意味着它的符合程度越高，教师专业成长的得分值越低。因此，可以建立乡村教师专业成长 Y 与职业精神我（X_1）、职业物质我（X_2）、职业社会我（X_3）之间的定量关系（回归方程）如下：

$$Y=2.28181+0.17896X_1-0.07925X_2+0.25071X_3$$

再进一步验证相关要求，表 6 中的所有方差膨胀因子 VIF 值全部小于 5，说明自变量间不存在多重共线性；如图 1 所示的散点近乎全部落在对角线上，意味着回归模型的残差服从正态分布；又由表 5 可知，德宾—沃森（DW）值在 2 附近，意味着样本数据之间无序列相关。因此，可以确认这个回归结果准确可靠，具有可信度。

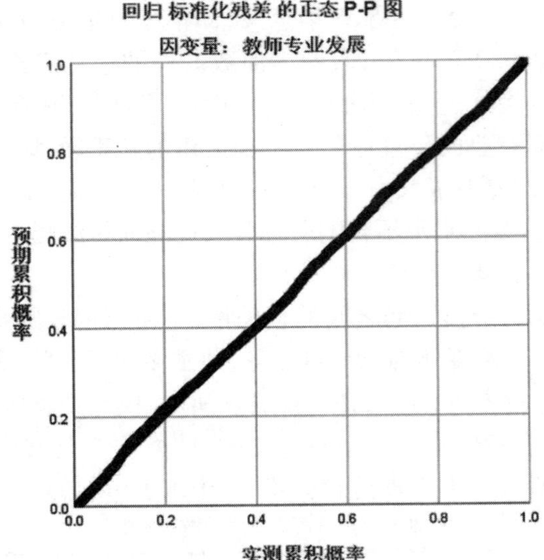

图1 回归标准化残差的正态 P-P 图

类似地，还可以基于多元线性回归模型，分析乡村教师专业情意(Y_1)、专业成长行动(Y_2)、专业化理念(Y_3)、专业问题意识(Y_4)、专业知识技能(Y_5)五个子维度与身份认同的三个维度之间的拟合度，探索它们之间的相关性，建立它们与职业精神我(X_1)、职业物质我(X_2)、职业社会我(X_3)之间的定量关系(回归方程)，分别是：

$$Y_1=1.60376+0.37033X_1-0.12168X_2+0.41208X_3$$

$$Y_2=1.86501+0.27676X_1-0.12746X_2+0.18691X_3$$

$$Y_3=2.92643+0.05124X_1-0.07958X_2+0.27558X_3$$

$$Y_4=3.00268+0.10794X_1-0.07882X_2+0.07882X_3$$

$$Y_5=1.76564+0.12966X_1-0.16991X_2+0.22467X_3$$

同样，也可以通过对方差膨胀因子 VIF 值、标准化残差的正态 P-P 图以及 DW 值的验证，确认变量之间不存在多重共线性，回归模型的残差服从正态分布，并且变量之间不存在序列相关，进而确认上述回归方程可靠性强，可信度高。

综合上述乡村教师专业成长与身份认同之间相关性的研究，可知身份认同的三个维度对乡村教师专业成长都有影响，但彼此相差不大。其中，“职业物质我”影响乡村教师专业成长及其各个维度，但其影响度并没有突显出来，都居于中间位置；“职业社会我”对乡村教师专业成长总得分及所包括的专业情意、专业化理念、专业知识技能三个方面贡献度最大；而“职业精神我”对乡村教师专业成长行动和专业问题意识两个维度的影响力更强。

三、研究结论与建议

1. 研究结论

(1)乡村教师身份认同不均衡，群体身份认同有待改善

当前，乡村教师的身份认同水平并不均衡。首先，表现在不同教师有不同的身份认同观。本研究把乡村教师身份认同定位在三个维度的四分位区间分析上，显示出同题作答的差异很大，反映出乡村教师存在差异较大的身份认同观。其次，体现在身份认同的三个维度有不同的发展。整体而言，考察乡村教

师的身份认同发现，他们对“职业社会我”的认同度更高，另两个维度的认同度则相对较低，这就是说当前乡村教师的工资收入与福利待遇还不足以让他们感到满足；他们对乡村任教精神需求方面的满意度不高，盼望政府和学校能给予更多的政策照顾和人文关怀。最后，表现在不同地域、不同性别、不同教龄、不同任教学科、不同任教学段以及不同月收入引起的身份认同不平衡上。其中一些共性现象值得关注，如女教师乡村任教的身份认同度高于男教师；教龄愈长，执教学段愈高认同度愈低；月收入越高，对乡村教师的身份认同度越高；等等。

就乡村教师群体而言，有比较积极的一面，亦即乡村教师对“职业社会我”的认同相对较好，反映出今天的乡村教师视野不同于若干年前农村学校任教的教师，他们中的一部分人能够清晰界定自己的角色，认为乡村教师的工作性质稳定，同事关系融洽，生活有规律、有保障等。但就整体而言，显然乡村教师的身份认同度不高，主要表现在乡村教师身份认同的三个维度的中位数均低于 4 分（对应“符合”选项）。

（2）乡村教师专业成长有短板，学科知识技能有待加强

调查数据显示，乡村教师在专业化理念和专业问题意识两个维度的自评分较高，既表明了乡村教师在这两个维度比较自信，也深刻地揭示出 20 年来课程改革以及近年来各类培训项目取得的成效，乡村教师在专业化理念以及专业问题意识上并不落后。但是，相比专业化方面的“理念”与“意识”，乡村教师在专业成长行动与专业情意两个维度上的自信心显然下降不少。最让人担心的是，他们对专业知识技能的自信度较低。一旦这方面的基本功不强，教学效果肯定不会太理想。进一步说，教师自身的专业知识、专业能力及专业素养不合格，其结果必然是“以其昏昏使人昭昭”，误人子弟。

此外，研究还发现：教龄 30 年以上的教师专业成长自评分高于刚工作的新手教师；音体美教师的自评分高于文科教师；担任年级主任或班主任的自评分更高；月收入的增高对乡村教师的专业成长会有激励作用，但专业水平并不一定会随着月收入提高而不断提升。

（3）乡村教师专业成长及其子维度与身份认同显著相关

可以通过建构回归方程定量，表示乡村教师专业成长及其五个子维度得分与身份认同所包括的“职业精神我”“职业物质我”“职业社会我”三个维度之间的关系。身份认同的三个维度对乡村教师专业成长的影响力彼此间相差不大。“职业物质我”影响着乡村教师专业成长及其各个维度，但其影响度并没有想象中的那么高。相对而言，“职业社会我”对乡村教师专业成长总得分及所属专业情意、专业化理念、专业知识技能三个方面贡献度最大，而“职业精神我”则对乡村教师专业成长行动和专业问题意识两个维度的影响力相对更强。

2. 研究建议

（1）以完善政府政策体系为保障，促进乡村教师身份认同

目前，乡村学校办学投入还不够充足，文化设施还比较缺乏，信息相对闭塞，交通不太方便。这些问题客观上受到地域经济发展所限，许多问题只能逐步深入解决。然而，与硬件上的解决不同，有关乡村教师在“人”“事”管理上的问题，政府可以主动作为，努力完善政策保障体系。诸如，成立专门的乡村教师管理服务中心，把乡村教师由“单位人”向“系统人”转换，统一城乡教师工资待遇，并保证乡村教师有额外的乡村交通补贴；统一档案管理，加强所有教师的考核管理，定期轮岗交换；以及在有关职称评定、学历提升、工资待遇，还有住房、子女上学等方面，制订切实可行的照顾条款，并使其在实际操作过程中得到真正落实。

在组织实施过程中，要注意原则性与灵活性的有机结合，把维护乡村教师的利益选择与引领他们履行教书育人工作职责有机结合起来，真正创设一个有利于乡村教师身份认同感形成的管理机制，增强他们的职业归属感、身份认同感。

（2）以学校人文关怀为先导，鼓励乡村教师加强专业成长

研究表明，乡村教师专业成长，特别是其中的专业知识技能有待进一步加强。学校应主动作为，努

力为教师专业成长创造条件,搭建平台。一方面,要形成共同学习的人文环境。学校要对每一名教师的专业成长心中有数,目中有人,经常性组织谈心交流活动,帮助他们制订切实可行的专业成长规划;形成校内"比学赶帮"机制,让乡村教师在学历提升过程中,增强学习能力,提高自身专业素质素养;大力宣传优秀乡村教师事迹,树立典型,带动全校教师的专业成长,以促进乡村教师形成自我"想学、要学、不能不学"的舆论氛围。另一方面,要建立优质平台,鼓励教师专业成长。学校要经常组织校内教师经验分享,诸如让 30 年以上教龄的教师回顾自我的专业成长历程,给青年教师专业成长指明方向;增强不同学科的交流,在相互交流中获得专业成长的启迪;鼓励教师积极参与校际同行交流,扩大交往面,形成乡村教师专业成长共同体。

(3)以身份认同为抓手,激发乡村教师专业成长的内驱力

基于身份认同对乡村教师专业成长的关联性,可以看到乡村教师的身份认同观与专业成长状况密不可分。为此,要把激发乡村教师专业成长内驱力与改进他们的身份认同密切联系在一起,循序渐进,逐步提高。首先,要创设条件提升乡村教师在"职业物质我"维度的身份认同,为他们的专业成长奠定基础。让他们在政府政策保障体系下消除后顾之忧,安心教学,投身教研活动,实现专业成长。其次,要努力改进乡村教师在"职业社会我"维度的身份认同,弥补乡村教师缺少广泛人际交往的缺陷,帮助他们开阔视野,经常性走出校门,与更多的优秀教师交流,为教师专业成长搭建平台。最后,要着力改进他们在"职业精神我"上的身份认同,为教师专业成长激发内驱力。

Research on the Professional Growth of Rural Teachers from the Perspective of Identity

— Multivariate Linear Regression Analysis Based on Survey Data

DUAN Zhigui[1,2]

(1. College of Mathematics and Statistics, Yancheng Teachers University, Yancheng Jiangsu, 224002;

2. Research and Guidance Center for Rural Teachers' Professional Development in Northern Jiangsu, Yancheng Teachers University, Yancheng Jiangsu, 224002)

Abstract: Based on a questionnaire survey of 2814 rural teachers in 30 provinces (cities), a multiple linear regression model was constructed by using R language to analyze the current status of rural teachers' identity, professional growth and their correlation. This research has found that the identity of rural teachers is not balanced and the group identity needs to be improved. Rural teachers' professional development has shortcomings and their subject knowledge and skills need to be improved; their professional growth and its five sub-dimensions are significantly correlated with their identity. Therefore, this research has proposed improving the government policy system as the guarantee to promote the identity of rural teachers, encouraging them to strengthen their professional growth with school humanistic care as the guide, and stimulating their inner driving force for their professional growth with teacher identity as the starting point.

Key words: rural teachers, identity, rural teachers' professional development

《现代基础教育研究》
第45卷，2022年3月 （Research on Modern Basic Education） Vol.45, Mar. 2022

家庭生态系统与初中生心理韧性的发展

蔡　丹[1],徐　洁[1],夏　添[2]

（1. 上海师范大学 教育学院,上海,200234;2. 维克森林大学 心理系,美国 温斯顿-塞勒姆,27109）

摘　要: 为了考察初中生心理韧性的发展特点及家庭生态系统对其的影响机制,该研究使用心理韧性量表对1107名初中预备年级学生进行为期两年三次的追踪测查。结果发现:(1)三年间,初中生心理韧性呈先上升再下降的发展趋势。(2)家庭生态系统与初中生心理韧性关系密切,其中,良好的家庭气氛、丰富的家庭活动、父母的情感温暖、信任、沟通、亲子依恋、家人支持等保护因素可以减少过度保护、拒绝、疏离、亲子争吵等风险因素对青少年心理韧性发展的消极影响,促进初中生心理韧性的发展。

关键词: 初中生;教养方式;家庭生态系统;心理韧性

一、引言

初中生处于个体身心发展和价值观形成的关键时期。在这一阶段,初中生处于生理快速发育与心理发展相对滞后的不平衡状态,同时需要应对来自外界的各种压力和挑战,如环境适应、升学考试、人际交往等。① 而心理韧性是一种能够帮助个体应对逆境、重大压力或创伤性生活事件的"反弹能力"②,可以作为一种保护资源,减轻各种压力或创伤性生活事件对初中生心理健康的负面影响。③

然而,以往的研究大多将心理韧性视为个体所特有的一种品质或能力,很少关注其动态发展的特点,且大多使用横断研究设计,很难在真正意义上揭示其发展特点。目前有关心理韧性的纵向研究相对较少,且大多集中在国外,这使得国内研究者对初中生心理韧性的发展特点知之甚少。

Richardson 提出的过程模型阐述了心理韧性的形成过程,将其定义为个体身体、心理、精神在某一时间点上适应外部环境时所达到的一种暂时的平衡状态,这种状态是各种保护性因素与风险性因素共同作用的结果。④ 而这些因素又可以划分为个人特质、家庭系统和社会系统三类。⑤ 其中,家庭作为个体身心发展和人格塑造的基本环境,与心理韧性关系密切,对青少年的身心健康以及环境适应具有重要的

作者简介: 蔡丹,上海师范大学教育学院心理系教授,博士生导师,博士,主要从事认知发展与心理健康研究;徐洁,上海师范大学教育学院博士研究生,主要从事认知发展与心理健康研究;夏添,维克森林大学心理系本科生,主要从事心理学研究。

① 郭念锋:《心理咨询师基础知识》,民族出版社 2012 年版,第 251-264 页。

② Masten AS, "Ordinary Magic: Resilience Processes in Development", *American psychologist*, Vol. 56, no. 3 (Mar 2001), pp. 227-238.

③ 张光珍,王娟娟,梁宗保,邓慧华:《初中生心理弹性与学校适应的关系》,《心理发展与教育》2017 年第 1 期,第 11-20 页。

④ Glenn E. Richardson, "The Metatheory of Resilience and Resiliency", *Journal of Clinical Psychology*, Vol. 58, no. 3 (2002), pp. 307-321.

⑤ Craig A. Olsson, Lyndal Bond, Jane M. Burns, Dianne A. Vella-Brodrick, Susan M. Sawyerd, "Adolescent Resilience: A Concept Analysis", *Journal of Adolescence*, Vol. 26, no. 1(2003), pp. 1-11.

预测作用。[①]

纵观已有的初中生心理韧性方面的研究文献,大量实证研究都对家庭因素的影响作用有所涉及。但大多只是说明某个家庭因素对心理韧性的影响,如父母教养方式[②]、家庭关怀[③]、父母支持等,也有研究将几个家庭因素同时放入模型[④],考察其与心理韧性的复杂关系。这些研究都在一定程度上证实了家庭在心理韧性形成和发展中的重要作用,但没有对各种家庭因素进行整合归纳,将其作为一个统一整体。然而根据生态系统发展观,个体发展的生态环境是由若干个相互关联的子系统组成的,心理发展实质上是个体自身与周围环境不断进行相互作用的结果[⑤],而家庭本身就是一个错综复杂且动态变化的生态系统,主要包含以下三个子系统:父母子系统、家庭环境子系统以及亲子关系子系统。[⑥]其中,父母子系统主要包括父母教养方式等变量,家庭环境子系统包括家庭经济地位、家庭气氛、家庭活动等变量,它们子系统基本囊括了家庭生态系统中对子女身心发展最为重要的影响因素。此外,家庭系统理论也指出,家庭是通过各家庭成员间的相互影响、相互作用来发挥其功能的[⑦],家人的陪伴支持、良好的亲子关系是促进青少年的心理健康发展和良好环境适应的重要因素。[⑧]由此可见,亲子关系子系统也是青少年家庭生态系统中的重要组成成分,可以通过亲子依恋程度、亲子吵架频率以及家人支持情况等具体指标来进行量化和分析。

因此,本研究主要聚焦于以下两个问题:(1)采用追踪研究设计,对初中生的心理韧性进行两年三次的追踪调查,以考察初中生心理韧性的纵向发展特点;(2)依据家庭生态系统理论,从父母子系统(父母教养方式)、家庭环境子系统(家庭经济地位、家庭气氛、家庭活动)以及亲子关系子系统(亲子依恋、亲子冲突、家人支持)三个方面,探究家庭生态系统中的保护因素和风险因素对初中生心理韧性发展的影响作用。

二、研究方法

1. 研究对象和程序

我们通过整群抽样,选取上海市八所初级中学学生作为被试。专业调查员以班级为单位,开展测查工作,对同一批被试在预备年级上学期、预备年级下学期和七年级下学期分别进行三次问卷调查。调查员事先会向被试说明保密原则并让其签署知情同意书,测验结束后当场回收问卷。

我们于 2016 年 9 月(T1)使用心理韧性量表(CD—RISC)进行第一次测试,回收有效问卷 1547 份,其中男生 806 人,女生 741 人,平均年龄为 12.66 岁。之后,对同一批被试进行追踪调查,组织再次施测。第二次测试的时间为 2017 年 6 月(T2),使用心理韧性量表施测,回收有效问卷共 1523 份。第三次测试的时间为 2018 年 6 月(T3),为了考察家庭因素对初中生心理韧性的影响,在第三次施测时在原有

① 边玉芳,梁丽婵,张颖:《充分重视家庭对儿童心理发展的重要作用》,《北京师范大学学报(社会科学版)》2016 年第 5 期,第 46-54 页。

② Gera, Manju, Jasjit Kaur, "Study of Resilience and Parenting Styles of Adolescents", *International Journal of Multidisciplinary Approach and Studies*, Vol. 2, no. 1(2015), pp. 168-177.

③ 彭阳,王振东,申雯:《流动儿童家庭关怀,正性情绪对心理韧性的影响》,《中国临床心理学杂志》2015 年第 4 期,第 729-732 页。

④ 高雯,王玉红,方臻,刘明艳:《亲子三角关系和心理韧性在父母冲突与青少年问题行为之间的作用:一个有调节的中介模型》,《心理发展与教育》2019 年第 6 期,第 729-739 页。

⑤ Bronfenbrenner Urie, Stephen J. Ceci, "Nature-Nuture Reconceptualized in Developmental Perspective: A Bioecological Model", *Psychological Review*, Vol. 101, no. 4(1994), p. 568.

⑥ 席居哲,桑标,邓赐平:《儿童心理健康发展的家庭生态系统特点研究》,《心理科学》2004 年第 1 期,第 72-76 页。

⑦ Minuchin P, "Families and Individual Development: Provocations from the Field of Family Therapy", *Child Development*, Vol. 56, no. 2(1985), pp. 289-302.

⑧ 王中会,蔺秀云:《流动儿童的亲子依恋与其城市适应的关系:心理韧性的中介作用》,《心理发展与教育》2018 年第 3 期,第 284-293 页。

心理韧性量表的基础上加入家庭生态系统相关的问卷，内容包括父母教养方式、家庭经济地位、家庭气氛、家庭活动、亲子依恋、亲子冲突、家人支持，回收有效问卷 1322 份。三次测试完成后，剔除无效数据，保留三次均参与的被试 1107 人，其中男生 549 人(49.6%)，女生 558 人(50.4%)。追踪样本和流失样本在人口学变量和所研究的变量上不存在显著差异($p > 0.05$)。

2. 研究工具

(1)心理韧性

使用于肖楠和张建新修订的心理韧性量表来测试初中生的心理韧性。该量表由 25 个题目构成，包括坚韧性、力量性和乐观性三个维度。[①] 采用 5 级计分，从 1(代表"完全不符合")到 5(代表"完全符合")。三次心理韧性的 Cranach' s α 系数分别为 0.94、0.91、0.94。

(2)父母教养方式

使用蒋奖等人修订的简式父母教养方式问卷中文修订版(S—EMUB—C)测试初中生的父母教养方式。[②] 该量表由 21 个题目构成，包括情感温暖、拒绝和过度保护三个维度。采用 4 级计分方式，从 1 到 4 分别代表"从不""偶尔""经常"和"总是"。各维度的 Cronbach's α 系数在 0.71—0.90 之间。

(3)家庭环境

使用"家庭经济月收入"这一指标来衡量家庭经济地位(Social Economic Status，缩写 SES)，具体测试题目为"家庭每月收入大概是多少"，分值范围为从 1(代表"3000 元以下")—8(代表"50000 元以上")；家庭气氛使用系统家庭动力学自评量表中的家庭气氛分量表进行测试，该分量表由 8 个题目构成，采用 5 级计分，从 1(代表"完全不符合")到 5(代表"完全符合")[③]；家庭活动使用家庭环境量表(Family Environment Scale，缩写 FES)中文版中的娱乐性(Active-Recreational Orientation)分量表来进行测试，该分量表由 9 道是非题构成，其中 1 代表"是"，2 代表"否"。

(4)亲子关系

亲子依恋问卷选自父母同伴依恋问卷(Inventory of Parent and Peer Attachment，缩写 IPPA)，该问卷由 25 个题目构成，包括亲子沟通、信任和疏离三个维度，采用 5 级计分，从 1(代表"从不")到 5(代表"总是")[④]；亲子冲突程度使用题目"你常和父亲、母亲吵架吗"进行测试，该测试问题的设计基于华东师范大学青少年心理健康教育研究培训中心编制的"上海市中学生发展状况调查表"，分值范围为 1—5，得分越高表示学生与父母吵架频率越高，亲子冲突程度越高；家庭支持则使用领悟社会支持量表中家庭支持这一分维度进行测试，共 4 个题目，采用 7 点评分，得分越高代表个体感受到家人的支持越多。

3. 数据分析与处理

使用 SPSS 25.0 进行数据录入、统计处理，主要包括描述性统计、相关分析和重复测量方差分析；使用 AMOS 24.0 进行路径分析和结构方程模型验证。

三、研究结果

1. 初中生心理韧性的基本情况

描述统计的结果如表 1 所示，先后三次测试的初中生心理韧性平均得分分别为 70.54、72.20 和 67.86。采用重复测量方差分析考察初中生三次心理韧性测试间的差异，结果发现，心理韧性的

① 于肖楠，张建新：《韧性 (resilience)——在压力下复原和成长的心理机制》，《心理科学进展》2005 年第 5 期，第 658-665 页。

② 蒋奖，鲁峥嵘，蒋苾菁，许燕：《简式父母教养方式问卷中文版的初步修订》，《心理发展与教育》2010 年第 1 期，第 94-99 页。

③ 杨建中，康传媛，赵旭东，许秀峰：《系统家庭动力学自评问卷的编制及信效度分析》，《中国临床心理学杂志》2002 年第 4 期，第 263-265 页。

④ 张迎黎，张亚林，张迎新，王杰利，黄存云：《修订版青少年依恋问卷中文版在初中生中应用的信效度》，《中国心理卫生杂志》2011 年第 1 期，第 66-70 页。

测量时间主效应显著($F(2, 1105) = 44.92$, $p < 0.001$, $\eta_p^2 = 0.08$)。事后检验的结果表明,初中生的心理韧性在预备年级一年内显著提高,但在七年级上学期又出现显著下降。

表1 初中生心理韧性描述性分析及重复测量时间主效应

	T1		T2		T3		F	η_p^2
	M	SD	M	SD	M	SD		
心理韧性	70.54	14.77	72.20	14.50	67.86	16.80	44.92***	0.08
坚韧性	35.70	8.33	36.70	8.17	35.13	9.12	19.82***	0.04
力量性	25.07	5.37	25.28	5.22	23.00	6.05	101.06***	0.15
乐观性	9.77	2.57	10.22	2.64	9.73	2.95	21.07***	0.04

注:*代表 p < .05,**代表 p < .01,***代表 p < .001,下同。

2. 初中生家庭生态系统的基本情况

表2显示了第三次测试时初中生家庭经济地位、家庭气氛、家庭活动、父母教养方式、亲子依恋、家人支持以及亲子冲突的描述性统计结果。家庭生态系统各维度得分分别与其对应的中值得分进行单样本t检验,分析结果发现,过度保护、拒绝、疏离、与父母吵架频率显著低于中值($ps < 0.001$),这表明初中生父母的过度保护、拒绝、疏离、与父母吵架频率得分处于中等偏低水平。而初中生的家庭活动、家庭气氛、亲子依恋、家人支持、父母的情感温暖、信任、沟通显著高于中值($ps < 0.001$),这表明初中生的家庭活动、家庭气氛、亲子依恋、家人支持、父母的情感温暖、信任、沟通得分处于中等偏高水平。由此可见,本研究中的初中生总体上处于一种积极的家庭生态系统之中。

表2 家庭中各个变量的描述性统计(N = 1107)

	M	*SD*	*MIN*	*MAX*
家庭经济地位	3.47	2.68	1.00	8.00
家庭气氛	29.53	6.80	8.00	40.00
家庭活动	4.71	1.72	0.00	9.00
情感温暖	20.34	5.22	7.00	28.00
过度保护	18.23	4.72	8.00	32.00
拒绝	10.11	3.87	6.00	24.00
信任	36.57	8.99	10.00	50.00
沟通	29.97	7.67	9.00	45.00
疏离	13.94	5.23	5.00	30.00
家人支持	20.72	5.62	4.00	28.00
与父亲吵架频率	1.58	0.79	1.00	5.00
与母亲吵架频率	1.77	0.88	1.00	5.00

3. 初中生心理韧性与家庭生态系统的关系

初中生心理韧性(T3)与家庭生态系统各指标的相关分析结果如表3所示,其中家庭经济地位与初中生心理韧性的相关系数较低,且与其他很多指标(父母的过度保护、拒绝、疏离、亲子吵架频率)相关不显著,故将其从家庭生态系统中删除。父母的情感温暖、信任、沟通、家庭气氛、家庭活动、家人支持这些变量与初中生心理韧性之间存在显著的正相关关系,故将它们纳入家庭保护因素。亲子冲突、疏离、拒绝、过度保护这些变量与初中生心理韧性之间存在显著的负相关关系,故将其纳入家庭风险因素。

使用 AMOS 23.0 构建结构方程模型(见图 1),考察家庭生态系统中的保护因素和风险因素对初中生心理韧性的影响。模型拟合指数为 $\chi^2 = 696.141$, $df = 74$, CFI = 0.941, NFI = 0.935, IFI = 0.942, TLI = 0.917, RMSEA = 0.087,说明该模型对数据的拟合效果可接受。标准化的路径系数(图中只显示显著性水平小于 0.05 的路径)结果表明家庭保护因素和风险因素呈显著的负相关关系,家庭保护因素与初中生心理韧性间的路径系数为 0.81($p < 0.001$),因此家庭保护因素对初中生的心理韧性有积极的影响作用。而家庭中的风险因素与初中生心理韧性间的路径系数为 0.27($p < 0.001$),因此家庭中的风险因素在保护因素同一个模型作用下,也对初中生的心理韧性产生积极的影响作用。为了验证风险因素在没有保护因素作用时对心理韧性的负面作用,我们再次使用 AMOS 24.0 构建结构方程模型,结果发现,模型在排除保护因素的作用之后,家庭中的风险因素对初中生的心理韧性产生消极影响,路径系数为-0.36($p < 0.001$),模型拟合指数为 $\chi^2 = 220.537$, $df = 19$, CFI = 0.950, NFI = 0.946, IFI = 0.950, TLI = 0.906, RMSEA = 0.098。

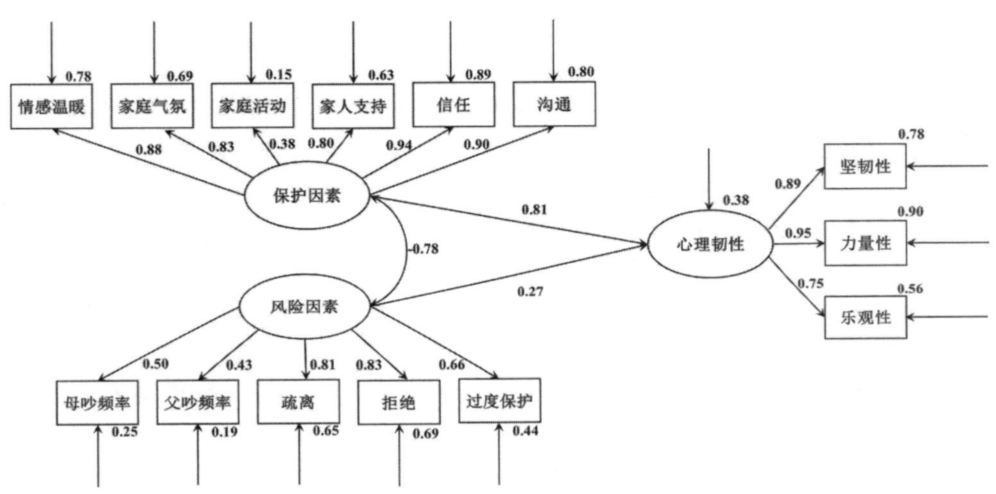

图 1 家庭保护因素和风险因素与初中生心理韧性的关系模型

表 3 家庭各变量与心理韧性的相关关系(N = 1107)

	1	2	3	4	5	6	7	8	9	10	11	12	13
1	1												
2	0.16**	1											
3	0.48**	0.10**	1										
4	0.25**	0.13**	0.31**	1									
5	0.53**	0.10**	0.76**	0.34**	1								
6	-0.10**	0.01	-0.31**	-0.22**	-0.30**	1							
7	-0.24**	-0.01	-0.53**	-0.23**	-0.52**	0.60**	1						
8	0.50**	0.08**	0.76**	0.36**	0.83**	-0.48**	-0.66**	1					
9	0.49**	0.07*	0.72**	0.37**	0.79**	-0.38**	-0.53**	0.85**	1				
10	-0.31**	-0.01	-0.56**	-0.23**	-0.52**	0.55**	0.65**	-0.67**	-0.60**	1			
11	0.47**	0.09**	0.72**	0.25**	0.71**	-0.30**	-0.48**	0.73**	0.72**	-0.52**	1		

（续表）

	1	2	3	4	5	6	7	8	9	10	11	12	13
12	−0.19**	0.05	−0.36**	−0.14**	−0.28**	0.22**	0.36**	−0.35**	−0.30**	0.31**	−0.25**	1	
13	−0.20**	0.04	−0.40**	−0.15**	−0.32**	0.32**	0.39**	−0.40**	−0.33**	0.39**	−0.28**	0.45**	1

注：1代表心理韧性(T3)；2代表家庭经济地位；3代表家庭气氛；4代表家庭活动；5代表情感温暖；6代表过度保护；7代表拒绝；8代表信任；9代表沟通；10代表疏离；11代表家人支持；12代表与父亲吵架频率；13代表与母亲吵架频率。

四、研究结果

1. 初中生心理韧性的基本情况

研究发现，在初中六至八年级的三年期间，初中生心理韧性呈现先上升后下降的趋势。初中生在预备年级上学期(T1)心理韧性水平较低，可能是因为刚入学时对新的学习和生活环境比较陌生，面临着人际交往和适应环境的压力。[①] 在入学半年后，他们逐渐适应了新的学习环境和生活节奏[②]，所以在预备年级下学期(T2)时有显著提高。然而在七年级上学期(T3)时又急剧下降，造成这种现象的原因可以从内外两个方面进行考虑：一方面，随着逐步迈入青春期，初中生的自我意识空前高涨，逆反心理较为强烈，身心发展处于一种由半成熟到成熟状态过渡的不平衡状态，既追求独立自主，又有很强的依赖性[③]，容易出现一些消极心境或者情绪困扰；另一方面，伴随着年级的升高，繁重的学业压力和成绩分化所带来的竞争压力，会对初中生的心理韧性产生消极影响。[④]

2. 初中生心理韧性与家庭生态系统的关系

研究结果表明，在家庭生态系统中，保护因素包括父母的情感温暖、信任、家庭气氛、家庭活动以及家人支持，它们均对初中生心理韧性正向影响显著。而风险因素则包括父母的过度保护、拒绝、疏离以及亲子冲突。尽管这些因素与心理韧性呈现显著的负相关，然而在结构方程模型中的路径系数却为正数，说明其对初中生心理韧性积极影响显著。这一结果支持了 Garmezy 提出的保护因素模型。[⑤] 该模型指出，父母的过度保护、拒绝、疏离以及亲子冲突等家庭风险因素会对初中生心理韧性产生不利的影响[⑥]，而父母的关爱和支持等保护因素则会对这些消极后果产生一定的弥合和消减作用[⑦]；保护因素在个体发展过程中发挥着重要的调节作用，能够为处于风险或逆境中的个体提供心理上的支持；保护因素和风险因素间的交互作用，减少了消极影响发生的程度和概率，两者共同预测个体在经历过挫折或逆境后的心理发展结果。[⑧] 为了进一步论证上述结果，本研究采用结构方程模型单独考察风险因素对初中生心理韧性的作用，再次使用 AMOS 24.0 构建结构方程模型，结果与预期一致，在没有保护因素的缓冲下，风险因素对初中生心理韧性消极影响显著。具体到本研究，家庭生态系统中的保护因素和风险因素的影响明显，描述性统计的结果表明初中生总体上处于一种积极的家庭生态系统之中。这可能是因为

① 杨苗苗：《负性生活事件感受对中学生心理韧性与心理健康关系的中介作用》，《中国健康心理学杂志》2016年第12期，第1889-1892页。

② 张光珍，王娟娟，梁宗保，邓慧华：《初中生心理弹性与学校适应的关系》，《心理发展与教育》2017年第1期，第11-20页。

③ 郭念锋：《心理咨询师基础知识》，民族出版社2012年版，第251-264页。

④ Zhang Yuqing, Zhang Xing, Zhang Liwei, Guo Cheng, "Executive Function and Resilience as Mediators of Adolescents' Perceived Stressful Life Events and School Adjustment", *Frontiers in Psychology*, Vol. 10(2019), pp. 1-9.

⑤ Garmezy N, *Stress-Resistant Children: The Search for Protective Factors, In: J Stevenson, ed. Recent Research in Developmental Psychopathology*. Oxford, England: Pergamon Press, 1985, pp. 213-233.

⑥ 李永占：《父母教养方式对高中生学习投入的影响：一个链式中介效应模型》，《心理发展与教育》2018年第5期，第576-585页。

⑦ Mary I. Armstrong, Shelly Birnie-Lefcovitch, Michael T. Ungar, "Pathways between Social Support, Family Well Being, Quality of Parenting, and Child Resilience: What We Know", *Journal of Child and Family Studies*, Vol. 14, no. 2(2005), pp. 269-281.

⑧ Graber, R., Pichon, F., Carabine, *Psychological Resilience*, London, England: Overseas Development Institute, 2015.

这些初中生拥有强大的家庭保护力量，和睦融洽的家庭氛围、良好的亲子关系、父母的信任和支持这些保护因素起到调节和缓冲作用，消减了亲子冲突、父母的过度保护、拒绝、疏离等家庭风险因素对初中生心理韧性带来的消极影响，从而促进个体的积极适应。

3. 提高初中生心理韧性的方法和途径

由上文可见，家庭生态系统，特别是各种家庭保护因素对初中生心理韧性的发展至关重要。舒适和睦的家庭环境、安全亲密的依恋关系、父母对子女的民主教育、理解接纳、陪伴支持等都是增强初中生心理韧性的重要外部条件。因此，父母应该与子女建立积极和亲密的关系，给予他们温暖和支持，创设良好的家庭生态环境，使家庭成为初中生成长道路上的坚强后盾，帮助他们始终保持积极良好的心态去应对生活和学习中遇到的困难和挫折。上述研究再次印证了家庭教育的作用。在个体发展层面，充分发挥家庭生态系统的保护作用，提高初中生的心理韧性，可以有效支持初中生顺利度过青春期这个个体心理发展的"暴风骤雨"时期。在宏观层面，重视家庭教育，发挥家庭生态系统的作用，对于培养顽强拼搏、意志坚定、德智体美劳全面发展的人具有重要意义。

总而言之，家庭生态系统与初中生心理韧性关系密切，家庭生态系统中的保护因素可以在一定程度上弥合和消减风险因素的不利影响，以此促进个体的积极适应。

Family Ecosystem and the Development of Junior High School Students' Psychological Resilience

CAI Dan[1], XU Jie[1], XIA Tian[2]

(1. School of Education, Shanghai Normal University, Shanghai, 200234;
2. Department of Psychology, Wake Forest University, Winston-Salem, 27109)

Abstract: To examine the characteristics of psychological resilience among junior high school students and the influence of family ecosystem on its development, 1107 junior high school students in Shanghai were recruited to participate in this research by means of the psychological resilience scale, whose psychological resilience development were measured three times in two years. The results have shown that the level of students' psychological resilience rose first and then fell within three years. Moreover, a close relationship between family ecosystem and their psychological resilience has also been found, in which protective factors such as a good family atmosphere, rich family activities, parents' affection, trust, communication, parent-child attachment, and family support can help reduce the negative effects of risk factors like overprotection, rejection, alienation, and parent-child conflicts on adolescents' psychological resilience development, thus further developing the students' psychological resilience.

Key words: junior high school students, parenting style, family ecosystem, psychological resilience

教师社会情感能力提升的国际经验、问题及其启示

张猛猛

（上海师范大学 教育学院，上海 200234）

摘 要：教师作为学生社会情感发展项目的首要实施者，其个体社会情感能力水平、实施社会情感学习项目的信念和态度直接影响学生的社会情感能力发展和教师个人的幸福感。一些国家和地区开始将社会情感能力整合到在职教师培训中，以提升教师的情绪调节能力、人际关系处理能力和社会情感教学技能。但同时，相关培训也存在政府角色缺位、系统性支持缺失等问题。结合国际研究成果与实践经验，基于中国的研究进展，未来应从战略高度重视教师社会情感能力对教师队伍建设的意义与价值，将社会情感学习纳入教师培训议程，开展本土化实证性研究，为教师社会情感能力发展提供专业化支撑体系。

关键词：在职教师；社会情感能力；社会情感学习

在过去20余年间，“社会情感能力与学生学习结果和个人发展之间的关联”越来越引起全球研究者的兴趣。[①] 关于社会情感能力（Social and Emotional Competence，缩写SEC）、社会情感学习（Social and Emotional Learning，缩写SEL）的研究成果显著增加。相关研究证明，培养学生的社会情感能力不仅能直接提高他们的社会情感技能，还能提升学业成绩。[②] 而教师的社会情感能力对学生社会情感能力的形成与发展具有不可忽视的影响。为有效提升学生的社会情感能力，教师不仅要知道如何讲授社会情感技能，也需要具备一定的知识、技能和特质来创设安全的、支持性的、关怀型的学校与课堂生态。[③] 越来越多的研究也表明，社会情感能力较高的教师通常具有亲社会价值观（能够与学生、家长、同事等建立良好关系）[④]，具有较强的自我管理技能和情绪调节能力等。因此，一些国家和地区将提升教师社会情感能力提上教育政策议程，并开展教师SEL培训项目或者其他干预项目，以促进教师和学生发展。分析这些国家将SEL纳入教师培训的典型做法与现实问题，对于我国未来提升中小学教师社会情感能力和开展学生社会情感能力教育具有重要启示意义。

基金项目：本文系教育部人文社会科学研究青年项目基金“改革开放以来区域基础教育治理中地方政府行为逻辑研究”（项目编号：21YJC880093）的阶段性研究成果。

作者简介：张猛猛，上海师范大学教育学院讲师，博士，主要从事近现代学校变革与教育治理研究。

① Garner P. W, “Emotional Competence and its Influence in Teaching and Learning”, *Educational Psychology Review*, Vol. 9, no. 22 (2010), pp. 297-321.

② Durlak J. A., Weissberg R. P., Dymnicki A. B., et al, “The Impact of Enhancing Students' Social and Emotional Learning: A Meta-Analysis of School-Based Universal Interventions”, *Child Development*, Vol. 82, no. 1(2011), pp. 405 - 432.

③ Schonert-Reicht K. A, “Social and Emotional Learning and Teachers”, *The Future of Children*, Vol. 27, no. 1(2017), pp. 137-155.

④ Schonert-Reicht K. A, “Social and Emotional Learning and Teachers”, *The Future of Children*, Vol. 27, no. 1(2017), pp. 137-155.

一、开展教师社会情感能力培训的国际研究与实践

社会情感能力是与个体自我适应和社会发展有关的核心能力，经济合作与发展组织（OECD）将这种能力界定为“个体在实现目标、与他人合作和管理情绪过程中所涉及的能力”[①]，具体可阐述为识别和管理个体情绪、学会关爱他人、建立和维护良好的社交关系、做出负责任的决定以及巧妙应对有挑战性的情境等若干方面。[②③]相对来说，教师的社会情感能力则是对教师在社会情感方面的要求。美国学者詹宁斯[④]（Patricia A. Jennings）和汤敏[⑤]（Karalyn Tom）等认为，教师社会情感能力具体包括教师的自我意识（识别评估个人情绪模式与倾向）、自我管理（调节自身情绪）、社会意识（换位思考与共情能力）、人际技能、负责任的决策（根据道德标准，在考虑他人感受基础上做出决定的能力）等内容。琼斯（Stephanie M. Jones）则认为，这种能力包括认知调节和抑制冲动的能力、准确识别和理解情绪的能力、社交或人际交往能力。[⑥]

从职业特殊性来说，教师的社会情感能力培训主要涉及两个层面：一是提高教师自身的社会情感能力，以使其能够以健康的身心和更高的教学效能面对越来越苛刻的职业环境；二是提升教师培养学生社会情感能力的技能，以更好地指导来自不同社会背景的学生，并为学生创设情感支持型的学习环境。目前，国际上将 SEL 纳入教师培训的方式可归纳为三类：一是面向教师的情绪智力培训；二是基于正念实践的干预项目；三是基于学生 SEC 发展项目的教师培训。这些项目无论是研究结果还是实践效能都在缓解教师压力、提升教师社会情感能力和幸福感等方面表现出良好效果。

1. 提升情绪智力，帮助教师高效处理人际关系

“情绪智力”（Emotional Intelligence，缩写 EI）概念由萨洛维（Peter Salovey）和梅耶（John D. Mayer）首次运用于学术领域，并将其界定为“监控与辨别自己和他人的情绪并利用这些信息指导自己的思维与行动的能力”。[⑦]随着情绪智力研究在教育领域的渗透和拓展，到 20 世纪 90 年代末，关于教师情绪智力和教学情绪环境的理论及实践成果大量涌现。这些研究表明，那些知道如何管理自身情绪和行为的教师（即情绪智力高的教师）能够更好地处理与他人的关系、恰当地调节个人情绪以达到积极的课堂效果。[⑧]为寻找有效提高教师情绪智力的方式，一些国家、研究组织及学者开始借助项目干预的形式开展探索。从效果来看，尽管这些研究并未明确提出培训教师的社会情感能力，但帮助教师掌握管理情绪的技能并能在学校环境中运用，往往有助于他们更好地提升社会情感能力。

例如，2006 年布拉克特（Brackett）和卡鲁索（Caruso）开发的“高情商教师”培训项目，以全日制工作坊形式开展活动并提供指导书目。项目旨在帮助教师掌握应对压力的工具，具体形式包括：（1）深入理解四种 EI 技能（即对情绪的感知、使

① OECD，“Skills for Social Progress：the Power of Social and Emotional Skills”，载 OECD 官网：https://read. oecd-ilibrary. org/education/skills-for-social-progress_9789264226159-en#page1，最后登录日期：2021 年 8 月 11 日。

② Dymnicki，Allison，“Advancing the Science and Practice of Social and Emotional Learning：Looking Back and Moving Forward”，*Review of Research in Education*，Vol. 40，no. 5（2016），pp. 644-681.

③ Durlak J. A.，Weissberg R. P.，Dymnicki A. B.，et al，“The Impact of Enhancing Students' Social and Emotional Learning：A Meta-Analysis of School-Based Universal Interventions”，*Child Development*，Vol. 82，no. 1（2011），pp. 405 - 432.

④ Jennings P. A.，Greenberg M. T，“The Prosocial Classroom：Teacher Social and Emotional Competence in Relation to Student and Classroom Outcomes”，*Review of Educational Research*，Vol. 79，no. 1（2009），pp. 491-525.

⑤ 张静静：《教师社会情感能力框架及发展策略——基于国外文献的分析》，《全球教育展望》2021 年第 8 期，第 103-115 页。

⑥ Jones S. M.，& Bouffard S. M，“Social and Emotional Learning in Schools：From Programs to Strategies”，*Society for Research in Child Development*，Vol. 26，no. 4（2012），pp. 1-33.

⑦ Salovey，P.，Mayer，J. D，“Emotional Intelligence”，*Imagination Cognition and Personality*，Vol. 9，no. 6（1990），pp. 217-236.

⑧ Kremenitzer J. R.，Miller R，“Are You a Highly Qualified，Emotionally Intelligent Early Childhood Educator?”，*Young Children*，Vol. 63，no. 4（2008），pp. 106-112.

用、理解和管理);(2)了解EI技能如何在知识学习、决策制定、课堂管理、压力释放、人际关系、团队建设和个人生活品质中发挥不可或缺的作用;(3)利用情境模拟和小组讨论来提高教师每种EI技能。该项目还为教师提供各种资源,以帮助其更有效地处理人际关系和情绪问题。参与项目的教师、学校管理者均反馈称自己与同事、家长和学生的关系得到改善。该项目很受欢迎,且产生了可测量的效果,目前已经在美国一些州(如纽约、新泽西、阿肯色)和英格兰肯特(Kent)地区的学校实施。[①] 梅拉芙-亨(Meirav Hen)等人根据"心理教育情绪智力训练模式"对以色列的186名小学教师进行56个小时(14周内完成)的情绪智力训练,培训后,这些参与者的自我反省、情感意识、情绪调节和理解他人等能力均得到明显提升。[②]

2. 实施正念干预,提升教师自我情绪调节能力

基于正念(mindfulness)的实践与培训主要目的在于减少教师压力和促进幸福感以及解决情绪关系和亲社会行为问题。[③] 综合性正念实践项目可以有效提升教师注意力,减少负面情绪,在释放工作压力的同时增强自我意识。[④] 正念干预中的瑜伽、细胞呼吸、情境关注练习等项目能够显著增强教师的抗逆能力和职业效能感,进而提高其专业参与度和幸福感。[⑤] 将正念干预项目纳入教师培训中,除直接使教师获益外,也可以使其周边群体如管理者和学生从中受益,因为当教师以平和、积极的情绪面对学生时,更有益于创设良好的教室氛围和优化教学环境。[⑥] 因而,越来越多的研究尝试运用以正念为基础的方法来支持教师的社会情感能力发展,如教师教育意识和心理弹性培养项目(Cultivating Awareness and Resilience in Education for Teachers,缩写CARE for Teachers)、压力管理和心理弹性训练(Stress Management and Resiliency Training)。

以CARE for Teachers项目为例,旨在为K-12教师和管理者增强处理压力、缓解倦怠、活跃教学氛围等技能提供资源和工具。[⑦] 该项目是一个为期30个小时的密集型培训,在4—6周内分4天进行,培训间隙会有电话和网络辅导,并在约2个月后再进行一次巩固培训。[⑧] 该项目需要教师投入时间,通过与学生建立支持性关系、管理学生的行为、提供有效的社会情感学习示范和指导,帮助教师掌握减少情绪压力和提升社会情感能力的技能。目前,CARE for Teachers项目已经在美国一些州(如科罗拉多、加利福尼亚、宾夕法尼亚、纽约)运行;同时,每年暑期会组织为期5天的培训,吸引了来自美国和世界各地的教育工作者。詹姆斯(Patricia Jennings)等学者就该项目对教师社会情感能力与课堂互动的影响进行了多次纵向评估,结果表明,"CARE for Teachers项目对教师适应性情绪调节、心理困扰、时间焦虑感、情绪管理、课堂互动等有统计学意义上的直接积极影响作用"[⑨];"项目的高频次指导以及在一个学年内提供

① Brackett M. A., Katulak N. A., *Emotional Intelligence in the Classroom: Skill-based Training for Teachers and Students*, *Applying Emotional Intelligence: A Practitioner's Guide*, Ciarrochi J., Mayer J. D. (Eds.), New York: Psychology Press, 2006, pp. 1-27.

② Meirav Hen, Adi Sharabi-Nov, "Teaching the Teachers: Emotional Intelligence Training for Teachers", *Teaching Education*, Vol. 25, no. 5(2014), pp. 375-390.

③ Jennings P. A., Greenberg M. T, "The Prosocial Classroom: Teacher Social and Emotional Competence in Relation to Student and Classroom Outcomes", *Review of Educational Research*, Vol. 79, no. 1(2009), pp. 491-525.

④ Frank J. L., Reibel D., et al, "The Effectiveness of Mindfulness-based Stress Reduction on Educator Stress and Well-being", *First International Conference on Mindfulness*, Vol. 6, no. 2(2013), pp. 208-216.

⑤ Abenavoli R. M., et al, "The Protective Effects of Mindfulness against Burnout among Educators", *The Psychology of Education Review*, Vol. 37, no. 2(2013), pp. 57-69.

⑥ Roeser R. W., Skinner E., Beers, J., et al. "Mindfulness Training and Teachers' Professional Development: An Emerging Area of Research and Practice", *Child Development Perspectives*, Vol. 6, no. 2(2012), pp. 167-173.

⑦ CARE for Teachers,载CARE官网:https://createforeducation.org/care/,最后登录日期:2020年1月11日。

⑧ Jennings P. A., Frank J. L., et al, "Improving Classroom Learning Environments by Cultivating Awareness and Resilience in Education (CARE): Results of Two Pilot Studies", *Journal of Classroom Interaction*, Vol. 46, no. 1(2011), pp. 37-48.

⑨ Jennings P. A., Brown J. L., et al. "Impacts of the CARE for Teachers Program on Teachers' Social and Emotional Competence and Classroom Interactions", *Journal of Educational Psychology*, Vol. 109, no. 7(2017), pp. 1010-1028.

的专门辅导所产生的效果不仅在该学年对教师的压力和幸福感产生积极影响，还会持续到下一学年中”。①

3. 依托学生社会情感学习项目，提升教师综合实施能力

绝大多数致力于培养和发展学生社会情感能力的 SEL 项目，通常会首先对教师和学校管理者展开培训，并提供培训指南和实施手册等资源，以帮助他们更好地实施 SEL 项目。譬如“促进另类思考策略”（Promoting Alternative Thinking Strategies）、“我能行”（I Can Problem Solve）、“狮子探险项目”（Lion Quest，缩写 LQ）与耶鲁大学的“社会情感学习实践”项目以及其他干预项目，在帮助教师掌握必备的理论知识和操作流程的同时，也在发展学生社会情感能力的过程中提高了教师实施 SEL 的技能和自身的社会情感能力。因此，这类培训立足点虽是保障项目推进，但也切实提高了教师关于社会情感的综合能力。

例如，1975 年发源于美国的 LQ 项目，目前被来自全球 105 个国家或地区的教师、专家在各种正式或非正式的环境中广泛应用，培训了全球 75 万名教育工作者，影响了 1800 万名学生。② 以美国“学术、社会与情感学习合作组织”（Collaborative for Academic, Social, and Emotional Learning，缩写 CASEL）提出的 5 个社会情感能力组成元素为依托，LQ 项目要求为学生创设安全的学习环境、与学生家庭和所在社区建立紧密联系、在整个学校区域内形成服务于他人的氛围等，从而给学生的社会情感技能发展提供良好的环境，并帮助其取得更大成就。为了保障项目实施的质量，LQ 项目组织方会根据需要组织 1—3 天不等的工作坊，帮助教师在现实工作环境中运用 LQ 策略，促使教师在反思性地讨论与分享“如何将 SEL 内容整合进日常教学活动中”，进一步掌握相关技能。马库斯-塔尔维奥（Markus Talvio）等研究者对来自 9 个国家的 2120 名教师参与者（其中，1206 名教师参加了 LQ 工作坊，914 名未参与）的胜任力、知识以及知识运用能力等进行了评估。结果表明，即使相对短期、低成本的教师 SEL 干预措施也是有效的。SEL 干预对教师产生了积极影响，使他们从社会情感学习的持续培训中受益。③耶鲁大学的情绪智力中心（Yale Center for Emotional Intelligence）在学校中推进社会情感学习实践时，流程的第二个环节便是对学校管理层和教师的培训，通过项目评估发现，教师经过培训在教学中实施项目后显著提高了自身的社会情感能力，改善了学校和班级的情感氛围，并提升了自我效能感和教学质量。④

二、国际教师培训项目中整合社会情感学习项目存在的问题

教师的 SEC 水平直接决定学生 SEL 项目的实施质量，故而提高教师的社会情感能力、将社会情感学习培训工作系统整合到教师专业培训计划中至关重要。在过去 20 余年间，社会情感学习的研究和实践已取得显著进展，但在大多数国家，除基本的行为管理策略外，教师培养环节很少关注教师社会情感能力问题，并且在教师培训工作中通过辅导和指导等更有效的方法为教师提供相关支持的做法也较少⑤，这直接限制了教师 SEL 能力的整体提升。

1. 政府对在职教师社会情感能力培训的重视程度有待提升

在过去十多年间，一些国家已经开始采取一系列提升教师社会情感能力和学校压力管理的干

---

① Jennings P. A., Doyle S., et al. “Long-term Impacts of the CARE Program on Teachers' Self-reported Social and Emotional Competence and Well-being”, *Journal of School Psychology*, Vol. 76, no. 10(2019), pp. 186-202.

② Lions Quest PreK - 12 Social and Emotional Learning Program，载 Lions Quest 官网：https://www.lions-quest.org/pdfs/2019-Lions-Quest-SEL-Brochure-1.pdf，最后登录日期：2020 年 1 月 11 日。

③ Markus T., Lauri H., et al, “Do Lions Quest (LQ) Workshops Have Systematic Impact on Teachers' Social and Emotional Learning (SEL)? Samples from Nine Different Countries”, *Electronic Journal of Research in Educational Psychology*, Vol. 17, no. 2(2019), pp. 465-494.

④ 曹慧，毛亚庆：《美国“RULER 社会情感学习实践”的实施及其启示》，《比较教育研究》2016 年第 12 期，第 73-79 页。

⑤ Jones S. M., Bouffard S. M, “Social and Emotional Learning in Schools: From Programs to Strategies”, *Society for Research in Child Development*, Vol. 26, no. 4(2012), pp. 1-33.

预措施,并且这些措施在改善教师职业倦怠、提升课堂互动质量、提高教师情绪管理能力等方面均取得了积极效果。然而,与学生SEL项目在政策、研究和实践领域取得的突出进展相比,对教师SEL培训的重视程度和培训实践存在严重滞后性,这限制了前者取得更大成效。

职前教师培养中尚未纳入SEL相关内容,导致在职教师群体SEC水平较低。由于大多数国家在职前教师培养的课程与教学中缺乏与“有效实施SEL”相关的社会情感知识和技能培训,导致许多教师并不具备有效传递SEL课程内容、促进学生社会情感能力发展的技能。然而,成功的SEL项目实施需要教师创造有利的实施环境,比如提供一个积极的榜样,促进人际问题的解决和冲突的化解。当教师进入教育现场时,他们自身的社会情感能力水平既影响与学生的互动关系、课堂管理方式和课堂氛围,也影响SEL项目实施的可接受度、可持续性和作用范围。因此,随着教育环境的日益复杂,人们对学生的情绪感知、调控和管理等非认知能力愈加重视,教师职前培养中尚未被重视的与实施SEL相关的技能如何通过在职培训有效提升,就显得尤为重要。

大规模的教师在职培训必须借助政府力量方能实现,然而,许多国家都缺乏提升教师SEL实施技能的系统策略,包括在课堂中实施SEL的教师专业发展计划。[①] 尽管研究表明教师可以从SEL培训中受益,但现实中“在如何提升社会情感技能,处理同辈冲突,以及与社会情感学习相关的其他方面问题,教师接受的培训极其有限”。[②] 通常情况下,教师很少得到充分的训练和持续性支持,以形成实施SEL计划的必要的技能和态度。例如,有研究者指出,中国香港的幼儿教师很少接受情感素养以及将幼儿情感体验传递给家长的沟通技能方面的培训。[③] 关于加拿大教师教育项目的研究表明,教师能够用于对学生开展SEL或者提升自身社会情感能力的时间很少。[④] 在土耳其,为教师提供的SEL培训项目数量相对有限。[⑤] 美国一些州虽然推动了面向在职教师的SEL培训,但2015年美国《教育周刊》的一项调查表明,18%的被调查者未接受过与SEL相关的培训,学校中的其他员工更是很少接受这方面的培训;而超过2/3的回答者表示曾接受过一些关于学生社会情感学习的培训,但期望更多的培训机会。[⑥] 教师SEL培训走在前列的国家(如美国和加拿大)主要是研究机构推动下的小规模培训,缺少政府层面整体部署与支持。

2. 尚未形成实施教师社会情感学习培训的系统性支持体系

提升教师的社会情感能力、促进SEL项目的有效实施,需要对教师提供系统性支持。这些支持涵盖的范围较为广泛,从帮助教师开展SEL项目的相关培训,到专门为教师设计的压力管理和自我调节计划等。已有关于教师专业发展的研究表明,那些持续性、连贯性的教师专业发展活动被普遍认为是最有效的策略。[⑦] 当前与SEL相关的教师培训主要采取单一、短时干预的方式,如“客座教师”(Guest Speaker)、“工作坊”(Workshop)、“一步式”(One-shot)培训等;内容上聚焦于具体教学法或学科主题活动,指导通常仅限于解释

---

① Markus T., Lauri H., et al, “Do Lions Quest (LQ) Workshops Have Systematic Impact on Teachers' Social and Emotional Learning (SEL)? Samples from Nine Different Countries”, *Electronic Journal of Research in Educational Psychology*, Vol. 17no. 2(2019), pp. 465-494.

② Lopes P. N., Mestre J. M., et al., “The Role of Knowledge and Skills for Managing Emotions in Adaptation to School: Social Behavior and Misconduct in the Classroom”, *American Educational Research Journal*, Vol. 49, no. 4(2012), pp. 710-742.

③ Chan D. W, “Emotional Intelligence: Implications for Education Practice in Schools”, *Educational Research Journal*, Vol. 17, no. 2 (2002), pp. 193-196.

④ Schonert-Reicht K. A, “Social and Emotional Learning and Teachers”, *The Future of Children*, Vol. 27, no. 1(2017), pp. 137-155.

⑤ Gol-Guven, M. “The Lions Program in Turkey: Teachers' Views and Classroom Practices”, *The International Journal of Emotional Education*, Vol. 8, no. 2(2016), pp. 60-69.

⑥ “Social and Emotional Learning: Perspectives from America's Schools”,载Education Week Research Center官网:https://secure.edweek.org/media/ewrc_selreport_june2015.pdf,最后登录日期:2020年1月4日。

⑦ Elmore R. F, *School Reform from the Inside Out: Policy, Practice, and Performance*. Cambridge, MA: Harvard University Press, 2004, p. 189.

SEL内涵、结构以及如何将它们教给学生①；培训人员主要是外部咨询官或课程专家，而非有经验的一线教师。因此，相关培训中存在内容碎片化、形式割裂化的问题，教师通常难以获得持续一贯的专业支持，进而限制了实践成效。

例如，土耳其缺乏对幼儿教师培训和专业发展的系统支持，或者向幼儿教师提供的专业发展和培训项目通常以单一培训课程形式呈现，缺乏后续支持。②同时，土耳其的LQ项目干预结果表明，即使培训内容得到教师的广泛接受，但他们在课堂上对这些技能的运用仍不充分。因此，除集中培训外，在如何将SEL项目实施更好地整合进日常教学实践或常规活动方面，教师需要更具体的指导和持续的支持。③ 加拿大一项以"建立与学生友好关系"为主旨的实验研究发现，即使在进行了为期8个月的干预（两周一次的电话会议，组织项目参与者学习相关理论知识并结合实际教学情境开展互动式讨论）后，有积极性的小学教师也难以有效实施"以关系为核心"的教学方法，他们需要更多的时间和持续的指导来吸收、运用习得的知识与技能。④ 然而，多数SEL项目都假设教师已经准备好作为一名有效的情感教练和榜样，而忽视了对教师提供持续的专业支持以弥合理论与实践之间的鸿沟。

三、推动中国教师社会情感能力提升的建议

教师理应对社会情感能力及其与学生学业表现的关系有深刻的了解，具有提升自身社会情感能力的意识和能力，学会更好地管理与教学相关的压力、调节情绪并监控自身行为。⑤基于我国已有研究与实践状况，未来应高度重视提升教师社会情感能力和社会情感学习实施技能的重要价值及长远意义，将社会情感学习纳入中小学教师在职培训的议程，提前谋划、整体布局、系统安排，为教师社会情感能力发展提供有效工具与支持资源。

1. 在政府推动下开展本土化教师社会情感能力研究

已有研究表明，将社会情感学习纳入教师在职培训对教师和学生发展带来了积极影响，但直至目前，国际上关于这些方面的研究还不充分。例如，如何科学设计在职教师的SEL培训课程和内容，使得培训效果更加有效？如何通过培训使教师不仅获得社会情感学习知识，更能帮助教师真正将SEL融入日常教学与活动实践中？如何提高学校管理者的社会情感能力，并促使他们为教师实施SEL创设支持性环境？……由于学术界对将社会情感能力纳入在职教师培养项目缺乏系统的研究，也致使一些学生SEL项目难以达到预期效果。

国内于20世纪80年代才逐步开展对教师素质的研究。随着情绪智力研究的兴起，一些研究者陆续开始关注教师情绪智力的意义和价值。2012年以后，国内对中小学教师情绪智力与工作满意度、职业倦怠、教学效能感等的研究才逐步增多。例如，马惠霞等研究者对天津市285名中小学教师进行调查，并对部分教师所任教班级中的108名中学生进行书面访谈，发现教师的情绪状态可以感染和传递给学生，教师情绪状态与学生感知到的情绪状态相对一致。⑥ 2016年以来，个别研究者开始通过实验研究探究正念训练对教师专业发展的作用，如何元庆等以45名幼儿园教师为研究对象，测评正念团体咨询（为期8周）对实

---

① Zins J. E., Travis L. F., "*Linking Research and Educational Programming to Promote Social and Emotional Learning*", *Emotional Development and Emotional Intelligence: Implications for Educators, Peter Salovey (Eds.)*, New York: Basic Books, 1997, pp. 257 - 274.

② Rakap S., Balikci S., et al, "Preschool Teachers' Use of Strategies to Support Social-Emotional Competence in Young Children", *International Journal of Early Childhood Special Education*, Vol. 10, no. 1(2018), pp. 11-24.

③ Gol-Guven M. "The Lions Program in Turkey: Teachers' Views and Classroom Practices", *The International Journal of Emotional Education*, Vol. 8, no. 2(2016), pp. 60-69.

④ Reeves J., Mare L L, "Supporting Teachers in Relational Pedagogy and Social Emotional Education: A Qualitative Exploration", *The International Journal of Emotional Education*, Vol. 9, no. 1(2017), pp. 85-98.

⑤ Patricia A. Jennings, Jennifer L. F, *In-service Preparation for Educators*, Joseph A. D., et al. Handbook of Social and Emotional Learning: Research and Practice, New York: The Guilford Press, 2017, p. 433.

⑥ 马惠霞，苏鑫，刘静：《中小学教师的情绪及其对学生的情绪传递初探》，《教育理论与实践》2016年第9期，第31-33页。

验组幼儿教师正念水平和心理健康程度的干预效果。[①] 在实践层面,2013 年,我国教育部与联合国儿童基金会合作开展了"社会情感学习"项目,在中西部 11 个省的 16 个县区 500 多所学校试点推进,取得了一定的研究成果和实践效果。[②] 由北京师范大学和来自各项目地区的专家组成的团队,结合中国实际情况,构建了理论框架,开发了面向校长、教师和相关培训人员的系列化培训手册,以介绍实施社会情感学习的方法、途径与案例。

但与多数国家对社会情感能力研究的大力推进相比,我国对教师社会情感能力及职后培训的研究相对滞后,主要体现在以下三个方面:一是研究多聚焦于教师情绪智力对教师身心健康、工作状态的影响等方面,而对中国环境下教师社会情感能力对学生发展的作用机制缺乏研究;二是对中国教师社会情感能力的理论构建欠缺;三是对"与教师社会情感能力相关的教师专业培训"的实证性研究欠缺,仅有自发性、小规模的实践探索,缺乏大规模调研。未来我国应高度重视教师社会情感能力的意义和价值,重点推进相关领域的实证性本土化研究。"以西方学校教育为背景揭示的很多研究结论和实践策略,并不一定完全适用于我国的文化背景。"[③] 要实现社会情感能力在我国教育生态环境中"生根发芽"并推动基层学校教育变革,我们必须在大量的观察、实验和调查基础上,获取"教师社会情感能力发展""教师社会情感能力与学生发展结果""社会情感能力与教师在职培训"等主题的实证研究成果,为我国在职教师 SEL 培训的可行性、操作方式、资源需求等提供理论支撑。因此,要依托国内重点高校开展相关研究,一方面,为教师实施社会情感学习提供循证计划,构建评估模型和科学流程,通过数据收集不断反馈和改善社会情感学习的情况;另一方面,构建强有力的概念模型和开展理论研究,为 SEL 纳入国家教师培训课程提供理论支持。这些相关协调工作非政府机构无法胜任。

2. 加快建设教师社会情感学习项目的培训团队

正如教师是学生 SEL 项目实施效果的关键引擎一样,教师 SEL 项目培训机构与培训者的水平,是推进教师 SEL 项目顺利实施和教师社会情感能力发展的关键之举。在推进学生 SEL 项目实施和开展教师 SEL 培训之前,一些国家通过长期的专业培训与严格考核,遴选了一批有资质的社会情感能力培训师,建设专业的 SEL 项目培训团队,来保障社会情感学习项目实施的质量。

我国应在研制与出台教师社会情感能力培训者的专业标准基础上,率先依托国内部属师范大学的教育学院(学部)或国家现有师资培训基地,依据专业标准,遴选一批有志于长期从事教师社会情感学习项目培训的人员,引进国际教师社会情感能力干预项目的培训资源,对这些培训师候选人进行专业培训与考核,建设一批素质高、业务强、具有扎实理论功底的专业培训师团队;同时,建立培训师专家库,并创造性地搭建灵活、开放、专业的教师社会情感能力培训公共服务平台,为未来开展教师社会情感能力和社会情感学习技能培训提供人才支持和平台支撑。

3. 制订培训计划为教师社会情感能力发展提供持续支持

将社会情感学习纳入培训环节,是提升教师社会情感能力和实施社会情感学习技能的重要途径。不过,从国际上在职教师 SEL 培训的方式来看,短期、"一站式"培训虽然能够使教师受益,但实践中可能存在"教师了解 SEL 知识,但不明确如何实施 SEL""因时间限制与缺乏资源,教师忽视了在日常学校工作中有意识地运用策略提升社会情感能力和实施 SEL 项目"等问题,不一定能达到理想的实施效果。为有效提高教师社会情感能力和社会情感学习实施技能,政府机构、学校及科研机构应对开发 SEL 发展的综合方法持开放态度,特别是应通过制订长期培训计划为教师的社会情感能力发展提供持续、连贯的专业支持。

就以往的教师培训内容来看,2011 年教育部《关于大力加强中小学教师培训工作的意见》强调"以提高教师师德素养和业务水平为核心",2012 年颁布的《中小学教师专业标准(试行)》则作为"国培"和"省培"等各级培训的指导,相关培训"既

① 何元庆,等:《正念团体咨询对幼儿教师心理健康的干预效果》,《中国卫生事业管理》2018 年第 8 期,第 631-640 页。

② 陈若葵:《社会情感学习 培养孩子"共情"能力》,《中国妇女报》2017 年 11 月 5 日,第 A1 版。

③ 杜媛,毛亚庆:《从专门课程到综合变革:学生社会情感能力发展策略的模式变迁》,《全球教育展望》2019 年第 5 期,第 39-53 页。

有思想政治教育、师德修养等传统内容，也包含信息化技术运用、心理健康等新兴内容”[①]，且更加关注教师的专业素质和能力培训。一些研究者通过对培训实践的调研发现，教师接受最多的培训内容是“教育教学理论、学科教学、教学方法及策略、班主任管理和学校及课堂教学管理”，但被调查者希望接受的培训内容是“教学方法及策略、学生发展及心理健康”。[②] 从中可以发现，无论是在政策要求还是具体执行方面，我国教师培训对学生和教师社会情感能力、社会情感学习指导策略等内容都缺乏关注。一项纵向研究还发现，与 10 年前相比，中小学教师更疲倦、焦躁了。[③]

社会情感能力的培养是一项系统工程[④]，发展教师的社会情感能力与提高教师的 SEL 实施技能亦是如此。基于以往研究和实践，未来我国首先应研究将教师社会情感能力融入教师专业发展与培训体系的方法与途径，借鉴国际上教师 SEL 培训的积极经验，克服“重短期学习，轻持续提升”的弊端，科学设计中小学在职教师 SEL 培训的内容与方式，并对教师 SEL 培训的进程进行整体规划。例如，在培训方法上，在集中短期培训之后，培训机构和部门可以借助多媒体、网络等定期向在职教师提供个性化的学习资源(如典型案例、视频、理论研究成果，创建在线学习社区)，满足不同教师群体的多样化需求，为教师 SEL 培训提供持续、连贯性的资源支持；在培训途径上，既可以将教师 SEL 内容融入“国培计划”“省培计划”等各级专业发展培训项目中，也可以根据实际需求单独设立教师社会情感能力提升项目；在培训组织上，除了国家和地区层面关于教师 SEL 培训的政策规划外，学校领导者应为本校教师创设社会情感学习技能发展的支持性组织环境，重视教师成长并承认“错误”是学习过程的一部分。[⑤]同时，政府部门除了规划在职教师的培训方案并提供必备的财政资源外，还应致力于建设对教师社会情感能力进行评估的指导方针和标准方案。

International Experiences, Issues and Implications of Teachers' Social-Emotional Competence Enhancement

ZHANG Mengmeng

(College of Education, Shanghai Normal University, Shanghai, 200234)

Abstract: Teachers are the primary implementers of social-emotional development programs for students, their individual levels of social-emotional competence and their beliefs and attitudes of implementing social-emotional learning programs directly affect the development of students' social-emotional competence and the individual well-being of teachers themselves. Some countries and regions have begun to integrate social-emotional competencies into in-service teacher training to enhance their emotional regulation, interpersonal skills, and social-emotional teaching skills. Meanwhile, there also exist such problems in related training as a lack of governmental participation and systematic support. In the light of international research results and practical experiences and based on the development of research in China, the significance and value of teachers' social-emotional competence for teacher development should be strategically emphasized in the future. Social-emotional learning should be incorporated into the teacher training agenda, and localized empirical research should be conducted to provide a professional support system for teachers' social-emotional competence development.

Key words: in-service teachers, social-emotional competence, social-emotional learning

---

① 曲铁华，龚旭：《新中国成立 70 年中小学教师培训政策的回顾与展望》，《河北师范大学学报(教育科学版)》2019 年第 3 期，第 49-55 页。

② 薛海平，陈向明：《我国中小学教师培训质量调查研究》，《教育科学》2012 年第 6 期，第 53-57 页。

③ 伍新春：《中国中小学教师专业倦怠的总体特点与差异表现》，《华南师范大学学报(社会科学版)》2019 年第 1 期，第 37-42 页。

④ 袁振国：《什么对事业成功、生活幸福更具影响》，载光明网：http://epaper. gmw. cn/gmrb/html/2019-07/23/nw. D110000gmrb_20190723_1-13. htm. 最后登录日期：2020 年 1 月 15 日。

⑤ Jones S. M., Bouffard S. M, “Social and Emotional Learning in Schools: From Programs to Strategies”, *Society for Research in Child Development*, Vol. 26, no. 4(2012), pp. 1-33.

《现代基础教育研究》
第45卷，2022年3月 （Research on Modern Basic Education） Vol.45, Mar. 2022

小学教师获得感的问卷编制与现状调查

张鹏程，沈永江

（南通大学 教育科学学院，江苏 南通 226019）

摘　要：为探索小学教师获得感的内涵、结构及研究价值，采用方便取样对江苏省、安徽省等地共 1521 名小学教师进行调查，编制了信效度较好、符号心理测量学要求的小学教师获得感问卷，其主要包括职业保障、精神实现、专业成长 3 个维度的 15 个项目。通过现状调查发现，小学教师工作投入正向显著预测小学教师幸福感，且小学教师获得感在其中发挥部分中介作用，表明教师工作投入不仅直接正向预测幸福感，还可以通过获得感间接预测其幸福感。为此，亟须多措并举，提升小学教师获得感。

关键词：小学教师；获得感；问卷编制；幸福感；工作投入

一、引言

自 2015 年习近平总书记指出“让人民群众有更多获得感”以来，“获得感”在党的报告及政府文件中被多次提及，如：十九大报告强调，要不断满足人民日益增长的美好生活需要，使人民获得感、幸福感、安全感更加充实、更有保障、更可持续。2019 年 2 月 22 日，《教育部 2019 年工作要点》也提出“提升人民群众教育获得感”的战略目标与教育旨向。

然而，目前学界对“获得感”进行的系统研究较少，且不充分。主要表现为：(1)研究内容较为单一；(2)研究对象较为宽泛；(3)研究方法多为定性分析；(4)研究的理论基础较为薄弱；(5)研究缺乏多学科视角。

基于以上研究之不足，研究 1 拟从教育心理学视角出发，并聚焦于具体职业——小学教师，编制小学教师获得感问卷；研究 2 在研究 1 基础上，增加工作投入作为小学教师获得感与幸福感的预测变量，并对三者关系进行实证探索。

1.“获得感”的概念界定

关于“获得感”，《现代汉语词典》(第 7 版)对“获得”的解释为“取得，得到”[①]；“感”即“感觉，情感，感想”[②]，二者合一，即为“获取某种客观利益后所产生的主观感受”。近年来，学界对“获得感”概念的阐释

基金项目：本文系国家社会科学基金教育学青年项目“教师获得感的评价指标体系构建研究”(项目批准号：CBA180253)的阶段性研究成果。

作者简介：张鹏程，南通大学教育科学学院副教授，博士，主要从事体验教学、情感心理学与教师获得感研究；沈永江，南通大学教育科学学院院长，教授，主要从事微生态教育心理研究。

① 中国社会科学院语言研究所词典编辑室：《现代汉语词典》(第 7 版)，商务印书馆 2017 年版，第 596 页。

② 中国社会科学院语言研究所词典编辑室：《现代汉语词典》(第 7 版)，商务印书馆 2017 年版，第 424 页。

也同样集中于以上两个方面，即“获得”的客观来源与“感”的主观认知。其中，“获得”的客观来源主要包括思想政治教育[①]、社会改革[②]、公共服务[③]等；而对于“感”的性质的研究则致力于揭示个体对于“获得”的主观感受，如辛秀芹等将“获得感”界定为：人们基于对实际获得的主观评判而产生满足和幸福等积极心理感受[④]；还有研究则将“获得感”定义为个体或群体在自我处境持续改善、自我状况不断提升过程中所感受到的积极心理体验。[⑤]已有研究虽从不同的理论角度出发，或侧重于“获得”或聚焦于“感”，但在共性上均倾向于将“获得感”界定为：个体对于获得的主观感知。

层次需要理论指出，人的需求从低到高依次分为生理、安全、社交、尊重和自我实现的需要。获得感作为主观性与客观性的统一体，与个体需求的满足程度密切相关，是个体在其需要得到满足后产生的良好心理感受。层次需要理论为我们展现了一个从物质到心理的、呈阶梯状分布的需求层次框架，这表明，需要实现的结果——获得感也存在一个由物质获得向精神获得的转变趋势。相比之下，社会比较理论则认为，个体因与他人比较而存在。[⑥]从社会比较的结果看，其又异化向不同的极端：获得与剥夺。当个体在与他人或过去的自己进行比较，取得优势时，便产生获得感；反之，则产生相对剥夺感。[⑦]另外，社会交换理论将人们的一切行为视为以获得利益和报酬为目的的交换[⑧]，指出社会交换行为的发生与否取决于个体从预期的互动中获得的报酬与所付出代价的差值，即“报酬－代价＝后果”。而获得感也正从这一机制中产生：若收益大于成本，则个体产生获得感，交换关系得以维持，并引导下一次交换互动的产生。

对小学教师获得感探究的逻辑起点是小学教师这一特殊获得感主体的需要特征和工作特征。依据需要层次理论[⑨]，处于特定职业领域内的小学教师的需要由低到高分别为：职业保障（包括薪酬福利、环境资源等，与需要层次理论的低层生理需要相对应）、精神实现（包括他人的认可支持、尊重、自我实现的愿望等，与需要层次理论的高级心理需要相对应）；同时，教师职业的专业化特征要求教师有专业方面的成长。[⑩]鉴于此，研究 1 从心理学的角度出发，以需要层次理论、社会比较理论及社会交换理论为基础，同时注重“获得”的内容与“感”的性质，将“小学教师获得感”定义为：小学教师在教育教学活动中为实现职业保障、精神实现及专业成长等一系列需求而进行工作投入，通过与自身及他人的比较，对客观获得所产生的主观感知。并据此构建小学教师获得感问卷的三个维度：职业保障、精神实现及专业成长。

2. *获得感与幸福感的关系*

党的十九大报告将获得感、安全感和幸福感作为衡量人民美好生活需要满足程度的重要评判指标，其中获得感与幸福感得到广大研究者的一致重视。那么，获得感、幸福感二者之间究竟是何种关系呢？是并行还是递进？

关于获得感与幸福感之间的关系，一方面，获得感不仅是个体对于客观获得的主观认知，还包含由

① 程仕波：《论大学生思想政治教育获得感的三种样态》，《思想教育研究》2020 年第 10 期，第 48-52 页。

② 蒋永穆，张晓磊：《共享发展与全面建成小康社会》，《思想理论教育导刊》2016 年第 3 期，第 74-78 页。

③ 李斌，张贵生：《居住空间与公共服务差异化：城市居民公共服务获得感研究》，《理论学刊》2018 年第 1 期，第 99-108 页。

④ 辛秀芹：《民众获得感“钝化”的成因分析——以马斯洛需求层次理论为视角》，《青岛行政学院学报》2016 年第 4 期，第 56-59 页。

⑤ 郑建君：《中国公民美好生活感知的测量与现状——兼论获得感、安全感与幸福感的关系》，《政治学研究》2020 年第 6 期，第 89-103 页，第 127-128 页。

⑥ Leon Festinger, “A Theory of Social Comparison Processes”, *Human Relations*, Vol. 7, no. 2 (1954), pp. 117-140.

⑦ 李振兴，郭成，邓欢，毛俊，邹文谦，王芳：《维度比较：个体内不同领域的比较》，《心理科学进展》2016 年第 4 期，第 603-611 页。

⑧ George C. Homans, “Social Behavior as Exchange”, *American Journal of Sociology*, Vol. 63, no. 5 (1958), pp. 597-606.

⑨ 周彬，吴志宏，谢旭红：《教师需要与教师激励的现状及相关研究》，《教育理论与实践》2000 年第 9 期，第 32-38 页。

⑩ 张倩，李子建：《教师专业化的国际经验及其启示》，《中国教育学刊》2014 年第 10 期，第 93-97 页。

物质或精神上的获得而产生的积极情感[①],而积极情感也正是幸福感的下属因子之一[②],这说明获得感与幸福感在本质上都以积极情感为基础,具有来源上的一致性;另一方面,获得感并不完全等同于幸福感,正如有研究者指出:获得感作为个体对客观获得的主观感知,是个体幸福感的重要基础和前提条件[③],获得感的满足可以提升幸福感[④],且与幸福感有一定的对应性,但较其有更强的需求关联性、反应即时性、社会群体性及结构综合性。[⑤]幸福感作为个体较长一段时间以来对自身总体生活、工作状态是否满意的稳定的认知评价和情感体验,是由多种因素共同作用而产生的主观心理反应;而获得感是在即时的社会交换与社会比较中产生的,具有明显的即时性、情境性特点[⑥],正是这种即时性的关于"获得"的认知与情感的长期累加,导致了个体对工作投入的总体良好评价——职业幸福感。循此逻辑,推测在幸福感的生成路径中,获得感可能发挥着中介的作用。

纵观已有关于获得感与幸福感关系的研究,其结论多来源于理论推演,因此有必要进行实证检验。与此同时,根据社会交换理论推测:获得感的产生源自个体前期自发地对预期的获得进行时间、精力等主动投入[⑦],因此工作投入对获得感有一定的预测能力。故研究 2 从实证研究角度,结合现状调查,在研究 1 的基础上,加入工作投入作为小学教师获得感与幸福感的预测变量,对三者之间的关系进行探讨,提出假设:工作投入正向预测小学教师幸福感,且小学教师获得感在其中发挥中介作用。

二、问卷编制

1. *编制问卷项目*

基于获得感的文献梳理,对 131 名小学教师发放开放式访谈问卷,以了解小学教师对获得感相关主题的认识。访谈题目如下:您认为什么是获得感或教师获得感? 您认为能够让小学教师产生获得感的事件或因素有哪些? 随后对开放式问卷的数据进行处理,增添对具体情境的描述作为本问卷的部分项目;同时对"主观幸福感量表"及"工作满意度量表"的部分项目加以修改,作为本问卷的项目。最终,结合多名心理专家的意见,形成包含 24 道题目的"小学教师获得感预测问卷"。问卷采用 6 点计分,从 1—6 分别为"完全不符合、基本不符合、有点不符合、有点符合、基本符合、完全符合";总分越高表示获得感越强。

2. *问卷施测*

第一次施测以江苏省、浙江省部分小学教师为调查对象,采用问卷星发放问卷 395 份,用于项目分析与探索性因素分析。其中男教师 110 人(27. 8%),女教师 285 人(72. 2%);教龄在 5 年及以内的 119 人(30. 1%),教龄在 6—14 年的 71 人(18. 0%),教龄在 15 年及以上的 205 人(51. 9%)。

第二次施测以江苏省、安徽省部分小学教师为调查对象,采用问卷星发放问卷共 395 份。其中男教师 107 人(27. 1%),女教师 288 人(72. 9%);教龄在 5 年及以内的 115 人(29. 1%),教龄在 6—14 年的 66 人(16. 7%),教龄在 15 年及以上的 214 人(54. 2%),用于验证性因素分析与信效度检验。

---

① 谭旭运,董洪杰,张跃,王俊秀:获《得感的概念内涵、结构及其对生活满意度的影响》,《社会学研究》2020 年第 5 期,第 195-217 页,第 246 页。

② 陈么元,李凯,黄蕾,郭永玉:《贫困大学生个人目标与主观幸福感的关系》,《心理学探新》2020 年第 4 期,第 372-376 页。

③ 郑建君:《中国公民美好生活感知的测量与现状——兼论获得感、安全感与幸福感的关系》,《政治学研究》2020 年第 6 期,第 89-103 页,第 127-128 页。

④ 康来云:《获得感:人民幸福的核心坐标》,《学习论坛》2016 年第 12 期,第 68-71 页。

⑤ 谭旭运,董洪杰,张跃,王俊秀:《获得感的概念内涵、结构及其对生活满意度的影响》,《社会学研究》2020 年第 5 期,第 195-217 页,第 246 页。

⑥ 王俊秀,刘晓柳:《现状、变化和相互关系:安全感、获得感与幸福感及其提升路径》,《江苏社会科学》2019 年第 1 期,第 41-49 页,第 258 页。

⑦ George C. Homans, "Social Behavior as Exchange", *American Journal of Sociology*, Vol. 63, no. 5 (1958), pp. 597-606.

3. 统计方法

采用 SPSS 21.0 与 Amos 24.0 对数据进行项目分析、因素分析及信效度检验。

4. 分析结果

（1）项目分析

采用 SPSS 21.0 对第一次问卷施测数据进行项目分析。将被试按问卷得分高低进行排列，总分在前 27% 的被试作为高分组，后 27% 的被试作为低分组；并对两组被试在各个项目上的得分进行独立样本 t 检验。结果显示，各项目在高分组与低分组上的得分均有显著的统计学差异（$p<0.000$），表明“小学教师获得感预测问卷”各项目具有良好的鉴别力。

（2）探索性因素分析

探索性因素分析发现：$\chi^2=5164.426$，KMO=0.915，$p<0.001$，表明项目适合进行因素分析。对预测问卷的 24 个项目采用主成分分析和最大方差的正交旋转进行探索性分析，结果显示，有 3 个公因子特征值大于 1，各题项因子载荷均大于 0.4，参考相关研究①，进一步删除共同度小于 0.4 的项目 33 和在两个及以上因素上载荷差值小于 0.2 的 9 个项目（项目 6、11、17、29、32、33、34、35、37），最后问卷保留 15 个项目。对保留的 15 个项目再次进行探索性因素分析，结果显示，有 3 个公因子特征值大于 1，结合碎石图，最终确定抽取 3 个因子，各项目方差累计贡献率为 76.69%。

其中，因子 1 包含 5 个项目，涉及学生、家长、同事的认可及尊重等，命名为“精神实现”；因子 2 包含 5 个项目，涉及薪酬、福利及职称评定等，命名为“职业保障”；因子 3 包含 5 个项目，涉及科研能力、教学知识与技能的提升等，命名为“专业成长”。各因子载荷图见表 1。

表 1 小学教师获得感各项目因素负荷（n=395）

项目	因子负荷			
	因子1	因子2	因子3	共同度
我与学生相处很融洽	0.898			0.857
尊师重教目前已成为共识	0.883			0.834
学生和家长认可我的付出	0.872			0.838
家长很放心把孩子交给我	0.845			0.812
同事对我的评价比较不错	0.841			0.803
我对自己的薪酬比较满意		0.875		0.850
薪资水平满足我日常支出		0.870		0.831
我的工作收入与付出匹配		0.853		0.773
我对目前工作福利很满意		0.843		0.808
我的职称与我的能力相符		0.716		0.644
我的科研工作开展很顺利			0.773	0.726
我的科研能力在不断提高			0.732	0.678
我的专业知识在不断丰富			0.731	0.713
我很满意目前的教学业绩			0.706	0.654
我的教学技能在逐步提高			0.690	0.812
特征值	7.692	2.735	1.077	
贡献率(76.69%)	51.278	18.230	7.179	

① 陶金花，程灶火：《大学生责任心问卷编制和信效度研究》，《中国临床心理学杂志》2020 年第 3 期，第 496-498 页，第 641 页。

(3)验证性因素分析

以基于需要层次理论推导所得到的3因素模型作为初步统计模型,采用Amos 24.0对第二次施测的395份问卷数据进行验证性因素分析,并将理论模型与竞争模型的拟合度进行比较。理论模型为:15个项目分职业保障、精神实现、专业成长三个维度;竞争模型为:单维模型(15个项目仅获得感一个维度);双维模型(15个项目分为职业保障与精神实现、专业成长两个维度)。结果如表2所示,理论模型的各项拟合指标均在可接受范围内:χ^2/df=4.083,RMSEA=0.088,CFI=0.916,GFI=0.892,IFI=0.916,且优于竞争模型,结构较为合理。

表2 小学教师获得感问卷模型的拟合指数比较(n=395)

模型	χ^2/df	RMSEA	CFI	GFI	IFI
单维模型	12.822	0.187	0.609	0.577	0.610
双维模型	12.029	0.167	0.691	0.661	0.636
理论模型	4.083	0.088	0.916	0.892	0.916

5. 信度分析

如表3所示,小学教师获得感总问卷的内部一致性系数为0.883,各分维度内部一致性系数分别为0.908、0.883、0.844,表明问卷具有良好的内部一致性信度。

表3 小学教师获得感总问卷及各维度信度系数(n=395)

维度	项数	α系数
职业保障	5	0.908
精神实现	5	0.883
专业成长	5	0.844
总量表	15	0.883

6. 效度分析

(1)结构效度

首先,探索性因素分析与验证性因素分析的结果已初步表明该问卷结构的合理性。其次,相关分析表明小学教师获得感总问卷与各因子间的相关(0.66、0.83、0.87)大于各个因子之间的相关(0.25、0.53、0.57),表明各因子既有较强的归属性,又有一定的独立性。

(2)效标效度

采用乔爽编制的“小学教师职业幸福感问卷”① 为效标,对两份问卷总分及各维度进行相关分析,发现:小学教师获得感问卷与小学教师职业幸福感问卷各维度之间显著相关,相关性均在0.20—0.65之间,这表明小学教师获得感问卷具有良好的效标效度,见表4。

表4 小学教师获得感问卷与效标问卷的相关性分析结果(n=395)

	情感支持	工作吸引力	工作认可	成就显示	幸福感总分
职业保障	0.60***	0.38***	0.41***	0.59***	0.63***
精神实现	0.20***	0.28***	0.40***	0.19***	0.36***
专业成长	0.41***	0.32***	0.65***	0.46***	0.60***
获得感总分	0.45***	0.39***	0.61***	0.46***	0.63***

注:*表示 $P<0.05$,**表示 $P<0.01$,***表示 $P<0.001$,下同。

① 乔爽:《小学教师职业幸福感与时间管理、职业认同的关系》,首都师范大学硕士学位论文,2015年,第14页。

三、现状调查

1. 研究方法

(1)被试

对江苏、安徽省 637 名小学教师发放问卷,共回收有效问卷 600 份,有效率 94.2%。其中男教师 180 人(30.00%),女教师 420 人(70.00%);城市教师 145 人(24.17%),乡镇教师 212 人(35.33%),农村教师 243 人(40.50%);教龄在 5 年及以内的教师 188 人(31.33%),教龄在 6—14 年的 95 人(15.83%),教龄在 15 年及以上的 317 人(52.84%);语文教师 236 人(39.33%),数学教师 173 人(28.83%),英语教师 101 人(16.83%),其他教师 90 人(15.01%)。

(2)工具

工作投入量表:肖菲力(Schaufeli)等人编制的工作投入量表由我国学者张轶文、甘怡群翻译并修订,包含三个维度共 15 个题项,采用 6 点计分。[①]在本研究中,该量表的 Cronbach's α 系数为 0.938,各分量表 α 系数分别为 0.850、0.804 和 0.815。

小学教师获得感问卷:采用自编的小学教师获得感问卷,共三个维度 15 个题项,采用自评式 6 级计分制。经验证,本研究中该问卷的 Cronbach's α 系数为 0.881,各分问卷的 α 系数分别为 0.908、0.821 和 0.840。

小学教师职业幸福感问卷:采用乔爽编制的小学教师职业幸福感问卷,包括四个维度共 16 个题项,采用 5 点计分。[②] 在本研究中,该问卷的 Cronbach's α 系数为 0.884,各分问卷的 α 系数在 0.829-0.847 之间。

(3)数据处理

采用 SPSS22.0 及 PROCESS 插件对数据进行录入与分析处理。由于本研究的数据均来源于问卷调查,故有必要对共同方法偏差进行控制:一是程序控制,在问卷施测中采用统一的指导语、告知调查的匿名性等控制性举措;二是统计控制,根据 Harman 单因素检验法,对本研究中所有项目进行探索性因素分析,设立公因子数为 1。结果表明:有 8 个因子在未旋转的情况下的特征值大于 1,且第一个因子解释方差变异量为 33.44%,未超过临界值 40%,不存在严重的共同方法偏差。[③]

2. 调查结果

(1)各变量描述性统计与相关分析

相关分析结果表明,小学教师工作投入、获得感、幸福感两两之间呈显著正相关(见表 5)。

表 5 各变量描述性统计结果及相关

变量	*M* ± *SD*	工作投入	获得感	职业幸福感
工作投入	4.84 ± 0.97	1		
获得感	4.47 ± 0.70	0.50***	1	
职业幸福感	4.15 ± 0.54	0.61***	0.64***	1

① 张轶文,甘怡群:《中文版 Utrecht 工作投入量表(UWES)的信效度检验》,《中国临床心理学杂志》2005 年第 3 期,第 268-270 页,第 281 页。

② 乔爽:《小学教师职业幸福感与时间管理、职业认同的关系》,首都师范大学硕士学位论文,2015 年,第 14 页。

③ 周浩,龙立荣:《共同方法偏差的统计检验与控制方法》,《心理科学进展》2004 年第 6 期,第 942-950 页。

(2)中介模型验证分析

以工作投入为自变量,幸福感为因变量,获得感为中介变量,采用海因斯(Hayes)① 编制的 SPSS 宏中的 Model 4(Model 4 为中介模型),对获得感在工作投入与幸福感间的中介效应的95% 置信区间进行评估计算(Bootstrap 样本为 5000)。结果表明,工作投入对幸福感的总效应显著(β=0. 336,t=18. 837,p<0. 001),且能够直接正向预测幸福感(β=0. 215,t=11. 946,p<0. 001);工作投入能够正向预测小学教师获得感(β=0. 358,t=13. 980,p<0. 001),获得感能正向预测小学教师的幸福感(β=0. 340,t=13. 622,p<0. 001)(见表 6)。

表 6 各变量间的回归分析

回归方程(N = 600)		整体拟合指数			回归系数显著性	
结果变量	预测变量	R	R^2	$F(df)$	β	t
幸福感		0.610	0.372	354.817***		
	工作投入				0.336	18.837***
获得感		0.496	0.246	195.449***		
	工作投入				0.358	13.980***
幸福感		0.722	0.521	324.944***		
	工作投入				0.215	11.946***
	获得感				0.340	13.622***

中介效应分析显示:路径(工作投入→获得感→幸福感)Bootstrap 95% 的置信区间为[0. 098, 0. 148],不包含 0,效应值为 0. 122,表明小学教师获得感在工作投入与幸福感的关系中发挥部分中介作用(见表 7、图 1)。

表 7 中介效应 Bootstrap 分析

	效应值	Boot 标准误	Boot CI 下限	BootCI 上限	效应占比
间接效应	0.122	0.013	0.098	0.148	36.20%
直接效应	0.215	0.018	0.001	0.180	63.80%
总效应	0.336	0.018	0.001	0.301	

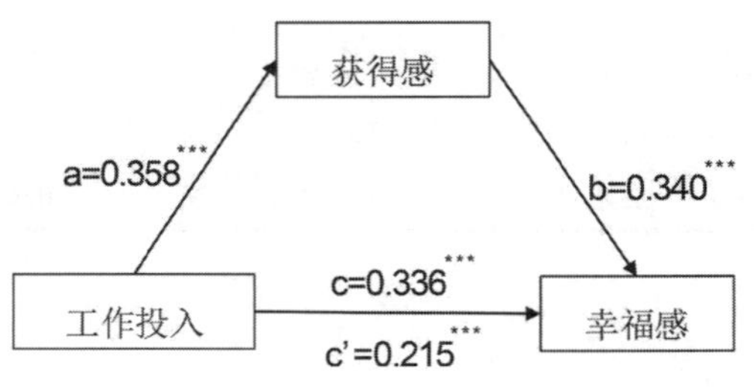

图 1 中介作用示意图

① Hayes, A F, "Introduction to Mediation, Moderation, and Conditional Process Analysis", *Journal of Educational Measurement*, Vol. 51, no. 3(1993), pp. 335-337.

四、研究讨论

1. 小学教师获得感问卷编制

鉴于已有研究的不足，研究1针对小学教师这一具体职业群体，以需要层次理论、社会比较理论和社会交换理论为基础，结合小学教师的需要特征与工作特征，将小学教师获得感的内涵界定为：教师在教育教学活动中为职业保障、精神实现及专业成长等一系列需求而进行工作投入，通过与自身及他人的比较对客观获得所产生的主观感知；并据此构建小学教师获得感问卷的三个维度：职业保障、精神实现及专业成长。

通过对小学教师进行访谈及开放式问卷调查，编制了小学教师获得感预测问卷共24个项目，经项目分析删除9项，最终保留15项。通过对保留的15个项目进行探索性因素分析，提取了3个特征值大于1的因子，即小学教师获得感可归纳为3个维度，分别命名为职业保障、精神实现及专业成长，累计解释方差变异为76.69%。验证性因素分析表明，三维度的理论模型拟合良好，符合测量学标准①，说明小学教师获得感问卷结构较为合理。

通过多种方法对小学教师获得感问卷的信效度进行检验：在信度方面，总问卷的Cronbach's α系数为0.833，各分量表的Cronbach's α系数分别为0.908、0.833、0.844，信度较高，说明所编制的小学教师获得感问卷是可靠的。在效度方面，相关分析表明，小学教师获得感总问卷与各因子间的相关大于各个因子之间的相关，且与小学教师职业幸福感总分及各维度呈显著正相关，表明小学教师获得感问卷具有良好的结构效度与校标效度。

2. 小学教师获得感现状调查

研究2发现，工作投入能够正向预测小学教师幸福感，这与已有研究结果一致②，即教师工作投入越高，幸福感也会随之提升。③肖菲力等人以幸福感来定义工作投入④，将工作投入建立在幸福感的下属维度——积极情感之上⑤，认为工作投入本身就是一种与工作相关的正性体验，体现了工作中的高能量水平和强烈的认同感，由此产生更多的积极情绪和满意度⑥，而幸福感的结构也主要聚焦于对特定对象的积极体验与满意度⑦，因而小学教师工作投入能够在一定程度上解释和预测职业幸福感。

研究2还发现，小学教师获得感在工作投入与职业幸福感的关系中发挥部分中介作用。作为社会交换的结果，获得感的产生来源于个体前期自发地对预期的获得在时间、精力等方面主动投入⑧，从而对自身的各种物质及精神方面的需求进行满足，是对具体社会交换事件的主观感知，具有明显的即时性、情境性特点。⑨相对而言，幸福感则来源于个体对生活、职业方面的获得与收益的长期积累，是对总体生

① 方菁，王雅婷，肖水源，赵美，江慧，胡宓：《简易应对方式问卷在青少年中的信效度检验》，《中国临床心理学杂志》2018年第5期，第905-909页。

② 连坤予，谢姗姗，林荣茂：《中小学教师职业人格与主观幸福感的关系：工作投入的中介作用》，《心理发展与教育》2017年第6期，第700-707页。

③ 曾玲娟，马少华，贾岚茹：《中小学教师工作投入与职业倦怠：主观幸福感的中介与调节作用》，《教育导刊》2019年第3期，第39-46页。

④ Schaufeli W B, Salanova M , González-romá, et al, "The Measurement of Engagement and Burnout: A Two Sample Confirmatory Factor Analytic Approach", *Journal of Happiness Studies*, Vol. 3, no. 1(2002), pp. 71-92.

⑤ 宋洪波，符明秋，杨帅：《活力：一个历久弥新的研究课题》，《心理科学进展》2015年第9期，第1668-1678页。

⑥ Wilmar B. Schaufeli & Arnold B. Bakker, "Job Demands, Job Resources, and Their Relationship with Burnout and Engagement: A Multi-Sample Study", *Journal of Organizational Behavior*, Vol. 25, no. 3(2004), pp. 293-315.

⑦ 邹琼，佐斌，代涛涛：《工作幸福感：概念、测量水平与因果模型》，《心理科学进展》2015年第4期，第669-678页。

⑧ George C. Homans, "Social Behavior as Exchange", *American Journal of Sociology*, Vol. 63, no. 5(1958), pp. 597-606.

⑨ 王俊秀，刘晓柳：《现状、变化和相互关系：安全感、获得感与幸福感及其提升路径》，《江苏社会科学》2019年第1期，第41-49页，第258页。

活、工作状态的抽象概括,较为稳定,因此也成为获得感更高层次的概念,而获得感则在个体工作投入生成职业幸福感的路径中发挥中介作用。可见,对小学教师获得感这一中介元素的探析,有助于提升教师的幸福感,从而促进教学效果。①

已有研究表明,要想让教师积极地投入到工作中,并从中产生职业幸福感,就需要让教师在工作中有真切的获得感。为此,亟须多措并举提升小学教师获得感。例如,针对职业保障方面,可以通过调整薪资结构,进一步优化绩效工资方案,创新激励机制,多劳者多得,让优秀教师得到更多的实惠。同时,加强督导核查,确保国家保障义务教育教师工资待遇政策落实到位,做到“有法必依”。针对精神实现方面,可以通过加强舆论宣传和政策引导,让尊师重教成为一种社会新风尚,满足教师精神上的需求,提升教师的职业自豪感。针对专业成长方面,可以为教师拓展发展空间,建立多元的职称评审制度,侧重于基层教师实际的工作业绩,作为职称评聘的主要依据。

五、研究结论

本研究主要得出如下结论:

1. 研究组编制的“小学教师获得感问卷”信效度较好,可以作为小学教师获得感的测评工具。
2. 小学教师工作投入正向预测小学教师职业幸福感,且小学教师获得感在其中发挥部分中介作用。
3. 应从职业保障、精神实现和专业成长三个维度,多措并举,提升小学教师获得感。

Development and Application of the Primary School Teachers' Sense of Gain Scale

ZHANG Pengcheng, SHEN Yongjiang

(College of Education, Nantong University, Nantong Jiangsu, 226019)

Abstract: In order to explore the connotation, structure and research value of primary school teachers' sense of gain, a total of 1521 primary school teachers in Jiangsu and Anhui were surveyed by using convenience sampling. This research also designed and used a questionnaire with good reliability and validity for teachers' sense of gain that mainly covers 15 items in three dimensions: job security, spiritual fulfillment, and professional growth. Through investigation, this research has found that work engagement positively and significantly predicted primary school teachers' well-being, and their sense of gain played a partially mediating role in it, indicating that their work engagement not only directly and positively predicts happiness, but also indirectly predicts their well-being through sense of gain. Therefore, it is necessary to take multiple measures to comprehensively enhance primary school teachers' sense of gain.

Key words: primary school teachers, sense of gain, questionnaire development, well-being, work engagement

① 许龙,高素英,刘宏波,杨鹏:《中国情境下员工幸福感的多层面模型》,《心理科学进展》2017年第12期,第2179-2191页。

自组织理论视域下教育风险治理的“靶向模式”

丁奕然[1],倪　娟[2]

（1. 东北师范大学 教育学部,吉林 长春 130024;2. 江苏省教育科学研究院 基础教育研究所,江苏 南京 210013）

摘　要: 教育系统内部隐藏着人们习以为常、难以发现却极易引发较大危机的各类风险,此类风险的治理关乎教育的平稳运行与长远发展。立足于自组织理论,透视内生原发的隐藏性教育风险的治理经验,提炼出治理过程为锚定爆发点推进应急缓冲、定向系统治理优化运行机制、以制度完善强化约束监管等过程的“靶向模式”。结合校园安全风险的治理案例予以分析,明确了有效保障靶向模式良好治理的保障策略为:风险识别的能力提升,督管机制的健全强化,以及治理文化的环境建设。

关键词: 教育风险治理;靶向模式;灰犀牛事件;结构耗散论;协同学

伴随着我国教育已经迈入高质量发展的新征程,教育领域风险的治理研究也尤为重要。教育现象的未来结果具有多样性、不确定性与难以预测性,致使教育领域风险的类型也极为庞杂。教育风险既包含危害教育公平与质量提升的宏观风险,也包含危害学生个体身心发展的微观风险。虽然现代教育作为一个开放系统,受到社会经济、政治等外部因素的诱导、约束或干扰,但系统中各主体的课程教学、督导管理与决策推进等教育行为均保持着相对自主性与能动性。与此同时,内隐于教育系统中的风险,大多在教育系统的相对独立性中完成生成、爆发与演化乃至消失殆尽的全过程。对照现实的教育风险治理情况,教育风险的治理需要领导者在短时间内区分风险类型,关注影响因素,采取各种有效行动进行决策。① 可见,教育风险治理的过程是教育系统内部治理主体围绕外部诱变量,进行的风险自我管控与组织,进而达成自适应的平衡态过程,即教育风险治理的过程为自组织过程。

自组织理论历经普里高津(Prigogine)、哈肯(Haken)、托姆(Thom)等学者的发展,生成了由结构耗散论、协同论与突变论构成的自组织理论群。② 该理论不仅可以用于表明事物的结构形态,也可以运用其解释系统内各要素各司其职,协调地驱动事物演化的过程。③ 而教育风险治理过程正是在开放系统中,治理主体保持相对独立性,

基金项目: 本文系国家社会科学基金“十三五”规划 2019 年度教育学重点课题“教育领域风险点特征与防范机制研究”(项目编号:AFA190009)、江苏省教育科学“十三五”规划高教立项课题“数学教师教育者的专业知识结构与特征研究”(项目编号:D/2016/01/23)的研究成果。

作者简介: 丁奕然,东北师范大学教育学部博士研究生,主要从事教育风险治理、课程与教学论研究;倪娟,江苏省教育科学研究院基础教育研究所所长,研究员,博士生导师,主要从事教育风险研究。

① 倪娟:《风险社会中教育治理能力的困境与突破》,《江苏高教》2020 年第 11 期,第 18-25 页。

② 哈肯:《信息与自组织:复杂系统的宏观方法》,四川教育出版社 1988 年版,第 10 页。

③ 黄永军:《自组织管理原理》,新华出版社 2006 年版,第 52 页。

响应外界变化进行的能动性组织应对。之前已有相关研究采用自组织理论中的协同论,进行了偶发外源性教育风险的治理模式透视与分析。① 实则,除外源性教育风险外,教育系统内部潜藏着教育执行或承受主体司空见惯、难以觉察的各类风险。此类风险大多为原发型风险,其虽不易被发现,却会大概率诱发教育系统的危机,该类风险的广泛存在也导致了教育领域的"灰犀牛事件"② 频发。正因如此,研究者借由自组织理论风险分析并提炼此类教育风险治理的"靶向模式",以期为教育风险的有效治理提供更多可能。

一、基于自组织理论的"靶向模式"及其适用风险

1. 本体意涵:关键节点的打靶定向

教育风险治理的靶向模式,是围绕教育系统内隐风险中极易爆发问题或者冲突的关键节点进行位置锚定,然后根据其进行定向补偿、精准处理的治理方式。由此可见,靶向模式侧重于关键节点打靶定向,需要剖析教育风险的靶标位置所在,并进行重点攻关。根据自组织理论,影响系统产生变化的因素有很多,但序参量③才是改变系统稳态的关键所在,系统想要达成平衡协调的状态都应围绕着序参量做改变。④可见,原发型教育风险的治理关键在于找出影响系统稳定自适的关键漏洞(序参量),并对此进行精准施策。序参量的打靶需要对教育系统的层级进行逐步剖析,并分析清楚其影响程度的主次,以方便后期的定向治理。后续的定向治理过程既包含风险爆发后的关键点补救、爆发前关键点的缓冲机制确立、内部的多元协商与系统运转,也应当包含涉及关键节点内相关教育主体的问责与督管。靶向模式的特点在于能够厘清教育风险爆发的关键所在,并合理施策。综上所述,教育风险治理的靶向模式通常是由应对教育系统内部危机事件,从而进行风险识别、响应与化解凝炼梳理而来,其侧重于风险点的定向解决。

2. 适用风险:内生原发的隐藏性风险

靶向模式的使用范围必须要满足教育风险的内生原发性,即该风险的诱因产生于教育系统内部。在实际的教育管理中,往往由于教育系统内部的偶发事件,致使各要素间相互作用的定向循环状态改变,从而促使教育系统内部的平衡被打破,导致其出现了一种混乱无序的状态。⑤此处的偶发事件虽然是陡然间发生的,但其更多地是由教育系统内部隐匿许久、不为人察觉的漏洞所致。人们平时若对之不加关注、不予预警,而是习以为常地处理此类事情,可能会爆发影响更巨大的危机。此类潜伏性极强的教育风险,大多受教育系统内责任主体的风险意识不强、风险辨别能力较弱以及风险督管制度缺失等多方面的影响,进而演化、爆发为危机。恰如自组织理论所强调的,虽然系统表面上呈现出平衡态,但其内部自生、反馈与监管势力的此消彼长悄然构成了系统内部的涨落,从而可能会干扰、破坏稳定有序的系统结构。⑥教育系统内部风险的演化通常也是由于系统内部涨落被放大而诱发的,如中国香港修例风波下爆发出的教育系统内部课程教材的开发与实施风险。该风险看似是外界偶发事件所致,实则是香港教育体系内部早已存在的爱国主义情怀的渗透缺失、多元文化理念的理解缺乏与意识形态领域的管控缺陷所致。⑦针对此类内生原发的隐藏性教育风险,靶向模式中找出关键节点的靶标、层级剖析的治理体现得尤为有效。

二、基于自组织理论的"靶向模式"过程阐释

1. 锚定爆发点,推进应急缓冲

如前文所述,靶向模式治理的教育风险为教

① 丁奕然,倪娟:《协同学视域下教育风险治理的"溯源模式"研究》,《湖北社会科学》2021年第5期,第145-150页。

② 灰犀牛事件:灰犀牛虽然体型笨重、反应迟缓,但是如果向你狂奔而来,则后果难以想象。因此,"灰犀牛事件"常来隐喻一些让人习以为常却大概率且影响巨大的潜在危机。

③ 影响系统自组织的因素有很多,其中起主导作用的变量为序参量,即序参量是影响系统稳态达成的关键要素。协同学理论认为序参量支配着子系统的行为,主宰系统由无序走向有序的协同过程。

④ 沈禄赓:《系统科学概要》,北京广播学院出版社2000年版,第84页。

⑤ 杨博文:《自然辩证法新编:复杂性科学理论及其哲学(修订版)》,石油工业出版社2008年版,第62页。

⑥ 吴彤:《自组织方法论研究》,清华大学出版社2001年版,第150页。

⑦ 陈丽微:《香港青少年国民教育缺失的原因与出路》,《课程·教材·教法》2019年第11期,第137-143页。

育系统内生原发的隐藏性风险，该类风险具有随时随地性与潜藏性。正因如此，此类风险在没有出现部分偶发事件的情况下很难被人们所察觉，而一旦出现偶发事件后，风险已经爆发为危机。所谓危机是危险与机遇并存，一方面，风险前教育内部各系统协调运转的表象被打破，且由于偶发事件导致的要素间相互作用的改变，整个系统呈现出了混乱无序的状态，若治理不好，则该教育系统面临着崩盘的危险；另一方面，危机的爆发让原本存在的漏洞一一暴露出来，为原有体系的查漏补缺、优化调整提供了机遇。因此，靶向模式治理教育风险的要义在于，捕捉偶发事件诱发的教育风险显性化、爆发性过程，进行定点、系统且合理的治理施策。然而，系统治理的前提应当是如何面对混乱、复杂的非平衡态，锚定风险中的各类爆发点，进行应急的补救与缓冲，从而为系统、科学的治理提供较为稳定的外部环境与较长的治理时间。

锚定爆发点、推进风险治理的应急与缓冲，是指偶发事件的产生致使系统稳定状态改变，观测当下已然造成或预测未来可能导致的教育正常工作、人际交往心理与社会舆情报道等多方面的变化，进而对不良影响与扩散效应尽可能地进行消除或降幅。具体而言：第一，一方面需要深入偶发事件了解其详细过程，给予统一的解释与回答，防止舆论的扩散；另一方面应深入了解该教育事件相关主体承受的具体危害、主观感受与未来做法，寻找出事件的走向。第二，基于以上的实际情况了解，一方面可以采用经济、政治、法律与心理等多方面手段对风险承受主体进行援助弥补、情感同化与行为督管等；另一方面应深入分析偶发事件承受主体的认知、情感、意动与实际行为，研判当下的教育危机等级以及未来的基本走向，锚定其爆发的关键点，并分析如何将负面影响降到最低。第三，研判出风险未来可能的等级，应对爆发点设置多套应急缓冲方案，从而为风险的扩大爆发设置缓冲地带。该过程中尤其注重信息渠道的畅通与应急组织的完善，以便减少管理中的能量消耗。[①]

2. 定向系统治理，优化运行机制

在取得了稳定的外部环境与较长的治理时间后，就应当分析偶发事件发生的原因，此时即进入了此类内生性教育风险的定向系统治理与优化运行机制的过程中。根据相变理论与协同学理论，序参量的改变役使着系统中其余变量的改变，让系统演进为平衡态或者近平衡态。正因如此，根据风险中出现的偶发事件寻找系统中的序参量则尤为关键，该序参量在内生性的教育风险系统中往往指向配套制度、组织结构、信息渠道与人为因素等方面。总的来说，靶向模式的治理关键就在于打靶风险爆发的序参量，再进行定向系统治理，从而优化运行机制。

定向系统治理、优化运行机制这一过程，主要包括四个步骤：根据偶发事件综合分析列举其生成的种种原因，对各类成因进行归纳整理并透视出共通性的重要成因（即序参量），验证序参量探寻的准确性并推演序参量造成的全部影响，以及进行序参量的调适促进系统达成近平衡态。首先，风险治理的主体应该仔细思量偶发事件产生的各类成因。其次，对各类成因进行归类分析，探讨出役使系统解构的序参量。再次，将初步确定的序参量反向验证，并推测其还可能会促成什么样的影响。最后，采取相关策略事件促使序参量改变，以便于系统优化运行。此步骤是否真正达成自组织的协调运转，应当通过类似或相关偶发事件发生的概率是否大幅降低进行确证。

3. 完善各类制度，强化约束监管

序参量如果仅是一时改变，过段时间后又恢复成原来状态，那么靶向模式的风险治理必然不能达成良好效果。根据突变论所强调的系统经历关键事件后，常常会跃进至另一种特征状态来看，突变会成为系统继续生存和发展的手段，具有积极的意义。[②]实则，教育风险治理不仅需要考虑风险爆发时的应急缓冲，治理时的系统优化，也应该考虑治理后续的状态维持。因此，采用靶向模式进行治理风险后的行为规约与资源保障等是需要思考的问题。然而，仅有制度的确立却不践行同样无法确保突变的发生，所以，靶向模式进行教育

① 任佩瑜，张莉，宋勇：《基于复杂性科学的管理熵、管理耗散结构理论及其在企业组织与决策中的作用》，《管理世界》2001 年第 6 期，第 142-147 页。

② Thom, S. R. “Analytic Reviews: Hyperbaric Oxygen Therapy”, *Journal of Intensive Care Medicine*, Vol. 4, no. 2(1989), pp. 58-74.

风险治理的最后一步,应当做到完善各类制度、强化约束监管。

详细说来,各类制度的完善既应当包含人员资源制度、职责奖惩制度、资源保障制度等,还应当包括质量管理制度、协调配套制度与进修培训制度等多个方面。此外,制度的完善不仅要包含风险发生地的制度确立,对于普遍意义上存在的教育风险还应将其上升至市级、省级乃至国家级层面,从而防止类似风险的扩散与复制,做到防微杜渐,将其扼杀在萌芽之中。

三、教育风险治理"靶向模式"的案例分析

1. 校园食品卫生安全风险及其治理案例

(1)风险表征及其成因

校园食品卫生安全风险属于典型的教育内生性风险。如"9·12山东纪台食物中毒事件":2014年9月12日,山东省寿光市纪台镇第二中学小学部57名学生在食堂就餐后中毒,调查报告显示系学校馒头机突发故障,导致机油泄漏(齿轮箱泄漏,已被公安机关查封),造成部分学生食用矿物油污染的馒头后,出现呕吐、肠胃不适等症状。[①]学校食堂中学生就餐较为集中、人数众多,一旦某个环节存在漏洞就很容易产生食品安全问题。该风险如若发生势必会影响学生的身体健康,而身体功能受损则有可能引发学生心理问题。此外,食品安全风险时常还会带来学生、教师与家长的恐慌情绪,易造成公众对学校教育系统和政府的不信任,从而影响社会的稳定与长治久安。该风险的成因主要来自学校内部:一方面是学校与上级部门的监管不力,没有重视学校的食品安全问题,缺乏有效的监管与督导;另一方面是人们的食品安全意识淡薄。因为青少年儿童中普遍存在食品消费心理急切、辨别能力弱的现象,社会又缺少专门针对青少年儿童食品安全宣传教育的保障手段,致使中小学校学生在食品安全方面的关注度与洞察力不够,进而致使风险爆发。

(2)风险治理策略

若校园出现食品安全事故,应及时上报学校,医院采取积极措施,并保护原料、工具、设备和现场,配合卫生行政部门调查和处理。在具体监管上需要明确学校和教育部门在食品安全监管上的首要责任。一方面,学校监管要建立、健全以校长为第一责任人的食品安全责任制,严格落实学校负责人陪餐制度,提高学校食堂"明厨亮灶"覆盖率,对学校食堂进行可视化监督。[②]另一方面,落实督导检查,学校或上级主管部门应联合市场监管总局等部门开展整治食品安全问题督导检查,且食品安全监管等相关部门应形成常态化的抽查、监管机制。落实校园食品安全专项整治任务,严肃查处引发食品安全事件的学校和单位,依法追究相关人员责任。为了提升学生的食品安全意识,还应当加强健康教育。将食品安全与营养健康知识纳入健康教育教学内容,鼓励学生、教师和家长参与校园食品安全监管,提高学生的食品安全意识和防范能力。通过多种渠道、形式,加大校园食品安全专项整治和食品安全知识宣传力度,争取学生和家长等多方面支持,让公众感受到专项整治的力度和效果。

2. 从案例透视"靶向模式"的使用

校园食品安全风险长期存在于人们身边,难以识别,而偶发事件(即食品安全事故)发生后,才会发现此处存在漏洞或隐患。如上文案例就是安全事故发生后才发现存在食品制作机器漏油安全的问题。实则,偶发事件的背后存在着潜藏已久的隐患,相关人员的食品安全意识薄弱,学校食品安全的监管职责不明确均是潜在漏洞,只有锚定这些问题,才便于通过定向治理的措施,杜绝食品安全事故的发生。内生原发的隐藏性教育风险,如能做到责任落实且有效督管,那么隐患就会在偶发事件发生前被解决。当下,国家层面应对校园食品安全风险的制度已经确立,2019年教育部就联合国家市场监督管理总局、国家卫生健康委员会下发了《学校食品安全与营养健康管理规定》,且印发了《教育部解决学校及幼儿园食品安全主体责任不落实和食品安全问题整治方案》,可

① 杨晓卫:《山东57名学生因食堂馒头机漏油中毒4名未愈学生转院》,载中国新闻网:http://www.chinanews.com/sh/2014/11-08/6762751.shtml,最后登录日期:2020年11月3日。

② 中华人民共和国教育部:《守护校园食品安全 打牢健康中国根基》,载教育部官网:http://www.moe.gov.cn/fbh/live/2019/51525/sfcl/201910/t20191029_405721.html,中国食品安全报,最后登录日期:2020年11月3日。

见相关制度已经基本健全。[①] 那么，教育风险治理主体就应采用常态化的约束与监管来强化制度的落实，针对教育系统内部的隐患定向施策。学校应采用相关负责人陪餐制度，食品安全监管等相关部门应形成常态化的抽查、监管机制，从而落实校园食品安全专项整治任务。该定向的治理过程也正体现了“靶向模式”所强调的完善各类制度与强化约束监管。

四、教育风险治理“靶向模式”的保障策略

1. 提升风险识别的能力

靶向模式对应于治理内生原发型的隐藏性教育风险，由于此类风险长期存在于人们周边，具有深层潜藏性，因此定向治理该风险前的关键节点（序参量）识别至关重要。然而，实际上教育风险治理主体却时常对教育系统中潜在的风险点熟视无睹。正如上文校园食品安全风险的案例，看似由于一两次操作的失误，实则是由日常对此安全隐患没有重视或是风险排查没有很好地识别到相关风险点所致，可见，靶向模式打靶定向的前提保障应当就是提升风险治理主体的风险点识别能力。具体而言：一方面，应该提供日常身边隐患诱发教育风险的案例，让教育行政部门、学校内部的教育风险治理主体参与学习。该学习过程可以让相关负责人员进入学校等教育系统中进行案例介绍、深入剖析与关键点识别的培训，也可以邀请专家实地进入学校进行风险点的摸排与现场教学[②]，让风险治理主体能够跟随专家“做中学”，从而促进自身风险点识别能力的提升。由于人的认知经验常常会受到自身生活经验等多方面的限制，因此可以偶尔借由第三方辅助进行教育系统内部风险点识别的方式，将其关注到的问题呈现给风险治理主体，以促进识别能力的提升与下次的风险治理改进。另一方面，应当辅之奖罚分明的评价方式进行风险点识别的考核，对于能够更快、更准确地检查出更多潜在风险点的人予以激励，并让其分享与交流经验，从而促进风险治理主体整体风险识别能力的提升。

2. 健全强化督管机制

采用靶向模式治理教育风险时，除了在系统内部需要加强治理主体的风险识别能力，也应当在外部进行监管约束，以确保更多的风险点被发现与治理。如上文所述的案例中，如果经常有食品监管部门介入、教育行政部门的风险排查，那么以上的校园食品安全风险就不会发生了。因此，在靶向模式治理内生性的潜藏教育风险时，应当强化督导与监管机制。督导与监管机制的确立与实施，一方面有助于明确教育系统内部潜藏风险的发展情况，以便于风险点排查、识别与化解形成长效管理；另一方面其将驱动责任的落实，从而以权责分明的管理体系进行治理的分级推进。具体而言：第一，需要相关部门主动介入，落实常态化的监管活动，并寻找到相应的负责人与之对接，进而便于风险的治理与改进。第二，采用学校外部引智建言与上级部门调研督查相结合的方式，为内部潜藏风险点的发现、监控与防范提供更迅速、更准确、更科学的建议。第三，确立问责机制，将相关责任落实到人，以便于督管结果反馈后优化解决。[③]既要追究对潜在教育风险漠不关心的态度行为，也应该追究随处检查、盲目摸排潜在漏洞的行为；既要追究执行主体的直接责任，也要追究相关负责领导的管理责任，以确保督管机制的有效落实与长效实施。

3. 建设治理文化环境

无论是风险识别能力的提升，还是督管机制的健全强化，其保障靶向模式治理成功的目的均在于唤醒教育风险治理主体的忧患意识，培植其对于日常隐藏漏洞敏锐的观察力，以及塑造其教育风险治理常态化的良好惯习。要达成这一目标，还应建设治理文化环境。具体而言：一方面，可以通过建设教育风险治理的网络平台、宣传板报以及教育内部的媒体平台，载入潜藏身边的教育风险及其危害的案例，从而提升行政人员、教师与学生的风险规避或治理意识；另一方面，学校或教育行政部门可以召开教育风险治理会议，并且

① 中华人民共和国教育部：《守护校园食品安全 打牢健康中国根基》，载教育部官网：http://www.moe.gov.cn/fbh/live/2019/51525/sfcl/201910/t20191029_405721.html，中国食品安全报，最后登录日期：2020 年 11 月 3 日。

② 李云翔，李雅凤，朱玉珍：《中小学体育伤害事故：特征与风险规避》，《现代基础教育研究》2021 年第 1 期，第 228-234 页。

③ 吕建：《对当前我国教育问责制运行的理性思考》，《天津师范大学学报（基础教育版）》2009 年第 3 期，第 1-5 页。

汇编风险治理文化大纲、教育风险文化手册,从而其将治理文化内化于教育风险治理主体的行为中。此外,还应该对治理文化的环境建设提供相应的经费保证,通过组织相关的公益活动、风险案例的展览参观等活动,从而在文化层面唤醒教育风险治理主体的忧患意识。总而言之,全方位、立体化的治理文化环境建设,为风险治理窗口期的前移注入深层而持久的文化力量,进而为靶向模式治理的内生性风险由"遇见"走向"合理规避、有效防范"提供了可能。

"Targeted Mode" of Educational Risk Governance from the Perspective of Self-organization Theory

DING Yiran[1], NI Juan[2]

(1. Faculty of Education, Northeast Normal University, Changchun Jilin, 130024; 2. Institute of Basic Education Research, Jiangsu Institute of Education and Science, Nanjing Jiangsu, 210013)

Abstract: Hidden inside the education system are all kinds of risks that people take for granted, which are difficult to find but easy to cause crises. The governance of such risks is related to the stable operation and long-term development of education. Based on the theory of self-organization, the management experience of endogenous and original hidden education risks is explored, and the governance process is established to anchor the flashpoint to promote emergency buffering, to aim at system governance to optimize the operating mechanism, and to improve the "targeting mode" from a better system and restraint supervision. With the combination of analyzing the cases of campus security risk governance, it is clear that the effective guarantee strategy for good governance of targeted mode is to enhance the ability of risk identification, strengthen the supervision mechanism and strengthen the environmental construction of governance culture.

Key words: education risk governance, targeted mode, grey rhino incident, structural dissipation theory, synergetic

"新优质"项目驱动下的学校发展路径："课程与教学"维度的探索

尹纪平

（上海市金汇实验学校，上海 201103）

摘　要：推进新优质学校建设，是上海市深化教育综合改革，促进义务教育优质、均衡发展的重要举措。文章依次阐述了新优质项目的政策背景与项目介绍，基于新优质项目来推动学校发展的价值与意义，以及如何从"课程与教学"维度来驱动新优质学校的变革。文章指出，缓解择校矛盾，探索普通学校如何托起上海基础教育基准线，是新优质项目政策出台的主要背景；解决问题，是学校基于新优质项目来推进后续发展的价值与意义；课程维度的"基于学生立场的国际理解教育校本课程构建"以及教学维度的"个性化教育背景下的学科教学新样态创建"，是学校立足新优质项目来驱动课程与教学变革的有效探索。

关键词：新优质项目；新优质学校；课程与教学；国际理解课程；学科教学变革

在新时代教育背景下，上海市金汇实验学校（以下简称"金汇实验"）紧紧抓住上海市创建新优质学校"集群式"发展的契机，从制度管理、课程建设、教学探索、教师发展等多个维度探讨了"新优质"项目驱动下的学校发展。本研究重点从"课程与教学"角度，阐述学校如何基于"主动发展，和美与共"的办学理念，努力成就"学生快乐、教师幸福、社会满意"的新优质学校。

一、什么是"新优质"项目：政策背景与项目介绍

1. 政策出台背景

推进新优质学校建设，是上海市深化教育综合改革，促进义务教育优质、均衡发展的重要举措。

（1）国内政策视角：缓解择校矛盾

2010年7月，《国家中长期教育改革和发展规划纲要（2010—2020年）》就指出，"要努力办好每一所学校，教好每一个学生"。① 2010年9月，《上海市中长期教育改革和发展规划纲要（2010—2020年）》亦指出，"坚持公平优质的价值取向，提高每一所学校的办学水平，缩小学校之间办学水平的差距，促进义务教育学校优质均衡发展，缓解择校矛盾"。②

"择校矛盾"作为基础教育发展的主要矛盾之一，其实质是人们对优质教育资源的渴求与优质教育

作者简介：尹纪平，上海市金汇实验学校校长，中学高级教师，主要从事新优质教育与学校管理研究。

① 中华人民共和国教育部：《国家中长期教育改革和发展规划纲要（2010-2020年）》，载教育部官网：http://www.moe.gov.cn/srcsite/A01/s7048/201007/t20100729_171904.html，最后登录日期：2022年1月4日。

② 上海市人民政府教育督导委员会办公室：《上海市中长期教育改革和发展规划纲要（2010-2020年）》，载上海教育官网：http://edu.sh.gov.cn/jydd_zcwj_ddwj/20101202/0015-jydd_178.html，最后登录日期：2022年1月4日。

资源相对不足且分布不均的矛盾体现。而优质学校是优质教育资源的直接体现,扩大优质学校就是增加优质教育资源,是“办人民满意的教育”的具体抓手,也是破解教育“内卷”、缓解社会教育焦虑的有效对策。

(2)国外评价视角

2009年,上海第一次参加国际学生评估项目(Programme for International Student Assessment,简称PISA),就获得了全球第一的测试成绩,引起世界瞩目。除了上海高水平学生成绩外,另一个现象亦引起了学界的思考,这就是“大量数据显示,上海高水平学生成绩与其他发达国家相当,而相对低水平学生成绩则远远高于经济合作与发展组织平均水平”。这意味着,上海学校之间的差异小,不同家庭背景的学生都可以享受同样高质量的教育资源。“一大批不挑生源、没有资源、没有深厚文化积淀的最普通学校的整体进步托举起上海基础教育的基准线。”①

在这双重背景下,2011年3月,上海成立“新优质学校推进项目”,旨在重点研究一批不挑选生源、没有特殊资源、没有特殊文化积淀、普通甚至比较薄弱的学校走向优质的轨迹,而这批学校就被称为新优质学校。②

2. 项目简要介绍

(1)“新优质学校”是对“新优质教育”的探索

2015年,上海市教委印发《上海市新优质学校集群发展三年行动计划(2015—2017年)》。该计划多维度阐释何为“新优质教育”,并对“新优质学校集群发展”的举措予以界定。③

其一,新优质教育。“新优质教育”主要是指:在育人观念上,回归教育本原,关注每一位学生的差异发展;在课程建设上,根据学生发展认知水平,建立丰富、可选择的课程体系;在课堂教学上,满足每一位学生的学习需求,特别关注学困生的成长支持;在质量评价上,突破单一的分数指标,实施以学业质量绿色指标为基础的教育质量综合评价。

其二,新优质学校集群发展。“新优质学校集群发展”主要是指:一批积极探索实践“新优质教育”、具有不断变革发展内生动力的公办学校,组成不同形式的实践团队,针对内涵发展的瓶颈问题,深入开展项目研究和实践,不断提升学校的办学水平。新优质学校通过集群发展,成为“家门口的好学校”。

(2)新优质学校的特质与类型

“上海市新优质学校市级项目校最初为43所,后来增加到94所,各区区级项目校289所,两者相加约占全市义务教育学校总数的25%。”④这些项目学校有共同的特质,即“不挑选生源、不争抢排名、不集聚资源”。⑤

新优质学校可以分成四种不同的发展类型⑥:第一类是学校发展水平较高,目前已经成为当地具有较高社会声誉的学校,但依然秉持着新优质的特征要旨;第二类是生源情况一般或较弱,近年来在教育改革探索中取得明显成效,其成果已产生较为广泛的影响;第三类是数年前办学基础较差,近年来学校办学水平提升明显,且形成了有一定特点的成功经验;第四类是生源情况较弱,学校办学中取得一定成绩,总体上未达到区域内中等层次,但目前主动发展的积极性很高。而无论哪一种类型,在项目推进过程中都实现了在原有基础上的进步。

① 尹后庆:《让每一所家门口学校都优质——上海PISA成绩世界第一后的理性思考与实践作为》,《中国教育学刊》2012年第1期,第13-15页。

② 崔璐:《基于新优质理念的课程设计与实施研究——以上海市X小学为个案》,华东师范大学硕士学位论文,2019年,第8页。

③ 上海市教育委员会:《上海市教育委员会关于印〈上海市新优质学校集群发展三年行动计划(2015—2017年)〉的通知》,载上海市民办教育协会官网:http://www.shmbjy.org/item-detail.aspx?newsid=5606,最后登录日期:2022年1月4日。

④ 汤林春:《破解上海“新优质学校”的密码》,《上海教育》2021年第21期,第32-33页。

⑤ 沈祖芸:《进步为“公”:上海市新优质学校推进项目的样本意义》,《上海教育》2012年第4A期,第19页。

⑥ 沈祖芸:《进步为“公”:上海市新优质学校推进项目的样本意义》,《上海教育》2012年第4A期,第21页。

(3)新优质学校，"新"在哪里

新优质项目组总顾问张民生指出，新优质学校"新"在三点：一是起点新，不选生源，不聚资源，没有历史积淀，区别于过去政策扶持的学校；二是目标新，把公平与均衡融入学校发展理念；三是发展途径新，从课程教学改革、教学评价方法等各方面入手。①

新优质项目组组长胡兴宏则指出，"新优质"的理念并不新，但是"新优质学校"确实有新的内涵。他指出，在上海基础教育的转型发展时期，树立新的教育价值观和评价标准是一个无法回避的课题，因而期望通过"新优质学校推进"项目，带动众多的中小学走上这样的发展之路：不挑生源，接纳就近、对口入学的全体学生；不追求分数排名，而要追求尽可能适应学生差异，满足学生的发展需求，促进每个学生的健康快乐成长；从校情、学情出发，开展课程教学改革，主动探索提升学校办学水平的有效策略；在政府均衡配置教育资源的前提下，明显提高办学水平，成为周边百姓满意的好学校。②

新优质项目组成员杨四耕指出，新优质学校是能够与时俱进地获得变革理念，提升变革能量，促使师生持续发展的学校。"新优质"主要创新在：一是教育改革发展背景；二是校长和教师的办学理念；三是立足于特色进行改革的新实践；四是追求理想的学校、校长、教师和家长的新的发展。③

二、为什么要基于"新优质"项目来推动学校发展：项目价值与意义

2011 年，上海市教委设立"新优质学校推进"项目，旨在研究一批普通学校如何走上新优质的轨迹，探索回归教育本原、推进基础教育内涵转型发展、提升教育质量、促进教育均衡发展的新路径。

2014 年，上海市金汇实验学校有幸遇见"新优质"，成为上海市新优质项目学校。金汇实验是一所典型的九年一贯制学校，从 1 年级到 9 年级有 36 个班，共 1200 多名学生；金汇实验也是一所生源最复杂的学校，学生来源多元，既有外籍学生，也有港澳台学生，还有本地务农的农家子弟，亦有新上海人的孩子；金汇实验还是一所"老"新基础学校，已经有 15 年的新基础学校实践，注重学生的个性化发展。需要指出，金汇实验还是一所"所有能拿到的牌子都能拿到的学校"，包括国家汉语国际推广基地学校，教育部影子校长培养基地学校，上海市素质教育实验校，上海市头脑 OM 特色学校，闵行区科技、艺术学校，闵行区教师专业化发展示范校，等等。金汇实验关注教育现代化、教育国际化、教育信息化、教育社区化这些非常重要的前沿论题，并努力在课程与教学中实践。

如何进一步推动学校持续主动发展？学校得到了上海市"新优质"项目组的专业支持。在项目组帮助下，学校寻找改进的最近发展区，尝试从"思想"突围，从"管理"突围，从"项目"突围。基于此专业引领，学校在校本课程建设关注学生差异性和个性化等方面进行了特别关注，予以实践研究，最终探索出"主动发展，和美与共"办学理念引领下的立意高、可持续、符合学校实际发展的新路径。

三、如何立足"新优质"项目来驱动学校变革："课程与教学"维度的探索

1. 课程维度：基于学生立场的"国际理解教育"校本课程构建

(1)CDE 课程：目标与框架

学校在创建优质化进程中明晰"课程建设是核心"这一理念。自 2011 年以来，学校借助上海市首批国家对外汉语推广基地学校之优势，以区级重点课题"多元背景下九年一贯制学校国际理解教育的实践研究"为引领，选择"理解""创新""合作"核心要素，架构设计以"校园文化课程（campus culture curriculum）、学科教育课程（discipline education curriculum）、对外交流课程（exchange curriculum）"为基本模块的"3+3+3"校本化课程框架，即"CDE 课程"，制定课程三维教育目标（见表 1）。这一课程框架旨在赋予学校在开展国际理解教育中新的生长点与突破点，丰富九年一贯制学校开展国际理解教育的内涵，探索

① 张民生：《学习"新优质"，创新"新优质"》，《上海教育》2012 年第 10 期，第 62 页。

② 胡兴宏：《"新优质学校"新在哪里》，《上海教育科研》2013 年第 1 期，第 1 页。

③ 杨四耕：《"新优质"的"样子"》，《上海教育》2012 年第 10 期，第 46-47 页。

国际理解教育的方法、途径与策略，从而更好地培养具有中国情怀和国际视野的21世纪公民。

表1 “CDE”课程三维教育目标

课程	知识	能力	情感、态度、价值观	实施载体
校园文化	了解生态环境、和平共处、文化共存等知识	对他人负责，能对班级或学校提供创造性建议，锻炼组织领导才能	提升对多元文化的认识和尊重，热爱和平在理解中融合共生	校园活动
学科教育	了解中国传统文化与他国特色文化，国际理解基础知识	能用英语进行沟通；创作原创作品；具有批判性思维与解决问题的能力；在彼此鼓励与协助中完成学习项目	培养科学精神和团队意识，增强国际责任	学科教学
对外交流	了解不同文化背景下国家、地区的风土人情	成熟地与他人平等交流与合作，清晰地表达自己的感受与主张	尊重不同国家和人民的文化差异，增强民族自信和文化自觉	汉语国际推广项目

在此基础上，学校将课程目标与基础型、研究型等课程目标相融合，形成了“目标多元课程相融”的国际理解教育校本课程(见图1)。

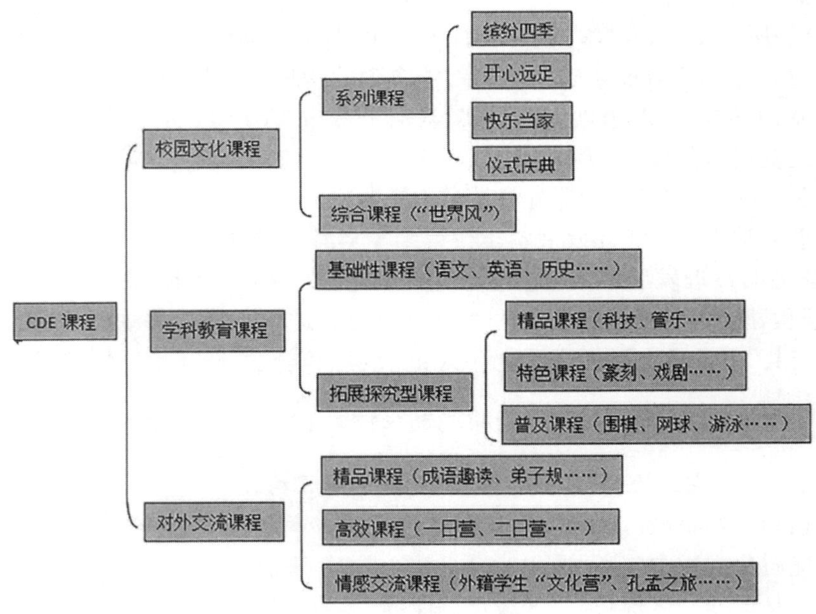

图1 “目标多元课程相融”的国际理解教育校本课程

(2)国际理解教育校本课程的学科建构

以基础型课程的转型发展为例：在语文、数学、地理、历史、美术、音乐等核心课程中，学校基于学科教育的特点，将“理解、创新、合作”理念渗透于教学内容、教学方法、教学组织形式等方面，努力实现基础型课程转型发展中的蓄势突破。

小学语文基于教材内容，设置“国际理解”课型，教师以文体、中外作家、情感、价值观分类，引领学生挖掘和思考文字背后的中西方文化；中学语文教学致力于开发校本拓展课，特级教师单云德开发的"成语趣读"满足了不同文化背景下学生对中国文学瑰宝——"成语"的热衷与喜好，国际理解教育的价值内涵在他营造的课堂文化中不断丰富与发展。

为了满足学生的多元需求，英语组以"基础、多元、创新"为主题，将牛津教材单元内容进行有效整合，设计了"英语金字塔"，灵活地、有创造性地使用教材。英语金字塔的内容和难度逐级而上，形成"金"字形状，分别由"读读塔""做做塔""说说塔""演演塔"组成。具体实施采用分层达标，从做实"塔基"到做活"塔中"，再到鼓励学生向"塔尖"冲刺。金字塔内容的来源是多元的，中外教师自编的教学文本在这里得以体现，优秀的网络资源和配套文本亦在此留下印记；金字塔的精神价值更是多元的，教师的"服务意识""主动意识""问题意识""资源意识""文化意识"都有了不同程度的提升。

通过建设一套能够充分体现时代特征、学校特色、学生个性化发展需要的学校课程体系，学校逐步拓展学科教学内容，加强学科之间的整合，开拓学生的视野，倡导本土文化与国际文化相融合，不断彰显学校"国际理解教育"特色，培育出具有特质的金汇学子。

2. 教学维度：个性化教育背景下的"和美有机"课堂教学创建

(1)实施个性化教育，探索个性化教与学

《国家中长期教育改革和发展规划纲要(2010—2020 年)》提出：关心每个学生，促进每个学生主动地、生动活泼地发展，尊重教育规律和学生身心发展规律，为每个学生提供适合的教育。[①] 适合每位学生发展的教育即"个性化教育"。

为实施个性化教育，学校构建"融通、开放、发展"的教学，让学生在差异化学习资源、学习方式、学习时空中，经历个性化的学习过程。此外，学校持续实施课堂教学改进新一轮行动计划。基于多年的课堂教学改进经验，以实施个性化教育为新的突破点和增长点，借助信息技术，利用多类资源，探索基于班级授课制的个性化教学。

为实施个性化教育，教师亦借助校本研修、学习共同体的力量，关注每位学生的个性特点，尊重学生差异，开放课堂，推进课堂教学与实践活动融合，丰富学生的学习经历，力争满足每位学生的学习需求。

(2)打造"和美有机"课堂，焕发课堂生命活力

其一，和美课堂。学校从生命成长的角度出发，运用情境感染、网络教学、多元评价、拓展延伸等方法来优化小学课堂教学，打造和美课堂。学校初步确立了"和美课堂"教学模式核心理念：第一，以学生为主体。教学要成为学生全面发展的基本途径，关键在于坚持以学生为本。把学生当作独特的生命个体、尊重学生的人格尊严和权利外，还在于教学过程中尊重学生的自然自在。第二，以自学为主要。构建和美教学模式，学生的自学是非常重要的。它是学生有效学习、高效学习的根本。自学不同于传统课堂中学生的课前预习，是教师组织、引导下学生高品质的学习。第三，以问题为主线。和美课堂教学模式以"问题发现与生成"为起点，即教师将"知识问题化"，学生带着问题在"独学—对学—群学"过程中，从被动接受知识变成自主探究问题的过程，有助于感受、理解知识的产生和形成过程，培养学生的思维能力、科学探究精神、自主合作学习意识和习惯。第四，以合作为主法。和美课堂的教学模式在学生充分自学的基础上，强调学生间的优势互补、密切合作，共同解决学习过程中的疑难或困惑，让学优生做同伴的"师傅"或"小先生"，帮助这些学生进步，从而达到共同提高的目的。第五，以学导为主轴。"学导为主轴"即整个学习过程都是以"学导"为指导思想和主要形式。在课堂上，师生亦教亦学、互学互导、平等交流、共同发展，形成一个有效的"课堂学习共同体"，从而彻底改变课堂生态，实现"教的课堂"向"学的课堂"的转变。

其二，有机课堂。所谓"有机"，就是让课堂教学成为一个"有机体"，成为像生命一样互相关联、有呼吸、能代谢、会生长、有灵魂的统一体，以满足学生精神生命的主动发展与成长的需要，提升学生的学科

---

① 中华人民共和国教育部：《国家中长期教育改革和发展规划纲要(2010—2020 年)》，载教育部官网：http://www.moe.gov.cn/srcsite/A01/s7048/201007/t20100729_171904.html，最后登录日期：2022 年 1 月 4 日。

素养。

以语文学科的有机课堂构建为例:在特级教师单云德的引领下,语文教研组率先进行"有机课堂"的研究。研究发现,初中语文教学存在机械的、割裂的、点状化的教学倾向,在语文育人价值的挖掘与转化上存在不少误区,语文育人价值的"点"不全、不准、不深,由此导致语文育人价值的缺失、误导和弱化,以致语文教学效率低下,学生语文素养的提升受到影响。基于此问题,初中语文教研组提出,语文"有机课堂"应具有三个层次:文本、教学设计与课堂教学。"有机化"显出其多元化、结构化、能动性、创新性的特点。

经过多年的课程与教学实践研究,学校办学成效显著,办学绩效评价成绩逐年提升。新优质项目引领学校抓住变革机遇,在建设中持续深度发展,使改革和发展成为可能和可行。新优质项目亦激发起师生主动、独特的创生个性,在自主生长中释放更开放多元的内生力量。

School Development Path Driven by the "New Quality" Project: A Practical Research into the Dimensions of "Curriculum and Teaching"

YIN Jiping

(Shanghai Jinhui Experimental School, Shanghai, 201103)

Abstract: Promoting the construction of new high-quality schools is an important measure for Shanghai to deepen the comprehensive reform of education and promote the high-quality and balanced development of compulsory education. The paper illustrates the policy background and introduction of the new high-quality project, the value and significance of the promotion of school development based on the project, and the driving force for the reform of new high-quality schools from the dimension of "curriculum and teaching". It points out that the main background for the introduction of this project is to resolve the problem of school choice and to explore how ordinary schools can provide support for Shanghai's basic education; to solve problem is the value and significance for the school to promote its subsequent development based on the project; it is an effective exploration "to construct a school-based curriculum for international understanding education based on students' position" in the dimension of curriculum and "to create a new style of subject teaching under the background of personalized education" in the dimension of teaching, which can help schools promote the reform in curriculum and teaching based on the new high-quality project.

Key words: new quality project, new high-quality school, curriculum and teaching, international understanding curriculum, subject teaching reform

“双减”政策下校外培训机构监管的机制研究
——基于整体性治理理论视角的分析

张宇恒

（厦门大学 教育研究院，福建 厦门 361005）

摘　要：透过整体性治理视角发现，我国对于“双减”背景下校外培训机构的监管，在行为主体、制度结构、政策偏好等方面仍然存在较为严重的碎片化问题。为破解这一难题，可以结合整体性策略中的关键项目，从监管的“制度、主体、过程、模式、目标”出发，通过完善学科类培训机构的监管法律、实施多元主体协同治理、健全安全管理制度和风险防范机制、重视信息公开制度建设、建立校外培训机构教育质量监控体系的方式，优化校外培训机构的治理。

关键词：“双减”政策；校外培训机构；监管；整体性治理

为了让教育回归“育人本位”，2021 年 7 月，中共中央办公厅、国务院办公厅印发了《关于进一步减轻义务教育阶段学生作业负担和校外培训负担的意见》（以下简称“双减”政策）。[①]“双减”政策从“着眼建设高质量教育体系，构建教育良好生态”的角度出发，全面规范校外培训机构的培训行为。当前关于校外培训机构监管方面的研究，多零星分散在民办教育监管范畴之中，缺乏独立系统的专门研究，特别是校外培训机构监管理论供给研究的严重不足，制约了综合性治理体系的建立。如何落实中央的决策部署，建立完整的校外培训机构监管体系，从而得以更高效地应对校外培训机构治理难题，成为新的挑战。为此，本研究采用整体性治理理论的视角，分析校外培训机构监管的“碎片化”问题，强调系统治理、综合治理、源头治理，以期实现校外培训机构监管体系的完善。

一、碎片化问题：校外培训机构监管的困境

1. 行为主体角度：地方政府缺乏对国家监管政策的细化

“双减”政策规定，“各省（自治区、直辖市）党委和政府要结合本地实际细化完善措施，确保‘双减’工作落实落地”。[②] 这表明，“双减”改革赋予地方政府较大的校外培训机构自主管理权，鼓励地方政府在把握国家层面改革意见的基础之上，结合区域特色，因地制宜，改革创新，提出符合地方实情的校外培训

基金项目：本文系全国教育科学“十三五”规划 2018 年度国家一般课题“民办学校分类规范的法律制度研究”（项目编号：BAA180023）的阶段性成果。

作者简介：张宇恒，厦门大学教育研究院博士研究生，主要从事民办教育研究。

① 中共中央办公厅：《关于进一步减轻义务教育阶段学生作业负担和校外培训负担的意见》，载教育部官网：http://www.moe.gov.cn/jyb_xxgk/moe_1777/moe_1778/202107/t20210724_546576.html，最后登录日期：2021 年 12 月 25 日。

② 中共中央办公厅：《关于进一步减轻义务教育阶段学生作业负担和校外培训负担的意见》，载教育部官网：http://www.moe.gov.cn/jyb_xxgk/moe_1777/moe_1778/202107/t20210724_546576.html，最后登录日期：2021 年 12 月 25 日。

机构发展意见和配套政策。作为布局区域“双减”工作的纲领性文件,需要各省市在中央统一的制度框架内表达地方诉求。然而为了应对当前的绩效考核任务,地方政府往往采取短期的运动式治理模式。①因此,在“双减”政策具体执行过程中,地方政府往往基于自身现有的行政资源,从实现利益最大化的角度出发,通过政策变通的方式加以选择性执行,致使“双减”政策的落实在地方层面缺乏区域新意。总之,当前校外培训机构监管政策供给整体上具有粗放型的特点,地方层面则多以原则性政策为主,对现实中的很多具体困惑回应不足。

2. 制度结构角度:监管政策之间缺乏系统的有效衔接

制度经济学将政策体系中各类政策的关系称为制度结构,包括三种状态:制度耦合、制度真空、制度冲突。只有当政策体系的制度结构是制度耦合状态时,才能保证其良好的整体效应。②但是,政策体系并不总是处于耦合状态,而是相互离散,彼此冲突。表现为如下方面:一是制度真空现象。“双减”政策要求,“现有学科类培训机构统一登记为非营利性机构”。③但是,目前国家层面没有出台非营利性民办学校监督管理实施细则,未建立起完整的分类监管体系,从而无法实现对各类培训机构的有效监管。这导致地方政府政策制定缺乏相应的参照标准,严重影响了规范校外培训工作的实施进度。二是制度冲突问题。反映在不同政府职能部门之间的监管政策缺乏系统的衔接,政策碎片化现象明显。所谓政策制定碎片化,是指在政策形成过程中,对政策内容的设计与构建缺乏统筹安排和系统思考,导致制度衔接性、配套性、完整性不足的现象。④以线上校外培训监管工作为例,管理工作主要隶属于教育行政部门,但是政策细则也需要地方的宣传、网信部门予以细化落实,并提供资源保障。由于政出多门,各部门成员的利益和偏好不一致,不同行政主体在监管政策网络间的位置差距显著,使得部门间协调能力不足,执行动力不一,导致改革进程不一致。这使得校外培训机构治理工作在推进过程中存在诸多执行盲点,政策之间的系统性在一定程度上受损。

3. 政策偏好角度:监管制度偏重处罚性的规范,缺少教育性的指导

受社会公共问题的多样性和资源稀缺等因素的影响,政策偏好是政府的一种价值排序,是政府为了满足某种利益最大化的需要而表现出来的期望或预期表现,直接导致政府选择做什么或者不做什么。⑤“双减”政策下的校外培训机构监管制度整体以“加强规范”为宗旨,希望通过强有力的专项整治,提升培训机构的准入门槛,规范其合法经营,促进其有序健康发展。并且,“双减”政策确立了学科类和非学科类培训机构分类管理的原则。但是,从严审批学科类培训机构,不是取缔和消灭这类机构;规范非学科类培训机构,不是限制其发展。由于强政府驱动下的规制倾向,地方政府在政策制定与实施的过程中往往采用激进的改革模式和执法范式。这使得地方政府往往只重视对校外培训机构的处罚、惩戒、制约,却忽视对其教育质量的监控,以及支持其高质量发展的考虑,特别是学科类培训机构。

二、原因分析:校外培训机构监管“碎片化”问题产生的原因

校外培训机构监管“碎片化”问题的产生是多种因素综合作用的结果。纵向而言,国家层面对校外培训机构监管工作进行了重要决策部署,地方政府受中央政府的委托,是政策执行的代理人,为了完成上级分配任务,避免出现偏离政策目标的行为,地方政策往往受中央政策刚性约束较为明显,过于强调政策的统一性、必要性,使得地方政策缺乏对区域特点和城乡差距的考虑,政策文本之间存在明显的雷

① 韦彬,林丽玲:《网络食品安全监管:碎片化样态、多维诱因和整体性治理》,《中国行政管理》2020 年第 12 期,第 27-32 页。

② 郭锋,张毓辉,万泉,王荣荣,翟铁民,李涛,高润国:《我国卫生经济政策体系的演进历程及评价分析——基于制度结构理论》,《卫生经济研究》2020 年第 8 期,第 8-12 页。

③ 中共中央办公厅:《关于进一步减轻义务教育阶段学生作业负担和校外培训负担的意见》,载教育部官网:http://www.moe.gov.cn/jyb_xxgk/moe_1777/moe_1778/202107/t20210724_546576.html,最后登录日期:2021 年 12 月 25 日。

④ 李文章:《民办学校分类管理改革的碎片化及对策——基于整体性治理的视角》,《复旦教育论坛》2018 年第 5 期,第 107-112 页。

⑤ 张熙:《政策偏好与初中教育发展路径突围》,《教育科学研究》2014 年第 9 期,第 5-10 页,第 19 页。

同现象,从而导致整个监管政策体系在不同政府层级之间的差异不显著,以及国家原则与地方实施细则之间的体例不完整。横向而言,校外培训机构监管是“牵一发而动全身”的改革,其涉及教育、宣传、网信、民政、市场监管、政法、公安、银行、证监等多个行政部门,尽管校外培训机构的日常监管遵循“谁审批谁监管,谁主管谁监管”的工作制度和权责划分。但是,经常存在不同的监管主体在同一领域共同执法的问题,执法主体越是多元,相互牵扯、权责不清的问题越是频繁产生。因此,不同政府职能部门之间对校外培训机构监管的规制服务、信息沟通和公共政策,难以获得有效的整合与协调。教育行政部门往往通过自上而下的管理层级发布行政命令来实现对民办教育的监督和控制①,这使得对校外培训机构的治理,也主要采取计划调控和行政处罚为主的行政手段。但是,校外培训机构是市场经济的产物,其产生、发展、终止遵循的是“自下而上”的市场逻辑,而政府监管遵循的是“自上而下”的行政逻辑,两者之间不可避免会产生冲突和矛盾。对此,政府应该由需求管理转为需求与供给并重②,实现校外培训机构的监管从“碎片化”向“整体性”发展。

三、思维重构:校外培训机构整体性监管的理论逻辑

1. 理论工具:整体性治理理论

整体性治理理论(Holistic Governance)兴起于20世纪90年代中后期,是继新公共管理运动之后有关政府管理变革的新探索。③ 整体性治理着眼于政府内部机构和部门的整体性运作,其核心目的在于跨越组织边界,整合各自独立的资源,实现政府的政策目标。④ 整体性治理的本质和目标是创造一种新的范式,旨在纠正因职能部门分散而产生的缺陷,从而实现公共利益的最优化。

2. 理论检验:整体性治理理论对于解决社会公共问题的有效性

整体性治理范式的产生是政府适应现代治理理念的结果。⑤ 传统的官僚行政试图做一切“公共”性质的事情,使得政府不得不依赖不同的部门,而随着部门职能的扩展以及部门主义的泛滥,最终导致碎片化现象的出现。整体性治理范式试图纠正这一问题,将“公共事务”角度转换为“公众”角度,即公民、纳税人和客户。并通过“横向、矩阵式组织框架、当前组织运作”的机制促进部门整合,协调跨边界的问题。⑥ 政府职能的整合不仅是整合机制,更是政府运行中价值结构的转变。⑦

大量的案例研究表明,运用整体性治理理论分析社会问题的治理具有理论准确性和适用性。诸多学者分别从“食品安全监管、贫困治理难题、教育政策执行、技术社会风险防范、生态环境保护、就业服务供给、公共卫生事件处理、城市交通管理、政府组织协调、网络舆情干预”等方面展开基于整体性治理理论的研究分析。研究结果均表明,整体性治理对于解决社会公共问题、完善政府服务体系具有较强的理论解释力。因此,该理论适用于探讨校外培训机构的监管问题。

3. 理论实践:校外培训机构“整体性治理”模式

英国学者帕里·希克斯提出了整体性治理的四个典型特征:(1)整体性:整合整个公共部门;(2)干预:从解决问题转向预防问题;(3)目标:注重结果;(4)文化:重视说服和信息提供,而不是强迫和命

---

① 张庆:《论民办高等教育中政府职能的“越位”与“缺位”》,《湖南涉外经济学院学报》2013年第2期,第7-11页。

② 陈彦斌:《需求侧管理的内涵与落实:宏观政策“三策合一”视角》,《中国高校社会科学》2021年第6期,第94-100页。

③ Ratnatunga J, Ariff M, “Towards a Holistic Model of Corporate Governance”, *Journal of Applied Management Accounting Research*, Vol. 3, no. 1(March 2005), p. 1.

④ 陆雄文:《管理学大辞典》,上海辞书出版社2013年版,第405页。

⑤ Dunsire A, “Holistic Governance”, *Public Policy and Administration*, Vol. 5, no. 1(1990), pp. 4-19.

⑥ Peng T C, “Strategies to Build Up Holistic Governance”, *Public Administration and Governance (NAPSIPAG) Annual Conference*, Vol. 1, no. 1 (2005), pp. 1-14.

⑦ Wilkins, Peter, “Accountability and Joined-Up Government”, *Australian Journal of Public Administration*, Vol. 61, no. 1 (January 2002), pp. 114-119.

令。[①] 我国台湾学者彭锦鹏从“管理理念、运作原则、组织形态”等十个方面阐释了整体性治理的具体策略。[②] 本研究结合这两位学者的观点，搭建整体性治理框架这一复合体系，并基于此建构了“双减”政策下校外培训机构监管的机制(见图 1)。

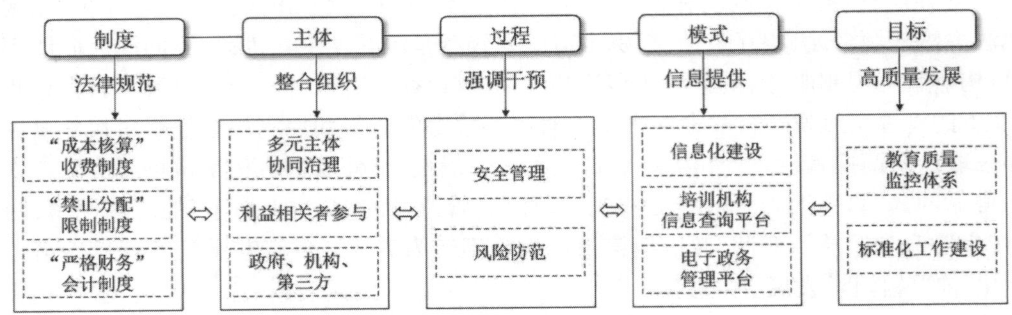

图 1 校外培训机构监管的整体性治理范式

四、路径优化:校外培训机构监管的整体性治理对策

1. 监管制度:加强立法，完善学科类培训机构的监管法律

(1)规定学科类培训机构的“成本核算”收费制度

最大限度维护教育的公共性，是所有义务教育改革的立足点，也是“双减”政策出台的现实起点。政策规定,“根据市场需求、培训成本等因素确定培训机构收费项目和标准，向社会公示，接受监督”。[③] 这表明，政策进一步强化了对学科类培训机构的规制。因此，在收费方面，应该严格执行办学成本核算制度，规范面向义务教育阶段学生的学科类校外培训机构的收费管理工作，杜绝高收费、乱收费现象。

(2)规定学科类培训机构的“禁止分配”限制制度

举办者能否取得办学收益和是否具有办学结余的产权，是判断培训机构“营利与否”的主要依据。为了保障教育公平，使教育免受资本逐利的影响，突出学科教育的公益性，“双减”政策对学科类培训机构实施非营利性条款。这决定了此类学校的办学结余全部依法用于支付机构办学，如购买仪器设备、改善教师待遇、增设活动课程等。由于在长期的历史发展进程中，我国学科类培训机构主要通过投资办学和混合集资办学的模式介入教培行业，其中，资本具有天然的逐利倾向，即使在改革背景下，这部分培训机构强制选择登记为非营利性，但是其举办者依旧不会放弃取得回报的诉求。故而，如果不完善监管制度，不严格遵守“禁止分配”限制，改革的实际效果将与理性预期存在差距，改革的意义亦将难以全面彰显。

(3)规定学科类培训机构的“严格财务”会计制度

学科类培训具有较强的公共属性，学科类培训机构治理问题是一项公共政策问题。公共性程度上的差异，决定了监管力度的强弱。因此，针对此类培训的监督力度最强，表现在财务管理方面，应该建立起全方位、全过程、全天候的财务监管网络，包括“财务会计制度、审计监督制度、财务专户制度、法人财产制度、预算审核制度、经费公示制度、资金信息报告制度”等。

2. 监管主体:实施多元主体协同治理，健全利益相关者参与机制

(1)政府:需要健全监管机构设置，落实部门协调机制

首先，需要构建国家、省和地市三级校外培训监管机构。加强中央和地方的综合协调，确保重点工

① Leat D, Stoker G, *Towards Holistic Governance: The New Reform Agenda*, London: Palgrave Macmillan, 2002, p. 84.

② 彭锦鹏:《全观型治理:理论与制度化策略》,《政治科学论丛(中国台湾)》2005 年第 23 期，第 11 页。

③ 中共中央办公厅:《关于进一步减轻义务教育阶段学生作业负担和校外培训负担的意见》，载教育部官网:http://www.moe.gov.cn/jyb_xxgk/moe_1777/moe_1778/202107/t20210724_546576.html，最后登录日期:2021 年 12 月 25 日。

作扎实有效推进。其次，提升行政人员的履职能力。重视行政执法人员的职后教育，如专家讲座、挂职锻炼、技能培训等，加强其在教育、税务、法律、审计等方面的专业知识，进一步熟悉校外培训机构的运作规律。最后，完善规范校外培训机构发展的联席会议制度。地方层面应该进一步明确集体会商研讨制度，细化联席成员工作职责，校外培训机构发展联席会议一般由教育行政部门负责召集，但是由于涉及多个行政利益主体，教育行政部门往往"心有余而力不足"，因此，有必要建立第三方协调委员会。协调委员会具体负责各行政部门的协调事宜，会同联席成员在各自职责范围内处理校外培训机构监管事宜。针对执法过程中存在的监管空白，协调委员会将征询上级委员会意见后，妥善处理。

(2)校外培训机构：需要完善组织内部治理结构，提升自我约束能力

监管的主要目的在于提升校外培训机构治理能力，走内涵式发展道路，建立高品质校外教育体系。监管要深入到良好的组织运行机制中去，培育组织自我督导，自我约束的功能职责和态度自觉，否则监管依赖一系列刚性的制度约束，只会以巨大行政成本的代价换取校外培训机构一时的规范。值得注意的是，把学科类教育还给学校，并不是要消灭校外教育培训机构，而是要发挥校外教育实践化、差别化、个性化教育的优势，与学校教育形成互相支持、互相补充、相得益彰的新格局。[①] 校外培训机构要主动完善内部治理结构，提升服务供给水平。校外培训机构的内部治理，是指举办者、管理者、行政部门、师生以及社会组织等利益相关者主体，在遵循教育组织内部发展逻辑和契合外部市场环境的互动博弈中，实现各方良性互动的结果和表现。对此，校外培训机构需要制定权责明晰、规范合理的组织运行制度，依法制定管理规程，严格按照标准与程序开展工作。规程的重要性在于通过正确的价值导向，引领学校的日常行为，促进校外培训机构自律意识的形成。

(3)社会：需要有效发挥第三方组织优势，提升监管的专业化水准

受监管对象提供服务的"公益属性"影响，监管往往具有"社会性监管"特征。[②]校外培训机构的财务核算、资金控制、教学质量、校舍安全防范、产权归属、破产清算、人力资源保障以及各类纠纷等，都属于专业属性较强的领域，这需要支持引入第三方组织参与监管，鼓励政府向审计公司、律师事务所、安全技术检测服务机构等购买服务。此外，依据"稳妥推进"的改革要求，可以合理地预测，由政府直接参与的专业评估在一定程度上有失公允，为保证评估的公平性，需要第三方组织的专业评估参与进来。

3. 监管过程：健全安全管理制度和风险防范机制，重视事前预防

强化政府在民办学校风险防控过程性监管中的角色，有助于实现对市场机制失灵的纠正。并且，鉴于受教育对象的脆弱性、教育过程的不可逆性，以及强校外培训机构的风险预警，重视事前干预远远优于事后处理。同时，伴随着政策环境的转变，再加上市场的不稳定性、竞争的激励性、发展政策的不确定性，校外培训机构经常面临超负荷负债、资金短缺、周转不灵的困扰，甚至部分机构因为运营困难而倒闭，不断引发社会舆论热点。因此，政府要完善校外培训机构监管的制度供给方式，重视"行政指导、行政调解、行政给付和行政信息服务"[③]等非强制权力手段的运用，建立以规范化运作机制为核心的监管方式，进一步强化对财务风险和教学风险的防控工作。具体而言，要特别注意如下方面：重视防范和化解安全事故风险；重大事项变更备案机制；负债管理制度；完善资金监管体系，合理规划经费支出。

4. 监管模式：推进"互联网+服务"，重视信息公开制度建设

(1)建立校外培训机构信息查询平台

按照相关法律的要求，完善校外培训机构档案库，通过信息平台面向社会，定期发布登记信息、举办信息、收费信息、招生信息、财务信息、师资情况、捐赠信息、年检信息、教学信息，行政部门认为应该公开的其他重要信息。同时，校外培训机构应该加强自身信息网站建设，教育行政主管部门应该将信息公开情况纳入年度检查计划，培训机构网站链接归口到民办学校信息查询平台，方便师生、家长、社会检索，

① 张志勇：《"双减"格局下公共教育体系的重构与治理》，《中国教育学刊》2021 年第 9 期，第 20-26 页，第 49 页。

② 骈茂林：《义务教育阶段非营利性民办学校的监管政策走向》，《中国教育学刊》2018 年第 8 期，第 18-22 页。

③ 刘福元：《非强制行政的动机分析——探索政府柔性执法的内部之源》，《云南大学学报(法学版)》2012 年第 6 期，第 32-41 页。

切实保障其知情权。

(2)建立校外培训机构电子政务管理平台

电子政务管理平台应面向所有的政府职能部门和校外培训机构。一方面,这有助于实现校外培训机构监管事务的一站式、导航式和菜单式办理。另一方面,建立大数据采集运用系统,通过云计算专业化、精准化的信息匹配,有助于部门之间政务数据的信息共享,及时了解、跟踪不同部门的监管执法情况,避免重复执法,提升政府对校外培训机构宏观调控、科学决策以及突发事件的应急处理能力。从而降低行政成本,加强部门协同,推进智能监管,实现校外培训机构治理资源优化配置,全面提升监管质量。

5. 监管目标:建立校外培训机构教育质量监控体系,推进高质量发展

尽管校外培训机构整体政策环境"遇冷",但是治理的核心是让校外培训成为学校教育的有益补充,整体促进教育事业的健康发展。在长期的发展过程中,校外培训机构有效地解决了"三点半难题",满足了人民群众对优质化、个性化、特色化教育资源的需求。① 因此,防范办学风险,是政府监管的"底线"。更重要的是,要立足于教育教学质量的提升,建立以"教育质量监测标准"为基础手段的校外培训机构宏观管理制度,引导其规范办学,保障教学质量,发挥监管的"改进—提升"作用。

相比较其他教育领域的标准化工作建设,校外教育培训领域长期处于良莠不齐的状态,标准供给存在严重缺口,标准制定机制不健全。这导致政府对校外培训机构的行政执法随意性较大,重事后查处、轻事前预防以及以罚代教、以罚代管等问题突出。伴随着现代市场经济改革、政治民主化进程,以及现代自由企业制度和平等的市场机制的建立,政府要重视行政管理的柔性执法,建立可观察、可量化、可监督、可比较、可评估的质量标准,实现对校外培训机构的规范监管。对此,针对校外培训机构相关标准的空白,应根据其提供教育服务的差异性,参照同类别公立学校技术要求的规定,鼓励建立统一的行业标准、地方标准、团体标准和企业标准,从而逐步实现政府对校外培训机构的标准化管理。

Research on the Supervision Mechanism of Off-campus Education Institutions under the "Double Reduction" Policy

— Analysis Based on the Perspective of Holistic Governance Theory

ZHANG Yuheng

(Institute of Education, Xiamen University, Xiamen Fujian, 361005)

Abstract: From the perspective of holistic governance, it is found that China's supervision of off-campus education institutions under the background of "Double Reduction" still has serious fragmentation problems in terms of subject, institutional structure, and policy preferences. In order to solve these problems and to optimize the governance of shadow education institutions, it is suggested to combine the key items in the overall strategy and to start from the "system, subject, process, mode, and goal" of supervision with the following practice to be adopted: "improving the supervision laws of discipline training institutions, implementing coordinated governance of multiple subjects, improving safety management systems and risk prevention mechanisms, attaching importance to the construction of information disclosure systems, and establishing education quality monitoring systems for off-campus training institutions" ways.

Key words: "Double Reduction" policy, off-campus education institutions, supervision, holistic governance

① 杨婷,黄文贵:《当前中国校外培训机构的规范与治理》,《教育学术月刊》2020年第9期,第27-32页。

澳大利亚早期教育和校外教育治理体系：国家质量框架

冯翠典[1,2]

(1. 浙江外国语学院 教育学院，浙江 杭州 310023；2. 浙江外国语学院 德国研究中心，浙江 杭州 310023)

摘　要：澳大利亚国家质量框架是澳大利亚针对0—5岁儿童早期教育机构及6—13岁学龄儿童的校外教育机构的服务提供国家层面治理系统的框架，致力于保障这些机构的教育服务的质量和持续改进，从而保障儿童更好的教育性和发展性成就的实现。国家质量框架包括如下要素：国家法律和国家法规，国家质量标准，评估和评级程序，国家批准的学习框架，州/地方层面的监管机构，国家层面的监管机构。在对澳大利亚国家质量框架进行介绍基础上，概括了澳大利亚早期教育和校外教育质量体系的特点。

关键词：澳大利亚；早期教育；校外教育；治理体系；国家质量框架

早期教育和校外教育的质量保障是我国当下的重要关切问题。2020年，国务院印发《深化新时代教育评价改革总体方案》，强调健全教育评估监测机制，发挥专业机构和社会组织作用。① 2018年，国务院印发《关于学前教育深化改革规范发展的若干意见》，强调完善学前教育公共服务体系，健全监管体系。② 2017年，教育部发布《关于做好中小学生课后服务工作的指导意见》③，2021年发布《关于推广部分地方义务教育课后服务有关创新举措和典型经验的通知》④，为推进义务教育课外服务转型提供建议。澳大利亚国家质量框架(National Quality Framework，缩写NQF)是澳大利亚自2012年沿用的教育治理体系框架，是对机构日托中心、家庭日托中心、幼儿园等0—5岁儿童的教育和照料机构以及6—13岁学龄

基金项目：本文系2020年度浙江省哲学社会科学规划课题“指向深度学习的幼儿园STEM教学模式建构与实施”(项目编号：20NDJC191YB)的研究成果。

作者简介：冯翠典，浙江外国语学院教育学院副教授，浙江外国语学院德国研究中心兼职研究员，博士，主要从事课程与教学评价研究。

① 中华人民共和国国务院：《深化新时代教育评价改革总体方案》，载中华人民共和国中央人民政府官网：http://www.gov.cn/zhengce/2020-10/13/content_5551032.htm，最后登录日期：2021年7月20日。

② 中共中央 国务院：《关于学前教育深化改革规范发展的若干意见》，载中华人民共和国中央人民政府官网：http://www.gov.cn/zhengce/2018-11/15/content_5340776.htm，最后登录日期：2021年7月20日。

③ 中华人民共和国教育部：《关于做好中小学课后服务工作的指导意见》，载教育部官网：http://www.moe.gov.cn/jyb_xwfb/gzdt_gzdt/s5987/201703/t20170304_298204.html，最后登录日期：2021年7月20日。

④ 中华人民共和国教育部：《关于推广部分地方义务教育课后服务有关创新举措和典型经验的通知》，载教育部官网：http://www.moe.gov.cn/srcsite/A06/s3321/202106/t20210621_539265.html，最后登录日期：2021年7月20日。

儿童校外教育服务机构统一进行管理和评价的国家系统。[①] 该框架由澳大利亚所有地方政府参与制定。2018年,澳大利亚儿童教育和照料质量管理局(Australian Children's Education and Care Quality Authority,缩写ACECQA)发布"国家质量框架指南"[②],标志着该系统的成熟完善。本文对其核心进行述评,期望为我国早期教育和校外教育治理体系和督导制度提供借鉴。

一、澳大利亚国家质量框架的整体概述

1. 国家质量框架的目标和指导性原则

NQF的出台展现了澳大利亚政府保障儿童高质量教育和照料服务的追求。NQF的目标有六个:第一,确保接受教育和照料服务的儿童的安全、健康和福祉;第二,提高接受教育和照料服务的儿童的教育性和发展性成就;第三,促进高质量教育和照料服务供给的持续改进;第四,建立国家一体化机制及在地方政府与联邦政府之间的责任分担系统;第五,提高公众对教育和照料服务质量的认识;第六,通过信息共享来减轻教育和照料服务的监管和行政负担。

NQF遵循六大指导性原则:第一,把儿童的权利和最大化利益视为最高宗旨;第二,将儿童视为成功的、有能力的、胜任的学习者;第三,把公平、包容和多样性作为框架的基础;第四,重视澳大利亚土著和托雷斯海峡岛民的文化;第五,尊重、支持父母和家庭的教育角色;第六,坚持在教育和照料的服务供给方面追求最佳做法。

2. 国家质量框架的治理系统

NQF通过以下要素保障儿童教育和照料的服务质量并推动其持续改进:第一,为儿童教育和照料服务的常规性管理和评价提供标准的国家法律框架,包括"教育和照料服务的国家法律"和"教育和照料服务的国家法规";第二,确立国家教育和照料服务基准的"国家质量标准";第三,根据国家质量标准对教育和照料服务进行评价和评级的流程;第四,基于国家批准的"学习框架"来进行;第五,每个州/地区专门的监管机构,负责该州/地区的教育和照料服务机构的批准、监管和评价;第六,一个国家监管机构,

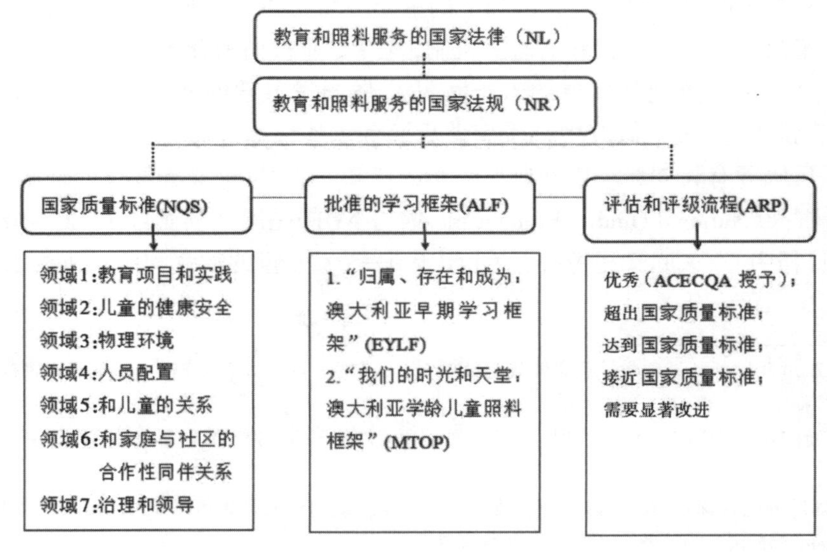

图1 澳大利亚国家质量框架(NQF)

① Australian Children's Education & Care Quality Authority (ACECQA), "*National Quality Framework*",网址:https://www.acecqa.gov.au/national-quality-framework,最后登录日期:2021年6月25日。

② Australian Children's Education & Care Quality Authority(ACECQA), "*Guide to the National Quality Framework*",网址:https://www.acecqa.gov.au/resources/research,最后登录日期:2021年6月25日。

"澳大利亚儿童教育和照料质量管理局",指导 NQF 实施并和各州或地方的监管机构合作。第五、第六个机构要素之外的其他要素,见图 1。

3. 在国家质量框架下的治理规划

澳大利亚国家质量框架的外部治理结构分三个层次:国家层面的教育委员会,澳大利亚儿童教育和照料质量管理局(ACECQA),各州各地区的监管机构。相应的治理责任,见表 1。

表 1 澳大利亚不同层次监管机构的治理责任

监管机构	治理责任
国家教育委员会	教育委员会是由澳大利亚政府和州及地区政府负责教育的部长组成。责任包括: 审查和批准国家质量标准、评价等级系统和学习框架 批准对国家法律法规的修改 任命 ACECQA 董事会成员
澳大利亚儿童教育和照料质量管理局	ACECQA 负责指导和监督国家质量框架的实施和管理,从而促进所有地区的教育一致性。责任包括: 批准从事教育和照料服务的人员资质 对州/地方监管机构授权的人员进行培训、测试和提供资源 奖励优秀的等级 对质量评级进行二级评审 主持国家质量议程信息系统 出版指南和其他资源 出版经批准的供应商和服务机构的国家登记册(包括他们的质量等级)
州/地区的监管机构	州/地区的监管机构跟提供教育和照料服务的供应商和机构保持日常联系。责任包括: 开展对供应商的申请批准和对供应商教育和照料服务的申请批准 根据 NQS 和国家法律法规对教育和照料服务进行评估和质量评级 监督国家法律法规的遵守情况,包括接收和调查严重的事件和投诉 与 ACECQA 合作,促进持续的质量改进和对所服务的部门/社区提供 NQF 培训

二、澳大利亚国家质量框架的要素解读

1. 国家法律和国家法规

"教育和照料服务的国家法律"(以下简称"国家法律")和"教育和照料服务的国家法规"(以下简称"国家法规")规定了教育和照料机构的服务范围,说明了教育和照料服务的供应商、监督员和教育者的法律义务,并解释了州/地区监管机构和 ACECQA 的职能。① 国家法律和国家法规共同制定了"国家质量标准",提供了国家层面的教育和照料服务的监管框架和治理途径。国家法律法规于 2011 年颁布,历经 12 次修订,现行 2018 年版。②

澳大利亚早期教育和照料服务的申请和批准全部按照法律法规要求。有两个核心程序:第一,供应商批准。个人可以申请获得供应商批准,这在全国内认可;第二,服务批准。经批准的供应商才可申请服务批准,供应商提供的每一项服务都需要进行服务批准。

2. 国家质量标准

国家质量标准由国家法律法规制定,为教育和照料服务的质量设定了国家基准,提供了评价标准。

① Australian Children's Education & Care Quality Authority(ACECQA). "*National Law and Regualtions*",网址:https://www.acecqa.gov.au/nqf/national-law-regulations,最后登录日期:2021 年 5 月 20 日。

② State Government of Victoria. "*Education and Care Services National Law Act*",网址:https://www.legislation.vic.gov.au/in-force/acts/education-and-care-services-national-law-act-2010/012,最后登录日期:2021 年 5 月 20 日。

目的在于通过高质量的教育项目提高儿童的成就，并让供应商和家长理解高质量服务的样态。国家质量标准分为质量领域、标准、要素、指标四个层次。质量领域有七个：教育项目和实践、儿童的健康和安全、物理环境、人员安排、和儿童的关系、和家庭及社区的同伴关系、治理和领导。每个领域都有两到三个标准，这些标准都是对高水平的学习成就的陈述。每个标准下描述了有助于实现标准的不同要素，要素也具体化到指标层面。国家质量标准的部分内容[①]，见表2。国家质量标准包括结构性要素(如教育者的资质和师生比例)和影响质量的过程性要素(如和儿童与家庭的关系，以及激励性的环境和学习项目)。

表2 澳大利亚国家质量标准(部分)

质量领域	标准	要素	指标
质量领域1：教育项目和实践	标准1.1：项目(教育项目应促进儿童的学习和发展)	1.1.1被批准的学习框架	课程决策应服务达成学习框架中要求的儿童学习和发展成果
		1.1.2儿童为中心	每位儿童的现有知识、观念、文化、能力、兴趣等是项目的基础
		1.1.3项目的学习机会	项目的所有方面，包括项目规则，都最大化致力于儿童的学习
	标准1.2：实践(教育者应促进和拓展每位儿童的学习和发展)	1.2.1有意向的教学	教育者的决策和行为，应经过深思熟虑，且有目的指向
		1.2.2回应性的教学和支架	教育者通过开放性问题、互动和反馈来回应儿童的想法和游戏，并拓展儿童的学习
		1.2.3儿童主导的学习	每位儿童的主体性得到提升，能使他们有机会做出影响事物和世界的选择与决策
	标准1.3：评估和规划(教育者和协助者应采取有计划的、反思性的途径实施项目)	1.3.1评价和规划的循环	每位儿童的学习和发展都应该在观察、分析、记录、计划项目、实施项目和反思的持续循环中进行评价
		1.3.2批判性的反思	对儿童个体和小组的学习与发展的批判性反思，推动了项目的计划和实施
		1.3.3为家庭提供的信息	家庭应获得关于教育项目和儿童进步的信息
质量领域2：儿童的健康和安全	标准2.1：健康(应促进和支持儿童的健康和体育活动)	2.1.1福祉和舒适	应保障每位儿童的福祉和舒适，包括满足其睡眠、休息和娱乐的需要
		2.1.2健康实践和程序	应保障和进行有效的疾病和伤害管理以及卫生实践
		2.1.3健康的生活方式	提倡适合每位儿童的健康饮食和体育锻炼
	标准2.2：安全(应保障每位儿童的安全)	2.2.1监督	在任何时候，合理的预防措施和充分的监督都能确保儿童免受伤害和危害
		2.2.2事故和紧急情况处理	与有关部门协商，制定并实施有效管理事故和紧急情况的计划
		2.2.3儿童保护	管理者、教育者和工作人员都要意识到他们在识别和处理虐待或忽视儿童问题上的角色和责任

3. 经批准的学习框架

经批准的学习框架，包括“归属、存在和成为：澳大利亚早期学习框架”[②] 和“我们的时光和天堂：澳

① Australian Children's Education & Care Quality Authority(ACECQA). "*2018 NQS Commence*"，网址：https://www.acecqa.gov.au/latest-news/2018-nqs-commences，最后登录日期：2021年5月20日。

② Australian Government Department of Education and Training. "Belonging, Being and Becoming: The Early Years Learning Framework for Australia", 2009.

大利亚学龄儿童照料框架”。[①] 前者指向 0—5 岁儿童的各种教育和照料服务机构，后者指向 6—13 岁学龄儿童的校外教育和照料服务机构。这是在国家质量标准指导下开发的教育项目的学习指向，勾勒了能支持儿童学习的实践样态，教育和照料服务机构需基于学习框架开发教育项目。这些框架关注儿童的学习成就，并认可儿童从出生就开始具备的学习能力和个体差异。这两个学习框架都包括总体性的原则、对教师的实践指南和儿童的学习成就三个要素，并且内容一致（见图 2），只是在不同年龄段上的成就水平不一样。

学习框架的原则性要求如下：第一，教育者和儿童之间建立安全、互相尊重和互惠的关系；第二，和家庭建立伙伴关系；第三，对儿童的学习持有高期待，并提供平等的机会；第四，尊重儿童自身和家庭及社区的多样性，并将其作为儿童学习的机会；第五，教师成为持续学习者和反思性实践者。这些原则是儿童教育和照料实践的基础。实践要素关注教育者如何利用丰富的教学方法促进儿童学习，包括：采取整体性的学习方式，积极回应儿童，通过游戏来学习，开展有意向的教学，重视学习环境的作用，重视儿童及家庭的文化背景，保障学习经验的连贯性，开展促进导向的学习和发展评价。学习框架中儿童的学习成就，包括五大方面：儿童有强烈的身份认同感，儿童与周围世界有联系并做出贡献，儿童有强烈的幸福感，儿童是自信投入的学习者，儿童是有效的沟通者。每个学习成就细化成多个学习指标。

学习框架不仅为高质量教育项目开发提供了指导，也为教育者的教学实践提供了方向。

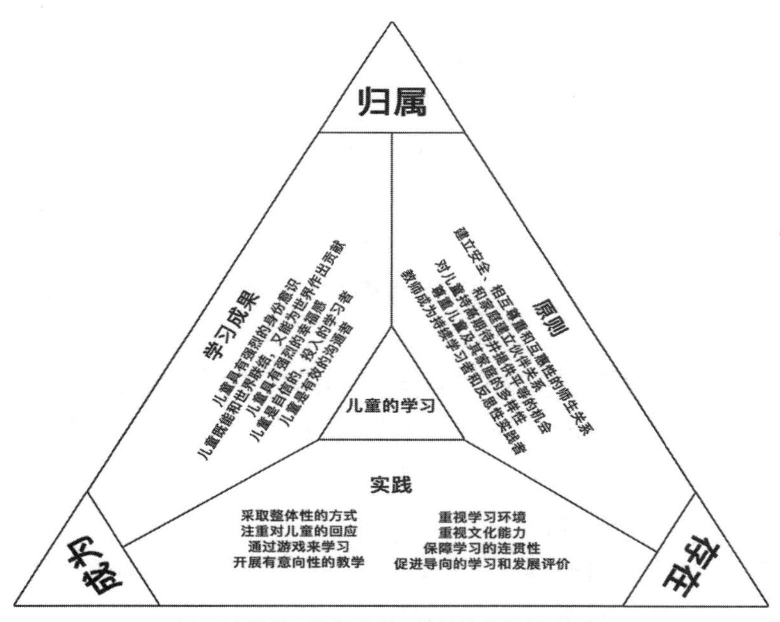

图 2 澳大利亚早期教育和校外教育的学习框架

4. 对服务进行评估和评级

对服务机构的教育和照料的质量进行评估的目的是：第一，促进高质量教育和照料服务的持续改进；第二，提供与家庭的信息共享的途径，帮助家庭做出教育和照料儿童的决策。

（1）评估和评级的基本程序

澳大利亚各州/地方的监管部门开展教育和照料服务的评估和评级的具体程序，见图 3。

① Australian Government Department of Education and Training. “My Time, Our Place: Framework for School Age Care in Australia”, 2011.

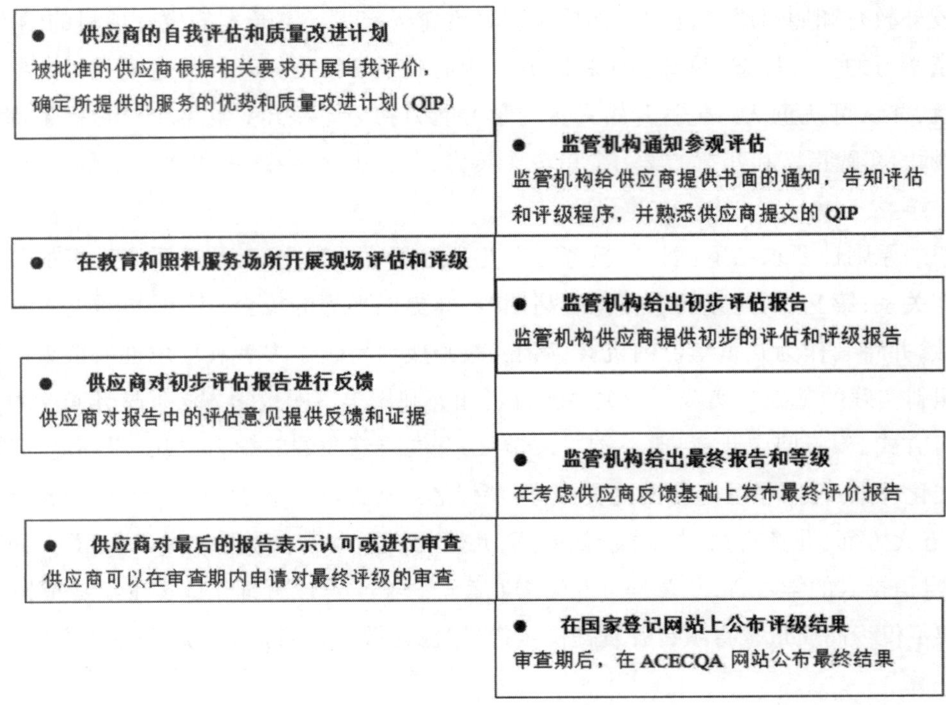

图3 澳大利亚国家质量框架的评估和评级程序

评估与评级程序具体包括:第一,被批准的供应商开展自我评估并制订质量改进计划;第二,在此基础上向监管机构申请现场评估,监管机构评估前期申请材料后通知现场评估;第三,监管机构在服务场所进行现场评估和评级;第四,监管机构给出初步的评估报告;第五,供应商对初步的评估报告进行反馈;第六,向供应商发布最终报告和等级;第七,供应商决定是否认可最终的报告和等级;第八,在ACEC-QA网站上公布最后的等级。

评估和评级程序的指导性时间步骤是:第一,一周内,通知启动评估和评级;第二,第3—4周,提交和核查质量改进计划QIP;第三,第5—8周,通知和进行实地访问;第四,访问后3—5周时间,提供初步报告,并在接受反馈的基础上,于访问后8周内给出最终报告。

(2)内部自我评价和质量改进计划

对教育和照料服务机构进行评估和评价的前提和落脚点,是供应商根据国家标准开展持续的自我评估,并持续改进。根据国家法规,供应商必须确保每项服务都有“质量改进计划”(Quality Improvement Plan,简称QIP)。开发质量改进计划的第一个步骤是开展自我评估,主要是供应商根据国家质量框架要求对提供的服务开展批判性反思。在开展自我评估的基础上,教育和照料服务的供应商还应完成两方面的事情:第一,通过反思确定需要质量改进的地方;第二,为需要改进的地方制定质量改进策略。QIP一定要包括通过自我评估确定的改进领域,以及具体的改进策略,因此展现对持续改进的追求。质量改进计划中还应陈述服务机构的服务哲学,服务哲学描述对儿童、家庭和教育角色以及儿童学习方式的价值观、信念和理解,用来指导教育和照料服务运作的所有方面。

(3)外部监管机构的评估和评级

①评估和评级的等级及标准

澳大利亚教育和照料服务的评估和评级的等级分为五个，具体标准见图4。

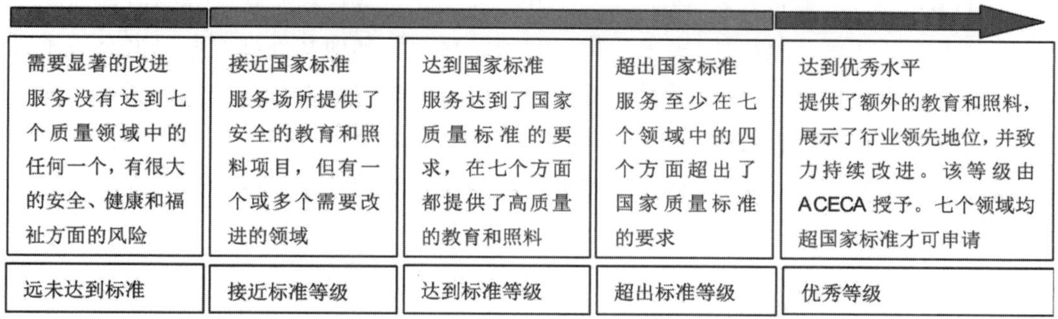

图4 澳大利亚国家质量框架的评估和评级的等级及标准

②实施评估和评级的现场访问

在各项国家要求指导下，监管机构授权的人员实施基于现场的评估和评级。授权人员通过如下方式收集证据：第一，观察。儿童、家庭、教育者、协调员等正在做什么(如是否在开展友好的、相互尊重的互动)。第二，讨论。与供应商、指定的主管、教育者、协调员等开展讨论。第三，文本调查。通过提供的证据文本深入理解教育与照料服务机构的实践(如出勤记录、会议记录、安全检查表、新闻通讯、儿童作品集、儿童评估记录)。作为评估和评级过程的一部分，评估还必须考虑该教育和照料服务机构的QIP和评估历史等。

在资料收集和现场交流的基础上，评估人员首先确定该教育和照料服务机构提供的服务是否达到了国家质量标准每个要素的要求，再为每个标准评级，然后对每个质量领域进行总体评价，最后确定整体的评级，并给出改进建议。

三、讨论与思考

澳大利亚国家质量框架(NQF)体现了早期教育和校外教育治理体系的如下特点：

1. 连贯的学习经验

澳大利亚国家质量框架的治理对象，是面向0—5岁儿童所有的早期教育和照料服务的机构，和6—13岁义务教育阶段儿童的校外教育和照料服务的机构。把0—13岁儿童的教育和照料服务纳入统一的管理和评价体系，并为0—13岁的儿童制定了要素一致、指向连贯的学习框架，保障了0—13岁儿童教育和照料的经验的连贯性。之所以能够从0—13岁的连贯性视角开展治理，是因为澳大利亚国家质量框架的出发点并不是强调早期教育和义务教育在具体实践方面的种种不同，而是在统一的教育信念和教育原则、长远的学习目的和学习成就的指导下，体现了对高质量的教育和照料服务的宏观理解，以及对高质量的教学和学习的顶层理解。

国家质量框架中针对0—13岁儿童的两个学习框架的根本宗旨都是为了拓展和丰富儿童的学习，认为儿童教育和照料服务的根本目的是为儿童的学习和发展提供最大化的成长机会。这些统一的价值和信念为开展连续性的教育和照料服务提供了实现可能，也是开展基于学习经验连续性开展教育治理的重要抓手。

2. 系统的指导文件

澳大利亚国家质量框架所体现的教育和照料服务的治理体系是多维复杂的,并通过系统的指导文件来保障,这些文件层次递进,连贯匹配,共同架构了 0—13 岁儿童教育和照料服务的治理框架。首先是制定了专门的关于儿童教育和照料的"国家法律"和"国家法规",其他文件都要遵照国家法律法规制定。其次是根据国家法律法规制定"国家质量标准"和"经批准的学习框架",作为体现国家法律法规要求的文件直接指导早期教育和照料服务。为保障这些文件的实施,也出台了一系列支撑文件。这都为儿童教育和照料服务的质量提供了重要保障,更展现了超越单一要素关切的服务治理系统的复杂性和层次性。

3. 完善的监管层次

在系统完善的儿童教育和照料服务的系列治理文件指导下,澳大利亚建立了有层次的外部监管机构,具体开展教育和照料服务的治理,主要包括国家教育委员会、国家层面的监管机构(ACECQA)和州级/地方的监管机构。国家教育委员会负责在国家法律法规的指导下对国家层面的文件进行监管和审查,比如国家质量标准、评估和评级系统、儿童学习框架,并宏观把握儿童教育和照料质量管理局的人员任用和工作表现。国家层面的监管机构——澳大利亚儿童教育和照料质量管理局,负责指导和兼顾国家质量框架在州/地方层面的实施和管理,并审核教育和照料人员的资质、培训州/地方层面的评估人员、复核州/地方层面的评估结果并负责优秀等级的授予等。州/地区层面的监管机构具体负责国家质量框架的管理,包括在国家法律和法规的要求下对供应商及其提供的教育和照料服务的资质进行审核,开展教育和照料服务的质量评级,并为服务地区的相关人员提供培训等。这种国家层面的治理责任结构化和治理责任分担机制,为教育和照料服务的综合治理提供了保障。

4. 内外的双重视角

澳大利亚国家质量框架是基于内外双重视角的综合系统的治理框架,前述基于监管机构开展的治理是外部视角的治理。另外,澳大利亚国家质量框架还有针对教育和照料服务的内部治理视角,如在国家质量标准和学习框架中,第七个质量领域就是"治理和领导"。国家质量框架重视教育和照料服务的内部管理者,通过对提供服务的有效领导和治理,来为儿童的学习和发展建立和保持高质量的环境。

在教育和照料服务机构内部开展的评估、反思和自查能支持服务政策和服务实践的持续改进。首先,教育和照料服务机构的管理者在家长等利益相关者参与下建立持续的自我评估—改进规划—改进反思的内部治理循环,营造致力于服务质量持续改进的文化。其次,教育和照料服务机构的领导者也非常支持教育者开展对课程与教学的反思,并加以改进。另外,领导者也关心教育者的学习和专业发展,进而优化课程与教学实践。

5. 持续改进的导向

澳大利亚国家质量框架非常强调持续的质量改进。国家质量框架确立了提高早期儿童和学龄儿童的教育和照料服务质量的国家办法,国家质量标准则为教育和照料服务的质量树立了国家基准。服务机构应熟悉国家质量标准,并努力达到或超过标准。

澳大利亚从三个方面来保障服务质量的持续改进:第一,根据国家质量标准和国家法律法规的要求开展持续自我评估;第二,开发和实施质量改进计划;第三,各州和各地区的监管机构开展评估和评级。持续的自我评估强调服务的优势和可以改进的领域,是质量提升计划的起点,意味着在服务内部不断审视政策、程序和实践。开发和实施质量改进计划确定了服务的质量改进目标，并说明了实现这些目标的策略。各地区监管机构开展的评估和评级结果也是新一轮持续改进的起点，而持续改进的情况会是下次评估的重点。

The Early Education and Out-of-school Education Governance System of Australia: National Quality Framework

FENG Cuidian[1,2]

(1. School of Education, Zhejiang International Studies University, Hangzhou Zhejiang, 310023;

2. Center for German Studies, Zhejiang International Studies University, Hangzhou Zhejiang, 310023)

Abstract: Australia's National Quality Framework (NQF) is the one that provides national-level governance system for its education and care institutions for early education between 0-5 years old and out-of-school education between 6-13 years old. It is committed to ensuring the quality and continuous improvement of the education and care services of these institutions, so as to guarantee the realization of better educational and developmental achievements for children. NQF includes the following elements: national laws and regulations, national quality standards, evaluation and rating procedures, nationally approved learning frameworks; state/local level regulatory agencies, and national level regulatory agencies. Based on the introduction of Australia's NQF, this paper has summarized the characteristics of Australia's early education and out-of-school education quality system.

Key words: Australia, early child education, out-of-school education, governance system, National Quality Framework

日本消费教育的历史脉络与经验启示

刘　玥，沈晓敏

（华东师范大学 教育学部，上海 200062）

摘　要：日本是亚洲地区先行开展消费教育的国家。二战后，日本消费教育经历了由民间消费者组织主导、消费者保护机制初步建立、纳入学校教育体系和正式立法四个发展阶段。日本已建立多层次、复合领域的消费教育培养目标，规定连续性、终身性的消费教育内容，设置分阶段、递进式、有侧重的学科课程，形成学校、家庭和社会协同的教育实施机制。日本在法律保障、行政建设、实施机制和研究支持方面为我国消费教育的推进提供了可资借鉴的经验与启示。

关键词：日本；消费教育；经验；启示

作为社会再生产的一个环节，消费刺激并引导着生产，影响经济的运行发展。不良的消费阻碍经济良性健康发展，冲击公民的生活方式、思维模式和价值选择，影响个体或社会群体的身份建构与认同。[①] 消费教育的实施有助于提升国民消费素养，推动经济健康发展，最终促进社会可持续发展。可以说，个体与他人、国家和社会之良好关系的建立，很大程度上依赖于现代意义上的消费教育。[②] 为应对经济高速发展引发的一系列消费问题，日本于二战后借鉴美国之经验引入消费教育，积极制定相关法律和政策，形成了面向全民的终身消费教育体系。

当前，我国的消费领域已经呈现出“消费主义”的病症，物化的生存状态、迷恋商品附加意义的炫耀性消费、滞后的消费认知心理等消费问题不容忽视。[③] 然而，我们的教育却走向了与消费的疏离，忽视了内嵌于人身体之中的消费能力的开发与养成，缺乏专门的消费教育。[④] 本文通过对日本消费教育相关政策和实践的梳理和分析，考察其演进历程，追踪其构建之路，进而形成对日本如何推动消费教育的廓清和总结，以期为我国消费教育的推进提供有益启示。

一、日本消费教育：概念及认识

1. 何谓消费教育

消费教育，由英文“consumer education”翻译而来。在日语中译为“消费者教育”，中国一般译为“消费教育”。作为涉及经济学、社会学、政治学、教育学等学科的综合性概念，消费教育关涉环境教育、食育、国际理解教育、法治教育等领域。

作者简介：刘玥，华东师范大学教育学部博士研究生，主要从事比较教育研究；沈晓敏，华东师范大学教育学部教授，博士生导师，主要从事比较教育、课程与教学论研究。

① 伊志宏：《消费经济学》，中国人民大学出版社 2012 年版，第 7 页。

② 卢嘉瑞，吕志敏：《消费教育》，人民出版社 2005 年版，第 8-11 页。

③ 江玲：《消费社会负效应的哲学反思》，《人民论坛》2017 年第 11 期，第 136-137 页。

④ 张学敏，陈星：《教育：为何与消费疏离》，《教育研究》2016 年第 5 期，第 49 页。

今井光映认为，消费教育的目的在于，通过提供公民作为一名负责任的消费者所必需的知识和技能，使每个人对消费的个人价值和社会价值拥有更为丰富的深刻认识。①

日本2012年公布的《消费者教育推进法》从公民教育的角度深化了消费教育的定义，指出消费教育应注重深入认识消费责任与社会发展之关系，提升消费者通过消费参与公民生活、构建可持续社会的积极性。

2. 消费教育的必要性

在日本，终身消费教育的实施业已上升至国家战略层面。《消费者基本法》（2004）第2条指出，消费者获得必要的信息和教育机会是消费者的权利，开展消费教育是确保消费者权利的重要举措。据《国民生活白皮书》（2008），消费教育有助于促进现代社会向消费者公民社会（consumer citizen society）转型，使消费者的公民意识成为"使社会变得更美好的原动力"。消费者作为未来的世界公民，应充分考虑社会问题的复杂性、世界形势的严峻性、未来社会的多变性以及将来世代的幸福，积极有效发挥消费力量，推动社会转型。

二、日本消费教育的历史演进

1. 萌芽期：消费教育由民间消费者组织主导

日本的消费教育最早可追溯至近代的消费者运动。大正民主运动（1905—1925年）推进了日本的民主化进程，尤其推动了经济领域的消费者运动。二战后，各民间消费者组织相继成立，规模较大的主要有家庭主妇联合会（1948）、日本生活协同组合联合会（1950）、日本消费者联盟（1956）。1957年，日本首届全国消费者大会召开并通过了《消费者宣言》，强调大众消费者作为主权者，是"经济繁荣之母"。② 此时消费教育一词还未进入大众视野，但国民已经初步认识到维护消费者主权、开展消费教育的必要性。

1955年成立的财团法人"日本生产力本部"③于1955年至1960年间多次组织专家团赴美考察美国的消费教育，并在其机关刊物《生产性新闻》中指出，"今后日本应效仿美国，大力开展消费教育，设立由消费者自主管理的商品检测部门，提供消费信息"。④1960年，生产力本部专门设立"消费教育室"，消费教育这一概念在日本正式登场。1961年，"消费教育室"成立日本消费者协会，消费者协会迅即成为日本普及消费教育和商品检测的中坚力量。

总的来说，1960年代以前，日本主要通过民间消费者团体来开展消费教育，并认识到了通过消费教育来培养明智的消费者，促进国民经济健全发展的重要性。

2. 发展期：消费者保护机制初步建立

1960年代，恰逢经济高速增长时期，大众消费火热的同时衍生了各类消费问题，为消减和预防消费问题带来的负面影响，日本政府开始制定法律制度和应对措施。

1961年，日本政府设置"提高国民生活对策审议会"，该审议会于1963年发布了《有关消费者保护的咨询报告》。1965年更名为"国民生活审议会"并于次年发布了《有关消费者保护组织和消费教育的咨询报告》。两份咨询报告均明确指出"在学校教育中引入消费教育刻不容缓"，要求将消费教育纳入国民教育体系。⑤

基于以上两份报告，日本政府于1968年颁布《消费者保护基本法》⑥，在法律层面明确了国家、地方政府、消费者组织和消费者在保护消费者权益方面的责任。根据此法，由政府出资的独立行政法人国民生活中心于1970年正式成立，成为开展消费咨询、商品比较试验、调查研究和消费教育的核心机构。此后，日本在全国各地陆续设立消费生活中心，成为地方开展消费教育的主要据点。

可以说，20世纪六七十年代，为了消除经济

① 今井光映，中原秀树：《消费者教育论》，东京有斐阁出版社1994年版，第331页。

② 日本宪法倡导国民主权，即主权在民，国民都是主权者，代表人民意志的体现。

③ 日本生产力本部，日语为"生产性本部"，1955年3月1日根据"生产力提高对策"的内阁决议成立，以提高劳动生产率、促进国际交流为目标。原为旧经济产业省所管，2010年改为公益财团法人。

④ 西村隆男：《消费者教育学の地平》，庆应义塾大学出版社2017年版，第24页。

⑤ 神山久美，中村年春，细川幸一：《新しい消费者教育ーこれからの消费生活を考える》，庆应义塾大学出版社2016年版，第7页。

⑥ 2004年修订并更名为《消费者基本法》。

发展、市场需要、消费事件的恶劣影响，日本政府逐步建立了包括法制建设、咨询审议机制、行政保障机制在内的消费者保护机制，保障了消费教育的发展。

3. 深化期：消费教育正式纳入学校教育体系

1973年第一次石油危机至1990年代初，日本经济进入低速增长期，消费环境日益严峻，社会大众强烈呼吁加强消费教育，但是学校教育课程并未做出直接回应。这一时期可以说是消费教育的空白期。[①]随着学校教育中引入消费教育的呼声日益高涨，国民生活审议会于1986年在文部省教育课程审议会上明确提出了“加强学校消费教育”的建议。1989年版《学习指导要领》将消费教育正式纳入家庭科和社会科，大幅增加消费知识。这一年被称为“消费教育元年”。

1988年，国民生活审议会在《关于推进消费教育的意见书》中提出，政府、消费者、教育者和企业应共同组建专业部门来构建面向全社会的消费教育综合体系。据此意见，日本于1990年共同成立了消费教育支援中心。该中心通过教育研修、开发教材、举办讲座等活动，成为支持学校和地方协同开展消费教育的智囊团。

可以说，消费教育正式纳入学校教育体系是消费问题引发的社会事件反推的结果。学校和消费教育支援中心开展的消费教育共同推进了日本消费教育的发展。

4. 转型期：消费教育首次专门立法，确立消费教育体系

2004年，日本修订《消费者基本法》，提出消费者政策应以尊重消费者权利和支持消费者自立为基本理念，明确指出接受消费教育是消费者的一项权利。2005年，内阁出台《消费者基本计划》，提出将消费教育提升至国家战略，强调实施消费教育是实现消费者自立的基本途径。同年，内阁成立消费教育体系专门调查小组。为统一管理消费者行政事务，日本国会于2009年专门设立消费者厅，并于2013年正式公布“消费教育体系”。[②] 2012年，内阁通过《消费者教育推进法》。这是日本第一次以立法的形式明确了消费教育的基本理念和基本内容，明示国家和地方在消费教育推进方面的职能，明确指出消费教育的目标不能停留在提升个人的消费生活层面，而应培养能够践行可持续消费理念的消费者公民，从而促进国民消费生活稳步提升和消费者公民社会的构建。根据《消费者教育推进法》的要求，2017年公布的学习指导要领[③]在社会科和家庭科中大幅增加了可持续消费的教育内容。

经过几十年的发展，日本的消费教育从零敲碎打的自发状态发展成为较为完备的消费教育体系，在立法保障、行政建设及实施机制方面得到有效保障。

三、日本消费教育的实施特征

日本对各阶段消费教育的培养目标和主要内容做出明确规定，通过家校社协同的实施机制开展终身消费教育。

1. 多层次、复合领域的消费教育培养目标

日本消费教育体系涵盖学前期至老年期，聚焦于消费者公民社会构建、商品安全、生活管理和契约、信息和媒介四大方面，分别对各阶段培养目标和内容构成做出明确清晰的要求。消费教育体系不仅是个体“消费者力”的阶段性自评标准，也为家庭、社区、学校和企业开展消费教育提供参考和借鉴。[④]

第一，消费者公民社会的构建。包括：能够基本认识个体消费对他人、环境、经济、社会和文化等产生的影响，理性选择产品和服务；基于构建可持续社会的目标，能够与他人团结协作；基于对每个消费者的个性特征和消费生活的多样性的尊重，能够与他人协同合作，共同解决消费问题。

第二，商品安全。包括：能够通过预测商品本身固有的危险性，确认安全性提示，及时规避危

① 植苗竹司：《消费者市民学の形成を目指して》，《自治研究》1996年第72期，第57页。

② 消费者厅：《消费者教育の体系イメージマップ》，载日本消费者厅官网：https://www.kportal.caa.go.jp/consumer/about.html，最后登录日期：2021年7月20日。

③ “学习指导要领”相当于我国的课程标准。日本每隔十年对学习指导要领进行修订。日本文部科学省于2017年公布的学习指导要领为当前最新版本。

④ 岩本谕，谷村贤治：《消费者市民社会の構築と消费者教育》，京都晃洋书房2013年版，第71页。

险；因商品缺陷导致事故发生时，能够向经营者要求赔偿和为防止事故再次发生而采取预防措施。

第三，生活管理和契约。包括：通过信息的收集和筛选以及基于预测的决策行为，来实现生活规划和家计管理；了解契约中规定的权利和义务，识别违法、不公正交易和劝诱行为，解决纠纷赔偿问题，为防止问题再次发生而采取预防措施。

第四，信息和媒介。包括：了解信息和通信技术在高度信息化社会中的重要性，能够通过信息收集和传递以提升消费生活；加强对信息和媒介的批判性认识以采取适当的行动，如个人信息管理和知识产权保护。

2. 连续性、终身性的消费教育内容

消费的终身性意味着对终身消费教育的期待。日本消费教育结合各时期人的发展特征和规律特点，明确各阶段培养目标，为个人根据自身消费能力和水平获得符合生涯阶段特征的教育提供可能，为学校教育和社会教育中消费教育的开展提供实施依据和评价标准。

日本消费教育体系从整体上对人的生涯各阶段的消费教育内容做出规定。学前期，儿童通过各种感知觉体验，对家人和身边的事物产生兴趣并进行探索。小学期，培养儿童基本消费素养，以及对社会和环境的兴趣。初中期，学生能够扩大消费行动的范围，了解权利和责任，培养问题解决能力。高中期，学生能够认识到生涯规划的重要性，理解个体的社会责任，提高自主判断力，培养国际视野。青年期，学生能够独自展开消费行动，形成符合消费伦理的生活方式和价值观。中青年期，能够发挥个体的消费力量，推动建设可持续社会。老年期，能够将丰富的生活经验和知识分享、运用于可持续社会和消费者公民社会的构建。

以契约为例，契约充分体现日本消费教育的连续性和终身性。学前阶段侧重“遵守约定和规则”。小学阶段侧重“了解物品的选择技巧和购买方式，对规则具备初步认识”。初中阶段侧重“能够结合契约的具体内容，思考最为合适的交易方式”。高中阶段强调“能够基于理性判断做出消费决策，了解契约及其规则的有效利用”。青年期侧重“了解契约的内容和规定，养成先确认后交易的习惯”。中青年期偏重“在生活中善于利用契约及其规则”。老年期主要“传播在生活中避免遭遇契约纠纷的智慧”。

3. 分阶段、递进式、有侧重的学科课程

根据消费教育体系的指导要求，日本学校消费教育依托于社会科、家庭科和道德科等学科课程，辅之以综合实践活动、校园例行活动等德育活动。家庭科、社会科和道德科分别以环境教育、可持续消费教育和价值观教育为主要教育内容，充分挖掘各学科蕴含的消费教育内涵。具体而言：

第一，家庭科。家庭科中的消费教育更加偏向保护环境的功能期待。小学阶段，以“实现环保的生活”为目标，主要学习“物品和金钱的使用以及购物基本流程”。初中阶段，以“助力环境问题解决的消费生活”为目标，侧重学习“金钱管理方式和购买方式、契约的构成、消费者权益受损和应对、消费者权利和责任、消费生活与环境的课题与实践”，以提高消费者权益受损情境下的问题解决能力。高中阶段，以“实现可持续的消费生活和助力建设可持续社会”为目标，强调在现实社会难题中的应用，重点学习“家计管理、消费决策与契约、消费者权利和责任、消费者自立和消费者保护”。[①]

第二，社会科。作为公民教育的学科课程，社会科中的消费教育旨在使学生能够负责任地消费，形成和发挥消费者的公民力量，从而推动可持续社会的建设。据学习指导要领，小学阶段，以“获得对日本本国消费和生产的丰富认识”为目标，了解“日本农业、工业和信息化实况、地区商品的生产、销售和流通、包括废弃物处理、减少垃圾和水污染治理在内的消费对环境的影响”。初中阶段，以“现实消费问题的有效解决”为目标，强调学生“对契约、市场、财政、金融等经济社会的基本内容具备丰富的认识，以及了解消费者保护、防止公害等环境保护”。高中阶段，以“可持续的责任消费和可持续社会的构建”为目标，进一步涉及现实消费社会的难题，强调消费者在包括全球环境问题、贫富差距等国际经济问题和可持续社会构

① 文部科学省：《日本中小学学习指导要领：家庭科》，载文部科学省官网：https://erid. nier. go. jp/guideline. html，最后登录日期：2021年10月18日。

建课题中的影响力。[①]

第三,道德科。义务教育阶段"特别教科"道德科中的消费教育,旨在通过特定德目的价值观教育,养成"节制、守法、惜物、公德"的消费伦理观。小学阶段,以形成"节制""遵守规则"的价值观为目标,强调"珍惜物品和金钱、理解和遵守约定与社会规则、重视自我和他人的权利、履行义务"。初中阶段,以形成"节度·节制""守法精神、公德心"的价值观为目标,强调"过一种节制、安全、和谐的生活,理解法律和规则的意义,实现法治社会"。[②]

此外,日本中小学结合饮食教育、法治教育、国际理解教育等,积极开展校园德育活动,以最大化协同提升消费教育的实效。

4. 学校、家庭和社会协同的教育实施机制

日本在推进消费教育的过程中,社会教育先行,学校教育齐头并进,形成了学校、家庭和社会协同实施的教育模式。

第一,依托学校教育推进消费教育。基于消费者教育推进法,日本政府明确规定将消费教育纳入学校教育体系。学习指导要领对中小学家庭科、社会科和道德科以及高校消费教育课程的教育目标和教学内容做出明确规定,保障学生通过学校教育接受消费教育的公平机会。

第二,社会教育协同开展消费教育。协同合作弥补了学校和地方各自开展消费教育的弊端和不足,充分发挥家庭教育和社会教育的作用,为消费教育提供广泛的学习渠道,保证消费教育的连续性。相对完备的学习设施为社会各类人员接受和自主开展消费教育提供了便利,包括图书馆、公民馆、地方消费生活中心、地方生涯学习中心等社会教育部门。这些部门通过面向社会定期开设讲座、宣讲会、工作坊、短期培训等方式,为社会人员不断接受消费教育提供充分的教育机会和条件。

第三,家庭教育辅助推进消费教育。人最早通过家庭接受消费教育,家庭教育是终身消费教育的前提与基础。大众可以充分运用文部科学省和消费者厅面向市民提供的教材来开展家庭中的消费教育,如文部科学省消费教育推进委员会公布的面向亲子的消费教育教材,消费者厅专门提供的面向各年龄阶段消费者的网络教材。

四、日本消费教育的经验及启示

通过对日本消费教育的历史回溯和经验总结,发现日本在法律保障、行政建设、实施机制和研究支持方面可为我国消费教育的推进提供可资借鉴的启示。

1. 法律保障:为消费教育立法,实现消费教育有法可依

完善消费教育的法律体系,为消费教育立法,是提升消费教育质量的重要前提和法律保障。日本以国家立法的形式将消费教育的推进作为一项国策来实行,为消费教育的开展提供法律保障。

改革开放后,我国人民的生活水平尤其是消费水平显著提高,但仍存在着庸俗消费现象蔓延、追求符号消费加剧、浪费型消费等问题。党的十九大报告指出,"完善促进消费的体制机制,增强消费对经济发展的基础性作用",强调消费对经济发展的重要性。据统计,2019年我国的最终消费支出对国内生产总值增长的贡献率高达57.8%。[③]消费连续5年成为我国经济增长的第一动力。[④]《中华人民共和国消费者权益保护法》(1993)明确规定消费者具有获得知识权,也就是消费者享有获得有关消费和消费者权益保护方面知识的权利。消费者获得知识权是公民受教育权的具体体现,是消费者维护自己合法权益的重要保障。[⑤]然而,究竟如何保障消费者获得知识权?该法律以及之后修订的《消费者权益保护法》(2014),作为教育工作根本大法的《中华人

① 文部科学省:《日本中小学学习指导要领:社会科》,载文部科学省官网:https://erid.nier.go.jp/guideline.html,最后登录日期:2021年10月18日。

② 文部科学省:《日本中小学学习指导要领:道德科》,载文部科学省官网:https://erid.nier.go.jp/guideline.html,最后登录日期:2021年10月18日。

③ 国家统计局:《最终消费支出对国内生产总值增长贡献率》,载国家统计局官网:http://www.stats.gov.cn/tjsj/zxfb/202002/t20200228_1728913.html,最后登录日期:2021年7月10日。

④ 国务院:《消费连续5年成为我国经济增长第一动力》,载国务院官网:http://www.gov.cn/guowuyuan/2019-02/13/content_5365197.htm,最后登录日期:2021年7月20日。

⑤ 彭华民:《消费社会学新论》,北京师范大学出版社2011年版,第260页。

民共和国义务教育法》(2018)和《中华人民共和国教育法》(2021)并没有进一步明确详尽的说明。[①]与消费教育相关的法律法规的缺失直接影响消费教育的实施，制约消费教育的发展。我国应加快消费教育相关法律体系的研制，从而为构建消费教育体系提供法理依据，实现消费教育有法可依。

2. 制度建设：完善行政保障机制，健全行政管理体系

制度完备、责任分明的行政保障机制，是日本开展和推进消费教育的关键。日本业已形成国家、地方和民间组织三级管理体系。国家层面，统一管理消费行政事务的消费者厅和负责教育行政的文部科学省发挥重要作用。地方层面，地方自治机关是重要行政保障，如对商品和服务进行社会监督的地方消费生活中心和负责地方教育行政事务的地方教育委员会。还包括消费者自发成立的消费者组织、企业、行业组织等民间组织。据日本消费者厅统计，截至 2014 年，日本消费者组织共计已达 2121 家，包括全国性、省级和市级消费者组织等。[②]

我国目前尚无明确的法律法规对消费教育的行政保障做出规定，《中华人民共和国消费者权益保护法》也未对如何保障消费者的“知识获得权”做出规定。目前，消费教育主要依靠我国各级消费者协会，但由于消费教育的主阵地——学校教育仍停留在初级阶段，导致消费者协会的实施效果难以持久并得到巩固。2018 年，国务院在《关于完善促进消费体制机制进一步激发居民消费潜力的若干意见》中提出，“构建政府主管部门、行业组织、企业和消费者等多元主体共同治理的消费生态体系”。[③]落实到实践层面，顶层设计和行政机制的缺乏阻碍了消费教育体系化的开展。我国应进一步综合完善消费教育的行政保障机制，搭建国家宏观调控、地方行政保障、民间组织发挥积极作用的三级管理体系。充分发挥消费者权益保护组织网络的教育作用，包括工商行政管理组织、技术监督行政管理组织、卫生监督行政管理组织。各地可建立国民消费教育中心或咨询中心，运用图书馆、社区积极开展消费教育讲座或消费咨询活动。成人学校也可开展面向社会的消费培训，提高成人消费素养。

3. 实施机制：完善学校消费教育课程，推进家校社合作机制

日本于 1989 年将消费教育正式列入学校课程，强调从中小学阶段培养学生良好的消费观念，养成理性消费、科学消费的习惯和生活方式。家校社协同开展的教育模式有效保障了日本消费教育的实施效果。正规的学校教育保障了消费教育的基本水平。家庭教育被纳入消费教育轨道，公民馆、图书馆等相关的社会教育部门充分提供社会支持。

改革开放后，我国一些社会机构和各级各类学校对消费教育进行了富有成效的探索，积累了诸多有益的实践经验。但是，我国的消费教育尚未得以体系化开展，地方消费者协会开展的教育内容停留于基本的消费知识和技能。从学校层面来看，消费教育主要依托德育类学科和综合实践活动进行，尚未开设专门的消费教育课程。基于对现行课程标准的检视可以发现，整体上消费教育存在“重知识和技能、轻价值观教育”的现象。课程目标定位于“明确消费者的权利和义务，以及消费者权益的保护和消费问题的解决”。课程内容集中于“基础消费知识和技能的习得，消费者权益保护和环境保护”，而消费者责任、消费者影响力方面的内容较为欠缺。[④]当前，我国并未设置专门的消费教育课程，学校消费教育主要依托于德育课程道德与法治课进行。道德与法治课程的教育目的在于“提高学生道德修养和法治修养”[⑤]，尽管这在一定程度上有助于学生提升消费道德，从而引领学生合理的消费行为，但是对于消

① 刘飞：《日本小学消费教育及对我国小学消费教育的启示》，《外国中小学教育》2017 年第 10 期，第 19 页。

② 消费者厅：《消费者团体の现状について》，载日本消费者厅官网：https://www.caa.go.jp/policies/policy/local_cooperation/local_consumer_administration/consumer_organization_list_2014/pdf/consumer_organization_list_2014_0005.pdf，最后登录日期：2021 年 7 月 15 日。

③ 国务院：《关于完善促进消费体制机制进一步激发居民消费潜力的若干意见》，载国务院官网：http://www.gov.cn/zhengce/2018-09/20/content_5324109.htm，最后登录日期：2021 年 7 月 15 日。

④ 李雨菡：《日本可持续消费教育融入小学课程的案例研究》，华东师范大学硕士学位论文，2020 年，第 77 页。

⑤ 姜春玲：《道德与法治学科核心素养的培育》，《中国教育学刊》2021 年第 10 期，第 107 页。

费者整体素养和能力的全面有效提升,道德与法治课程的教育影响仍显不足。因此,我国有必要完善学校消费教育课程建设。

2019年我国义务教育阶段在校生为1.54亿人[①],这代学生将构成未来消费的主力军。频发的学生群体消费事件急切呼唤消费教育的落实,必须早日将消费教育纳入国民教育体系提上日程,保障学生通过学校教育接受消费教育的学习机会。具体来说,可推动消费教育纳入道德与法治学科等独立课程。或结合青少年法治教育、可持续发展教育、劳动教育、环境教育和国际理解教育等,多样化开展综合实践和校本课程。或以"学科融合"[②]的课程形式,实现各类学科知识的相互交融和贯通理解。此外,应推进家校社合作,协同实施消费教育,拓宽消费教育渠道,逐步形成覆盖全社会的消费教育体系。

4. 研究支持:加大研究支持力度,提升消费教育水平

实施消费教育,离不开对消费教育基本理论的全面深入的理解和认识。日本大力支持消费教育研究,推动消费教育研究工作的开展。如专设日本消费教育学会、成立消费教育支援中心等,为消费教育提供理论支持。

我国应深刻认识到消费教育研究的先导地位和战略意义,大力加强对消费教育基础理论研究和实践应用研究的投入和支持,确保以更加科学的研究依据来支持消费教育的政策规划与教育实践。我国教育部门迄今尚未出台与消费教育直接相关的课程标准和教学内容,原因在于学界对于消费教育的认识尚显不足,关于消费教育的相关研究还处在初级阶段。[③]当前我国消费教育的研究大多基于经济学和法学的视角,从教育学的视角来开展的研究尤显不足。由于消费教育缺乏系统性的内容,以致消费教育在实施过程中出现了标准模糊、内容分散等问题,直接导致了消费教育实践的效果寥寥。因此,我国的消费教育研究亟待充实和完善。

Historical Context and Experience Enlightenment of Consumer Education in Japan

LIU Yue, SHEN Xiaomin

(Faculty of Education, East China Normal University, Shanghai, 200062)

Abstract: Japan is one of the earliest countries in Asia to carry out consumer education. After World War II, consumer education in Japan experienced four development stages: being led by non-governmental consumer organizations, the initial establishment of consumer protection mechanism, being incorporated into school education system and formal legislation, and has formed a relatively complete education system. Japan has constructed a training objective with multiple levels in complex fields for consumer education, formulated the continuous and lifelong consumer education content, set up progressive courses with different phases and focuses, and formed an education implementation mechanism for schools, families and society. Such practice tends to provide experience and enlightenment for the promotion of consumer education in China in terms of legal guarantee, administrative construction, implementation mechanism and research support.

Key words: Japan, consumer education, experience, enlightenment

① 中华人民共和国教育部:《2019年全国教育事业发展统计公报》,载教育部官网:http://www.moe.gov.cn/jyb_xwfb/s5147/202005/t20200521_457227.html,最后登录日期:2021年7月18日。

② 吴璇,王宏方:《关注生存力培养与可持续发展:日本中小学消费者教育探析》,《比较教育研究》2020年第10期,第85页。

③ 刘飞:《日本小学消费教育及对我国小学消费教育的启示》,《外国中小学教育》2017年第10期,第19页。

我国劳动教育的问题探讨与突围路径
——基于马克思异化理论的视角

朱文辉，高一卓

（东北师范大学 教育学部，吉林 长春 130024）

摘 要：马克思以其独到的理论视角，对资本主义大工业生产条件下的劳动进行了分析，并提出了著名的异化劳动三种规定，即劳动产品和生产劳动的异化，人的类本质的异化，人与人关系的异化。通过对马克思异化理论的分析，我国劳动教育主要存在三重思想误区，即缺乏对社会劳动教育关注的“排斥社会观”、只注重观念教育的“机械反映观”和凸显个体自由的“个性至上观”。摆脱劳动教育的困境，首先，要拓宽理论视野，开展融通家庭、学校与社会的劳动教育；其次，要深化劳动教育的内涵，进行彰显创造、智慧与科技的劳动教育；最后，要强化劳动教育的联通，实施集体、合作与尊重的劳动教育。

关键词：马克思异化理论；异化劳动；劳动教育；价值回归

2020年，中共中央、国务院印发《关于全面加强新时代大中小学劳动教育的意见》，要求将劳动教育纳入大中小学各学段培养的全过程，由此开启了构建“德智体美劳”五育并举的培养体系的新篇章。在五育并举的话语体系下，学者对劳动教育的理论探析与实践探索也进行得如火如荼，从总体取向上来看，主要分为两部分：一部分从社会历史变迁的角度对劳动教育的发展进行了梳理，另一部分则直接指向当下劳动教育的现实样态。而从合适的理论视角特别是能够指引我国具体实践的理论视角来研究劳动教育的研究，则相对较少。马克思主义作为我国教育改革与发展的指导思想，是不断发展的集体智慧的结晶，尤其是其异化理论对我国劳动教育的改进有十分重要的指导意义和现实价值。

一、马克思异化理论：劳动教育分析的新范式

马克思在《1844年经济学哲学手稿》（以下简称《手稿》）中对异化理论进行了系统阐述，指出“异化”是人在自己发展的过程中，在“自我”的活动中产生出“非我”的力量，这种力量又反过来限制“自我”本身。马克思考察了资本主义制度下的生产活动，由于私有制和分工的出现，劳动者的活动以及人本身发生了异化。在此基础上，他提出了著名的异化劳动三规定，即劳动产品与生产劳动的异化，人的类本质的异化，人与人关系的异化。

1. 马克思有关产品和生产劳动异化的分析

马克思在《手稿》中提到：“劳动者把自己外化

基金项目：本文系国家社会科学基金2021年度教育学一般课题“中国共产党百年教材思想的系谱学研究”（课题编号：BHA210148）的研究成果。

作者简介：朱文辉，东北师范大学教育学部副教授，博士，博士生导师，主要从事课程与教学论研究；高一卓，东北师范大学教育学部助理研究员，主要从事教育基本理论研究。

在他的产品中,这不仅意味着他的劳动成为对象,成为外部的存在,而且意味着他的劳动作为一种异己的东西不依赖于他而在他之外存在着,并成为与他相对立的独立量;意味着他灌注到对象中去的生命作为敌对的和异己的力量同他相对抗。"[①] 这意味着在资本主义生产制度之下,劳动者生产的产品不仅不属于他自己,反而他生产的产品越多,与他自己对抗的力量就越大,随之而来的则是劳动产品的异化直接导致了劳动者进行生产劳动的异化。但值得注意到的是,马克思对劳动本身异化的批判,并不代表他否定一般劳动者的劳动,劳动作为人本质力量的外显,是构成人类社会的前提条件与基础。如果说异化劳动是劳动的消极方面,是劳动者创造出的与已相异的力量,那么对象化劳动则是劳动的积极方面,是人的本质力量注入劳动产品中,是人与自然的结合,是力量与智慧的彰显。因此,劳动的对象化是一个永恒的过程,是劳动者创造出依赖于他的劳动产品且能够进行幸福劳动的过程,在这个过程中劳动者不被他所生产的劳动产品支配,生产劳动成为目的而并非手段。

由此可以看出,马克思对劳动产品和生产劳动的异化分析具有强烈的人本主义的倾向,这种人本主义性质话题的探讨之后被许多人所误解,造成了很多人只重视个人劳动而忽视了社会劳动,只重视个人劳动能力的彰显而忽视了对整个社会劳动生产率的影响。与劳动异化表现为劳动是劳动者外在的东西一样,社会在这种意识倾向下变成了"人之外的社会",仿佛人的存在与社会的存在不在同一维度,不在同一时间与空间。因而劳动对人来说,只具有支配自己行动的力量,缺乏与社会相联通的功能。马克思的这种分析带给了我们对劳动教育空间层面的反思。劳动教育不单是某种特殊类型的教育,而是与劳动教育主客体身处的场域有着极大关系的复杂教育问题。因此,探讨劳动教育不能离开现实中的劳动者所处的社会环境与劳动情境,也可以说劳动教育是带着自身的社会属性与人的具身参与性,在现实中给人以直接或间接劳动经验的社会教育问题。

2. 马克思有关人的类本质异化的分析

劳动产品的异化和劳动本身的异化随即又带来了一个新的问题,即人的类本质的异化。"人的类本质——无论是自然界,还是人的精神的、类的能力——变成人的异己的本质,变成维护他的个人生存的手段。异化劳动使人自己的身体,以及在他之外的自然界,他的精神本质,他的人的本质同人相异化。"[②] 在马克思看来,人的类本质是进行自由自觉的劳动,这表现在两个方面:其一,自由的劳动是人进行劳动的创造性与人追求自由本质的体现,人在衣食住行等物质条件得到满足的情况下仍有进行自由劳动的需要;其二,自觉的劳动则表明人首先需要劳动来维持自己肉体上的生存,接下来为整个人类社会的延续发展提供必要的生产生活资料。人的类本质的异化则表现为不自由不自觉的劳动,由于生产资料和劳动产品均不属于劳动者自身,这些反而成了套在劳动者身上的枷锁,这些枷锁一方面使劳动变得不自由,另一方面个人却又不得不进行劳动以维持生存,人的类本质在这种情况下已然消失。

我们不能将人的类本质机械地理解为人生来就具有的能力或人最终发展的目的,这样就割裂了对象(环境、物质世界)与主体(劳动者、精神世界)。马克思在《关于费尔巴哈的提纲》中这样提道:"环境的改变和人的活动或自我改变的一致,只能被看作是并合理地理解为革命的实践。"[③]人的类本质本就不是一个孤立的概念,而是一个在实践中的动态再生过程,这也是人之所以为人的重要特征,"如果我们的目光不局限于眼前的利弊得失,而是放眼人类整个的历史发展过程,那么我们就会承认,不管人类有过多少罪恶痛苦、冲突矛盾,历史总是日益往前进,社会总是愈来愈趋合理化,人类生活总是愈来愈上升的,虽然这个过程是迂回曲折的"。[④] 随着我国社会经济高速发展,劳动的形态与内容也在不断发展变化,劳动教育的政策话语强势回归,然而对劳动教育的实践却未显示出应有的时代感。对人的"改造"并非对人的

① 马克思:《1844年经济学哲学手稿》,刘丕坤译,人民出版社1979年版,第45页。

② 《马克思恩格斯全集》(第42卷),人民出版社1979年版,第97页。

③ 《马克思恩格斯文集》(第1卷),人民出版社2009年版,第500页。

④ 高清海:《人类正在走向自觉的"类存在"》,《吉林大学社会科学学报》1998年第1期,第1-12页,第94页。

"教育"，劳动教育虽冠以"教育"二字，但囿于对人本质和全面发展的机械理解，则使劳动教育变为了劳动"改造"。

3. 马克思有关人与人关系异化的分析

"人同自己的劳动产品、自己的生命活动、自己的类的本质相异化这一事实造成的直接结果就是人同人相异化。"[①] 马克思是用异化理论来说明剥削，而异化理论中的人与人关系的异化又与剥削直接相关，所以有学者认为人与人关系的异化是马克思异化理论的核心。[②] "这种异化关系既是劳动异化的结果，也是劳动异化得以实现的根源和条件。"[③] 人与人关系的异化不仅表现在工人和资本家之间的对立关系上，工人与工人、资本家与资本家之间的竞争关系也是人与人关系异化的特征。资本家掌握着大部分的生产资料，劳动者则只能出卖自己仅剩的劳动来换取维持自身生存的一点物质财富，而工人与工人、资本家与资本家虽然不是剥削与被剥削的关系，但他们之间的竞争关系不断加深其互相对立的程度。人与人关系的异化使人人都在进行"自私劳动"而非"自由劳动"，"被动劳动"而非"自觉劳动"，彼此对立的两个阶级之间的矛盾愈演愈深。人与人关系的异化中，前一个"人"不光指工人阶级，不论有产阶级还是无产阶级在这个阶段都处于异化的状态之中，后一个"人"则指合乎人的类本质的"人"。在这个过程中，由于有产阶级处于社会上层地位，享受着充实的物质生活，而无产阶级则处于社会下层，因此，他们想改变这种社会状况，而工人阶级意识的觉醒也为接下来异化劳动的摒弃做好了准备。

当代的劳动愈来愈呈现出知识化、信息化、智能化等特征，流量时代的各种"一夜暴富"的神话给青少年们灌输了注重个体价值创造的价值观，"效率"成为"财富"的代名词，"个体至上"则成了当代人的贴身名片。人与人之间原本团结、平等、协作的关系现在变成了剥削、压迫、竞争的关系，由私有制的出现而逐渐发展壮大的资本主义生产制度正在不断加剧这种异己关系，这种人类社会历史发展的必然性并不代表它是合理的。只有在社会主义制度的条件下，才有可能最终消除私有制，重归人与人之间平等和谐的关系，使每个人得以自由全面的发展，从而使人类社会自由发展。正如马克思所说："每一个人的自由发展是一切人的自由发展的条件。"[④] 劳动教育是为人的全面发展而服务的，是每一个人的全面自由发展，并非个人主义的发展。

二、叩问现实：我国劳动教育的三重问题

反观我国劳动教育的发展历程，叩问当下我国劳动教育的现实样态，不难发现我国劳动教育主要存在如下三重误区：

1. 劳动教育的"排斥社会观"：家庭、学校与社会的断裂

马克思特别强调劳动是一种具有主体性质的实践活动，且无法脱离人类社会而单独存在，但我国当下的劳动教育普遍存在这样一种思想误区，即劳动教育是由专门人员有计划有组织地施行以提高学生劳动技能、培养劳动精神、塑造正确劳动价值观为目的的一种正规教育形式。这种看法窄化了劳动教育的实施边界，排斥了社会方面的劳动教育，从而形成"排斥社会观"，即社会和自然处于劳动教育的边界之外，劳动教育的实施主体只能是与学生直接进行接触的专门人员，这一论调主要包含两个方面：

第一，家庭教育的内容即劳动教育的全部内容。家庭是现代人接受教育的第一场所，劳动教育与家庭教育分不开，家长的一言一行、一举一动都在潜移默化地影响着孩子的劳动观念和劳动行为，但某些家庭教育的内容却不属于劳动教育的范畴。"家庭是人生的第一所学校，人的品德、道德教化的第一课"[⑤]，但"第一课"并不是"全部课"，家庭教育的内容也并非劳动教育的全部内容，家庭教育中属于劳动教育的内容相对较少，如吃饭、穿衣等内容，很多人也将其划入劳动教育的内容中，

① 《马克思恩格斯全集》（第 42 卷），人民出版社 1979 年版，第 97-98 页。

② 韩庆祥：《关于马克思异化劳动理论的几个问题》，《北京大学学报（哲学社会科学版）》1988 年第 5 期，第 68-76 页。

③ 周桂芹：《马克思劳动异化思想述评》，《国外理论动态》2008 年第 11 期，第 92-95 页。

④ 《马克思恩格斯选集》（第 1 卷），人民出版社 1972 年版，第 18 页。

⑤ 翟博：《树立新时代的家庭教育价值观》，《教育研究》2016 年第 3 期，第 92-98 页。

很显然这种观点扩大了劳动教育的内容,劳动不等于生活,而劳动教育更不能等同于生活教育。

第二,学校教育的过程即劳动教育的全部过程。除家庭外,学校是学生进行学习和生活最主要的场所。由于学校教育的公立性、正规性,学校开展的劳动教育被视为正规的和全部的劳动教育,学校进行劳动教育的过程也被视为劳动教育的全部过程。这种看法直接将劳动教育全部丢给了学校来管理实施。施行劳动教育固然要发挥学校的主阵地作用,但全盘交给学校教育来进行,未免有些顾此失彼,难道学生在学校的劳动教育过程中表现优异就可以说他是一个合格的劳动者了吗?

2. 劳动教育的“机械反映观”:实践、教学与价值的脱节

马克思明确指出,自由自觉的劳动才是人本质的复归。有学者通过对马克思教育思想的研究,指出“劳动教育的本质在于培养劳动价值观”①,很多人对这句话有片面理解,认为劳动教育主要是观念或理论上的教育,因此造成了对劳动教育的“机械反映观”,这种观点主要有两种表现形式:

第一,劳动教育以“看”为主要形式。现今有很多教育者没有意识到劳动教育对学生全面发展的重要作用,反而将其当成影响学生正常发展的障碍,这种看法严重影响了学生形成正确的劳动态度。当学校开展劳动教育的时候,很多教育者会直接选择播放劳动教育宣传片或有关劳动教育的纪录片、电影等,认为劳动教育以“看”为主要形式。这里的“看”包含两方面的意味,一方面是对教育者来说,认为观念的教育只需要植入学生头脑中,因此,采用组织学生观看电影、纪录片等方式;另一方面是对学生来讲,认为“热爱劳动、尊重劳动”的想法最重要。这就不可避免地导致学生在生活中仍然不愿劳动、逃避劳动。劳动价值观的培养固然是劳动教育的核心,但观念的培养仅仅采用观念植入的方法,缺少了实践操作,则往往会显得生机不足。“看”可以作为劳动教育的一种手段,但不能将其当成劳动教育的主要形式。

第二,劳动教育以“教”为主要形式。那些意识到劳动教育对学生今后发展具有重大意义的教育者们在“教”劳动教育的时候会产生一些误区,这种“教”的误区主要体现在以下两个方面:一方面,教育者对学生的劳动教育进行全方位的控制,不仅控制他们的体力劳动,而且控制他们的脑力劳动,“不仅控制他们的行为,而且控制他们现在的、将来的、可能的状况”。②另一方面,教育者的“教”是一种抹杀学生劳动创造力的“教”,如果说教育者对学生的劳动教育进行控制更多的是具体劳动技能的层面,那么这种抹杀学生劳动创造力的“教”则是对学生劳动精神的磨灭。只有“教”没有“育”则不能称之为真正的劳动教育,形式主义的“教”不可取,事无巨细的“教”同样会损害学生的劳动创造性。

3. 劳动教育的“个性至上观”:自我、阶层与个性的冲突

“人不是抽象的蛰居于世界之外的存在物。人就是人的世界,就是国家、社会。”③ 因此,马克思所说的人的全面发展,并非是单个人的个性、个人的发展,而是在弘扬人的社会属性上推动人的全面发展,人在社会属性上的发展的完善程度直接关系到在个体属性上的发展的动力与潜能。而如果每个人都高举“人权至上,自由至上”的大旗,将自我的个性完全彰显,在劳动教育中,教育者与受教育者就会演化出一种“个性至上观”,这种观念会造成劳动教育的两种困境:

第一,劳动教育与自我意识相结合。在“个性至上”的观念下,受教育者常常以自我劳动为中心,进行与他人比较、竞争的劳动,甚至学校也会开展“比一比谁劳动得快”这样的劳动教育形式。这种攀比的劳动教育,虽然有利于学生提高劳动效率、掌握劳动技能,但更容易致使学生不尊重他人的劳动成果,贬低他人的劳动能力,甚至丑化他人的劳动态度。自我意识的觉醒固然重要,但要控制在一定的限度内,任由其生长则必然导致个性化标签取代社会化标签,学生将会形成自私自

① 胡君进,檀传宝:《马克思主义的劳动价值观与劳动教育观——经典文献的研析》,《教育研究》2018 年第 5 期,第 9-15 页,第 26 页。

② 米歇尔·福柯:《规训与惩罚:监狱的诞生》,刘北成,杨远婴译,生活·读书·新知三联书店 2019 年版,第 19 页。

③《马克思恩格斯文集》(第 1 卷),人民出版社 2009 年版,第 3 页。

利的劳动价值观。一旦内心滋长了这种劳动价值观，则很难矫正过来，若任其发展的话，学生非但无法成长为个性自由的个体，反而会与社会脱节，最终被时代的浪潮所淘汰。

第二，劳动教育与阶层意识相结合。在受教育者自我意识觉醒的前提下，已经逐渐将阶层立场融入不同的劳动内容、劳动职业中，由此造成的结果就是轻视、鄙视服务性的体力劳动，抬高、崇尚体面性的劳动，认为劳动有高低贵贱，劳动者也有高低之别。这不但使得学生对不同劳动职业的看法和态度不同，还造成其对不合理的某些阶层社会生活的向往，大大加深了社会阶层的矛盾对立，致使学生都想成为上流阶层。我国是社会主义国家，但依然存在着不同社会阶层之间的对立和矛盾冲突，如何缓解阶层矛盾、营造和谐正义的劳动环境、实施公平合理的分配方式是需要重点考量的问题。而对于劳动教育来讲，劳动正义的观念同样不可轻视，即在人类社会生产生活中，劳动与劳动产品的分配、劳动关系的和谐等观念。将这些观念作为劳动价值观内化于每个人心中，对解决阶级矛盾有很大的助益。

三、价值回归：我国劳动教育的突围路径

“中国人的品性只能也必须由中国人自己来加以关注，予以改造和提升。”[①] 摆脱目前我国劳动教育的困境，需要我们结合我国社会经济发展状况和文化精神的传承，走中国特色的劳动教育道路，以回归劳动教育的价值本源。

1. 拓宽劳动教育的视野：融通家庭、学校与社会的劳动教育

劳动教育的增进不能停留在狭隘的理论解释之上，更不能停留在某一层级的劳动教育过程之中，而是要贯通学生成长的各个阶段，打造家庭、学校、社会协同一体的劳动教育体系。让家庭劳动教育凸显亲和力，让学校劳动教育发挥主阵地作用，让社会劳动教育引领劳动风尚，以更加宽大的视野使劳动教育贯通人与社会，重新焕发生机与活力。

首先，加强家庭、学校之间劳动教育内容与手段的互通。要充分发挥家庭劳动教育的基础性、生活性特点，家长能够起到榜样作用，给孩子传递正确的劳动价值观。同时，还要发挥学校劳动教育的丰富性、集体性特点，使家庭劳动教育和学校劳动教育相结合，起到“1+1＞2”的效果。例如，在学校开放日，邀请家长参加劳动教育课程，或家长陪同孩子参与劳动，这不但可以促进家校之间的互通，而且可以使家长学习到正确的劳动教育方式方法，更能够让孩子体验到与父母一起劳动的乐趣。家庭教育与学校教育本就存在内在联系，其理念与目标大致相同，都是为了学生养成良好习惯，形成正确的人生观、价值观，因此，进一步消除家庭与学校劳动教育的隔阂，促使劳动教育真正为学生全面发展而助力。

其次，搭建学校与社会一体化劳动教育实践平台。学校劳动教育不一定只能在学校中举行，个体可以在学校学习到劳动基础知识、劳动基本技能，但要想完成从学生到社会人的转变，则必须要走向社会，在社会中参与劳动实践。学校要和社会相互衔接，如开展校企合作、劳动模范进校园等活动。一方面，要让学校劳动教育“走出去”，以社会上的实践平台来锻炼学生；另一方面，要让社会劳动教育“请进来”，在学校劳动教育和社会劳动教育之间形成合力。

最后，充分发挥社会上健康风气的引领作用。包括但不限于社区劳动活动的开展，丰富学生的课余生活；网络舆论的督导与监察，将社会不良劳动风尚扼杀在源头；官方媒体对崇高劳动精神、劳动模范的表彰与宣传等。学校和家庭的健康风气对学生有潜移默化的影响作用，因此，家长和教师作为劳动教育的主要实施者和引领者，要做好榜样示范的作用，以身作则才是更好的教育方式。

2. 深化劳动教育的内涵：彰显创造、智慧与科技的劳动教育

正确的劳动价值观固然是劳动教育的核心与终极诉求，但若只注重观念上的教育而忽视行动上的体现，那“劳动观念”可能也将随之消失殆尽。将“头脑”中的劳动教育外化为形式上的劳动表现，再真正内化为符合社会主义核心价值观的劳动价值观，这才是劳动教育的真实过程。要想走

① 沙莲香：《中国民族性（三）：民族性三十年变迁》，中国人民大学出版社 2012 年版，第 332 页。

出对劳动教育机械认识的误区,则要以体力劳动为基础,脑力劳动为方向,将体力劳动与脑力劳动融合统一。

首先,开展创造性的体力劳动。体力劳动是劳动过程的主要形式。但体力劳动不能仅仅以时间为衡量的尺度。除了基础性的体力劳动,更多需要进行的则是创造性的体力劳动,唯有创造性的体力劳动才能体现人成长的价值,激发学生的劳动兴趣与潜能。如开展趣味手工课,让学生在动手做的过程中体验创造的快乐,融手脑于一体,进行快乐劳动、创造劳动、美的劳动。

其次,充实智慧性的脑力劳动。脑力劳动中充满人类智慧的结晶,随着人类社会的发展,脑力劳动创造了越来越多的价值,社会总价值也"随脑力劳动增加,价值总量在增加"。[①]创设以脑力劳动为主旨的活动单元,强化问题意识,使学生在头脑风暴中找到解决问题的关键,并且教师要能做到"不愤不启,不悱不发",使脑力劳动更加凸显知识与智慧。开展脑力劳动的实质是学习、模仿与创新,因此可以增加智慧型的劳动课堂,开放学生想象力的空间;提供多样化的劳动工具与模型,让学生在互动中分享智慧;开展创新劳动讲座,提供多种思路,开拓学生视野。

最后,统筹现代科学技术,为劳动教育注入新能量。当前人工智能时代下,科学技术的发展颠覆了许多传统的劳动形式,也为劳动教育的发展提供了新的技术与平台。在我们为现代科技鼓舞喝彩的时候,一方面,要警惕这把"双刃剑"会给劳动教育带来阻碍与困扰,即科技的进步发展是否代表了人类可以不需要劳动呢?另一方面,要不断超越科技的限制,"并以理性的劳动科学认知和劳动价值判断引导自身的劳动实践选择和发展方向"。[②]因此,在劳动实践中,要充分注重科技领域的应用与突破,引导学生学习新技术、掌握新能力,并能创造性地解决实际问题。

3. 强化劳动教育的联通:开展集体、合作与尊重的劳动教育

事实上,劳动教育虽然无法完全缓解社会各阶层之间的矛盾,"但它有可能促进不同劳动之间的相互合作和相互尊重,促进低层次劳动向较高层次劳动的转化,从而促进社会各劳动阶层之间的相互协调"。[③]要想解决个体意识与社会意识之间的矛盾,必须要在人与人的关系中寻求答案,开展集体的、合作的、尊重的劳动教育,这恰恰是劳动本质的内在规定性,也是治疗"个体至上观"的一剂良方。

首先,集体的劳动教育是黏合个人与社会的"强力胶带"。在现代社会中,一方面,个人话语意识愈加凸显,每个人都想行使自己表达的权利;另一方面,个体也需要在集体中获取必要的生活资料与情感体验,这一点是由人的社会性所决定的。在集体劳动教育中,要注意合理分工,分工决定了集体劳动中劳动体验的好坏、劳动效率的高低。开展集体的劳动教育不但可以使个体才能在集体中得到展现,而且还可以使个体利益与集体利益在实践关系中达到动态平衡。

其次,合作的劳动教育是维系人与人关系的情感纽带。通过开展合作的劳动教育,学生分担不同的劳动任务,使用不同的劳动工具,进行不同的劳动流程,在合作中充分施展自己的才能,大大提高劳动效率。同时,合作中的团结与互助,将外显性的行为习惯内化为个人内心情感态度的力量,将个人价值融于集体价值之中,既可以保全自己的发展,又可以为人与人情感价值的联通打下坚实的基础。合作的劳动教育不仅包括学校中学生之间的合作、学生与教师的合作,还包括家庭中孩子和父母的合作,也包括社会中学生与社会机构、社会人员的合作。

最后,尊重的劳动教育是劳动价值观最核心的体现。现代社会不但对个人劳动技能、劳动效率、劳动知识等方面提出了更高的要求,还呼唤着最基础同时也是最核心的劳动价值观,即尊重的劳动。开展尊重的劳动教育体现在两个方面:一方面,要尊重自己的劳动,这是对人本体价值的尊重;另一方面,要尊重他人的劳动,培养责任意识,让学生真正意识到劳动于自己、于他人、于社会的

① 季正松:《从体力劳动价值论到脑力劳动价值论》,《经济学家》2005年第2期,第21-25页。

② 张家军,吕寒雪:《人工智能时代劳动教育的价值意蕴、可能困境与突破路径》,《广西师范大学学报(哲学社会科学版)》2021年第2期,第61-71页。

③ 文新华:《论劳动、劳动素质与劳动教育》,《教育研究》1995年第5期,第9-15页。

实践创新价值。“这些创新既提升了学生个体的发展水平，又紧密联系他人与集体，推动集体智慧的精进。”[①]社会主义劳动价值观的培养，内涵十分丰富，要在真正的劳动实践中探寻人自身的发展向度，重新连接起人与人之间情感的纽带，最后达到人与社会的和谐统一。

Discussion of the Problems and Breakthrough Path of Labor Education in China

— From the Perspective of Marx's Alienation Theory

ZHU Wenhui, GAO Yizhuo

(Department of Education, Northeast Normal University, Changchun Jilin, 130024)

Abstract: With his unique theoretical perspective, Marx analyzed the labor under the conditions of capitalist large-scale industrial production, and put forward three famous provisions of alienated labor, namely, the alienation of products and labor, that of human nature and that of human relations. Through the analysis of Marx's alienation theory, it can be found that there are three ideological misunderstandings in China's labor education, that is, the "exclusion of society" that lacks attention to social labor education, the "mechanical reflection" that only pays attention to concept education, and the "personality supremacy" that highlights individual freedom. To get rid of the difficulties of labor education, we should first broaden the theoretical vision and carry out the labor education integrating families, schools and society; secondly, we should deepen the connotation of labor education and carry out the labor education highlighting creativity, wisdom and science and technology; finally, we should strengthen the connection of labor education and implement the labor education of collectivity, cooperation and respect.

Key words: Marx's alienation theory, alienated labor, labor education, value regression

① 李俊堂，李惠：《从集体与个体关系看劳动教育的问题与出路》，《教育导刊》2019 年第 9 期，第 5-12 页。

大中小学劳动教育一体化建设的逻辑思路和实践路向

李 磊

(上海旅游高等专科学校 马克思主义教研部,上海 201418)

摘 要: 推进大中小学劳动教育一体化建设,要遵循教育规律和深刻的逻辑思路,遵循劳动的感性认知、认知的理性深化、劳动的现实考量三个层层递进的认识逻辑;从价值逻辑维度看,要从认同劳动必然的价值共鸣,尊重、崇尚劳动的价值标准,奋斗、奉献的劳动价值宗旨三个方面,来明确并深化劳动的价值引领;依据实践逻辑指向,要形成在劳动教育目标上达成内在和外在的同步,在劳动教育内容里达成共通和差异的统一,在劳动教育过程中达成整体和局部的协同,在劳动教育评价内达成过程和结果综合的建设路向。

关键词: 劳动教育;大中小学;逻辑思路;实践路向

2020年3月,中共中央、国务院出台《关于全面加强大中小学劳动教育的意见》(以下简称《意见》),为全面构建体现新时代特征的劳动教育提出了指导意见和根本要求。《意见》明确了劳动教育在大中小学各学段、全方位、全范围融会贯通的指导思想、目标、措施和评价等内容。显然,大中小学劳动教育一体化建设需全面统筹、把握导向、遵循规律、因地制宜,是一个有机联系、相互衔接关联的过程,其中蕴含着深刻的逻辑理路。厘清大中小学劳动教育在认识逻辑、价值逻辑维度上一体化建设的思路,并明确其在实践逻辑维度上的建设路向,对发挥劳动教育的独特育人功能,培养好新时代社会主义建设者和接班人,具有重要的作用和意义。

一、大中小学劳动教育一体化建设的认识逻辑

劳动教育既要从马克思主义劳动观中探求真理,也要遵循基本教育规律和大中小学各学段学生的身心发展规律,做到有的放矢。从认识逻辑维度来看,大中小学各学段的劳动教育是一个由表及里、由浅入深、由具体到抽象的认识过程,对劳动的认识需要以实践为中介,历经感性认知、理性深化、现实考量三个阶段。

1.“识”劳动:劳动的感性认知

“人类通过劳动摆脱了最初的动物状态。”① 马克思从人类起源和生存的现实角度揭示了劳动的意义。人类的生存和发展、衣食住行,都是通过劳动来实现的,劳动是人类生存和发展的基础。学前及小学阶段的学生,其自我意识和自我反思的能力并不完善,因此,劳动教育首先要秉持“劳动的基础意义”这一教育理念。此阶段的劳动教育应主要以认知、感受为主,通过对自然“感性对象性直观”做到“识”劳动,在与自然的交互过程中,使劳动主体通过接触、观察、感受、认知等行为活动明确人的属人性,通过简单的实践活动意识

作者简介: 李磊,上海旅游高等专科学校马克思主义教研部讲师,主要从事思想政治教育与劳动教育研究。

① 中共中央马克思恩格斯列宁斯大林编译局:《马克思恩格斯文集(第五卷)》,人民出版社2009年版,第585页。

到要通过劳动才能满足人的基本的生理需求，要帮助年龄段较低的学生辨析好“人需要劳动的必然性”，通过基本的家庭劳动教育让其进行劳动尝试和体验。《意见》指出，“要注重围绕劳动意识的启蒙”“知道人人都要劳动”。[①] 该要求从感性认识的角度进行劳动教育，从劳动本体意义上的劳动教育出发，激发劳动主体的劳动自觉，让他们通过劳动认识并改造自然，观察与适应生活，为形成劳动意识奠定基础。

具体来说，小学阶段的劳动教育应以“劳动与生活”为主题，以“识”劳动为原则，以日常生活劳动为主要方式，帮助其养成良好的劳动习惯。此阶段的家庭教育要注重发挥劳动教育的基础性作用，家长要及时矫正其不正确的劳动行为，以各种方法不断深化其对劳动的认识和理解，尤其要注重建立劳动和自食其力之间的联结[②]，帮助他们做到自理、自立和自强，通过家务劳动形成独立自主性。学校的教育也可以通过趣味体验式的劳动，着重培养学生的劳动兴趣和动手能力，引导学生掌握劳动基础性知识，并通过户外认知学习等教育形式和方法，启发学生的劳动意识，力求在感性认知层面做好劳动教育的启蒙。

2.“能”劳动：认知的理性深化

中学的劳动教育和小学的劳动教育存在递进规律，小学阶段的劳动教育意味着知晓劳动“是什么”，而中学阶段的劳动教育则要教育学生理解劳动“为什么”。伴随中学生身心的发展和成长，应培养其从对劳动的感性认知上升为理性认识，让他们懂得通过劳动为生活积累基础，创造成长成才的条件。马克思认为，“人是一切社会关系的总和”。所以，中学阶段的劳动教育意味着不能局限于对“劳动”的表层认知，要更加关注个体的社会化，帮助个体认识到劳动是人类生产生活的第一需要，认识到劳动能够创造价值，社会由劳动生成。所以，此学段应该以“能劳动”为原则进行劳动教育，它主要包含两层含义：第一，“能劳动”是指能够具备初步、基本的劳动知识和劳动技能，掌握基本的生活和社会生存本领。因此，此阶段的劳动教育要通过日常生活劳动巩固学生的劳动习惯，从单一的认知劳动上升到劳动知识系统化教育；同时，还要注意通过运用服务性劳动增强他们的劳动意识，通过初步尝试生产劳动，学习相关技术，掌握生产劳动技能，获得真切的职业体验。第二，“能劳动”意味着劳动主体能够自觉意识到劳动目的，理解劳动是一种自由自觉、有意识的生命活动，明白社会关系由个体通过劳动及关系形成。此学段的劳动教育要求，要从小学阶段的感性认知上升到对劳动的理性反思能力；使中学生能够理解劳动创造价值和财富，能够从历史唯物主义、政治经济学等科学角度理解劳动的内涵和功能。这对劳动价值场域中的劳动态度、观念的培养以及坚定学生的劳动意志是必要的。

所以，中学阶段的劳动教育应该以“劳动与学习、训练”为主题开展。同时，要注意“能劳动”的主体存在客观差异性，即个体和个体之间对劳动的学习、接受、理解和运用存在差异性，因此，劳动教育要注重因人而异。此外，中学生的自我意识、自我反思能力不断发展，劳动教育也要根据学段群体注重教育的针对性。在教育手段方面，除日常生活劳动之外，还可以通过职业服务体验、社区服务劳动、公益活动等提升相关职业能力，通过进一步的理论认知学习、企业实践、参加生产劳动、新型产业劳动等扩充其劳动知识，提升其劳动技能。

3.“会”劳动：劳动的现实考量

小学阶段的“识劳动”和中学阶段的“能劳动”，为大学阶段的“会劳动”教育提供了认识论层面的基础。家庭教育、学校教育为前两个学段的劳动教育提供场域支持，但大学阶段是大学生步入社会的准备阶段，劳动教育的场域进一步扩大。从现实意义上看，“会劳动”意味着劳动教育的社会化、专业化和创新化倾向。在劳动过程中，生产关系缔结并与生产力形成一对具体的矛盾，两者相互作用促进社会发展。社会发展的程度为大学阶段的劳动教育预设了规定性，大学阶段的劳动教育应定义为步入社会准备阶段的劳动教育，其主题应该聚焦“劳动与社会”。未来教育对儿童来说，就是生产劳动与智育和体育相结合，它不仅是

① 中共中央国务院：《关于全面加强新时代大中小学劳动教育的意见》，载中央人民政府网：http://www.gov.cn/zhengce/2020-03/26/content_5495977.htm，最后登录日期：2020 年 3 月 26 日。

② 何云峰：《论家庭在劳动教育中的基础作用》，《劳动教育评论》2020 年第 2 辑，第 36 页。

提高社会生产的一种方法,而且是造就全面发展的人的唯一方法。[①] 劳动不仅创造人的本质规定性,还发展人的属性。马克思认为,综合技术教育为生产和劳动的结合提供了重要的纽带,科学技术为教育和生产劳动的结合提供了基础。此阶段的劳动教育需要依据社会发展,注重科学技术元素的重要作用,注重结合生产性劳动达成劳动知识、技能的掌握和历练;学生通过生产劳动充分学习和掌握生活技能、知识,尤其是完成对社会生活的进一步体验,培养学生习得在社会中的生存和适应的能力。同时,劳动发展的最高阶段是展现自由个性的劳动,劳动是人类的“类特性”,因此,大学阶段的劳动教育既要和社会接轨,满足专业化倾向,又要考虑到学生自由个性的展现;既要重视结合专业和学科开展实践实训,重视新技能、新工艺、新技术的养成,满足社会化需求,又要强调创业创新,强化个体创新思维,提升个体创造性解决问题的能力,充分发挥劳动教育的育人属性,实现个人和社会的共同进步和协同发展。

二、大中小学劳动教育一体化建设的价值逻辑

马克思认为,劳动不仅创造了物质世界,同样创造了精神世界。人的劳动是精神活动和物质活动的统一。人在劳动中不断完善自身,通过劳动将自己的主观需求外化为客观的物质成果,形成了人类的经济、政治、精神文化等生活。劳动精神的丰富和发展经历了一个辩证发展的过程。大中小学劳动教育的开展应以劳动精神为指向,根据学段差异,在正确认识劳动教育的基础上,明确劳动的价值引领,明确劳动对人的精神发展的重要作用,从价值论维度上深入探讨。从价值逻辑关系来看,树立尊重、崇尚劳动的价值标准要建立在对“劳动必然”的认同基础之上,而劳动主体价值标准的建立催生了彰显奋斗、奉献劳动精神的内在动力。

1. 认同劳动必然的价值共鸣

劳动教育首先要使学生对劳动产生认同感,继而才能使其自觉实施劳动行为,具备劳动必然的劳动态度。《意见》强调,要在小学阶段的劳动教育过程中启蒙劳动意识,让学生体会到劳动光荣。通过劳动教育使学生形成劳动意识,认同劳动必然的价值共鸣,需要经过三个方面:一是让学生感知劳动,激发劳动兴趣,这带有“劳动本身即为教育”的价值意蕴。结合小学生的学段特点,低年级学生通过模仿体验、潜移默化、耳濡目染的劳动体验形成初步的劳动意识;高年级阶段以体力劳动教育为主,让学生参加劳动,出力流汗,体验劳动成果的来之不易,养成珍惜劳动成果的意志品质。二是培养学生认同劳动的观念和态度,形成独立的劳动意志,促进正确劳动观的逐步树立,尤其要树立“劳动幸福权”的概念和以“因劳称义”原则为核心内容的劳动精神。劳动幸福权是形而上的本原意义上的劳动人权,它必须通过劳动才能兑现。[②] 缺乏劳动人权就不能实现自身成长和发展,因此每个人都有参与劳动的必然性。小学生通过认知、情感的体认,从劳动必然即“人人都要劳动”上升到“劳动是责任和义务”的应然观念,促发内心地认同劳动。三是从劳动的社会关系的支持中体验劳动光荣。如在家庭劳动中得到家长的肯定和赞许,产生愉悦的情感体验;在校园的集体劳动中得到表扬,满足学生的情感需要,得到鼓励和劳动期望;在劳动理论教育过程中利用辛勤劳动的案例,熏陶和培养学生,使学生能够从感知深入情感,进而上升到劳动态度的培养,最终形成正确的劳动态度,认同劳动必然。

2. 尊重、崇尚劳动的价值标准

中学阶段的劳动教育要求对劳动的价值和意义有正确的评价,以“世界观、人生观、价值观”为价值理论基础,在价值维度上体认劳动的功能,做到“知行统一”。习近平总书记强调,要在学生中弘扬劳动精神,教育引导学生崇尚劳动、尊重劳动,懂得“劳动最光荣、劳动最崇高、劳动最伟大、劳动最美丽”的道理,长大后能够辛勤劳动、诚实劳动、创造性劳动。[③] 中学生生理和心理都逐渐发展成熟,此阶段对探求世界的真理、人生的价值有较为浓厚的兴趣,是树立正确“三观”的重要阶

① 中共中央马克思恩格斯列宁斯大林著作编译局:《马克思恩格斯全集(第二十三卷)》,人民出版社2006年版,第530页。

② 何云峰:《劳动幸福论》,上海教育出版社2018年版,第63页。

③ 习近平:《习近平出席全国教育大会并发表重要讲话》,载中央人民政府网,http://www.gov.cn/xinwen/2018-09/10/content_5320835.htm,最后登录日期:2018年9月10日。

段。尊重、崇尚劳动的价值标准实质上是劳动价值观的体现，因此，中学阶段的劳动教育要遵循理论和价值双重教育规则。其一，要使学生理解“劳动”本身的价值和功能，能从马克思主义哲学唯物史观的角度正确理解“劳动创造世界”，“劳动确证人的本质”，能从政治经济学的理论角度理解“劳动创造价值”，要从“抽象劳动”的角度对学生加以说明教育。劳动的价值不仅仅在于物质生产的价值，更在于精神的价值，使学生从学理上明确劳动的价值，从而形成尊重、崇尚劳动的价值理论基础。其二，劳动教育规律同样符合教育规律，课程教育目标中最重要的是学生情感、态度和价值观的培养，因此，劳动教育要以培育劳动价值观为关键点。“只有在社会中，人的自然的存在对他来说才是人的合乎人性的存在……社会是人同自然界的完成了的本质的统一”①，通过劳动形成社会，社会关系决定了人不是单独的存在。人无时无刻不处于社会集体中，社会主义精神最核心的体现是集体主义精神，所以，此阶段的劳动教育更要注重培养学生“为他人”“利集体”的劳动价值观。如《意见》明确：要培养学生“服务他人，服务社会”的情怀。尊重劳动是社会主义的第一要义，社会主义与其他社会形态在价值观上最大的不同，就在于它科学地揭示了劳动对人类社会的发展所具有的根本作用，而且对劳动给予了无差别的尊重。② 尊重劳动是最基本的劳动价值观准则。人通过劳动创造的价值分为个体价值和社会价值两个层面，价值高低的评判应该以个人对社会的贡献程度为衡量标准。尊重劳动更包含尊重劳动个体和劳动成果，尊重劳动集体和全体劳动人民。崇尚劳动意味着劳动个体自觉内化热爱劳动的正确态度和对劳动人民的真情实感，并自主外化为积极劳动、辛勤劳动的劳动行为。要从服务他人、集体主义的角度开展劳动价值观教育，促进学生尊重劳动、崇尚劳动，树立尊重、崇尚劳动的价值标准。

3. 奋斗、奉献的劳动价值宗旨

新时代，劳动从内涵到形态都发生了重要变化，大学生是即将进入社会的劳动群体，即将开始实践劳动积累的过程，社会角色的转变会使其遇到与个体原本价值观念有冲突、有阻碍的因素，需要大学阶段的劳动价值观教育予以克服和纠正。大学阶段的劳动教育遵循“劳动创造美好生活”的认识和价值旨趣，彰显劳动奋斗、奉献的历史和时代价值烙印，需要注重个人、社会、全人类三个层面：第一，在个人层面上，注重奋斗精神的培养，习近平总书记在多个场合强调“幸福是奋斗出来的”，“奋斗本身就是一种幸福”，无不彰显奋斗精神，奋斗是一种斗志昂扬的劳动精神，形成正确的奋斗幸福观对个人来说是一种内生动力，能有效激发劳动主体的自由自觉的能动性，为个人和社会的财富和价值积累提供有利条件。第二，在社会层面上，人工智能、网络媒体、大数据等数字科技的进步催生了劳动新业态，如“网红直播带货”“虚拟现实体验”“新型快递业”等的发展，这同时也是“美好生活”的现实体现。劳动教育应具有针对性，帮助大学生正确认识劳动形态发展，从而能够更好地适应新时代社会生产劳动的新需求。同时，针对劳动业态的转变，要注重培养大学生的劳动伦理素养，包括职业精神，诚实劳动的职业操守等，提升大学生的劳动道德和价值判断的决策能力，避免价值观异化。第三，应将厚植劳动精神上升到全人类的高度实现对“美好生活”的追求，实现人与自然的和谐共生，人类命运的和谐共生，实现人类共同体的幸福。因此，在劳动教育中需要注重培育学生的奉献精神，教会学生通过劳动奉献社会，实现自我价值，具备人类命运共同的情怀。要教育新时代的大学生通过志愿公共服务，帮扶精准脱贫，西部地区对口支援等劳动工作，展现奉献精神、时代精神和无私情怀，凸显劳动精神的重要价值和意义。

三、大中小学劳动教育一体化建设的实践路向

马克思认为：人是对象性的存在，实践是人本质力量的外化，实践的本质就是人的本质的对象化的活动。实践是一种改变世界的现实的、具体的、物质性的力量，人的实践和认识在矛盾中辩证发展。从实践逻辑上说，劳动教育本质上是一种为了达到劳动目标而进行的教育。劳动教育本身

① 中共中央马克思恩格斯列宁斯大林编译局：《马克思恩格斯文集（第一卷）》，人民出版社 2009 年版，第 187 页。

② 何云峰：《劳动幸福论》，上海教育出版社 2018 年版，第 82 页。

也是一种劳动,因此,大中小学各学段的劳动教育需要落实到实践,回归到劳动的本真意义。当然,大中小学劳动教育因学段的不同,既有共性,也存在差异性。在厘清劳动教育认识逻辑和价值逻辑的基础上,在实践路向上应达成内在和外在同步的劳动教育目标,在劳动教育内容中统一共性和差异,在劳动教育过程中协同整体和局部,在劳动教育评价中综合过程和结果。

1. 劳动教育目标:内在和外在的同步

劳动教育目标的确立是劳动教育的首要问题,直接决定培养"什么样"的人。按照大中小学劳动教育的认识逻辑和价值逻辑,通过劳动教育塑造学生的劳动意识、劳动意志和劳动精神,树立学生的劳动价值观,这属于内在的劳动教育。同时,劳动教育还能养成学生的劳动习惯,锻炼学生的外在体魄,使学生掌握劳动知识和技能,促进个体生存并适应社会发展,这属于外在的劳动教育。内在的教育和外在的教育存在辩证发展的关系,必须同步,达到知、情、意、行的有机统一。任何一方面的教育有失偏颇,都会造成劳动教育失效,造成劳动教育主体不能正常有序、自由自觉地发展。如在个人的生存和发展过程中,时常发生个体利用自己掌握的劳动技能非法谋求私利;在劳动态度上蔑视体力劳动,认为体力劳动低下;还可能会出现劳动主体虽然具备高的劳动热情,但因为懒惰的劳动习惯而不愿意去实施劳动等知行不匹配的种种现象。因此,劳动教育在实践逻辑上,首先要遵循内在和外在相统一的原则,要从劳动目标入手做好顶层设计,确定好劳动教育的目的、对象、实施主体,在大中小学各学段实施目标内外逻辑统一的劳动教育;要准确把握劳动教育目标,全面提升社会主义建设者和接班人之外在的劳动精神面貌和劳动知识技能,以及内在的劳动价值取向;围绕在大中小学各学段的劳动教育目标,保障劳动教育资源不缺位、不失位;要明确家庭、学校、社会在各学段的教育主体功能,不可忽视任何一个阶段劳动教育的实施,做到内外同步、知行合一。

2. 劳动教育内容:共性和差异的统一

劳动教育涵盖的内容呈现系统化的特点,劳动知识、劳动能力和劳动价值观在各学段呈现共通性和差异性,后一学段的劳动教育往往是在前一学段劳动教育基础上的深化,并且存在内在的衔接逻辑,符合学段的教育规律和学生的身心发展规律。例如,小学阶段的劳动教育要注重劳动习惯的养成,中学阶段要注重培育劳动技能,大学阶段要以提升就业创业能力的劳动教育为主。不同学段的劳动教育遵循主体从被动到主动到自觉的逻辑过程,遵循先易后难的学习认知规律,遵循从简单劳动到自主创造性的复杂劳动的发展趋势。要根据各个学段共通的劳动教育规律,发现各学段不同的关键教育点,通过日常生活劳动、生产性劳动和服务性劳动,有针对性地开展劳动教育。另外,从专业和学科的角度来说,劳动教育具有明显的渗透性,在劳动教育内容上存在多学科的交叉互动。从这个意义上说,劳动教育具有通识教育的属性,通识教育使学生的学习由深及宽,它与专业性的劳动教育构成学科上的共通和差异。① 因此,两者也需要统一,不能一刀切,更不能分不清通识性劳动教育内容和专业性劳动教育内容。可以将劳动教育结合学科、课程、教材、课堂,将劳动教育内容体系化,规范化;通过系统梳理各学科与劳动教育的关联内容,挖掘关联内容的结合点,明确专门的劳动教育和通识的劳动教育分别教什么、怎么教,采用主题情景、劳动教育专题式教学方法,有针对性地进行教学,达成教育内容共性和差异的统一。

3. 劳动教育过程:整体和局部的协同

要将劳动教育纳入人才培养的全过程,在劳动教育实施过程中实现整体和局部协同发展。首先,要整体考虑劳动教育全过程,教育者要整体规划劳动教育,不断推动劳动教育的整体性发展,既要制定整体的劳动教育总体方案,有完整的教育教学课程体系、劳动实践项目、劳动校园文化、劳动教育保障、劳动教育专业支持等,又要保证上述每一个劳动教育环节不脱节、不滞后,如此才能保证劳动教育的顺利推进。其次,从时间的角度来看,对劳动个体来说,劳动是一个终身教育的过程,表现为个体发展的全程参与性。要保证每一个劳动教育阶段的持续推进,才能达成"劳以育

① 周光礼:《劳动教育高水平人才培养体系的重要一环》,载新华网:http://education.news.cn/2020-07/28/c_1210723292.htm,最后登录日期:2020年7月28日。

人”的最终整体目标，即帮助学生全面提升劳动素养，使学生树立正确的劳动观念，具备必备的劳动能力，培育积极的劳动精神，养成良好的劳动习惯和品质。从空间的角度来看，劳动教育整体效用的发挥依靠家庭、学校、社会、环境元素，这些元素在劳动教育过程中起到控制作用，不能单靠某一个元素完成教育全过程。四者分工不同，功效不同，在劳动教育过程中既要注重各元素的整体统一，又要注重局部协调。最后，“以劳树德、以劳增智、以劳强体、以劳育美”展现了劳动教育特有的育人功能和价值，要注重德、智、体、美、劳整体全面发展，坚持“五育”并举，协同发展，形成合力，才能回归劳动教育本质的应有之义。

4. *劳动教育评价：过程和结果的综合*

劳动教育评价要运用过程性评价和结果性评价的综合评价方式，同时，在进行劳动教育评价时既要考虑到评价体系的科学性，也要考虑到评价体系的全面性。首先，劳动教育评价要关注、记录、控制、反馈学生的平时表现评价，过程性评价并非体现在评价结果的某个分数段或者等级上，而更加倾向于个体内部受教育的前后差异性。其次，要综合过程性和结果性评价，科学合理地制订劳动评价方式。如劳动教育评价指标体系的设计要科学化，全面考虑主观评价和客观评价的综合，以及定性评价和定量评价的综合。劳动教育评价方式要多元化，可以采取自评、互评、他评等多种方式，建立劳动诚信机制，并把结果性评价作为重要的考评依据纳入学生劳动综合素质档案中。最后，劳动教育评价要考虑到评价体系的全面性，既要考虑到劳动观念、劳动行为、劳动精神、劳动知识和技能、劳动品质和习惯等多个维度，又要根据学段的不同对劳动教育评价内容有不同的侧重，如小学生主要侧重劳动态度、劳动习惯的评价，中学生主要侧重劳动技能的评价，大学生主要侧重劳动价值观的评价。要根据不同学段选取有针对性的评价方法，如相比于大学生来讲，小学生的劳动教育评价更适合使用观察法。总之，劳动教育评价是一个动态的过程，要兼顾过程性和结果性，才能做到大中小学各学段劳动教育评价的有效衔接。

Logical Thinking and Practical Direction of the Integrated Construction of Labor Education in Colleges, Primary and Secondary Schools

LI Lei

(Department of Marxist Education and Research, Shanghai Institute of Tourism, Shanghai, 201418)

Abstract: To promote the integrated construction of labor education in colleges, primary schools and secondary schools, we must follow the educational rules, profound logical thinking, and the cognitive logic with three progressive parts of perceptual cognition of labor, rational deepening of cognition and practical consideration of labor. From the perspective of value logic, the value guidance of labor should be defined and deepened from three aspects: value resonance of labor identification, value standard of respect for labor, and value purpose of efforts and dedication in labor. According to the practical logic, it is necessary to achieve internal and external synchronization in labor education goals, the unity between the similarity and difference in labor education content, overall and partial coordination in the process of labor education, and the integration of process and result evaluation in labor education as its construction direction.

Key words: labor education; colleges, primary and secondary schools, logic thinking, practical direction

新时代学校后勤参与劳动教育的研究

张红英,褚金凤,李玉婷

(上海师范大学 后勤服务中心,上海 200234)

摘 要: 新时代,学校后勤参与学生劳动教育已成为热潮。文章从国家重视、教育与劳动生产相结合等方面阐述了后勤参与学生劳动教育的理论价值,从劳动教育人员队伍组建、教育项目开发和实践平台搭建等方面分析了后勤参与学生劳动教育的实践诉求。基于此,以劳动教育项目开发为抓手,展开劳动教育人员队伍组建、教育项目开发及实践平台搭建的探索。最后结合问卷和访谈结果证实了学校后勤部门参与学生劳动教育,能够有效促进学生"三自"能力、劳动习惯以及技能的提升。

关键词: 学校后勤;劳动教育;劳动项目开发;效果分析

学校后勤作为学校育人体系的重要组成部分,具有显著的劳动教育功能。学校应探索合理有效的途径,更好地实现学校后勤的劳动教育功能,构建"三全育人"体系,培养德智体美劳全面发展的社会主义建设者和接班人。

一、学校后勤参与学生劳动教育:理论价值与实践诉求

学校后勤参与学生劳动教育是自身价值使然,亦是时代趋势。为了贯彻落实全国教育大会精神,特别是习近平总书记关于加强劳动教育的系列讲话精神,学校后勤部门要利用好优势,始终坚持教育与劳动相结合,加强新时代学生劳动教育。

1. 学校后勤参与学生劳动教育的理论价值

(1)贯彻落实全国教育大会精神

习近平总书记在全国教育大会上针对劳动教育发表了重要讲话,他指出:"要努力构建德智体美劳全面培养的教育体系,形成更高水平的人才培养体系。"[①]劳动教育是德智体美劳全面培养的教育体系中不可缺少的奠基石。[②]后勤部门作为学校系统中不可分割的一部分,理应利用自身优势参与劳动教育

作者简介: 张红英,上海师范大学后勤服务中心副主任,副教授,硕士,主要从事学生思政教育与公寓物业管理研究;褚金凤,上海师范大学后勤服务中心科员,硕士,主要从事思政教育研究;李玉婷,上海师范大学后勤服务中心研究助理,硕士,主要从事初等教育研究。

① 《习近平在全国教育大会上强调坚持中国特色社会主义教育发展道路培养德智体美劳全面发展的社会主义建设者和接班人》,《人民日报》2018年9月11日。

② 史红:《始终坚持"教育与生产劳动相结合"之初心——兼谈学校园林对培养大学生艺术素质的作用》,《学校后勤研究》2019年第12期,第76-78页。

体系的建构，努力把后勤系统建设成学生的劳动实践基地和弘扬劳动精神、开展劳动活动、体验劳动获得感的主要阵地。贯彻落实全国教育大会精神，需进一步把学校后勤系统建设成为学校的劳动实践基地，为培养德智体美劳全面发展的高质量人才做出贡献。①

(2)坚持教育与生产劳动相结合

劳动教育的思想来源于“教育必须与生产劳动相结合”这一马克思主义重要原理。学校的劳动教育旨在让学生通过有教育意义的劳动实践去检验学习成果、得到实践锻炼，并为在未来真正投入包括生产劳动在内的不同劳动过程，成为“社会主义建设者”做好准备。②因此，学校后勤系统开展劳动教育，可以为“教育与劳动相结合”搭建稳固的桥梁，使学生参加学校后勤系统建立起的劳动实践活动，获得更多对劳动的体验，并丰富劳动经验，形成热爱劳动、尊重劳动的良好品格，为未来的生产劳动做好准备。

(3)加强新时代学生劳动教育

2020 年 3 月 20 日颁布的《关于全面加强新时代大中小学劳动教育的意见》(以下简称《意见》)指出，“劳动教育是中国特色社会主义教育制度的重要内容，直接决定社会主义建设者和接班人的劳动精神面貌、劳动价值取向和劳动技能水平。”③ 但同时“近年来一些青少年出现了不珍惜劳动成果、不想劳动、不会劳动的现象，劳动的独特育人价值在一定程度上被忽视，劳动教育正在被淡化、弱化。对此，全社会必须高度重视，采取有效措施切实加强劳动教育”。④《意见》再次强调了开展劳动教育的必要性，而学校后勤部门有劳动教育功能，必须为加强学生劳动教育发挥应有的价值。

(4)后勤部门开展学生劳动教育的优势

学校后勤与校外、社会有着频繁而直接的联系，为劳动提供了多样的实施载体。学校后勤是集物业管理、食堂管理、校园绿化、通勤保障、维修零修、宿舍管理、医疗服务、校园保洁等劳动为一体，围绕学校师生医、食、住、行全方位服务的部门，这决定了它在学校建设劳动教育体系中不可替代的地位。

学校后勤部门开展劳动教育的优势主要体现在以下几方面：首先是劳动种类多，学生可根据自身的兴趣选择相应的劳动种类进行体验。其次是劳动场所多，丰富的劳动种类在不同的场所中进行，学校后勤部门开展劳动活动的场所也具有多样性。再次是获得劳动的精准指导多，后勤部门工作人员多是有丰富经验的劳动者，学生在此过程中能够获得良好的指导。最后是劳动氛围浓厚，后勤部门热爱劳动、尊重劳动的工作人员能够潜移默化地感染学生，给学生传递正确的劳动价值观。

2. *学校后勤开展学生劳动教育的实践诉求*

(1)后勤人员参与劳动教育意识薄弱

学校后勤部门维持和保障学校日常生活正常运转。但在构建学校劳动教育体系的活动中，后勤的部分工作人员参与学生劳动教育的意识薄弱。尽管学校后勤承担育人的职责已有多年，但是后勤部门工作人员众多，且他们个人的认知能力不尽相同，对于学校后勤育人职责的认识不一。后勤部门的部分工作人员能够理解并参与育人工作，而多数不能够理解自身的劳动与学生的教育有怎样密切的关联，因此，能够主动参与到劳动教育中的工作人员少之又少。

(2)后勤劳动教育人员队伍组建困难

学校后勤员工受教育程度较低，习惯于从事既定重复的劳动，缺少对劳动的深层次思考，这造成了后勤部门难以组建劳动教育人员队伍。劳动教育体系的构建需要稳定的人员队伍，为学生提供持续且

① 黎玖高，皮光纯：《关于学校后勤贯彻落实全国教育大会精神的思考》，《学校后勤研究》2019 年第 5 期，第 5–8 页。

② 檀传宝：《何谓“教育与生产劳动相结合”——经典论述的时代诠释》，《课程·教材·教法》2020 年第 1 期，第 4–10 页。

③《中共中央国务院关于全面加强新时代大中小学劳动教育的意见》，《新华每日电讯》2020 年 3 月 27 日。

④《中共中央国务院关于全面加强新时代大中小学劳动教育的意见》，《新华每日电讯》2020 年 3 月 27 日。

稳定的劳动教育。优质的劳动教育队伍不仅需要能够统筹规划的管理人员,还需要具有丰富的劳动经验、精湛的劳动技术、良好的劳动精神的基层工作人员。后者与学生的生活联系更为密切,与学生进行沟通交流也更为方便。但因其对劳动教育与自身工作职责之间的联系认识不明确,所以形成了不愿参与到劳动教育队伍的局面。

(3)后勤劳动教育实践项目开发较少

尽管后勤部门提供劳动实践的种类和场地都很丰富,但是学生能够参与的机会并不多,即使有,也多是以学生体验形式让学生参与到劳动实践中去。这可以归因于后勤开发的劳动教育实践活动较少,且形式单一。后勤部门并没有意识到可以利用自身劳动集中的优势,去开发多样的劳动教育实践活动。然而,只有定期的活动,学生才可以在不同的时间段获得参与劳动实践的均等机会;只有多样的劳动教育实践活动,学生才可以获得不同的劳动体验和感受。

(4)后勤劳动教育实践平台建设匮乏

劳动教育实践活动的开展依托于劳动教育实践平台的搭建,只有为学生搭建足够的学习和展示的平台,才能让他们获得真实的劳动感受,检验他们在劳动中的所学,与各个平台的工作人员建立起深厚的友谊,从每一位后勤工作人员的身上感受劳动的热情,学习他们的精神。当下的后勤部门虽然有不少可以开展劳动教育实践的平台,但多是以工作人员为主的劳动平台,并没有对其进行专业设计和改建,未能使其长期服务于后勤工作人员及学校学生。

二、学校后勤参与学生劳动教育:劳动教育项目的开发

1. 劳动教育项目队伍人员建设

新时代,学校后勤在劳动教育路径的探索过程中,注重劳动教育队伍的建设,在整合人力物力资源的基础上,通过后勤劳动教育人员的选择、培训与考核三个环节,打造优质的劳动教育项目人员队伍,为劳动教育体系提供人力支撑。

(1)后勤劳动教育队伍成员的选择

学校后勤劳动教育队伍人员的选择要在工作人员理解劳动教育与自身工作之间关系的基础上进行,只有他们清楚地了解其中的关联,才能够调动其主动参与的积极性,从而吸引更多热爱劳动、有良好劳动价值观的人自愿参与到劳动教育中来。在此基础上,再采用“优中选优”的原则,分别选择劳动教育项目队伍的带头人、主要负责人以及具体落实者。

(2)后勤劳动教育队伍成员的培训

队伍组建成功之后,还需对队伍内各成员进行进一步培训。一方面是为了在培训的过程中加强队伍凝聚力,增强成员之间的默契,逐步度过磨合期,为顺利开展工作打好情感基础;另一方面则是为了增强他们利用自身劳动经验开发劳动教育项目的能力,以及开展和实施劳动教育的能力。

(3)后勤劳动教育队伍成员的考核

合理的考核标准不仅能够激发成员的竞争意识,使他们在劳动教育中做得更好,还能够为他们的劳动教育工作指明方向。因此,可针对各项劳动教育项目的负责人制订详细的评价考核方案,采用学生评价、负责人自评以及劳动教育成果评价相结合的方式,对劳动教育项目负责人进行多角度的考核。

2. 劳动教育的项目开发

劳动教育项目可以由项目负责人采用专题的形式进行开发和实施。负责人在不同劳动领域中发挥专长,合理地开发劳动教育项目,可以获得事半功倍的效果。后勤还可以开发如传统节日劳动、后勤职

业体验以及劳动专题策划等项目。

(1)传统节日劳动项目

后勤部门可以依托不同的传统节日，开发并实施极具特色的传统节日劳动教育项目，让学生在欢乐的节日氛围中体会劳动带来的乐趣及其独特的魅力。譬如，学校后勤的餐饮部门可利用端午节、中秋节等节日，与学生一起进行包粽子、做月饼等传统文化活动。这样，学生既可以在专业人员的指导下学习并掌握包粽子、做月饼的生活技巧，又可以在劳动中体验不一样的节日氛围。

(2)后勤职业体验项目

学校后勤系统承接学生劳动职业体验课，结合时代特征和生活实际对劳动课进行拓展和延伸，实现服务育人、实践育人，让学生在亲身体验中经受锻炼、受到教育、学到本领。① 当今，一些学校十分注重学生参与体验式的管理，将劳动教育与后勤专业性工作相结合，体现后勤的劳动育人功能。为此，可开发后勤劳动体验主题活动项目，让学生承担校园内不同区块的各类劳动岗位工作，比如，垃圾分类学生志愿宣传岗、校园管理绿化养护与公共保洁志愿岗等。让学生走进后勤，当一天后勤人，通过让学生参与劳动、参与后勤实践的志愿者服务，培养学生的劳动观念。

(3)劳动专题策划项目

学校后勤部门开发的劳动专题策划项目应贴近学生自身的生活，使劳动教育时时可见、处处可见，潜移默化地融入学生的生活当中，使他们养成良好的劳动习惯，将劳动看作生活中不可或缺的部分。因此，可围绕学生的生活开发如收纳整理、垃圾分类、美食烹饪等劳动专题策划项目，让学生在专业人员指导下熟练掌握生活劳动技能。与此同时，还可创新考核形式，例如，举办生活劳动技能挑战大赛，设置多重劳动技能闯关关卡，通过竞赛产生具有榜样作用的劳动达人，引领热爱劳动的新风尚。

3. *劳动教育实践平台建立*

劳动教育项目的开展和实施须依托长期稳定的劳动实践基地和平台，学校后勤部门应该利用部门优势，打造可供学生长期参与劳动教育项目的实践平台。就开发的劳动教育项目来看，劳动教育实践平台可从“餐饮服务”“物业管理”和“学生生活”三个方面进行搭建。

(1)建立“餐饮服务”劳动实践平台

学校后勤的餐饮部门负责全校师生的饮食，也是后勤各部门中与学生接触最为紧密的部门，许多劳动项目可以在这里开展，比如，传统节日美食制作，日常生活中美食烹饪，后勤职业体验项目等。如今，部分学校后勤的饮食部门也紧跟“互联网+”的时代潮流，打造出“云餐厅”等服务模式。并通过建立“餐饮服务”劳动教育平台，构建“制作、售卖和配送为一体”的劳动教育链。将劳动育人理念融合到餐饮服务的整个过程当中，通过引进学生志愿者参与送餐服务、安排学生加入餐饮宣传推广等方式，为学生提供体验机会和实践平台，营造人人参与劳动、个个接受劳动教育的良好氛围，将服务育人理念贯穿到餐饮服务的全过程中，实现全员、全方位、全过程育人。

(2)建立“物业管理”劳动实践平台

学校后勤的物业管理部门是涉及劳动种类最多、劳动范围最广的部门之一。物业管理深入学校中的硬件维修、卫生保洁、消毒杀菌、综合管理等各个方面，致力于为全校师生提供更加舒适的学习、办公环境。搭建“物业管理”劳动实践平台可以让学生获得更多的职业体验，充分挖掘学生主动参与、共建共享的力量。一方面，学生可参与物业保安、保洁、保绿、保修和综合管理，体验物业管理中的具体劳动工作。另一方面，学生志愿者可开展问卷调查和实地走访，广泛收集意见，助力物业标准化建设；设置物业勤助岗位，开展特色物业文化活动，促进物业管理标准化理念深入人心；鼓励学生为打造“物业管理综合

① 黎玖高，皮光纯：《关于学校后勤贯彻落实全国教育大会精神的思考》，《学校后勤研究》2019 年第 5 期，第 8 页。

体"建言献策,为传统物业管理服务注入育人新活力,不断创新劳动育人载体,培养学生物业管理的素质和能力,践行后勤物业劳动育人的使命。

(3)建立"学生生活"劳动实践平台

学生对劳动的学习和体验最终都要回归于自身,并建立起"为生活获得更好体验而劳动"的观念和习惯,因此,理应构建"学生生活"劳动教育实践平台,通过劳动教育帮助学生实现自我服务、自我教育、自我管理。以日常生活中的垃圾分类为例,后勤部门可在探索建设教育养成体系与垃圾分类体系,构建全体参与、统筹管理的垃圾分类管理体制的过程中,优化硬件布局与设计,为学生提供充足的四分类垃圾容器、垃圾回收机器,统筹协调推进校园垃圾分类工作的实施。引导学生参与志愿服务,让学生以"主人翁"姿态参与垃圾分类工作,从中学习垃圾分类知识并养成垃圾分类习惯,形成自觉垃圾分类的浓厚氛围,共同推动校园的绿色发展、循环发展、可持续发展。

三、学校后勤参与学生劳动教育:项目实施及效果分析

1. 劳动教育项目的实施

(1)整合后勤各类实践资源,强化实践项目综合管理

新时代,学校后勤部门坚持以"立德树人"为根本,以服务育人为己任,整合后勤各类实践资源,强化实践项目管理,丰富实践内容,创新实践形式,拓展实践平台,引导学生在亲身参与中增强实践能力。例如,某学校后勤部门开展的主题体验活动,选择以贴近学生生活实际的食堂、快递中心、收发室、垃圾分类站点、校园绿化带等为劳动场所,建立餐饮服务、快递信件分发、垃圾分类、绿化种植等劳动小分队。这些活动借助贴近学生生活实际的劳动实践平台,以丰富的实践内容、生动的活动形式,将各类实践项目有机整合,最大限度地调动学生参与活动的主动性和积极性,让学生在亲身体验中收获知识、习得技能,形成正确的世界观、人生观和价值观。

(2)注重学生的体验式管理,发挥学生组织自管功能

在强化职能部门实践育人引领带动的同时,学校后勤也注重学生参与式、体验式的管理,发挥学生民主管理组织的自管功能。如学校专门成立伙管会、医管会、车管会等学生民主管委会,配合学校相关职能部门,为在校学生提供学习、生活等各项服务,采取一系列措施为师生创造良好的学习生活条件。后勤部门统一协调与指导学生民主管委会,伙管会学生成员负责做大量调研工作,后勤根据调研情况,调整食堂菜品、餐品价格、营养搭配及供餐方式等;医管会学生成员专门协助校医院维持就医秩序,发放医疗宣传单页。学生自我组织、自我管理、自我服务、自我教育,实现体验式劳动育人,发挥学生当家做主、民主管理的作用,从而营造更加舒适、温馨的校园环境。

(3)提供学生劳动育人岗位,培养学生劳动价值观念

学校后勤部门通常会借助劳动场所为实践平台,为学生提供形式多样的劳动育人岗位,让学生参与后勤劳动,体验后勤服务保障工作,以此培养学生的劳动知识、技能与价值观念。例如,学校积极开展劳动体验活动,让学生分批次承担校园内不同区块的劳动岗位工作,提供数百个劳动育人岗位,并有针对性地安排带教人员指导学生工作,引领学生树立正确的劳动价值观。

(4)构建后勤劳动教育体系,打造后勤育人新型格局

如今,学校后勤以构建劳动教育体系为导向,以"后勤体验岗"为载体,丰富"实践育人"和"以劳育德"体系,打造后勤育人新格局。坚持点面结合,一手抓顶层设计,制订实施改革总体方案,形成"全员、全方位、全过程育人"的工作格局;一手抓聚力攻坚,实施各类专项行动计划,推进各项改革任务落地落

实。围绕“立德树人”根本任务，发挥后勤的劳动教育功能，建设后勤劳动教育体系，组织学生劳动岗位体验实践，开展特色劳动文化活动。通过多点发力的方式，构建符合新时代育人规律的学校劳动教育培养体系，形成后勤劳动育人新格局，厚植崇高伟大的光荣劳动观，培养埋头苦干的辛勤劳动观，弘扬脚踏实地的诚实劳动观，塑造开拓创新的科学劳动观。

2. 学校后勤参与学生劳动教育的效果分析

学校后勤参与学生劳动教育已有较长时间，为深入调查学校后勤部门参与学生劳动教育的效果，本研究以上海市不同学校、年龄、性别、年级的学生为调查对象，随机发放5000份问卷，共回收问卷4650份，有效率93%。结果显示，34%的学生认为劳动教育能促进劳动意识的提高，28%的学生认为劳动教育能锻炼“自我教育、自我管理、自我服务”（“三自”）能力，18%的学生认为劳动教育能促进提升生活劳动技能，15%的学生认为劳动教育能促进形成良好劳动习惯，其他情况占5%。

（1）劳动教育促进学生劳动意识普遍提高

在长期的劳动学习项目的体验之中，学生最大的改变是劳动意识的提升。崇尚劳动、热爱劳动、尊重劳动的意识在多次劳动中得到了强化。经访谈发现，学生在参加了学校后勤开展的劳动教育之后，不仅转变了对劳动的看法，而且还与校园里的劳动者建立了深厚的友谊。学生A在访谈中说道：“我以前不喜欢日常劳动，因为总是做不好，就不愿意去做，但是后来有了专业的劳动指导，并且还得到老师及时的肯定，让我觉得我也可以做好，渐渐地也就变得热爱劳动了。”良好的劳动教育能够使学生的获得感、成就感、幸福感增强，而积极的反馈会增强学生做好劳动的信念，这也是学校后勤做好学生劳动教育的关键之处。

（2）劳动教育促进学生锻炼“三自”能力

“三自”能力的本质是以人为本，旨在充分调动学生主体能动性，挖掘自身潜力，实现自我能力的提升，从而成功成才。劳动教育对学生主动性的高要求能够促进学生“三自”能力的提升。劳动教育中所开设的项目、搭建的平台都是学生自我展示的机会和舞台，特别是后勤职业体验项目中的自我管理部分，学生是劳动教育的主体，他们可以在不断的劳动学习中提升自己的“三自”能力。访谈显示，大部分学生认为，学校的劳动教育让他们看到了自主劳动给生活带来了变化，使他们能够实现自我教育、自我管理和自我服务，以更加积极的主人翁姿态在校园中学习和生活。

（3）劳动教育促进学生提升生活劳动技能

学习劳动技能的最终目的是运用，不管是运用到工作中还是生活中，高超的劳动技能都会使人们更好地体验劳动所带来的乐趣。一些学校后勤所开展的贴近生活的劳动专题策划项目受到了学生的一致好评，也使他们的生活劳动技能得到明显提升。学生B表示：“我对美食烹饪特别感兴趣，因为我比较喜欢做好吃的，跟着专业人士学习特色菜，回家做给家人吃，他们也很开心。”另外，后勤职业体验项目也让学生学到了不少劳动技能。学生C提道：“后勤职业体验项目让我真正地体验到了后勤工作的不容易。我跟着负责垃圾分类的工作人员去做了垃圾分类工作，垃圾分类虽然已经成为我们生活中的一部分，但是直到参加后勤垃圾分类体验工作后，我才真正了解到分类投放、分类收集、分类运输、分类处理的整个复杂流程。”可见，劳动教育中的真实体验带来的教育意义是不可估量的。

（4）劳动教育促进学生形成良好劳动习惯

学校后勤部门开展的劳动教育一般具有持续性长、内容丰富、形式多样、考核方式公平合理等特征，能检验学生在劳动教育中的所学、所得、所思、所想。长期的生活劳动教育和特色劳动活动能够在提升学生劳动意识的基础上，进一步促进学生的良好劳动习惯。学生D在采访中表示：“在我掌握了收纳的秘诀之后，我发现那些我整理好的东西可以更加便利地取放，并且不会凌乱。在这之前，我总觉得反正收了也会乱,还不如不收。现在我养成了及时整理收纳的习惯。"这表明,良好习惯的养成也得益于劳动技能的掌握,两者之间相辅相成。

劳动教育是中国特色社会主义教育制度的重要内容。在学生中弘扬劳动精神,营造育人氛围,更好地发挥后勤的劳动教育功能,是新时代学校后勤服务保障"三全育人"的题中之义。未来,学校后勤应继续紧紧围绕"立德树人"根本任务,将技能比武、沉浸式劳动教育、特色专题节日文化活动与思想道德教育、专业知识教育相配合,促进学生德智体美劳全面发展。学校后勤还可与学校相关职能部门通力合作,更深入、广泛地开展劳动教育,形成育人合力,共同培养热爱劳动、奉献社会的新时代青年。

Study on Logistics Participation in Student Labor Education in the New Era

ZHANG Hongying, CHU Jinfeng, LI Yuting

(Logistics Service Center, Shanghai Normal University, Shanghai, 200234)

Abstract: In the new era, school logistics to participate in student labor education has become a popular trend. This paper expounds the theoretical value of logistics participation in student labor education from the aspects of national attention and the combination of education and labor production, and analyzes the practical demands of logistics participation in student labor education from the formation of labor education personnel, the development of educational projects and the construction of practical platforms. Based on this, with labor education project development as the starting point, the labor education team formation, education project development and practice platform construction has been explored. Finally, combined with the results of questionnaire and interview, it is confirmed that the participation of school logistics department in student labor education can effectively promote the improvement of students' "three self" ability, work habits and skills.

Key words: school logistics, labor education, labor project development, effect analysis

新时代教师研修的实践诉求与突围路径

李　栋

（华东师范大学 基础教育改革与发展研究所，上海 200062）

摘　要：新的时代语境赋予教师研修新的内涵诉求和价值期待，亟须以"智慧说"理论在方法论层面进行深度反思。教师研修存在内涵的"封闭窄化"、主体的"无视悬置"和方法的"貌合神离"等矛盾，处于"技"与"道"、"静"与"动"、"一"与"多"等二元冲突中，易于陷入对普适方法的盲求、对德性转化的漠视、对象与方法的错位等困境，产生负和、零和、正和三种利益博弈关系。为此，在可信之维，需要注重理性自觉，强化教师的教育研究力；在可用之维，需要注重辩证综合，创生教师的域界转化力；在可爱之维，需要注重德性自证，唤醒教师的反思实践力。

关键词：教师研修；"智慧说"；方法论；理性自觉；辩证综合；德性自证

在全面深化教育综合改革背景下，化知识为智慧、化理论为方法、化理论为德性是新时代教师研修的关键方法论，需要持续叩问教育主体、内容与方法之间的适切性。以"智慧说"理论审视教师研修活动，透视现实困境，剖析矛盾、冲突与博弈关系，尝试实践突围，是对教师研修内涵诉求与价值期待的有效回应。

一、理论耦合：教师研修与"智慧说"的联姻

基于金岳霖先生的"知识论态度"与"元学态度"，冯友兰先生的"觉解说"与"境界论"，冯契先生以《智慧说三篇》① 为标识，系统形成了解释人类成长、发展与行动的"智慧说"理论体系（见图 1），含括"一个中心""两次飞跃""三个阶段"和"四重域界"。② 教师研修与"智慧说"理论的耦合，能够凝结教师的全部生活，促使教师将"客观的、外在的、他人的、情境的知识转化为个人自身的理性智慧、价值智慧和实践智慧"③，表现为教师系统形成创造性解决教育教学问题的能力、思维与策略，是一种境遇性、实践性和自觉性的学问。其中，"化理论为方法"与"化理论为德性"作为"转识成智"具体展开过程的"双翼"，为"智

基金项目：本文系国家社会科学基金 2021 年度教育学青年课题"中国基础教育改革实践中的知识生产与基本理论创新研究"（项目编号：CAA210228）的研究成果。

作者简介：李栋，华东师范大学基础教育改革与发展研究所助理研究员，博士，主要从事教育基本理论与学校转型性变革研究。

① 冯契：《智慧的探索——〈智慧说三篇〉导论》，《学术月刊》1995 年第 6 期，第 3-23 页。

② "一个中心"指以"转识成智"为中心，"两次飞跃"指从无知到已知的飞跃、从知识到智慧的飞跃，"三个阶段"包括以我观之的意见阶段、以物观之的知识阶段（指向"名言之域"）和以道观之的智慧阶段（指向"超名言之域"），"四重域界" 则分别指向主体认知的本然界、事实界、可能界和价值界。

③ 靖国平：《如何"化知为识，转识成智"》，《人民教育》2014 年第 23 期，第 19-21 页。

慧说”指导教师研修提供了路径。

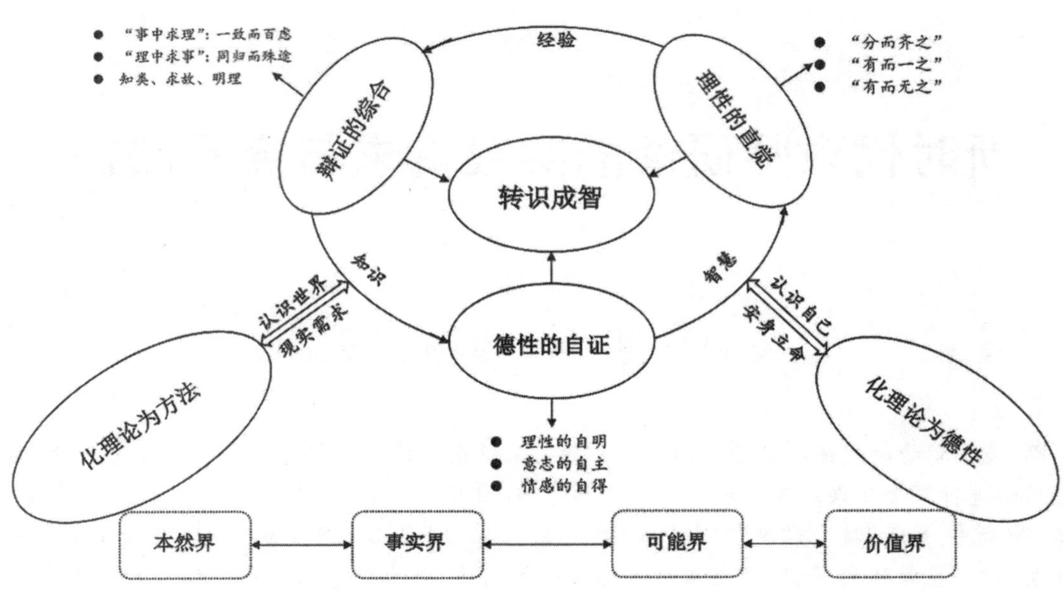

图 1 “智慧说”理论模型

作为教师研修的外化诉求，“化理论为方法”关涉全面理解教育科学理论内容、揭示教育基本命题和逻辑概念、分析与研究教育现象等不同过程，蕴含教育理论与教育实践的转化互哺。这里的“方法”不仅仅指“获取教育知识的方法”，更指“转化教育智慧的方法”。而方法的适切性则“取决于它与其所反映的对象或现象的规律性相符合的程度”①，促使教师在直面复杂多变的教育问题时能够主动“思考各种教学方法背后的理论基础、核心构成及其与教学对象的复杂关系”②，将教育理论转化为改造教育实践的思维、能力与智慧。

作为教师研修的内化期待，“化理论为德性”关涉将教育理论转化为教师内在人格特性的自在、自为、自觉的生命敞开过程，蕴含教师人格智慧与教学实践智慧的共生反哺。这里的“德性”不仅仅是指教师品德与职业道德，更是指教师“独特的生活方式、文化形态、文化归属、文化活动、文化习性和生活风格”。③“德性”的转化是教师个人成长、个体知识与个人价值赋权的过程，需要教师明晰自己的“问题域”，发现自己的“意义场”，达至自我生命的“价值觉解”，不断将教育理论提升为个性化的教学主张，持续行走于“教书育人”与“以人育人”交互转化的醇儒之境。

二、现象透视：教师研修面临的现实困境

1. 对普适方法的盲求

教师研修的过程是一个多元教育世界不断敞开的过程，只是部分教师秉持价值中立和意义无涉的观念，将其看作一个“进山寻宝”的过程，盲目追求同一性、普遍性、普适性的教学步骤，关注的仅仅是“一个纯粹的知识的问题、一个方法的问题、一个技巧的问题”④，却忽视了名师名课和学术思想的适用范围、价值定位、意义属性，致使自身陷入“邯郸学步”的尴尬处境。“有一种信念认为，教学法就是把教学上可

① 彭漪涟：《冯契“化理论为方法”基本思想探析》，《华东师范大学学报(哲学社会科学版)》2005 年第 2 期，第 4-8 页，第 121 页。

② 马新英：《论教师的理论自觉》，《教师教育研究》2012 年第 1 期，第 8-12 页。

③ 伍叶琴，李森，戴宏才：《教师发展的客体性异化与主体性回归》，《教育研究》2013 年第 1 期，第 119-125 页。

④ 叶澜：《“新基础教育”发展性研究报告集》，中国轻工业出版社 2004 年版，第 246 页。

以遵循的配方和模式交给教师，没有别的东西比它给教育理论带来更坏的名声了。"[①] "方法文化"成为盘踞和统治教师研修的思维方式，学科知识的差异、学生个性的多样和教学场域的情境被忽视，教师成为课堂教学"剧本"中被设计和杜撰出来的"演员"，陈旧过时或理论超前的教学理念势必导致教学实践"走样"。因此，事实与意义、形式与内容、工具与价值的机械割裂，其"势必引发方法抄袭、方法搬用主义、方法跟风主义的抬头与僭越"[②]，这是导致教师研修"入宝山而空返"的思维桎梏。

2. 对德性转化的漠视

德性伦理让位于规范伦理，是教师研修的一种自我认知缺陷。教师研修往往将关注点落脚到如何将教育理论转化为教学知识或教学方法，这种教学理论向教学技能的单线转化至少引发了两个方面的问题：一是教师课堂教学行动与自身德性修养脱节，使得教师对某些强制性的公开课感到身心俱疲；二是对学生的影响过多地停留在知识技能的习得方面，德性的感召力和濡染度式微。对教学技能方法的盲求与对教师德性涵养的遗忘造成了教师研修"单条腿走路"的畸形状态。这一方面是由于教师自身对简单化、程序性和技术化教学方法的追逐，淡化了对自身德性修养的转化；另一方面是由于教师的思想观念"被一种技术信仰所统治"[③]，以研修物化成果与可视化成效作为教师研修成功与否的唯一尺度，致使"教师在教育生活中所承负的职责与使命也随之被简约和表面化了"。[④] 因此，对德性转化的漠视，使得教师的德性涵养、精神修炼、人格品位等被置于荒芜之地，遮蔽与窄化了教师研修的整全样貌和丰富内涵。

3. 对象与方法的错位

教师"知道什么"与"知道如何"是两个不同的维度。教育方法论主要探讨的是"方法整体与对象特性的适宜性问题"[⑤]，而"方法并不能被直接呈现，要从对当前具体情境的观察中推导出来，并直接应用于该情境"。[⑥] 在教师研修中，专家学者往往用自身的标尺来衡量教师的理论素养，将一线教师看作缺少理论素养的经验式存在，认为应该"缺什么补什么"，遂将最新的高深学术理论成果原封不动地呈现在教师研修的现场；一线教师通常以现实教育教学问题在短时间内的解决力度来评价专家学者学术理论，往往将专家学者的理论看作"脱离于具体的教育教学实践需求的玄虚话语"，屡屡"碰壁"的境况使得教师逐渐丧失了对教育理论的信赖，而不断产生怀疑、疏离、排斥和冲突的心理。对象与方法的错位，既是移情换位失败的表现，也是专家学者与一线教师彼此产生身份认同危机的关键原因。

三、思维透析：教师研修中的矛盾、冲突与博弈

1. 教师研修中存在的矛盾

第一，内涵的"封闭窄化"。用"知识"的抽象来切割错综复杂、动态生成的教育生活世界，是对教师可能性的遗忘。在教师研修中，知识往往被视为公理性、标准性和程序性的研修"商品"，是一种可以通过研修而获得的"职业资本"。教师不再是"弘道者"，其思想只能"被包裹在一层坚实的知识硬壳之中"，其德性"只能置于自身之上，处于虚空之中，成为教师私人领域的事情"。[⑦] 教师研修内涵的"封闭窄化"是教师研修认知层面的严重缺陷，直接导致了教师研修的畸形化发展。

第二，主体的"无视悬置"。工具理性主义的极度扩张表现出对教师主体人文关怀的无视和生命价

① John Dewey. *Democracy and Education*, New York: The Free Press, 1916, pp. 173-174.

② 张良，李宝敏：《论教师方法依赖的误区及其超越》，《教师教育研究》2014 年第 3 期，第 7-11 页，第 6 页。

③ 薛晓阳：《教师教育的理想：技术标准抑或道德信仰》，《教师教育研究》2016 年第 6 期，第 7-18 页。

④ 伍叶琴，李森，戴宏才：《教师发展的客体性异化与主体性回归》，《教育研究》2013 年第 1 期，第 119-125 页。

⑤ 叶澜：《教育研究方法论初探》，上海教育出版社 2014 年版，第 14 页。

⑥ E. Mirochnik, D. Sherman. *Passion and Pedagogy: Relation, Creation, and Transformation in Teaching*, New York: Peter Lang, 2002, p. 151.

⑦ 蒋福超，赵昌木：《紧张的教师：传统与现代文化冲突及消解》，《教师教育研究》2015 年第 1 期，第 1-5 页。

值的悬置。教师"用教学技能高效率地教知识以保证学生考试成功的规范伦理,使教师职业自我意识和人生态度都充满着工具理性和利益至上的倾向"[①],其"个人系数"被降到了最低,而所谓科学的标准则将教师形塑为熟练教学的"技术工人",致使教师研修生活场景的学科范式、实践反思的知识样式和对话交流的话语方式被搁置一旁,教师的主体身份沦为一种"他者"的存在。

第三,方法的"貌合神离"。在教师研修中,花样繁多的教育形式与研修方法通过不断的剪切、拼接和重组完成了指数级增长,但是方法的适用范畴、适用条件和价值指向往往被忽视,不断出现"同而不和""形神不合"的怪象。方法的"貌合神离"是以遗忘适用方法的"人"为代价的,其在教师精神世界中是以"物"的形式存在的,而"活的教育世界"则必须在"物"以外补充"事"和"情"。

2. 教师研修中存在的冲突

第一,"技"与"道"的二元对立。教师研修对"技"的追求使得教师过多地关注硬件设施的升级、技术操作的提升和教学流程的模仿,对"道"的诉求则是超越"技"的模仿与示范层面,形成对教育教学世界的整体性把握,已然不同于对知识性和器物性教育实践的具体探求。"技"与"道"的二元对立是工具技术理性和意义价值理性的二律背反,其实质是一种"本体论层面"的存在冲突。

第二,"静"与"动"的二元对立。教育理论以抽象概括和普遍适用的形式存在,教师培训者误认为"只要将所谓科学的教育理论、教学技术以命题的形式完整地表述出来并传授给教师,它们就能自然被学得、记住并付诸实践"。[②]然而,教师研修并不是一个"我—它"式"外在观看"过程,而是一种"我—你"式"在场相遇"历程,更是一种"我—我"式"自我体认"过程。"静"与"动"的二元对立,其实质是一种"认识论层面"的思维冲突。

第三,"一"与"多"的二元对立。当同一的教师研修面对多元的教师主体,当同一的教育理论应对多变的教学情境,"一"与"多"常常出现在教师研修的具体过程中,容易在"所求"与"所予"之间出现本与末、体与用、事与理的认知颠倒。看似不可调和的外形之下却隐藏着丰富的教师研修资源,多样性的统一"不仅表现为不同要素之间的并存,而且通过它们的相互作用而展开为一种内在的秩序"。[③]"一"与"多"的二元对立,其实质是一种"方法论"的行动冲突。

3. 教师研修中存在的博弈

第一,规避中的"负和博弈"。教师研修存在一个令人费解的悖论,即研修经费、师资力量和研修周期的加大投入,与教师专业学习动力的激发并没有产生显著的正相关,甚至还会出现较为严重的负相关。"专家学者"常以一种高高在上、唯我独尊的姿态"下"到学校中进行指导纠偏;教师则被置于一种经验性技术操作的"教书匠"地位,其偏重于具体的实践教学。"互不买账"的教师研修迫于压力表面上进行"合作交流",实则暗流涌动,产生"两败俱伤"的"负和博弈"。

第二,依赖中的"零和博弈"。在教师研修中,培训者与教师之间容易呈现单向的"生产—消费"关系,教师则原封不动地"照搬"外来的教育理念或教学模式,处于"惟命是从""言听计从"的执行操作状态,"使得带有浓厚的大学学术味道的文化特质代换了学校自身原有的文化特质的存在,失去文化根基的中小学校只能紧紧地依附在大学的身边"。[④]单向度的合作模式挤压了整体发展空间,也在无形之中倾轧了彼此的教育变革权利,产生"劳而无益"的"零和博弈"。

第三,协同中的"正和博弈"。在教师研修中,当双方认清各自的经验、背景、优势和局限,尝试构建一种"大中小学合作"进行理论与实践转化的开放情境时,教师培训者能够不断"走向教师的日常实践,走向教师的教育田野,怀着对教育实践的深度关怀,深度介入教育现场"[⑤],并"在各相关利益主体的权利

① 朱新卓:《教师专业化的现代性困境》,《高等教育研究》2005年第1期,第47-52页。

② 张向众:《教育理论与教师发展——从教师的生命之维来看》,《教师教育研究》2005年第6期,第12-16页,第21页。

③ 杨国荣:《存在之维:后形而上学时代的形上学》,人民出版社2005年版,第96页。

④ 李晶,吕立杰:《"冲突or合作":"大学—中小学"的边界博弈》,《教师教育研究》2016年第6期,第37-43页。

⑤ 陈桂香:《教师教育研究的方法论困惑》,《学术交流》2011年第7期,第203-205页。

得到基本保证和尊重的前提下，将同质性的权利资源进行整合，并扩宽吸纳异质性的权利需求的渠道”。[①] 彼此的身份认同与局限互补可以使得双方消弭身份与场域的隔阂，真正形成“我—你”彼此的对话学习，产生“相得益彰”的“正和博弈”。

四、扎根行动：“智慧说”视域下教师研修三维合力的联动突围

1. 可信之维：理性自觉，强化教师的教育研究力

第一，自觉的经验意识。作为活跃在教学实践中的主体，教师对“最一般”“最平凡”的教育实践有最真切的体悟，这正是教师强化自我研究能力最珍贵的“资源”，也是打破机械模仿“名师名课”困境的捷径。强化教师的教育研究力，不是抛弃教师丰富的教学经验，而是将其转化为一种理性自觉的经验意识。教师培训者要积极“走向教育田野”，贴地式、介入式和参与式地进入教育现场，跨越彼此身份与场域的隔阂，引导教师“回到事实本身”，为教师的个人研究、个性经验和个体知识赋权。教师通过教育自传、教育叙事等方法，用真实、朴素和原生态的话语来面向自我、关照自我和诉说自我，在描述学校生活、课堂事件与转变教学观念的过程中，达成自我教育经验的重构，探寻支撑自我研究的切入点，提升自我批判与反思的能力。

第二，自觉的理性意识。强化教师的教育研究能力并不是直接向教师灌输教育研究理论，而是以“与具体的事物的相遇”为出发点，对自身教学行为所囊括的环节、策略进行理性反思，引发教师对自身教学行为背后的教育价值和教育学意义进行深度的理性追问。此外，教师可通过对自己和他人教学案例进行比较、批判和反思，澄明不同教学行为背后的思想、情感，透析自身教学活动中遇到的问题、矛盾与冲突，梳理自我专业发展的思路以及行为与观念的变化历程，创生出自我问题自我解决的想法、思路与对策，最终“从教育理论、教学方法、教学艺术的高度进行归纳、总结，悟出其中的育人真谛，予人以启迪”。[②] 提升教师自觉的理性意识，旨在实现教师自身经验、理论、实践的相遇与对话，通过落差鲜明的“现实感觉”，来“揭示已有教学方法及其体系背后的理论基础、核心构成与教学对象的各种复杂关系，以构建和解决教学方法和教学对象之间的新型关系”。[③]

第三，自觉的伦理意识。强化教师的教育研究能力，不仅仅是为了引导教师学会解决自身的教学问题，更是为了引导教师在研究中学会自我教育。自觉的伦理意识既是“一种深层次的、高瞻远瞩、高屋建瓴、探赜索隐的认识能力”，更是“一种通彻事理、了悟世情、洞达人生的精神境界”。[④] 教师把事实的理解过程与意义的创生过程联结起来，着重从生命实践与意义生成的层面理解和把握教育世界。“人的认识既渗入于实践过程而化为具体的能力，又通过融入人的精神本体而在更广的意义上成为人性能力的现实构成。”[⑤]教师培训者通过引导教师增强对职业价值与幸福的认同程度，唤起教师对自我专业生活中积极情绪体验的探寻，促使教师思考“在教育实践活动中如何实现自我追求的教育价值与理想”问题，形成自觉进行实践研究的动机，引导其成为一个“内在觉醒”的行动主体。

2. 可用之维：辩证综合，创生教师的域界转化力

第一，由“本然界”向“事实界”的转化。“本然界”是未进入教师认知视野的未分化的教育领域，“事实界”是教师已具备的对教育教学事实与规律的认知领域。教师研修不止是一种“工具性”的存在，更是一种“事理性”的存在。由“本然界”向“事实界”转化，既含有对教师主体意识的唤醒，又蕴含教师自我转化

① 李晶，吕立杰：《“冲突 or 合作”：“大学—中小学”的边界博弈》，《教师教育研究》2016 年第 6 期，第 37–43 页。

② 关松林：《论案例培训的内涵、价值与实施》，《教师教育研究》2011 年第 6 期，第 38–44 页。

③ 李政涛：《从教学方法到教学方法论——兼论现代教学转型过程中的方法论转换》，《教育理论与实践》2008 年第 11 期，第 32–36 页。

④ 郭明俊：《哲学的智慧与智慧的哲学》，《学术研究》2008 年第 10 期，第 31–37 页。

⑤ 杨国荣：《成己与成物：意义世界的生成》，北京大学出版社 2011 年版，第 124 页。

能力的创生。教师需要反复循证抽象的、概括的、通用的、无涉情境的理论知识与具体的、特殊的、本土的、关涉情境的实践知识之间的适切性。一方面,培训者需要引导教师准确而全面地把握教育基本概念和命题的内涵、外延、实践条件与适用范围,持续叩问教育对象、方法与主体之间的适切性,形成基本教育常识。另一方面,教师通过感性直观,对教育生活中的关键问题与典型事件进行反思、总结与提炼,不断淬炼成抽象的概念知识,"以统觉之我思统率知识经验的领域","使各式各样、纷繁复杂而又不断运动变化着的事实界始终保持着动态平衡的有序状态"。①

第二,由"事实界"向"可能界"的敞开。在教师研修中,指引教师"能够创造什么"比告诉教师"能够获得什么"更具有方法论的意义。如果说由"本然界"向"事实界"的转化是教师对已有教学事物的识知过程,那么教师由"事实界"向"可能界"的转化则是教师主体能动性的创生过程。"事实界有一种自然均衡、并行不悖的秩序,但是均衡总是相对的、有条件的"。② 培训者需要将教师解决教育问题的实践性、教育情境的不确定性、职业情意的感通性和多元关系的互动性纳入教师研修的范畴之中,充分挖掘和把握教师实践场域中的资源与契机,突破与敞开教师专业成长的疆域,引导教师探究多元教育境遇中的交叉地带、灰色地带和无人地带,形成自我专业发展的"第三空间"。

第三,由"可能界"向"价值界"的生成。如果说"可能界"的敞开为教师专业发展提供了广阔驰骋的天地,那么"价值界"的生成则"通过某个孔道注入了一缕光线,照亮了整个世界"③,意在谋求教师专业成长与教育终极价值的"和合共生"。培训者需要帮助教师由谋生式、被动式的专业发展样态走向重建精神宇宙、追求生命自觉的专业成长样态,关注教师作为生命个体的整全特征,理解其特殊的教学行为与思维方式,引导教师自我选择、转换、建构,实现生存样态的自觉转换。此外,培训者要有意识地创生教师个人经验、知识建构和意义生成之间的"必要张力",激发教师在教育理论知识与教学实践行动的对话中建构自己的意义世界。

3. 可爱之维:德性自证,唤醒教师的反思实践力

第一,化"自在之物"为"为我之物"。在教师研修中,高度概括、普遍适用的教育原理、规律和方法等"公共知识",对教师而言,是一种"自在之物",或者说是一种"惰性知识"。教师的德性由自在走向自为,是"离不开化'自在之物'为'为我之物'的客观实践活动过程的"④,教师通过内化别人的思想与生成自我的思想而实现"转识成智"。培训者需要根据教师的"性之所近"与"习之所惯",创设与教育专业成长境况相统一的研修情境,以教学实践中的真实问题为切入点,引导教师用自己的话语进行自我理解与接纳,将外在的"惰性知识"与自己的经验、叙事、体悟等"缝合"起来,转化为一种理解与诠释现实教学问题的内在"活性知识",实现个体性与普遍性的意义衔接,形成个性化的理性智慧、价值智慧和实践智慧。通过化"自在之物"为"为我之物",教师的"天性经过人化而提升为德性,德性又以天性为根据并向天性复归,天性与德性融合为一"⑤,理性与非理性交织,教师自证"我"为"德性之主",在德性凝化中达到理性的自明、意志的自主和情感的自得。

第二,由"理论衍化"到"反哺实践"。理论只有在与实践情境产生衍生性关系时,才能催生教师的实践智慧。教师的专业发展是一个从自在自为到自发自觉的过程,"理论衍化"终归要落脚到"反哺"教师的教学实践上。由"理论衍化"向"反哺实践"的跨越过程是教师持续"反求诸己"的自我对话历程。教师以整个精神世界为理解背景,在超越单向的对象性认知的基础上,将自我的教育理念、教学态度和文化情感等内在价值转化为师生互动、同侪交往与教学策略改进等外在行为,呈现出教育理论反哺教学实践

① 陈晓龙:《从广义认识论到智慧说——兼谈冯契哲学的基本精神》,《华东师范大学学报(哲学社会科学版)》2005年第2期,第9-14页,第28页,第121页。

② 冯契:《认识世界和认识自己》,华东师范大学出版社1996年版,第326页。

③ 李海:《知识教学下学生智慧的生成》,《现代中小学教育》2016年第5期,第26-30页。

④ 冯契:《智慧的探索——〈智慧说三篇〉导论》,《学术月刊》1995年第6期,第3-23页。

⑤ 杨国荣:《中国哲学二十讲》,中华书局2015年版,第356页。

的返身性和切己性。教师的每一个体验都“与其自身生命的整体相连”①，培训者需要引导教师不断捕捉、诠释与建构非连续性教学事件的价值蕴涵，促使教师在面对不确定性的教育境况时形成高度敏感的实践反思意识，实现教学认知、教学思维和教学特质的持续优化。在由“理论衍化”向“反哺实践”的转化过程中，教师研修与生命成长的融合“使体验扬弃了抽象、外在的形式”，与教学实践的融合“使体验获得了现实之源，呈现出过程性”。②

第三，由“成事成己”到“成人成物”。教师研修是教师专业成长不断地化“自在之物”为“为我之物”的过程，也是教师的精神宇宙不断地由“自在”走向“自为”的过程，更是教师的生命实践不断地由“自发”走向“自觉”的过程，最终以教师之整全人格成就学生之全面发展。“成事成己”指向教师自我的完善，表现为以仁道、良知来塑造自我之德性；“成人成物”则意在引导教师“赞天地之化育”，扬弃“物”的本然形态而进入人化之域，成就学生的全面发展。因此，培训者需要引导教师在认识与变革教育世界的过程中，缔结自我价值实现与教育世界变革的关系，在“成”变革之“事”中成“人”，努力以“人”之变促成“物”与“事”之变，持续在“成己”与“成物”、“成事”与“成人”的交互淬炼中唤醒内在“生命自觉”。

Practical Demand and Breakthrough Path of Teacher Training in the New Era

LI Dong

(Institute of Schooling Reform and Development, East China Normal University, Shanghai, 200062)

Abstract: In the new era context, teacher training has been given new connotation demands and value expectations, and it is urgent to deeply reflect on the methodology level with the theory of "wisdom theory". There exist contradictions in teacher training: its connotation is "closing and narrowing", its subjects are "ignored" and its methods "seem to be harmonious and useful yet divisive". In the binary conflict of "technique" and "principle", "stillness" and "movement", and "one" and "many", teacher training is easy to fall into the dilemma of blind pursuit of universal methods, indifference to the transformation of virtues, the dislocation of objects and methods, thus resulting in three kinds of game situations of negative-sum, zero-sum and positive-sum. Therefore, in the dimension of credibility, it is necessary to pay attention to rational consciousness and strengthen teachers' educational research ability; in the dimension of availability, it is necessary to emphasize dialectical synthesis and develop their domain transformation power; and in the dimension of love, it is necessary to focus on self-certification of virtues and awaken their competence for reflective practice.

Key words: teacher training, "wisdom theory", methodology, rational consciousness, dialectical synthesis, self-certification of virtue

① 伽达默尔:《真理与方法》,洪汉鼎译,上海译文出版社 1992 年版,第 89 页。

② 张向众:《教育理论与教师发展——从教师的生命之维来看》,《教师教育研究》2005 年第 6 期,第 12-16 页,第 21 页。

中小学职前教师生涯教育课程的需求逻辑与设计路径

韩 刚

（上海师范大学 学生工作部，上海 200234）

摘 要：中小学职前教师职业生涯教育课程是教师全面终身发展的需求，能够帮助降低生涯困惑和焦虑；也是大中小学生生涯教育师资队伍建设的需求，能够将生涯教育理念融入学科和课程。基于此需求逻辑，研究设计如下路径：课程通过教师信仰教育，为教师发展确立正确目标；设计教师生涯发展适应力教育，引导主动建构教师生涯；加强大中小学生生涯教育衔接，促进生涯教育与学科教学相融合，提高中小学职前教师生涯教育意识和教学能力。

关键词：中小学职前教师；生涯教育课程；生涯教育一体化

师范生是我国中小学教师队伍的主要来源，是影响中小学教育质量的关键因素，因此，高等师范院校（以下简称"高师院校"）教师教育职前培养的质量直接决定着未来教师职业素养和教育质量，决定着中小学教师队伍的整体水平。围绕"造就一批教育家"国家教育改革中长期发展战略，中小学职前教师生涯教育课程应当激发他们的生涯发展的内在驱动力，将教师职业理想升华为教师信念并形成教育信仰，尝试解决中小学职前教师人生观、工作观、教师观的方向一致性问题，帮助中小学职前教师探索教育家生成之路，最终使中小学职前教师收获教师职业的幸福感、成就感和荣誉感，成就卓越教师梦想。

新时代需要具有更强适应能力的新教师。较好的适应力将是未来教师终身职业生涯发展的核心，最终实现自身更高质量的全面、终身发展。因此，中小学职前教师生涯教育课程就需要遵循教师教育规律，围绕"主动建构去'适应'"的职业生涯教育目标，帮助中小学职前教师掌握主动建构具有独特生命意义的职业生涯。

生涯教育对于未来教师的重要意义还在于：中小学职前教师拥有生涯发展意识和自觉能够帮助大中小学校实现生涯教育的良好衔接。目前，我国中小学职业生涯教育在课程、师资等各环节都存在明显不足，特别是教师普遍缺乏职业生涯教育意识和能力。中小学职前教师在进入职场前，树立职业生涯教育意识，就能够遵循规律，把握学生特点，尊重学生的个性发展，把从主要关注学生学习成绩转移到关注与分析学生的个性特征、终身发展和全面发展，重视学生的心理品质、意志培养、兴趣情感等非智力因素的开发，从而培养出全面发展的人。

基金项目：本文系 2019 年度"阳光计划"项目"大中小生涯教育一体化视角下的高校师范生生涯教育课程建设研究"（项目编号：19YG54）的成果之一。

作者简介：韩刚，上海师范大学学生工作部讲师，博士，主要从事大学生生涯发展与就业创业指导研究。

一、价值论证：为什么要开展中小学职前教师生涯教育课程

1. 生涯教育唤醒教师全面、终身发展的需求

职业生涯是每一位教师投入时间、精力最多的人生组成部分。每位教师在不同的职业生涯发展阶段，都具有相对应的生涯目标和职业规划，以此管理自己的职业生涯。教师的成长与成熟是有规律可循的，将优秀教师的生涯成长路径以"生涯树"的方式在职前培养阶段教授给中小学职前教师，帮助他们明晰教师成长成才之路，是中小学职前教师走向成功的职业生涯发展的第一步。因此，建设好中小学职前教师生涯教育课程，能够帮助他们明确自己的职业方向和生涯发展目标。通过了解教师成长和发展规律，对照、学习优秀教师在不同发展阶段的成功经验，找出自己的不足之处，并通过职业生涯规划，树立明确的职业发展目标与职业理想，为成为优秀教师的生涯目标和发展做好准备。

职业生涯发展向来不是一成不变的，存在着阶段性和动态性的特点，不同的发展阶段具有不同的发展需求。明晰教师在不同发展期的独特需要，可以帮助处在实习与学徒期的中小学职前教师为未来从教期间的"反思—更新—成长"过程做好准备。这种准备也帮助中小学职前教师认识到：教师职业生涯将长期处于一个连续不断的学习周期之中，并与终身学习相结合。中小学职前教师生涯教育课程，应当帮助中小学职前教师意识到教师职业生涯发展的终身性。充分认识到教师在职业发展过程中，要树立自我更新、自我超越的意识，了解生涯发展过程中每个阶段的学习需求，并按照设定的学习目标，选择最合适自己的学习方式的能力，最后将终身学习融入自身教师职业发展，并通过终身学习实现其教师生涯的发展。

2. 大中小学生生涯教育发展的需求

职业生涯教育对于高等师范院校的重要意义，还在于师范生不仅要成就自我职业生涯发展，还要思考自身发展与启发中小学生生涯发展的辩证关系，将职业生涯教育与学生成长有机结合起来。青少年时期是人一生中打好基础、提升综合素质、锻炼综合能力的主要阶段。中小学不仅要给学生传授基础知识，还要拓宽中小学生对生涯发展和职业生涯的认识。与国际发达国家比较，我国中小学生职业生涯教育起步晚、发展慢。2012 年，"中美日韩四国高中生毕业去向及职业生涯规划教育比较研究"调查结果显示，我国高中生职业生涯规划教育与美国、日本、韩国相比较为落后，在"职业生涯规划教育的系统设计、职业学习或体验活动、专业的师资队伍、职业准备和规划意识、家庭职业启蒙教育"五大方面存在严重缺失。一些发达国家的职业生涯规划教育开始较早，有的从小学甚至是幼儿园就开始了，在职业生涯规划教育的制度保障、管理机制、构架设计、师资配备、外部支持等方面都有成熟的做法。为此，我国应借鉴优秀经验，尽快将职业生涯规划教育端口移至义务教育阶段，使中小学生尽早接受职业启蒙教育。①

学生职业生涯发展教育以"促进每一位学生的职业生涯发展"为指导理念，通过建设有利于促进全社会对学生职业生涯发展教育理解的制度文化，构建从小学到高等院校的学生职业生涯发展教育体系，探索职业生涯发展教育的有效模式和途径，以促进每一位学生的职业生涯发展，提升学生整体素质和能力，努力满足国家对新型人才的需求。当前，我国的学生职业生涯发展教育也面临着多方面的挑战：学生职业生涯发展教育尚未覆盖学校教育全过程；相关理论研究、课程建设和专业队伍建设尚不适应全面实施学生职业生涯发展教育的需求；职业生涯规划教学和咨询工作的有效性尚待提高。师范生作为未来教师的重要储备，应当确立"一体化系统构建"的意识，因此，师范院校要引导中小学职前教师主动学习和思考大中小学职业生涯教育的统一衔接和分层实施等问题。通过系统学习国内外生涯发展理论和生涯教育工具的使用，提升中小学教师开展职业生涯教育的意识和能力。

3. 未来教师在课程中融入生涯教育理念的需求

中小学职前教师到中小学各学科任教后，一

① 孙宏艳：《我国职业生涯规划教育应端口前移——基于中美日韩高中生职业生涯规划教育的研究》，《教育科学研究》2013 年第 8 期，第 52–57 页。

般情况下只有班主任、德育教师或心理教师等会承担职业生涯教育主题课程或活动的教学。但是,作为学科教学教师,也应通过课程教学培养学生关注职业分类,了解行业发展,将学科知识与未来生涯发展相结合。不同学科交叉的结果也可能会产生全新的行业和新的工作领域。故而,可以通过提供不同学科职业生涯教育渗透的案例,给予中小学职前教师职业生涯教育启示。欧美各国对中小学生生涯教育渗入式教学方式的应用尤为突出,在不同学科的教材和教学设计中均蕴含了许多与生涯教育相关的内容。在不同学科中,通过对不同职业者的描述和分析,形象生动地将知识学习与生涯发展联系起来。通过这种教学方式,不仅能够增加学生对学科关联职业的认知,还有利于其在未来选择并从事相关职业,将学科教学目标与生涯教育目标有机结合并形成统一。

二、实践探索:中小学职前教师生涯教育课程的经验和问题

1. 中小学职前教师生涯教育课程的经验

(1)课程理念聚焦教师生涯发展

中小学职前教师生涯教育课程已经在我国高等师范院校得以实施。教师职业生涯的发展既有生涯发展的普遍规律,也有其特有的规律。聚焦教师生涯发展的学习和分析,中小学职前教师可以提前了解教师在各个阶段的发展要求和面临的形势,科学合理做出教师职业生涯规划。华中师范大学最早开设“师范生生涯发展”和“师范生求职策略与技巧”必修课,将“成为一名长期从教、终身从教的优秀教师骨干和未来教育家”作为未来教师的职业理想,并在职业生涯规划环节要求师范生结合自身情况与外部环境因素,为成为优秀教师和教育家而做出各种行之有效的计划安排。北京师范大学在“师范生职业发展与就业指导”课程中为未来教师提供了“师范生职业生涯发展路径图”,师范生可以依据教师生涯发展理论反思生涯目标和职业规划;上海师范大学的师范生在课程中学习“教师生涯发展理论”,通过研究教师在不同生涯阶段面临的不同问题和不同发展任务,帮助未来教师增强自我认知和角色认同,强化职业兴趣和任教意愿,提高职业认知和生涯规划。

(2)课程实施体现理论联系实践

国内师范院校的教师生涯课程,重视生涯发展理论和毕业生求职实践的联系。我国台湾师范大学就将生涯访谈、职场体验心得体会均纳入课程学习内容,并通过过程性评价加强理论与实践的联系。北京师范大学则通过课程分析教师职业素养和职业发展,分享教师生涯发展的挑战与机遇,为即将进入职场的师范生描绘职业前景。华中师范大学在课程实施过程中通过分析教师胜任力,帮助师范生认知教师职业的知识和能力素质需求;在招聘会现场对照教师岗位要求,查找自身差距,为今后提高知识和能力结构做出计划;并且在课外有进一步辅助学习的内容安排,包括对一名基础教育的教师进行生涯访谈,帮助了解教师工作环境和教师职业需求,进一步对照自身职业发展;此外,还通过观摩一场基础教育师资招聘会,加深对教师岗位胜任力的认识。上海师范大学开设“师范生职业生涯与就业创业指导”必修课,以提高生涯适应力作为教师职业生涯教育的目标,激发师范生始终保持生涯好奇,主动建构教师生涯,提升中小学职前教师职业生涯发展力。

2. 中小学职前教师生涯教育课程的问题

(1)课程内容缺少教师信仰教育引导

生涯建构理论提出,个体在建构职业生涯过程中会出现不断的调整和适应,影响这些调整和适应的主要是个体独特的态度、信念和能力。三个因素中,态度和信念直接与个体的人生观、工作观相关。在课程中加强信仰教育,帮助未来教师树立对教育事业的热爱,真正将从事教育作为自己的终身事业,能进一步提升中小学职前教师对教师职业发展的认知和归属感。积极的教师观必将有效地影响教师职业生涯发展,影响中小学职前教师在生涯转换或生涯困境时的生涯因应行为,从而促进未来教师将生涯自我概念整合到教师职业生涯的角色中去。只有在中小学职前教师生涯教育课程加强教师信仰教育,才能在马克思主义职业观和教师教育观的指导下,帮助未来教师长期或终身从事教师职业,促使其成长为优秀教师和教育家。

(2)课程设计缺少大中小学生生涯教育衔接

目前,国内中小学没有专门的职业生涯教育师资队伍,部分高中开设职业生涯规划选修课,教

师一般由心理教师、德育教师或班主任担任,有的由地理、物理、语文等学科教师担任。国内中小学教师普遍缺乏生涯教育意识,这与他们职前阶段没有接受生涯教育教学训练有关。在我国台湾,生涯发展与辅导已成为中学教师必备的专业知识和能力,九年一贯课程中将生涯发展定为重大议题,并要求各领域的教师将其生涯教育融入学科教学之中。因此,台湾师范大学开设两门公共必修课“生涯规划与就业辅导”和“职业教育与训练”,将承担大中小学生涯教育衔接作为职前教师生涯课程的重要目标之一,并在课程内容中涵盖了未来教师如何对中学生进行生涯教育,特别是帮助他们了解在中学阶段如何开展中学生的适应性辅导、职业生涯教育工具与技巧等方面的课程内容。因此,在中小学职前教师课程中需要设计职业生涯理论的发展史、国际中小学职业生涯教育的经验启示、不同学段的职业生涯教育目标、内容和方法,以及学科渗透职业生涯教育案例分析等内容。

三、设计路径:价值驱动、主动适应和大中小一体化考量

1. 设计教师信仰教育,创建未来教师职业生涯“指南针”

现代社会的良师,既是经师,更是人师。著名教育家陶行知先生把教师的工作看作是最高贵、最神圣的职业,具备这样职业资格的人必须具有高尚的职业思想,“捧着一颗心来,不带半根草去”的人生观,把毕生的精力献给我们的国家和教育事业的信念。陶行知将“培养合理的人生”作为自己的宗旨,他的教师职业理想和人生观高度一致,最终上升为一种教师信念,对今天的教师教育仍然有至关重要的现实意义。[①]从普通教师成长起来的教育家苏霍姆林斯基将自己的整个身心都投给了教育,他认为教育信仰在于使人去为他人做好事,并发自内心深处去做,在于建造自我。他的职业理想信念体现了浓厚的人生观倾向,是他灵魂内在要求的教育信仰的直接体现。马克思认为,我们在选择职业时所应遵循的主要方针是人类的幸福和自我完善。习近平总书记用“四有”的标准定义了“好老师”,其中“有理想信念”“有道德情操”“有扎实学识”“有仁爱之心”都是对教师职业价值观的具体要求。

中小学职前教师职业生涯教育的根本是教师信仰教育。教育信仰是一种强烈而特殊的教师从教价值取向,这种取向源自对教育活动价值的理解与尊崇,是教师的精神与源泉。通过中小学职前教师职业生涯教育帮助中小学职前教师建构正确的教师观。中小学职前教师职业发展的内核驱动力就是要将自我的发展完善与人类幸福紧密结合,将职业理想主动升华为教师信念,坚定地认同教师职业及与之相关的生涯发展环境,为自己的职业生涯发展提供强大的信仰力量。在中小学职前教师培养过程中,引导中小学职前教师热爱教育事业,愿意专心投入教师工作,致力于成为一名乐教善教的卓越教师,是教师信仰教育的重要内容。中小学职前教师人生观、工作观、教师观的统一,就是要通过教师信仰教育,使中小学职前教师成为以德立身、以德立学、以德施教、以德育德,坚持教书与育人相统一、言传与身教相统一、潜心问道与关注社会相统一、学术自由与学术规范相统一,争做“四有”好教师,以及全心全意帮助学生锤炼品格、学习知识、创新思维、奉献祖国的引路人。[②]

中小学职前教师对教师职业的态度和信念,对教师职业的希望、愿望和向往,直接影响着对未来职业生涯的建构。职业生涯教育课程中创建教师生涯的“指南针”,就是要形成对教师职业正确的价值认识,做到人生价值观、工作价值观、教师价值观的统一。创建教师生涯的“指南针”,就是让中小学职前教师能够思考“我是谁?”“我准备做什么?”“我信仰什么?”,实现三者之间的和谐一致有助于让中小学职前教师产生职业发展的内驱动力。如果一位中小学职前教师明白“我是一名教师”“我做的教师工作意味着什么”“我有教育信仰”,那么职业生涯发展一定会充满自我成长、自我实现、成就满足的动力机制,其本人亦会确立起

① 《陶行知系列研究》江苏课题组:《陶行知师范教育思想》,江苏教育出版社 1991 年版,第 17 页。

② 中华人民共和国教育部:《中共中央 国务院关于全面深化新时代教师队伍建设改革的意见》,载教育部官网:http://www.moe.gov.cn/jyb_xwfb/moe_1946/fj_2018/201801/t20180131_326148.html,最后登录日期:2018 年 1 月 31 日。

"我要成为一名教师"的成长目标,全面提高自己的专业素质,最终实现职业生涯发展。

2. 设计生涯适应力教育,主动建构教师职业生涯

在传统生涯教育理论指导下,我国师范院校的职业生涯教育课程仍以内生涯自我探索、外生涯工作世界探索和"人职匹配"生涯决策三大模块为主。但是,有别于工业化时代的以职业配型为最佳策略的传统职业生涯模式,在生涯建构理论视角下,职业生涯教育应更大程度地发挥中小学职前教师的主观能动性。职业生涯教育课程的理念应当从"人职匹配"为核心,向"主动建构"全面、终生职业生涯发展转变。生涯适应力教育主要是帮助中小学职前教师在追求自我与外部世界相互适应的动态建构过程中,提升对自我生涯的关注度,增强生涯控制力,同时使其对未来的教师生涯保持好奇,充满自信。此外,生涯适应力教育用主动建构职业生涯的方法替代被动的"人职匹配",帮助每一位中小学职前教师建构出具有独特内容和结果的教师生涯。

生涯适应力是终身职业生涯理论的核心,按照这一理论开展职业生涯教育,应当让中小学职前教师成为适应性较好的生涯构建者。他们应当学会主动关注自己未来的教师生涯,增强对中小学职前教师职业生涯的控制力;对未来自己从事教师职业可能的自我和情景充满探索的好奇;能够不断强化实现卓越教师生涯抱负的信心。斯坦福大学的职业生涯教育课程,通过鼓励学生学会选择、主动试错和自我成长提升生涯适应力。生涯教育关注能够有效唤醒中小学职前教师对教师生涯的准备意识,对教师生涯任务有所觉察且提前投入准备。提高中小学职前教师生涯控制的重点,是提高职业生涯抉择的能力。保持生涯好奇,就是鼓励中小学职前教师加强内生涯自我探索和外生涯工作世界探索的尝试意愿,保持好奇和开放的态度,主动进行尝试和探索。增强中小学职前教师生涯自信,就是增强教师的自我效能,使得中小学职前教师对未来处理职业生涯发展问题充满信心。

设计生涯适应力教育要引导中小学职前教师确立教师职业生涯目标,保持积极乐观职业期望,提高生涯关注。帮助中小学职前教师赋予职业生涯目标较高的价值,要主动将中小学职前教师职业的目标与大学期间的学习任务紧密结合起来,通过自身的职业信念主导师范期间的学习行为,从而努力实现生涯目标。要帮助中小学职前教师建立对职业发展的积极、正面、乐观的态度,探索中小学职前教师过往经验中的积极、正面、乐观的职业认知体验,寻求美好记忆,构建享受教师职业生涯目标的乐趣。要引导中小学职前教师主动尝试生涯探索,保持生涯好奇。中小学职前教师职业生涯教育要教授给中小学职前教师实施职业生涯自我认知和工作世界探索的工具和方法。中小学职前教师还应主动、积极地参与到校内外各类职业生涯活动中。要引导中小学职前教师提高生涯建构的自主性,增强生涯控制。要引导中小学职前教师增强生涯发展的自信心,提升生涯自信。可采用积极心理学,干预中小学职前教师自我效能,通过生涯教育提升中小学职前教师"为人师表、学为人师、行为世范"的自信,从教育信仰、教学能力和个人素质提升三个方面提升生涯自信。

3. 设计一体化生涯教育,提高中小学职前教师生涯教育意识和教学能力

提高中小学职前教师实施职业生涯教育的意识和能力,是实施中小学职前教师职业生涯教育的题中应有之义。上海市教委提出,建设大中小幼一体化生涯教育培训基地,配套建立市、区、校三级生涯指导教师研训制度,定期为教师提供具有针对性的生涯教育相关培训和继续教育,打造专业化中小学生涯教育教师队伍。在普通高中学校率先建立和普及生涯导师制。①高师院校中小学职前教师职业生涯教育课程应成为科学化、一体化建设学生职业生涯教育,构建有机衔接,内涵丰富、科学适切的大中小幼生涯教育内容体系的主要阵地。作为大中小学生职业生涯发展教育的主要衔接者和实施者,中小学职前教师的职业生涯教育课程,不仅要帮助中小学职前教师自己建构职业生涯,同时要通过引领中小学职前教师学习生涯理论,掌握生涯探索工具和方法,帮助中小学职前教师树立和提升开展职业生涯教育意识与

① 上海市教育委员会:《关于加强中小学生涯教育的指导意见》,载上海教育委员会官网:http://edu.sh.gov.cn/xxgk_jyyw_jcjy_2/20200514/0015-gw_402152018002.html,最后登录日期:2018年3月26日。

能力，为今后在中小学教师岗位上有效实施和开展中小学生职业生涯教育活动，打下坚实的理论与实践基础。

设计中小学职前教师一体化生涯教育教学能力，要让中小学职前教师充分认识到职业生涯教育是一种持续性教育。要引导中小学职前教师主动学习国际中小学职业生涯教育的经验启示，了解发达国家中小学实施学生职业生涯教育的相关政策，学习中小学课程实施的具体方法。要引导中小学职前教师主动思考不同学段的职业生涯教育目标、内容和方法。可在大中小学职业生涯教育一体化视角下，制定小学、初中、高中不同阶段的生涯教育目标、生涯教育内容和实施路径。要引导中小学职前教师在学科教学中主动渗透职业生涯教育理念，设计职业生涯教育案例。在学科教材、课堂活动、作业设计中有效地将知识学习与生涯发展联系起来，形成学科教学目标与生涯教育目标的结合与统一。

中小学职前教师职业生涯教育课程，还应学习职业生涯理论的发展史。中小学职前教师通过学习生涯理论的历史演变，了解不同历史阶段和社会需求背景下的主要生涯理论观点，能够帮助中小学职前教师更好地理解在中小学实施生涯教育的意义和目的，在遵循学生身心发展规律的基础上开展教育活动。可通过对以往职业生涯理论的学习、理解和掌握，融会贯通最先进的职业生涯教育动态，进一步指导中小学职业生涯教育实践。同时，可设计中小学职前教师学习掌握生涯探索的主要工具和方法。通过对生涯工具的学习和掌握，未来教师就可以在中小学开展生涯教育过程中运用科学的方法、技术，注重体验式学习、自主生涯探索和生涯规划实践，科学设计和有效开展中小学的生涯教育工作。

The Demand Logic and Design Path of Career Education Courses for Pre-Service Teachers in Primary and Secondary Schools

HAN Gang

(Student Affairs Office, Shanghai Normal University, Shanghai, 200234)

Abstract: Career education courses for the primary and secondary school pre-service teachers not only meet the needs for teachers' full lifelong development, which can help reduce the confusion and anxiety about career development, but also meet the needs for the building of teaching team of career education in universities, middle schools, and primary schools, which helps to integrate the concepts of career education into disciplines and courses. Based on this demand logic, this research has tried to design the following path: setting the right goals for teacher development through teacher belief education; designing the adaptability education for teacher career development and encouraging teachers to have an active construction of their own professional career; and strengthening the connection of career education for students from universities, middle schools, and primary schools, facilitating the integration of career education and subject teaching, and improving pre-service teachers' career education awareness and their teaching ability in primary and secondary schools .

Key words: pre-service teachers in primary and secondary schools, career education courses, the integration of career education

职前数学教师的专业信念及其内部转化机制研究
——以S师范大学为例

何声清

（上海师范大学 数理学院，上海 200234）

摘 要：以S师范大学数学与应用数学(师范)专业94名学生为被试，考察职前数学教师的专业信念及其内部转化机制。研究发现：本质信念对评价信念的直接作用不显著；通过学习信念、学习信念和教学信念的链式中介、教学信念对评价信念的间接正向作用均达显著，且效应量依次降低；学习信念是沟通本质信念和评价信念的关键中介。据此，对职前数学教师提出如下建议：加强对初等数学核心思想的理解，建立高等数学与初等数学的联系，加强对数学学习理论和数学课程标准的理解。

关键词：职前教师；专业信念；学科教学知识；中介效应

一、问题的提出

作为课程的实施者和教学的主导者，教师所具备的专业素养是发展学生核心素养的前提条件。① 2018年1月，中共中央、国务院印发的《关于全面深化新时代教师队伍建设改革的意见》提出：为加快教育现代化进程，要不断提升教师专业素养，着力建设高素质、专业化、创新型的教师队伍。作为未来师资的重要储备，职前教师的培养工作一直是新时代教师教育振兴计划的重要方面。2018年6月，教育部教师工作司出台《普通高等学校师范类专业认证工作指南》，在培养目标、毕业要求中就职前教师专业素养的培养提出了明确要求。

国际教育成就评价协会在其开展的“数学教师教育和发展项目”(Teacher Education and Development Study in Mathematics，简称TEDS-M)中构建了职前数学教师的专业素养框架，该框架包含专业知识和专业信念两大维度，其中专业知识是指教师必备的数学本体知识、数学教学知识和一般教学知识的集合，专业信念是指教师自身对于数学本质、数学学习、数学教学所持有的理念。②

专业知识和专业信念均是影响教师教学实践的重要变量，不可厚此薄彼、偏废其一。③ 尽管扎实的

基金项目：本文系2019年度上海市浦江人才计划项目“初中生数学核心概念学习进阶及其影响因素的模型构建研究”(项目编号：2019PJC079)的成果。

作者简介：何声清，上海师范大学数理学院讲师，博士，主要从事数学教育与教师教育研究。

① 朱宁波，崔慧丽：《新时代背景下教师品质提升的要素和路径选择》，《教育科学》2018年第6期，第49-54页。

② 赵冬臣，马云鹏：《教师教育国际比较研究的新进展：TEDS-M评介》，《全球教育展望》2010年第12期，第60-64页。

③ Holm J, & Kajander A. “Interconnections of Knowledge and Beliefs in Teaching Mathematics”, *Canadian Journal of Science, Mathematics and Technology Education*, Vol. 12, no. 1(January 2012), pp. 7-21.

专业知识能够积极影响数学教学效果[①],但这并不表明仅仅依靠它就能提升学生的学习表现。[②]事实上,专业知识储备相近的教师教学水准常常相差较大[③],而造成这一现象的原因正是其持有的不同专业信念。[④]有研究发现,专业信念对于教师教学实践的影响程度甚至高于专业知识。[⑤]

以往研究偏重于对专业知识这一显性维度的考察,相较而言,聚焦专业信念这一隐性维度的研究较少。[⑥]当前数学教师专业信念的研究主要围绕三个议题:其一是关于"专业信念如何测评",例如理论框架、测评指标、量表开发等;其二是关于"专业信念如何影响教学",因变量通常是教学效果[⑦]等;其三是关于"专业信念受哪些因素影响",自变量通常是教师自身的教学经验[⑧]等。值得注意的是,以往关于"专业信念受哪些因素影响"的研究多聚焦于外在变量的考察。而事实上,教师专业信念的不同维度之间并非彼此独立,而是相互交织、相互影响的[⑨],例如,数学本质信念能够影响数学学习信念和数学教学信念。[⑩]专业信念的不同维度共同构成了一个内部信念系统,本研究的问题是:数学本质信念、数学学习信念、数学教学信念及教学评价信念之间相互转化的作用机制是什么?

二、理论假设

首先,需要指出的是,与"专业知识"内涵的发展过程一样,学界对于"专业信念"核心要素的划分持续深化。在 TEDS-M 等国外研究三元划分的基础上,国内研究者结合理论分析和实际需要,认为评价信念是教师专业信念的重要因子。[⑪]如此,教师专业信念可解构为数学本质信念、数学学习信念、数学教学信念及教学评价信念四个核心要素(下文分别简称本质信念、学习信念、教学信念及评价信念)。本质信念主要包括对数学真理性、客观性的认识,例如"数学是客观、静态的概念集合还是人类主动建构的文化产物";学习信念主要包括对新课程理念指导下学习本质、学生角色的认识,例如"学习数学时应注重理解还是记忆""学生是知识的主动建构者还是被动接受者";教学信念主要包括对新课程理念指导下教学目标、教学方法的认识,例如"教学是为了发展核心素养还是掌握技巧和套路";评价信念主要包括对新课程理念指导下评价维度、评价方式的认识,例如"关注行为还是注重发展""聚焦终结性评价还是多元评价相结合"。本研究关于教师专业信念内部转化机制的探查,正是基于上述四个要素间的作用路径展开。

对事物本质的正确认识是科学指导实践行动的基础。相较于其他三类专业信念,本质信念更具统

① Gwendolyn M. Lloyd, & Melvin Wilson, "Supporting Innovation: The Impact of a Teacher's Conceptions of Functions on his Implementations of a Reform Curriculum", *Journal for Research in Mathematics Education*, Vol. 29, no. 3(May 1998), pp. 248-274.

② Ball D. L, Lubienski, S T, & Mewborn D. S. *Research on Teaching Mathematics: The Unsolved Problem of Teachers' Mathematical Knowledge*, New York: Macmillan, 2001, pp. 433-456.

③ Deborah L. Ball. "The Mathematical Understandings that Prospective Teachers Bring to Teacher Education", *The Elementary School Journal*, Vol. 90, no. 4(March 1990), pp. 449-466.

④ Kutaka T S, Smith W M, Albano A D. *Differences in Beliefs and Knowledge for Teaching Mathematics: An International Study of Future Teachers*, Switzerland: Springer, Cham., 2018, pp. 349-378.

⑤ Bonne L. *The Effect of Primary Students' Mathematics Self-efficacy and Beliefs about Intelligence on Their Mathematics Achievement: A Mixed-methods Intervention Study*, Wellington: Victoria University of Wellington, 2012, pp. 2-49.

⑥ 喻平:《数学教师认识信念的一个理论框架与量表设计》,《数学教育学报》2013 年第 4 期,第 34-38 页。

⑦ 黄磊,蒋玲,张春梅:《师范生 TPACK 游戏教学的效果:教师信念的调节作用》,《电化教育研究》2017 年第 12 期,第 99-105 页。

⑧ Huang R, Li Y, & He X. "What Constitutes Effective Mathematics Instruction: A Comparison of Chinese Expert and Novice Teachers' Views", *Canadian Journal of Science, Mathematics and Technology Education*, Vol. 10, no. 4 (October 2010), pp. 293-306.

⑨ Beswick K. "The Importance of Mathematics Teachers' Beliefs", *Australian Mathematics Teacher*, Vol. 62, no. 4 (August 2006), pp. 17-21.

⑩ Philipp R A. *Mathematics Teachers' Beliefs and Affect*, *Charlotte*, NC: Information Age Publishing, 2007, pp. 257-315.

⑪ 喻平:《数学教师认识信念的一个理论框架与量表设计》,《数学教育学报》2013 年第 4 期,第 34-38 页。

摄性。欧内斯特(Ernest)认为,本质信念包含工具主义的观点(instrumentalist view)、柏拉图主义的观点(Platonist view)、问题解决主义的观点(problem-solving view)三个层次。① 工具主义的观点认为,数学是一系列既定事实、法则和技巧的集合;柏拉图主义的观点认为,数学是内部连贯的知识体系,其内部的相互联系至关重要②;问题解决主义的观点认为,数学是人类创造的文化产物,它是一个动态的、不断扩展的领域,随时可以被修改和完善。③ 本质信念是关于"数学是什么"的认识,它直接影响教师对"数学如何学、如何教"的认识,因而它是塑造学习信念和教学信念的基础④,还可能是塑造评价信念的基础。持工具主义观点的教师强调"严格遵循教材文本,注重掌握数学技能",其关注点过于聚焦"学业表现";持柏拉图主义观点的教师将自己定位成知识的"解说者",因而更加关注"知识理解";持问题解决主义观点的教师则将自己定位成学习的"促进者",因为更加关注知识的"自主建构"。⑤ 以"梯形面积公式"的教学为例,重视自主建构的教师会鼓励学生积极探索、推导公式,持工具主义观点的教师则认为"它是只需记忆的事实,探索是费时、低效的"。⑥

除了本质信念的统摄作用以外,学习信念、教学信念、评价信念三者之间也可能存在相互转化的机制。课程与教学研究领域的学者提出,用"一致性"作为刻画学、教、评三者协调配合程度的指标,若三者的一致性程度越高,学生的学习表现就越好。⑦ 上述三要素间的一致性具体有三层内涵:其一是教与学的一致性,即在"以学定教"理念的指导下,教学端的行为应以学习端的证据为参考。研究表明,基于学情证据开展的精准教学有助于学生高阶思维的发展。⑧ 其二是评与学的一致性,即评价的内容、目标、手段等要紧扣学习内容来设计。例如,若学生对某个具体内容的学习是借助项目化案例而进行的,那么形成性评价较终结性评价将更加适合,鼓励学生展示作品较单纯借助纸笔测试将更加适合。⑨ 其三是评与教的一致性,即评价的内容、目标、手段等要紧扣教学内容来设计。毫无疑问,要实现特定数学内容教、学、评三者的高度统一,教师应具备扎实的数学本体知识、数学教学知识和一般教学知识。教师自身持有的专业信念作为指导其教学行动的理念指南,在专业知识应用于教学实践过程中的作用也不容忽视。⑩

综上分析,提出如下基本假设:假设 1,本质信念直接影响学习信念、教学信念和评价信念;假设 2,学习信念、教学信念直接影响评价信念;假设 3,学习信念直接影响教学信念;假设 4,本质信念通过学习信念、教学信念间接影响评价信念。

三、研究设计

1. 研究对象

选取 S 师范大学数学与应用数学(师范)专业 3 个班级的二年级学生为研究对象,其中男生 37 人、

① Ernest P. *The Impact of Beliefs on the Teaching of Mathematics*, London: The Falmer Press, 1989, pp. 249-254.

② Beswick K. "Teachers' Beliefs about School Mathematics and Mathematicians' Mathematics and their Relationship to Practice", *Educational Studies in Mathematics*, Vol. 79, no. 1(January 2012), pp. 127-147.

③ Handal B. "Teachers' Mathematical Beliefs: A Review", *The Mathematics Educator*, Vol. 13, no. 2(January 2003), pp. 47-57.

④ Kutaka T S, Smith W M, *Albano A D. Differences in Beliefs and Knowledge for Teaching Mathematics:An International Study of Future Teachers*, Switzerland: Springer, Cham., 2018, pp. 349-378.

⑤ Ernest P. *The Impact of Beliefs on the Teaching of Mathematics*, London: The Falmer Press, 1989, pp. 249-254.

⑥ Lucille L. Peterso, & Mark E. Saul. "Sharing Teaching Ideas: Seven Ways to Find the Area of a Trapezoid", *The Mathematics Teacher*, Vol. 83, no. 4(April 1990), pp. 283-286.

⑦ 崔允漷,雷浩:《教、学、评一致性三因素理论模型的建构》,《华东师范大学学报(教育科学版)》2015 年第 4 期,第 15-22 页。

⑧ 徐梦杰,曹培英:《精准针对学生差异的学情分析研究》,《课程·教材·教法》2016 年第 6 期,第 62-67 页。

⑨ 何声清:《国外项目学习对数学学习的影响研究述评》,《外国中小学教育》2017 年第 6 期,第 63-71 页。

⑩ Ambrose R. "Initiating Change in Prospective Elementary School Teachers' Orientations to Mathematics Teaching by Building on Beliefs", *Journal of Mathematics Teacher Education*, Vol. 7(June 2004), pp. 91-119.

女生 57 人，合计 94 人。所有学生均学习过“数学分析”“高等代数”等专业基础课程及“数学教育学”等专业主干课程。

2. 研究工具

在 TEDS-M 等国外研究三元划分的基础上①，结合国内新近研究成果②，从本质信念、学习信念、教学信念及评价信念四个维度刻画“专业信念”这一构念。借鉴新近博士学位论文中的相关题项编制问卷③，初步设计了 20 个题项。问卷采用五级 Likert 量表形式，得分自低至高表示被试对该题项的认可程度依次递增。经验证性因素分析，各维度分别删除了 1 个因子载荷偏低的题项，因此最终参与分析的有 16 个题项。

内部一致性分析表明，*Cronbach* α 系数为 0.944，问卷的同质性信度良好。验证性因素分析表明，本质信念维度的因子载荷分别为 0.759、0.702、0.572 及 0.495，学习信念维度的因子载荷分别为 0.705、0.830、0.814 及 0.741，教学信念维度的因子载荷分别为 0.756、0.765、0.757 及 0.845，评价信念维度的因子载荷分别为 0.843、0.803、0.594 及 0.810，问卷的结构效度良好。

3. 模型构建

基于理论假设，将本质信念作为影响评价信念的直接变量（记为 X），将学习信念和教学信念分别作为第一层、第二层中介变量（分别记为 M_1、M_2）。本质信念对评价信念的直接作用（$X \to Y$）记为 c'，对学习信念和教学信念的直接作用（$X \to M_i$）分别记为 a_1 和 a_2；学习信念和教学信念对评价信念的直接作用（$M_i \to Y$）分别记为 b_1 和 b_2；学习信念对教学信念的直接作用（$M_1 \to M_2$）记为 d_{21}。则有：

$$M_1 = i_{M_1} + a_1 X + e_{M_1}$$

$$M_2 = i_{M_2} + a_2 X + d_{21} M_1 + e_{M_2}$$

$$Y = i_Y + c'X + b_1 M_1 + b_2 M_2 + e_Y$$

其中，i_{M_1}、i_{M_2}、i_Y 为截距，e_{M_1}、e_{M_2}、e_Y 为残差。

四、研究结果

1. 专业信念的分布特征

对职前教师的专业信念进行总体分析，得分从高到低依次是，学习信念（M=4.303，SD=0.600）、教学信念（M=4.269，SD=0.567）、评价信念（M=4.258，SD=0.587）及本质信念（M=3.995，SD=0.619）。

不同性别间的比较显示，男生的专业信念高于女生：在本质信念维度，男生得分均值是 4.074（SD=0.661），女生得分均值是 3.943（SD=0.590）；在学习信念维度，男生得分均值是 4.399（SD=0.554），女生得分均值是 4.241（SD=0.625）；在教学信念维度，男生得分均值是 4.412（SD=0.560），女生得分均值是 4.175（SD=0.557）；在评价信念维度，男生得分均值是 4.405（SD=0.544），女生得分均值是 4.162（SD=0.598）。男生、女生的专业信念对比如图 1 所示。

独立样本 T 检验显示，男生、女生在教学信念（T=2.009，$p<0.05$）和评价信念（T=1.993，$p<0.05$）方面的得分存在显著性差异，在本质信念（T=1.005，p=0.317）和学习信念（T=1.246，p=0.216）方面的得分不存在显著性差异。

① 赵冬臣，马云鹏：《教师教育国际比较研究的新进展：TEDS-M 评介》，《全球教育展望》2010 年第 12 期，第 60-64 页。

② 喻平：《数学教师认识信念的一个理论框架与量表设计》，《数学教育学报》2013 年第 4 期，第 34-38 页。

③ 李海：《职前数学教师实践知能发展的设计研究》，华东师范大学博士学位论文，2019 年，第 333-335 页。

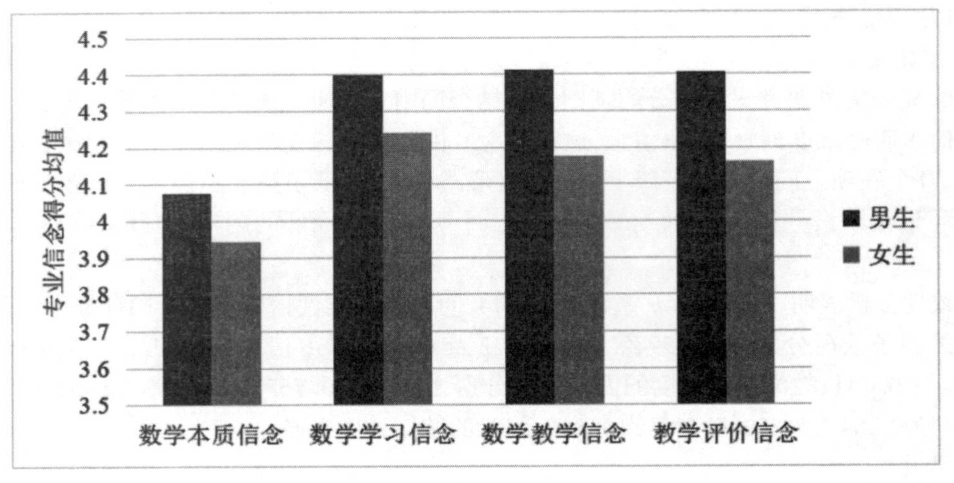

图1 男生、女生专业信念得分均值的比较

2. 专业信念的内部转化机制

(1)专业信念各维度间的相关性

相关分析数据显示,四个关涉变量两两之间均存在显著性正向相关(r=0.725—0.880;所有p<0.001),符合前文理论假设。相关分析结果详见表1。根据假设模型,将评价信念作为因变量,本质信念、学习信念、教学信念的方差膨胀因子分别为4.952<10、4.721<10、2.498<10,因此排除多重共线性。

表1 专业信念各维度之间的相关系数

	1	2	3	4
1本质信念	1			
2学习信念	0.757***	1		
3教学信念	0.743***	0.880***	1	
4评价信念	0.725***	0.834***	0.825***	1
M	3.995	4.303	4.269	4.258
SD	0.619	0.600	0.567	0.587

注:***表示 p<0.001。

(2)链式中介作用分析

以本质信念为自变量,分别以学习信念和教学信念为第一、二层中介变量,以评价信念为因变量,采用Bootstrap方法检验回归系数的显著性,以获得参数估计的稳健标准误(SE)和95%偏差校正的置信区间(CI)。中介作用分析结果详见表2。

表2 专业信念的内部转化机制分析

		M_1学习信念				M_2教学信念				Y评价信念		
		B	*SE*	*CI*		*B*	*SE*	*CI*		*B*	*SE*	*CI*
X	a_1	0.734	0.080	0.576—0.893	a_2	0.165	0.059	0.047—0.283	c'	0.148	0.094	-0.040—0.335
M_1		—	—	—	d_{21}	0.702	0.079	0.546—0.859	b_1	0.400	0.136	0.130—0.669
M_2		—	—	—		—	—	—	b_2	0.362	0.140	0.085—0.640

（续表）

		M_1学习信念				M_2教学信念				Y评价信念		
		B	SE	CI		B	SE	CI		B	SE	CI
截距	i_{M1}	1.371	0.345	0.686—2.055	i_{M2}	0.585	0.242	0.104—1.067	i_Y	0.401	0.280	−0.154—0.957
		R^2=0.573 $F(1,92)=84.638, p<0.001$				R^2=0.788 $F(2,91)=132.552, p<0.001$				R^2=0.743 $F(3,90)=75.761, p<0.001$		

注：X 表示本质信念；各系数均为非标准化值。

本质信念对学习信念有显著的直接正向作用（β=0. 734；*LLCI*=0. 576，*ULCI*=0. 893），对教学信念有显著的直接正向作用（β=0. 165；*LLCI*=0. 047，*ULCI*=0. 283），对评价信念无显著的直接作用（β=0. 148，*LLCI*=−0. 040，*ULCI*=0. 335）。学习信念对评价信念有显著的直接正向作用（β=0. 400；*LLCI*=0. 130，*ULCI*=0. 669），对教学信念有显著的直接正向作用（β=0. 702；*LLCI*=0. 546，*ULCI*=0. 859）。教学信念对评价信念有显著的直接正向作用（β=0. 362；*LLCI*=0. 085，*ULCI*=0. 640）。

本质信念通过学习信念（记为间接路径 1）对评价信念产生显著的间接正向作用（β=0. 293；*Bootstrap LLCI*=0. 096，*Bootstrap ULCI*=0. 494），通过学习信念和教学信念的链式中介（记为间接路径 2）对评价信念产生显著的间接正向作用（β=0. 187；*Bootstrap LLCI*=0. 049，*Bootstrap ULCI*=0. 339），通过教学信念（记为间接路径 3）对评价信念产生显著的间接正向作用（β=0. 060；*Bootstrap LLCI*=0. 012，*Bootstrap ULCI*=0. 141）。对三条间接路径进行比较发现：路径 1 和路径 2 差异不显著（$\beta_{\text{路径1-路径2}}$=0. 107；*Bootstrap LLCI*=−0. 217，*Bootstrap ULCI*=0. 396），路径 1 和路径 3 差异显著（$\beta_{\text{路径1-路径3}}$=0. 233；*Bootstrap LLCI*=0. 003，*Bootstrap ULCI*=0. 462），路径 2 和路径 3 差异显著（$\beta_{\text{路径2-路径3}}$=0. 127；*Bootstrap LLCI*=0. 032，*Bootstrap ULCI*=0. 294）。

本质信念对评价信念的整体作用是正向且显著的（$\beta_{\text{整体}}$=0. 688；*LLCI*=0. 531，*ULCI*=0. 845）。从效应量的分布来看，本质信念对评价信念的间接作用效应量是 78. 5%，且达显著（$\beta_{\text{间接}}$=0. 540；*Bootstrap LLCI*=0. 371，*Bootstrap ULCI*=0. 730），直接作用的效应量是 21. 5%，但未达显著。更具体地，路径 1 占间接效应量的 54. 3%；路径 2 占间接效应量的 34. 6%；路径 3 占间接效应量的 11. 1%。以上说明：学习信念和教学信念的链式中介效果存在，且本质信念对评价信念的作用是完全中介。

链式中介模型的路径系数及其显著性，如图 2 所示。

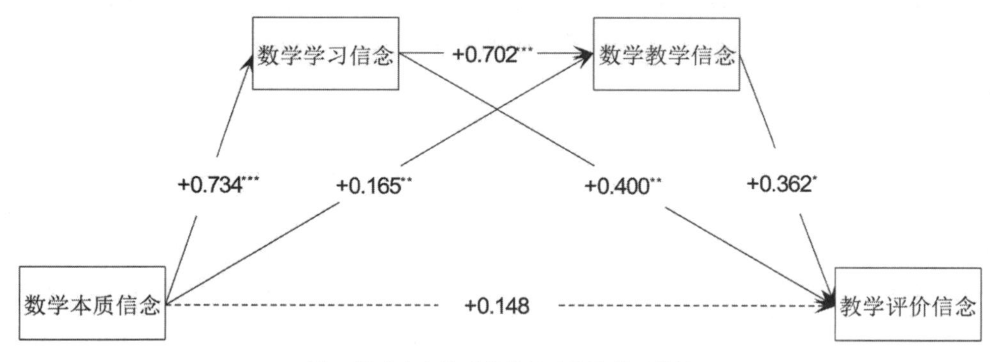

图 2 链式中介模型的路径系数及其显著性

五、讨论与建议

1. 本质信念在转化机制中起到统摄作用

研究发现，本质信念不仅对学习信念、教学信念产生直接的正向作用，还通过三条间接路径对评价信念产生正向作用,这说明它在职前教师专业信念的内部转化机制中起到统摄作用。这也得到了其他研究的支撑。[①②]具体来看,本质信念通过学习信念对评价信念的正向作用效应量最大,通过学习信念和教学信念的链式中介对评价信念的正向作用效应量次之,通过教学信念对评价信念的正向作用效应量最小。

值得注意的是,尽管将评价信念纳入教师专业信念的核心要素中,但本研究发现,本质信念对评价信念的直接作用未达显著。这提示我们:在教师专业信念的内部转化机制中,评价信念的提升难以直接建立在本质信念之上,而需要依靠学习信念和教学信念的提升。以往研究多聚焦于外在因素对教师专业信念的影响[③],本研究则着眼于专业信念内部要素之间的转化机制,其结果对于发展职前教师专业信念提供了实证依据。

需要引起注意的是,尽管本质信念在教师专业信念的内部转化机制中处于统摄性地位,但调查结果是,它在四个核心要素中得分最低。为此,建议在职前教师培养过程中加强其对于初等数学核心思想、知识脉络、数学文化等层面的理解。在课程设置中,进一步凸显“初等数学研究”等课程的地位[④];引领职前教师建立“数学分析”等专业基础课程与初等数学的联系,研读经典著作,以发展初等数学的“高观点”,据此品味初等数学的核心内容和思想。事实上,本研究被试所在的S师范大学数学与应用数学(师范)专业在接受师范专业认证时,认证专家也专门提出类似建议。

2. *学习信念在转化机制中起到枢纽作用*

研究发现,“本质信念→学习信念”“学习信念→教学信念”及“学习信念→评价信念”的路径系数均处于较高水平,这说明学习信念在职前教师专业信念的内部转化机制中起到枢纽作用,具体表现在两个方面:其一,它是沟通本质信念和评价信念的主要变量,间接路径1的效应量占间接效应的一半以上。可见,职前教师的学习信念不仅可以直接从本质信念的提升中获益,还能进一步将该影响延伸至评价信念的提升。其二,职前教师的教学信念虽然能够直接从本质信念的提升中获益,但相较于从学习信念提升中的获益来看就显得微不足道,可见学习信念是沟通本质信念和教学信念的关键。

值得注意的是,一项关于在职数学教师教学现状的实证研究指出:尽管课程改革已持续多年,但仍有部分教师持有应试教育思想,把多做题、题海练习等视为高性价比的学习方式,很少给学生提供探究、讨论、交流、猜想的机会[⑤];部分教师的专业信念仍与新课程理念相背离。[⑥]这提示我们:提升学习信念始终是职前教师培养工作的重要内容。为此,建议加强职前教师对于数学学习理论和数学课程标准的理解。例如,在“数学教育学”课程中,进一步凸显“学习心理学与数学教育”等内容的地位;在“数学教学设计”“数学课程标准与教材分析”等课程中,加强职前教师对“学习者特征分析”的理解,凸显该内容在课程目标定位、教材内容编排、课堂教学设计等工作中的价值。

六、研究结论

职前数学教师专业信念的内部转化机制是,本质信念作为统摄性变量:(1)通过学习信念对评价信念产生显著的间接正向作用,其效应量最大;(2)通过学习信念和教学信念的链式中介对评价信念产生显著的间接正向作用,其效应量次之;(3)通过教学信念对评价信念产生显著的间接正向作用,其效应量

---

① Kutaka T S, Smith W M, Albano A D. *Differences in Beliefs and Knowledge for Teaching Mathematics: An International Study of Future Teachers*, Switzerland: Springer, Cham., 2018, pp. 349-378.

② Philipp R A. *Mathematics Teachers' Beliefs and Affect, Charlotte*, NC: Information Age Publishing, 2007, pp. 257-315.

③ Huang R, Li Y, & He X. "What Constitutes Effective Mathematics Instruction: A Comparison of Chinese Expert and Novice Teachers' Views", *Canadian Journal of Science, Mathematics and Technology Education*, Vol. 10, no. 4 (October 2010), pp. 293-306.

④ 焦彩珍,焦炜:《面向21世纪初等数学研究课程改革设想》,《高等理科教育》2001年第6期,第79-82页。

⑤ 宋辉,惠群,余水:《高中数学教学现状调查研究:基于教师专业素养的视角》,《数学教育学报》2014年第6期,第58-62页。

⑥ 杨豫晖:《教师教学信念的检视与反思:以小学数学教师为例》,《课程·教材·教法》2010年第12期,第100-105页。

最小；(4)对评价信念的直接作用不显著。学习信念作为枢纽性变量：是沟通本质信念和评价信念的关键中介，亦是本质信念向教学信念转化的“催化剂”。

需要指出的是，本研究以 S 师范大学为个案，关涉的职前教师样本数偏少，因此结果的代表性存在一定局限。未来研究将增加样本数，从横向上探索不同类别师范大学职前教师专业信念及其转化机制的差异，从纵向上探索职前教师在四年学习生涯中专业信念的发展机制。

Study on Pre-service Mathematics Teachers' Professional Beliefs and the Internal Transformation Mechanism

—Take S Normal University as an Example

HE Shengqing

(Mathematics & Science College, Shanghai Normal University, Shanghai, 200234)

Abstract: This study selected 94 students majoring in mathematics and applied mathematics in S Normal University as research subjects to investigate the professional beliefs of pre-service mathematics teachers and their internal transformation mechanism. It has found that there does not exist significance in direct effect of essence belief on evaluation belief; that there exists significance in indirect effects of learning belief, of the serial mediation between learning belief and teaching belief, and of teaching belief on evaluation belief with the effect size decreasing successively; and that learning belief is the key mediator between learning belief and evaluation belief. Based on such findings, suggestions for the training of pre-service mathematics teachers include the following: strengthening the understanding of the core ideas of elementary mathematics; establishing the relationship between higher mathematics and primary mathematics, and strengthening the understanding of mathematics learning theory and mathematics curriculum standards.

Key words: pre-service teachers, professional beliefs, pedagogical knowledge, mediating effect

论教师教育惩戒的专业性

丁秋露[1,2]

（1. 上海师范大学 商学院，上海 200234；2. 上海师范大学 教育学院，上海 200234）

摘　要：教育惩戒是教师履行教育教学职责的必要手段。教师实施教育惩戒的专业性即教师专业地实施教育惩戒，它是良性教学秩序的内在要求，是教师专业地位的具体体现和学生素养发展的特殊需要，也是教育惩戒充分发挥德育价值的重要保障。教师实施教育惩戒的专业性主要包括教师教育惩戒专业信念的树立、专业知识的习得、专业实践的发展以及专业伦理的慎思等方面的要素。教师实施教育惩戒专业性的实现，需从制定惩戒规范、完善惩戒制度、配套惩戒课程、涵养教师自律等方面为其提供整体保障。

关键词：教育惩戒；专业性；教师

教育惩戒是“学校、教师基于教育目的，对违规违纪学生进行管理、训导或者以规定方式予以矫治，促使学生引以为戒、认识和改正错误的教育行为”①，是教师履行教育教学职责的必要手段，在维护教育秩序、巩固教师专业地位、促使学生社会化等方面发挥着重要作用。2019 年 11 月，教育部发布《中小学教师实施教育惩戒规则（征求意见稿）》，就教育惩戒的相关规范内容进行意见征询。① 2020 年 12 月 29 日，《中小学教育惩戒规则（试行）》（以下简称《规则》）出台，这不仅对教育惩戒权的概念进行明确的界定，还规定教育惩戒的权责、具体措施等，为教育惩戒的规范性奠定了基础，为教师合理、合法开展教育惩戒打了一针强心剂。②

然而，审视当前的教育教学实践，教育惩戒的理念体现在实践中仍然存在一些问题，亟待反思、调整和改变。其根本原因在于教师实施教育惩戒过程中的专业性不足。教师实施教育惩戒的专业性即教师专业地实施教育惩戒。它强调教师应受过教育惩戒的专业训练，熟悉教育惩戒的理论和实践，在实施教育惩戒时遵循其所涉及的伦理约束和价值需要，而不是仅根据个人的主观认知随意采取行动。因此，分析教师实施教育惩戒专业性的价值定位，剖析其基本要素，探寻其实现路径，将有助于教师提升教育惩戒的专业能力，改进教育惩戒的科学方法，涵养教育惩戒的专业素养，从根本上克服教育惩戒实施中遇到的困难与挑战，充分发挥教育惩戒的育人价值。

一、价值定位：教育惩戒专业性的视角审视

价值定位是一种价值判断和倾向的表述，在

作者简介：丁秋露，上海师范大学商学院讲师，上海师范大学教育学院博士研究生，主要从事教师教育与思想政治教育研究。

① 中华人民共和国教育部：《中小学教师实施教育惩戒规则（征求意见稿）》，载教育部官网：http://www.moe.gov.cn/jyb_xxgk/s5743/s5744/A02/201911/t20191122_409278.html，最后登录日期：2019 年 11 月 22 日。

② 中华人民共和国教育部：《中小学教育惩戒规则（试行）》，载教育部官网：http://www.moe.gov.cn/srcsite/A02/s5911/moe_621/202012/t20201228_507882.html，最后登录日期：2020 年 12 月 30 日。

本质上是为了实现自身价值的表达。据此，教育惩戒的专业性要求教师在实施教育惩戒的过程中要具备专业性，这不仅是良性教学秩序的内在要求，还是教师专业地位的具体体现，更是学生素养发展的特殊需要。

1. 教育惩戒的专业性是良性教学秩序的内在要求

教学管理权是教师教学自由权和主导权的基础与保障。惩戒权作为教学管理权的重要组成部分，其缺失将会直接导致教师教学管理权的式微，以及教师教学自由主导权的弱化，无法主导课堂教学，以致教学面临失序的危险。① 教师实施教育惩戒，将在一定程度上防止校园欺凌、课堂教学无序等现象的出现。同时，我们还要摆脱一种错觉，即认为教育惩戒权主要是减少学生犯错的手段和赋予教师合理的惩戒行为权力。教师的教育惩戒权不是单纯的法律现象，它蕴含着复杂的道德现象和教学因素。因而，教师实施教育惩戒理应在道德和法律的规范之下，指向教学的良性发展，正如福柯指出"惩罚措施不仅仅是进行镇压、防范、排斥和消灭……它们还具有一系列积极的、有益的效果"。② 因而，教育惩戒不仅要消除学生失范行为对教学秩序的不良影响，防范学生不良行为再次发生而扰乱教学秩序，还要带来积极而有益的结果，即教师专业地实施教育惩戒，在一定程度上维持和创造其他更多良好的教学秩序，这也是教育惩戒专业性所强调的价值和功能的内在要求。

2. 教育惩戒的专业性是教师专业地位的具体体现

教育惩戒的专业性是教师专业地位在教育惩戒领域的具体体现。从本质而言，教育惩戒是一项专业的教育实践活动，是教师教育与教学实践的一部分。在教育惩戒的过程中，教师需对特定情境中学生的行为进行诊断和评估，并针对学生的不当行为予以恰当回应。面对复杂的教育惩戒情境，教师需具备判断、决策的专业能力，选择和实施与青少年身心健康发展相匹配、符合法理依归的教育惩戒方式，并在其过程中不断运用专业能力反思和调整教育惩戒策略。对于教师而言，无论是教育惩戒意识的理性唤起，还是教育惩戒实践的技能提升，都需要建立在教育学、法学、心理学、社会学甚至脑科学等多门学科的研究理论之上，并在长期实践的过程中不断反思与提升。此外，教育惩戒不同于一般的教育行为，它带有惩罚性质。教育惩戒的特殊性决定了惩戒实施过程中的道德规范，这要求教师不仅要展现其教育惩戒的专业知识和专业技能，同时还需达成社会对教师职业道德的信任和期许。

3. 教育惩戒的专业性是学生素养发展的特殊需要

教育惩戒的专业性可以确保教育惩戒的有效达成，在保证教师教育教学管理惩戒有度的同时，也有助于学生素养的更好发展。具体而言，教育惩戒的专业性有利于发挥规范与制度的约束力③，在面对学生的叛逆行为和"破坏性"探索行为时，教育惩戒有助于学生树立规则意识，以合理的规则作为自己行动的准绳，同时有利于完善学生的道德品质。专业的教育惩戒是在传统教育"善"的基础上致力于落实教育"立德树人"的根本任务，它的出发点和落脚点均是学生成长。因此，对学生失范行为的有效管理将最终将内化为学生的素养发展。

二、结构剖析：教育惩戒专业性的基本要素

教师实施教育惩戒的专业性中所蕴含的基本要素决定了教师实施教育惩戒的目标和成效，其主要包含教育惩戒专业信念的树立、专业知识的习得、专业实践的发展以及专业伦理的慎思等方面的要素，每个要素各有所指，又相互关联。

1. 教育惩戒专业信念的树立

教育惩戒专业信念是教师对教育惩戒专业性的价值认同，是教育惩戒专业行为的内隐性向导，也是教育惩戒专业发展的内在动力。在实践中，教育惩戒专业信念不仅影响教师对学生失范行为归因的心理倾向，同时也影响教师惩戒方式选择的行为倾向。教育惩戒专业信念的树立可以有效

① 张继明，王梦超：《教育惩戒：内涵阐释、价值分析与实施策略》，《河北师范大学学报（教育科学版）》2021 年第 1 期，第 79-86 页。

② 米歇尔·福柯：《规训与惩罚》，刘北成、杨远婴译，生活·读书·新知三联书店 2019 年版，第 25 页。

③ 陈彬，陈磊，高雪春：《教师惩戒权的法律效力、现实意义及其实现路径》，《现代教育管理》2020 年第 4 期，第 103-109 页。

避免教师对教育惩戒的随意化、简单化处理。教育惩戒专业信念的树立是充分发挥教育惩戒德育功能的根本保障。

目前,部分教师对教育惩戒的概念认识不清,对教育惩戒的必要性认识不足,以及对教育惩戒的专业性理解不到位。近年来由于过分强调赏识教育,舆论环境的扩大作用,以及教育惩戒与“体罚”概念的界限不清,导致教师在教育管理过程中受到较多束缚,甚至对教育惩戒较为排斥。一项针对河南省903名中小学教师的调查研究显示,有超过40%的中小学教师对于教师是否具有教育“惩戒权”这一问题“说不清楚”或者认为“教师没有惩戒权”,更有22.5%的教师认为在教育管理中“不应该使用教育惩戒”。[①] 因此,促进教师对教育惩戒正确观念的形成,是教师树立教育惩戒专业信念的基本前提。教育惩戒不等于“体罚”和“变相体罚”,教育惩戒作为教师履行教育教学职责的必要手段和法定职权,与赏识教育一样都是针对不同教育情境采取的不同教育方式。同时,教育惩戒在促进学生坚强性格的形成、责任感的培养、规则意识的养成等社会化发展方面有着难以替代的育人价值和功能。[②]

教师对教育惩戒专业性的理解是教师树立教育惩戒专业信念的根本条件。教育惩戒不能简单地理解为通过给予厌恶性刺激或消除愉快刺激以降低不良行为再次发生的概率。教育惩戒作为一种专业的教育行为,教育性才是教育惩戒行为的本质所在。教育惩戒是以“惩”为手段,以“育”为目的。在教育惩戒的过程中,只有学生主动加工惩戒信息,并将惩戒过程内化为其自身的经验,从内心认识到自身行为的偏差以及为什么会被“惩”,理解“惩”的意义及规则的意义,发自内心戒除自身的偏差行为,最终才能达到育人的目的。在整个过程中,涉及教师对学生心理发展水平和行为模式的了解,对学生偏差行为专业的评价,以及受到教育惩戒后学生行为反应的预判等,是教育惩戒专业知识、专业技能与专业素养的综合,并受到专业伦理的约束。

因此,教师只有培养正确的教育惩戒观,树立教育惩戒专业信念,才能不断提升自身教育惩戒的专业能力,科学、有效地开展符合学生身心发展规律的教育惩戒,从而最终达到育人的目的。

2. 教育惩戒专业知识的习得

教育惩戒专业知识即实施教育惩戒时教师应具备的理论知识、运用策略和规范准则,是教师实施教育惩戒专业性的基础。教育惩戒作为一种复杂的教育实践活动,其相关专业知识内容丰富,涉及领域尤其广泛,极具学科交叉性和综合性。教育惩戒的“教育性”要求教育惩戒的专业知识应不仅涉及“谁来惩戒”“采用什么方法惩戒”等实际操作问题,同时还涉及“采用这种方式的依据是什么”以及“如何通过教育惩戒达到育人效果”等理性思考。因此,需要教师以哲学、心理学、教育学、管理学和社会学等学科为基础,从广阔的认知视角,仔细研究教育惩戒的立场管理、思想方法、过程因素、环境作用和结果效应等。在实践中,教师可以综合运用多方面理论,加强对惩戒对象全面的理解、分析和评价,最终在教育惩戒伦理的约束下做出恰当、适宜的教育惩戒。

需要强调的是,教育惩戒专业知识及其习得的过程都有其特殊性及复杂性。教育惩戒的专业知识与其他学科知识不同,它既不是常规性概念下的客观知识,也不是基于知识、能力维度而划分出来的陈述性知识,而是“个体信息、技能、经验、信念、记忆等的总称”,其承载着教师的专业能力和专业素养,是指向教师教育实践过程的认知、体验和感悟的总和。[③] 同时,教育惩戒的情境性也决定了教育惩戒专业知识与实践之间存在巨大落差,从而造成教育惩戒专业知识转化为教育惩戒实践的过程的复杂性。

3. 教育惩戒专业实践的发展

教育惩戒专业实践是教育惩戒专业性的具体体现,是教师践行教育惩戒意识和教育惩戒理性的过程,也是教师内化教育惩戒的专业知识、培育教育惩戒专业素养的过程。教师在教育惩戒专业实践的开展中,应首先充分考虑惩戒的范畴。学生的不当行为是否应纳入教育惩戒的范围,教师应充分考虑其对他人及公共利益是否具有危害

① 刘冬梅:《中小学教师惩戒权的调查与思考》,《教师教育研究》2016年第2期,第96-100页。

② 李江,张向华:《教师专业伦理的价值逻辑、内在结构及其培育机理》,《现代基础教育研究》2019年第1期,第25-30页。

③ 卡尔·波普尔:《客观知识:一个进化论的研究》,舒炜光,卓如飞,周柏乔等译,上海译文出版2015年版,第191页。

性，不当行为产生的消极结果是否具有滞后性，以及学生心理健康及心智发展的实际水平等因素。同时，在实施教育惩戒的过程中，由于高强度惩戒的“广泛杀伤力”，对于高强度惩戒的谨慎使用一直是教育研究者倡导和呼吁的。另外，对于惩戒行为的针对性、时效性及一致性，教师也应予以充分考虑。“针对性”意味着“对事不对人”，就事论事，不扩大过错行为，不附加惩戒事件。而教育惩戒的及时性和一致性有助于学生对惩戒行为进行正确的归因，在错误行为与消极后果之间建立合理的联结。最后，在不断实践的过程中，教师应注重批判性思维与反思能力的培养，对教育惩戒行为进行不断的调整和修正，以提高教育惩戒的科学性。

4. 教育惩戒专业伦理的慎思

教育惩戒专业伦理即教师认同、接受并能够在教育惩戒活动中自觉遵守的基本伦理规范和行为准则，是教育惩戒专业性发展的指向性要素，它明确了教育惩戒专业性发展的方向。教育作为一种促使人向善向美的道德性活动，其专业伦理价值在于通过寻求教育惩戒中的“善”与“美”，以期最终满足教育价值主体的需要。首先，专业伦理是凸显教师实施教育惩戒“专业性”的重要尺度。其次，专业伦理是维护教师的教育惩戒自主权和教师权益的行业准则。教育惩戒的情境性和复杂性往往需要教师及时做出独立而准确的判断，而这种判断的专业性则可以确保教育惩戒“符合情境性”以及达到惩戒效果的及时性。同时教育惩戒专业伦理的内在约束性有助于公众对教师持有基本的信任。再次，它是彰显学生权益“合法性”的必要规约。教育惩戒的专业伦理所特有的行动指导性有助于教师在教育惩戒实践的过程中保持起码的伦理警觉，对惩戒行为的选择和尺度有主动的评判，当学生利益受损时主动寻求可能的解决路径。最后，教育惩戒的专业伦理能够弱化教育惩戒中教师特有的身份优势和权力优势带来的师生关系不平等。

三、路径建构：教师教育惩戒专业性的整体保障

为确保教育惩戒有效、规范地实施，应进一步提升教师实施教育惩戒的专业性。而教师实施教育惩戒的专业性，需从制定惩戒规范、完善惩戒制度、配套惩戒课程、提升教师的涵养自律等方面为其提供整体保障。

1. 制定规范：教师实施教育惩戒的前提

教育惩戒的规范是衡量教育惩戒规范性的重要指标，是教师将教育惩戒理论知识外化为教育惩戒行为的归依，是教师实施教育惩戒的前提，用于明确“该做什么”和“该如何做”等实践层面的问题，对教育惩戒的实施范围、具体情境、方式、原则等做出详细的说明。《规则》的颁布正是满足了这一需要。首先，确定惩戒主体。教育惩戒主体不仅包括实施主体，还包括监督主体、救济主体以及责任主体。《规则》就明确提出“教师”和“学校”是享有合法惩戒权的教育主体，同时，“校规校纪执行委员会”作为教育惩戒的监督主体应“吸收教师、学生及家长、社会有关方面代表”。[①]其次，确定惩戒客体。通过教育惩戒相关法规的制定，对教育惩戒的对象、程度、方式进行详细的规定。再次，对惩戒边界进行了界定，严格区分惩戒与体罚的区别。教师常常因为对惩戒边界把握不清晰而不敢使用惩戒权，或者超越惩戒边界而损害了学生的权益。因此，针对教育实践中教育惩戒可能面临的复杂情境和具体的处理方式及原则，给出具体的处理和操作建议变得非常有必要。最后，规范是赋予教师酌情处理的参考标准。《规则》较之前相关条例对教育惩戒的方式做了较为详细的规定，给出了具体的实施条件和明确的运用情境，以及使用惩戒的场所、手段、工具等，有助于教师对教育惩戒的实施范围和手段有更明确更专业的判断。但针对“正惩罚和负惩罚以及肢体的惩罚和心理的惩罚如何平衡”“如何针对不同类型学生构建分级干预与矫正机制”“如何做得更好”等问题，仍需要给出更加规范的评判标准。

① 中华人民共和国教育部：《中小学教育惩戒规则（试行）》，载教育部官网：http://www. moe. gov. cn/srcsite/A02/s5911/moe_621/202012/t20201228_507882. html，最后登录日期：2020 年 12 月 30 日。

2. 完善制度:教师实施教育惩戒的保障

完善的教育惩戒制度是维护教育惩戒中教师和学生合法权益的重要保障。在我国,针对教育惩戒所设立的救济渠道较少,一旦出现惩戒过度或者偏差,学生的权益无法得到保障。同时,如果教师的合理惩戒行为被人为故意放大解读,造成社会舆论攻击,教师的职业处境受到威胁,教师也无法通过合理合法的方式维护自身权益。因此,建立健全教育惩戒的救济制度,保证申诉、行政复议和司法救济三条救济渠道的畅通,明确规定可以进行申诉的职责部门,设置具体可行的行政复议手段,落实具体的救济措施,同时立法确定救济原则、适用条件及方式,从根本上保护教育惩戒中教师和学生的合法权益,从而进一步促进教师实施教育惩戒的专业性。

3. 配套课程:教师实施教育惩戒的关键

目前我国鲜有师范类高校在师范生的培养过程中开设教育惩戒能力培养的相关专业课程,在教师职后的培养中关于教育惩戒的内容也较少涉及。因此,大部分教师在处理教师惩戒的过程中,经验大于理论,感觉大于专业。研发结构合理、内容适当的教育惩戒课程,是提升教师教育惩戒专业能力、促进教师实施教育惩戒的专业性的关键因素之一。系统性的专业学习应纳入教师培养的框架中,涉及教育惩戒理论知识的学习、教育惩戒实践能力的提升以及教育惩戒专业自律的涵养。教育惩戒复杂的情境性决定了教师惩戒能力的培育不仅要依靠专业的理论学习,还需考虑如何创设教育惩戒的模拟实践环境,提升教师分析具体情境的能力,以及最终做出符合教育情境和学生心智发展的教育惩戒行为的能力。最后,由于教育惩戒存在其特殊性,如何将教育惩戒的专业伦理融入教育惩戒的专业学习中,在构建知识和能力体系的同时涵养其专业伦理素养,是教师教育惩戒能力的核心问题。

4. 涵养自律:教师实施教育惩戒的核心

教育惩戒的专业自律,是指在教育惩戒的过程中,教师主动而理性地对教育惩戒行为进行管制与约束,涉及对个体教育惩戒行为的自我管理,以及对教育惩戒相关规章制度的自我执行。教育惩戒专业自律的涵养在于,教师系统学习教育惩戒专业伦理知识,构建自我的教育惩戒伦理价值观念,并完成外部规章制度向内心行为准则转化的过程。一方面,教师要学习教育教学的相关知识,提升自身的理论素养和思想高度,端正教育惩戒态度;另一方面,教师要做好自身情绪管理。教师在实施教育惩戒时,一旦控制不好情绪,便容易导致教育惩戒的失范。总体而言,教育惩戒专业自律的涵养着重强调教师依据教育惩戒的实际,不断调整其教育惩戒行为的规范性和约束性,是教师内在的自我约束和责任担当。

Professionalism of Educational Punishment by Teachers

DING Qiulu[1,2]

(1. School of Finance and Business, Shanghai Normal University, Shanghai, 200234; 2. School of Education, Shanghai Normal University, Shanghai, 200234)

Abstract: Educational punishment is necessary for teachers to fulfill their educational and teaching responsibilities. The professionalism of teachers' implementation of educational punishment means that teachers implement educational punishment professionally, which is the inherent requirement of teaching order, the concrete embodiment of teachers' professional status and the special need of quality development of students, and also the important guarantee for educational punishment to show fully the value of moral education. The professionalism of teachers' implementation of educational punishment mainly includes the establishment of professional beliefs, the acquisition of professional knowledge, the development of professional practice and the deliberation of professional ethics. How to achieve it needs to depend on an overall guarantee from the formulation of disciplinary norms, the improvement of disciplinary system, the provision of the supporting disciplinary courses, and the promotion of teacher's self-discipline.

Key words: educational punishment, professionalism, teachers

思政课教师的教育威信：价值、问题与对策

周治华

（上海师范大学 马克思主义学院，上海 200234）

摘　要：树立和提升教育威信，是思政课教师落实立德树人根本任务的需要，是其担当“传道者”使命的需要，也是其当好学生“引路人”的需要。从当前思政课教师教育威信的现状以及新时代新形势对于思政课提出的新的更高要求来看，思政课教师树立和提升教育威信，必须明道信道，铸魂育人，做到政治上可靠；学有所专，教有所长，做到教学上可信；严于律己，修身立德，做到人格上可敬。

关键词：思想政治理论课；思政课教师；教育威信

习近平总书记在学校思想政治理论课教师座谈会上指出，“我们办中国特色社会主义教育，就是要理直气壮开好思政课”。[①] 理直气壮开好思政课，落实到广大思政课教师的思想和行动上，就是理直气壮地上好思政课，把课程自信转化为教学自信，树立和提升教育威信。思政课教师在学生心目中可信、可敬、可靠，才能乐为、敢为、有为，给学生心灵埋下真善美的种子。因而，学习贯彻落实习近平总书记重要讲话精神，有必要思考新的时代条件下思政课教师树立和提升教育威信何以必要、何以可能。正如苏霍姆林斯基所说的，教学工作中应当避免两种危险的倾向——“或者采取无原则的迎合、迁就、放任自流的态度（这种做法最终导致漠不关心），或者以简单粗暴和滥用权力来取代威信”[②]，这对于正视现实的思政课教师来说并不是过时的告诫。

一、思政课教师教育威信的价值

威信是指个人或者组织在他人心目中和社会舆论中所形成的威望和信誉。树立威信，意味着引起或维系一种心理上积极的反应态度，亦即使自己受到较为广泛的认可、尊敬和信赖，从而拥有对于他人的影响力、号召力和约束力。教育威信是教育教学活动中客观存在或者应当发生的道德心理效应，体现为教育者与社会公众尤其是教育对象之间的特定关系。我们这里说的思政课教师的教育威信，主要指的是教育实施者层面上的教育威信，既是思政课教师群体的威望和信誉，也是每一位思政课教师在学生心目中受到的尊敬和信赖。

教育威信是“威”与“信”的有机统一。有权

基金项目：本文系国家社会科学基金一般项目“习近平关于教育重要论述的思想逻辑研究”（项目编号：20BKS049）的阶段性研究成果。

作者简介：周治华，上海师范大学马克思主义学院副教授，博士，主要从事伦理学与思想道德教育研究。

① 习近平：《思政课是落实立德树人根本任务的关键课程》，《求是》2020年第17期。

② 苏霍姆林斯基：《教育的艺术》，肖勇译，湖南教育出版社1983年版，第33页。

威,才能被信从。苏霍姆林斯基说:“教育领域中最细致又最缺乏研究的一个问题,是人对人的权威问题,是年长者对年轻者的权威问题。”在他看来,教育权威是教师所拥有的“最要紧、最普遍、包罗一切、同时又是最锐利和不安全”的教育手段。[①]尽管如此,即便是在一个倡导教育民主、师生平等的现代社会,权威的存在以及对于权威的崇敬和信赖仍然是教育活动发生发展的必要前提。权威或威信对于教育者来说必不可少,对于担当重大责任和特殊使命的思政课教师则尤为重要。

1. 思政课教师的教育威信有利于其发挥“立德树人”关键作用

国无德不兴,人无德不立。把青少年培养成德智体美劳全面发展的社会主义建设者和接班人,不仅要抓好知识教育,更要抓好思想品德教育,坚持把思政课作为“立德树人”根本任务的关键课程。一个思政课教师越是能够通过信仰坚定、渊博学识和人格魅力树立较高的教育威信,就越是能够唤起学生积极的情感体验,能够引导学生崇德修身。在玛格丽特·米德所谓的“后喻文化”时代里,思政课教师作为知识拥有者和传授者的威信也许会消解,但维护和强化思政课教师作为道德诠释者和示范者的威信不仅是可能的,也是必要的。有必要的“威”,才有约束力;有充分的“信”,才有感召力。因此,坚持“立德树人”,继承和发展中华民族崇德重德的优秀传统文化,走出重智育轻德育、重授业轻育人的误区,首先要树立和提升思政课教师的教育威信。思政课教师有教育威信,并且比其他课程教师有更高的威信,是落实“立德树人”根本任务的必然要求,也是把“立德树人”内化到学校建设和管理各领域、各方面、各环节的重要体现。

2. 思政课教师的教育威信有利于其履行“传道”使命

韩愈认为,“师者,所以传道授业解惑也”。“传道”,在中国古代社会更是教师安身立命的根本,在今天依然是教师的首要职责。师之所以为师,乃是因为其闻道先于他人;“从而师之”,实质上是从而“师道”。因而,“道之所存,师之所存也”。教师有尊严、有威望,才能传道,社会才能实现用“道”来化民成俗的目的。习近平总书记将教师称为“传道者”,强调传道必须首先明道、信道。这对于思政课教师来说,尤为贴切,且具现实意义。当然,今天的思政课教师所传之“道”是马克思主义之道、中国特色社会主义之道。“传道”是要解决理想信念问题。“道”的内涵尽管与时俱进,但“尊师”与“重道”之间的紧密关联仍然存在,“师严然后道尊,道尊然后民知敬学”的教育规律仍然有效,中华民族尊师重道的优良传统也是不能丢的。因此,思政课教师有较高的威望和信誉,学生才能“尊其师”“听其言”“信其道”,“道”才能入脑入心,才能增强中国特色社会主义道路自信、理论自信、制度自信、文化自信,立志成为为中国特色社会主义事业奋斗终生的有用人才。

3. 思政课教师的教育威信有利于其当好学生的“引路人”

思政课的基本功能是政治引导,是用真理的强大力量引导学生,教育学生正确看待、辩证认识、理性分析现实问题。从这个意义上说,思政课教学不仅体现教育的严肃性,也彰显教师的主导地位。德国哲学家雅斯贝尔斯说,教育是极其严肃的伟大事业,“对于权威的信仰首先是教育的唯一来源和教育的实质”。没有权威,抑或教师由于没有威信而不能发挥引路人的作用,一个处于成长期的人即便“掌握了渊博的知识,成为语言和思维的主人,但他却仍处在被弃置的空无一物的可能性空间,在这个空间里只有虚无紧紧尾随着他”。[②]的确,处在人生“拔节孕穗期”的青少年,最需要精心引导和栽培,需要辨明大是大非、真假黑白,知晓应该追求什么、应该做什么。思政课教师担负着引导学生树立正确的人生观、价值观和世界观的重任,对于学生而言亦友亦师,既要做陪伴学生成长的“同路人”,更要做走在他们前面的“引路人”。

综上所述,在崇尚教育民主、讲究师生平等的现代社会,我们批判“师道尊严”承载的封建等级观念,但不应该从“师尊生卑”的一个极端走向“生尊师卑”的另一个极端。思政课教师需要树立教育威信,但不是以教师的权力、强制和惩罚使学生

① 苏霍姆林斯基:《给教师的一百条建议》,周蕖,王义高译,天津人民出版社 1981 年版,第 249 页。

② 雅斯贝尔斯:《什么是教育》,邹进译,三联书店 1991 年版,第 8 页,第 80 页。

低首慑服，不是造就一种外在的、使学生避而远之的威逼力量，更不是回到“师为上，学为下；师为主，学为从；师为尊，学为卑”的师生关系，而是要以学识、智慧和人格使学生心悦诚服，从而成为影响和改变学生思想行为的感召力量。这显然对思政课教师提出了更高、更具挑战性的要求。

二、当前思政课教师教育威信存在的问题

党和国家历来重视教育，积极倡导和推进全社会尊师重教。党的十八大以来，习近平总书记对思想政治工作高度重视，先后出席或主持全国高校思想政治工作会议、全国教育大会、学校思想政治理论课教师座谈会等重要会议并发表重要讲话，将培养中国特色社会主义建设者和接班人作为一项重大战略任务，提出了一系列明确要求，做出了一系列重要部署，为加强学生思想政治工作指明方向，推动学校思想政治理论课建设持续加强。我国各地各级各类学校采取多种措施加强思政课教师队伍建设。广大思政课教师爱岗敬业、勤奋工作、勇于创新，取得明显的成绩，涌现出一大批有影响、有魅力、受学生尊敬和信赖的优秀思政课教师。从整体上看，思政课教师作为一个特殊的教师群体，在学生心目中的地位和威望也有了显著的提升。但是，从新时代新形势对于教育和学习提出的新的更高要求来看，从思政课发挥“立德树人”关键作用的责任担当来看，思政课教师教育威信仍显不足，维护和增进思政课教师教育威信还有诸多方面的改进空间。

1. 思政课教师在一些学校被边缘化

在一些地方或学校，教育管理者认识不足，重视不够，相关政策落实不到位。例如，在一些地方的中小学，思政课没有按国家规定的标准落到实处，被当作可有可无的“搭头课”“让路课”；在升学压力的影响下，思政课甚至直接改头换面变成了教师“加塞”补课、学生做作业的集中时段。还有些农村地区的中小学，中小学思政课没有专职的任课教师，大多由语文、数学等学科教师兼任。在一些高校，思政课在政策保障、教师结构、授课条件、课程设置、课时安排等方面都与中央的要求存在着不同程度的偏差；思政课教师与专业教师相比，职称晋升、科研立项、提高待遇等方面往往被边缘化。思政课说起来重要，做起来次要甚至不要，这让思政课教师自觉人微言轻，在学生面前底气不足、腰板不直，教学上不愿为，也不敢为。

2. 部分思政课教师有失身份

敬畏讲台、珍惜讲台、热爱讲台，讲好每一堂课，这是思政课教师履行职责使命的必然要求，也是其树立和提升教育威信的基本路径。广大思政课教师在深化课堂教学改革、创新教学形式、激发课堂活力等方面努力让学生“真心喜欢、终身受益”，成效是有目共睹的。然而，也有一些思政课教师只在“喜欢”上下功夫，不太关心学生的喜欢是否“真心”、是否“终身受益”。例如，为了提升课堂“抬头率”和教学互动，有的教师把有限的教学时间过多地用于组织活跃氛围的活动，搞笑段子、“心灵鸡汤”满堂飞，一味追求“抓人眼球”的热闹效应和愉悦学生的效果。有的思政课教师对教学目标和课程性质定位不准、认识不够，片面降低教学难度以迎合学生，教学内容碎片化、缺乏深度，不能贯通历史和现实，理论联系实际牵强附会，教学浮于表面，浅尝辄止。这样的思政课教学实质上割裂了内容与形式的关系，模糊了教育与娱乐的界限，难以深入解决学生思想深处的问题，不能给学生留下深刻的学习体验。这样的思政课教师表面看来受学生欢迎，但失去了教师的身份，因而在学生心目中很难树立起真正的教育威信。

3. 一些学生缺少对思政课教师的敬重之情

思政课承担着文化传承、价值引领、品德养成的重要职责，具有其他课程不可替代的作用。同时思政课的教育作用是长期的、潜在的，并不像其他课程那样立竿见影。于是一些家长和教师自觉、不自觉地把急功近利的实用主义观念传递给学生，导致他们以草率应付的心态对待思政课。中小学阶段，思政课相比于语、数、外等课程，在升学考试中不“拉分”，往往被一些学生当作“副课”，只要死记硬背、突击学习就可以了。大学阶段，学生往往认为思政课不仅在就业，升学等方面毫无“用处”，而且还是不得不接受的公共必修课，对思政课产生抵触和逆反甚至排斥的情绪，课堂上提不起精神，课后作业敷衍了事。学生对思政课缺乏价值认同和向学之心，也就很难有对于思政课教师的敬重之情。

三、思政课教师树立和提升教育威信的对策

教育威信是教师在其教育教学活动中建立起来,同时又是其教育教学所必需的影响力,因而教师被赋予的职业身份以及与这种身份相关的教育权力、社会地位、文化观念,构成了教育威信得以形成的现实基础和客观条件。树立和提升思政课教师的教育威信,一方面要弘扬尊师重教的社会风尚,提高教师的政治地位、社会地位、职业地位,让教师享有应有的社会声望;另一方面要在工作格局、队伍建设、支持保障等方面落实思政课建设标准,学校党委书记、校长要带头走进课堂,带头推动思政课建设,带头联系思政课教师,为思政课教师树立和提升教育威信提供良好的学校生态。

教育威信的树立和提升,关键在教师,关键在发挥教师的积极性、主动性、创造性。正如马卡连柯反复强调的那样,"威信是要自己来创造的,要利用生活中的任何机会来树立威信"。[①]"威信只能由责任感产生出来,一个人应当对自己的工作负责,如果能负起责任,这就是他的威信。"[②] 广大思政课教师要按照习近平总书记的要求,政治要强、情怀要深、思维要新、视野要广、自律要严、人格要正,教育教学上乐为、敢为、有为,努力成为政治上可靠、教学上可信、人格上可敬的"人师"。

1. 明道信道,铸魂育人,做到政治上可靠

思政课教师不仅是一份职业,更是为政治信仰而奋斗的事业。旗帜鲜明地讲政治,善于从政治上看问题,在大是大非面前保持政治清醒,是思政课教师的鲜明本色,也是他们发挥"立德树人"关键作用、赢得学生爱戴和尊敬的根本条件。传道者要先明道、信道,要解决真懂真信的问题。思政课教师要在学懂学深弄通悟透上下功夫,体认马克思主义的科学性、真理性和正义性,不断提高思想觉悟和理论水平。思政课教师要用科学理论培养人,用新时代中国特色社会主义思想铸魂育人。思政课教师将真诚信仰付诸行动,就是善于用马克思主义的观点方法发现问题、分析问题和解决问题。在纷繁复杂、思潮多元的社会里,能够时刻保持政治上的清醒,敢于发声,能够帮助学生辨别真假,澄清模糊认识,才有充足的底气做学生的引路人。

2. 学有所专,教有所长,做到教学上可信

思政课是政治性与学理性相统一的课程。思政课教师树立教育威信不能靠读文件、讲官话,要靠扎实的理论功底、渊博的专业知识,严谨的治学态度、过硬的教学能力,"以透彻的学理分析回应学生,以彻底的思想理论说服学生,用真理的强大力量引导学生"。[③]思政课教师不仅要钻研马克思主义理论,还要积极学习各种相关学科的知识。思想政治理论课在教学内容上牵涉面极广,涉及哲学、政治学、经济学、社会学、法学、历史学、传播学等学科内容,具高度的综合性、跨学科性。讲好思政课,需要将政治性、思想性、专业性融于一体,其学理上的深度不亚于任何一门哲学社会科学学科。因此,思政课教师的专业性,不仅体现在知识渊博、视野宽广、触类旁通,还要有自己的研究方向。做到潜心问道与关注社会相统一,在重大理论问题和实践问题上有独到见解,在思想引领和价值引导上有高超方法。

3. 严于律己,修身立德,做到人格上可敬

孔子说:"其身正,不令而行;其身不正,虽令不从。"思政课教师树立教育威信,要在"身正"上下功夫,铸造为人师表的人格魅力。习近平总书记明确指出:"有人格,才有吸引力。亲其师,才能信其道,要有堂堂正正的人格,用高尚的人格感染学生、赢得学生。"[④] 人格上可敬,首先要严于律己,表里如一。在学生面前,教师的言行风范是最直接、最生动的"活教材"。苏联教育家加里宁曾说:"教师的世界观,他的言行,他的生活,他对每一个现象的态度,都这样或那样地影响着全体学生……可以大胆地说,如果教师很有威信,那么,这个教师的影响就会在某些学生身上永远留下痕迹。"[⑤] 思政课教师要严格自律,珍惜名节和操守,

① 《马卡连柯教育文集》(上卷),吴式颖等编,人民教育出版社 1985 年版,第 148 页。

② 马卡连柯:《论共产主义教育》,刘长松,杨幕之译,人民教育出版社 1957 年版,第 310 页。

③ 习近平:《思政课是落实立德树人根本任务的关键课程》,《求是》2020 年第 17 期。

④ 习近平:《思政课是落实立德树人根本任务的关键课程》,《求是》2020 年第 17 期。

⑤ 加里宁:《论共产主义教育和教学》,陈昌浩,沈颖译,人民教育出版社 1957 年版,第 177 页。

做到课上课下一致、网上网下一致、言传与身教相统一。人格上可敬，还要取法乎上，见贤思齐，不断提高道德修养，提升人格品质。"立德树人"，先立己德，要把教书育人和自我修养结合起来，做到以德立身、以德立学、以德施教、以德育德。思政课教师要锤炼道德品质，自觉弘扬主旋律，积极传递正能量，把崇善向德的追求体现在课堂上、渲染在教学中、融化在生活中，教人求真、求善、求美，成就学生敬仰的高尚人格。

Educational Prestige of Ideology and Politics Teachers: Value, Problems and Countermeasures

ZHOU Zhihua
(School of Marxism, Shanghai Normal University, Shanghai, 200234)

Abstract: Educational prestige is of special significance for ideology and politics teachers to implement the fundamental task of moral education, to undertake the mission of "propagator of the doctrine" and to be a good students' "guide". Judging from the current situation of the educational prestige of ideology and politics teachers and the new and higher requirements of the new era and new situation for ideology and politics classes, it is necessary for the teachers to build and promote educational prestige. They must be politically reliable by believing in and advocating Marxism and devoting themselves to education, be pedagogically credible through academic study and professional development, and be respectable by being strict with themselves in self-discipline and morality.

Key words: ideological and political theory courses, ideology and politics teachers, educational prestige

教学宽容:内涵、价值及限度

张兰婷[1,2]

(1. 山东师范大学 教育学部,山东 济南 250014;2. 泰山学院 教师教育学院,山东 泰安 271000)

摘　要: 教学宽容是教师在承认学生差异的基础上,在教学过程中对不同于己或自己不赞成的学生的言行不干预、不妨碍,并表现出耐心与容忍的一种品质,体现了教师教学的伦理性。对教学宽容的理解分为四个层次:其一,教师对学生错误的耐心和容忍;其二,教师对学生"不守成规"的观念和行为的容忍;其三,教师能够容忍学生对自己观念的直接反对;其四,教师对学生弱点的容忍。教学宽容的养成有利于促发学生深度学习、塑造师生良善人格、彰显主体生命价值。但宽容并不等于纵容,教师践行教学宽容时要把握限度,力求做到:区分事实,坚持底线思维;把控程序,秉持公正原则;处理有度,合理运用惩戒等。

关键词: 宽容;教学宽容;宽容价值;限度

人与人之间为达成相互理解,实现更好的互动,需要宽容的品质,以宽容之心容忍他人的差异性,并在此基础上实现主体间的真诚交流。教育作为培养人的实践活动,培育学生的宽容品质亦是教师不可推卸的责任。而实现教师的教学宽容是促进学生学习进步、培育学生宽容品质的前提。但反观当下现实,教师教学不宽容的现象比比皆是。教学中的不宽容现象不仅降低了教学效果,同时也有损师生宽容品质的养成。教育是一种价值引领,是一种善的干预。在此理解下探讨教学宽容,明晰教学宽容的内涵,阐明教学宽容的价值,提出教师践行教学宽容的限度,不仅具有教育的温情,同时更具有专业价值。

一、教学宽容的内涵

教学宽容的核心意蕴在于它是否定性的存在,其实质是一种禁欲。教师有干预学生的情感倾向和能力,但可以通过自身的克制与容忍,留给学生更多的自主空间以通往更深层次的教学。教师的教学宽容存在一定的层次:它起于教师对学生认知错误的容忍,到容忍学生与自身不一致的言行,以及学生对自身言行的直接反对,在此基础上最终达致对学生弱点的容忍。

1. 否定性存在:教学宽容的内在本性

"宽容"一词是我们日常生活中经常提及的术语。但如欲清晰地界定其内涵,需要我们结合中西方对"宽容"的已有研究及当下的语境给予详细剖析。在西方,对"宽容"主要有两种理解:其一是作为积极概念,强调不存在偏见、种族主义、民族主义等。为此,联合国教科文组织在《宽容原则宣言》(Declaration of Principles on Toleration)中将"宽容"界定为"对世界文化丰富多样性,不同的表达方式、存在方式的尊重、接纳和欣赏"。[①] 这种概念强调宽容的开放性,承认并接纳多样性;其二作为消极概念,认为宽容是一种容忍意愿,准备向

作者简介: 张兰婷,山东师范大学教育学部博士研究生,泰山学院教师教育学院助教,主要从事课程与教学论研究。

① 高德胜:《宽容美德与宽容教育》,《全球教育展望》2020 年第 5 期,第 67-87 页。

其他不同于自己的、不接受自己观点的人提供自由，这个定义意味着反对并容忍。如若一个人首先拒绝一个群体或个体，然后再给予他一定的权利和自由，他就是宽容的。在这一层面而言，“宽容”是一个连续概念，它包括拒绝成分和接受组件。[①] 溯及我国关于“宽容”的研究，古代对“宽容”的解读大都停留在伦理道德层面，强调对不当行为的宽恕与容忍，如“以德报怨，则宽身之仁也”，多是消极概念上的宽容。[②] 当下，在日常用语及学术领域中，宽容不仅表示容忍，而是在强调尊重差异性，强调要接受个体的多样性、复杂性，这种理解更接近于西方积极概念的“宽容”。整合中西方在积极和消极两个层面对“宽容”的理解，可以得出，“宽容”即是承认彼此间的差异性，能容忍不同于己的观点或做法，同时具备开放性，接纳和欣赏个体的多样性。

但笔者认为，整合后的宽容概念实则是取所有宽容意涵的并集，容易泛化宽容的内涵，导致在具体操作中较难把握宽容的具体维度。因此，笔者较赞同学者高德胜关于宽容的论述。他认为，积极概念的宽容并非宽容，而是一种尊重与欣赏，以尊重和欣赏来定义宽容，是尊重、欣赏与宽容的错位。就宽容本身而言，它是内在地含有否定性，因此消极是宽容的本性。[③] 这种宽容类似《布莱克维尔政治学百科全书》中对“宽容”的界定：“宽容是指一个人虽然具有必要的权利和知识，但是对自己不赞成的行为也不进行阻止、妨碍或干涉的审慎选择。”[④] 可见，表消极意义的“宽容”强调两个否定要素：一是不同于自己的或者自身不赞成的；二是对这些不同和差异持不干预的容忍态度。

基于消极意义上对宽容的理解，结合教学特性，我们将“教学宽容”界定为：教师在教学过程中对学生的不同于己或自己不赞成的言行不干预、不妨碍，表现出耐心与容忍的一种品质。宽容强调教师与学生在行为或思想上存在一定的不同或者对立，教师完全有能力去干涉或化解这些不同，但教师克制自己，不去妨碍与干预。可见，教学宽容的实质是一种禁欲：一方面，禁止自己的情感欲。教师即使不赞成学生言行，但依然克制自己的主观情感，给予学生足够的耐心，倾听学生的表达。另一方面，禁止自己的能力欲。作为主导教学的教师，完全有能力去干涉、打断甚至压制学生的不同于己的表达，但是教师有意克制自己，禁止运用自身的知识、能力或教学权威去独裁课堂。教学宽容需要教师克制自身的情感和能力表达，让渡更多的时间和空间以成就学生的自主发展，这是教师教学的一种较高境界，也是对教师提出的较高伦理要求。另需特别指出的是，本文的教学宽容聚焦于教师进行课堂教学时对学生的学习表现所形成的教学宽容，并不泛指整个教学生活中教师的宽容。

2. *教学宽容的具体层次*

教学宽容包含教师“不赞成”和“不予干预”两个要素。为使教学宽容的理解具体化，结合学者贺来在《宽容意识》一书中提到的宽容三个层次的意涵及自身观察到的教学现实，笔者尝试将教学宽容划分为四个不同层次。

第一，教学宽容体现为教师对学生错误的耐心和容忍。此处的“错误”指学生在课堂学习过程中因自身认知水平局限或认知偏差而导致无法正确理解教师所传达的教学内容，进而产生一系列不正确的观点或行为。虽然学生产生的错误与正确知识点不同甚至相互对立，但这些错误真实的表征学生们的思维，以外显的方式呈现学生的认知误区，正是学生一次次错误的出现，才能在自我的主动体验下逐步接近真知。因此，学生犯的错误可以暴露学生的认知误区，教师进而有针对性地引导学生矫正。这就需要教师对学生的错误持宽容态度：首先，教师允许学生自由地表达，即使学生的表达幼稚甚至错误，教师也不予以干预。其次，给予学生一定的时间反思与纠正自己的错误，让学生在一次次的错误体验中成长。

第二，教学宽容体现为教师对学生“不守成规”的观念和行为的容忍。在教学中，教师面对的是多样化的学生群体，由于每位学生的成长背景、

① Andrés Sandoval-Hernández: *Teaching Tolerance in a Globalized World*, Springer, 2018, p. 1.

② 谢晖：《宽容问题探究》，浙江大学博士学位论文，2013 年，第 15-17 页。

③ 高德胜：《宽容美德与宽容教育》，《全球教育展望》2020 年第 5 期，第 67-87 页。

④ 贺来：《宽容意识》，吉林教育出版社 2001 年版，第 1 页。

学习水平不同,对同一问题的理解亦不相同。有些学生总是"不按套路出牌",打破惯常思维,提出一些奇特的观点,这些表现可能会让某些教师觉得妨碍了教学秩序。因此,有些教师会有意压制或无视这些学生的表达,以使教学沿着教师预设的轨道前进。但教学的生成性告诉我们,课堂应是开放性的空间,教师应鼓励学生表达不同观点。学生所持有的"不守成规"的观点或行为意味着对固有思维的打破,意味着学生创造力和想象力的萌生。教师不应图一时的教学顺畅而拒斥这些有创新性的观点。"我们永远不能确信我们所力图窒闭的意见是一个谬误的意见;假如我们确信,要窒闭它也仍然是一个罪恶。"[①] 可见,教师应以宽容的心态给予学生表达新异想法的舞台,允许学生分享自己的思维过程。教师的宽容可以不断滋养学生的创新能力和批判思维。

第三,容忍学生对自己观点或行为的直接反对。当学生直接反对教师的观点或行为时,即使学生站在"纯探究"的角度上提出异议,依然会带给教师一种针对自身的窘迫感,令某些教师感到自己的权威受到挑衅,这种不愉快的心理体验往往促使教师训斥或终止学生的表达或行为。能否直面并容忍学生的反对之声,是考察教师教学宽容的试金石。如若教师意识到自身的认知是有限度的,自己并非绝对真理的持有者,任何问题的探究都有可能存在诸多谬误,教师就会宽容甚至赞成学生的反对之声,允许学生挑战自己的观点,并将不同的观点融合在一起,供师生进一步交流研讨。

第四,宽容体现为教师对学生弱点的容忍。伏尔泰曾说:"什么是宽容? 这是人类的特权。我们全都是由弱点和谬误塑造而成,让我们彼此宽恕各自的愚蠢,这是大自然首要的法则。"[②] 但这一法则在教学现实中很难落实。一般而言,我们很难容忍人性的弱点,比如自私、贪婪、愚蠢等,但人性的弱点恰是构成每个人完整人性的必不可少的一部分。教学作为有意培养人的活动,更应该洞察学生的弱点并予以宽容。当学生在学习生活中暴露出自私、愚蠢等弱点时,教师应清楚地认识到其存在的必然性,在此基础上容忍学生可能有的一些不合时宜的表现并将这种表现作为教育契机,合理地引导学生的弱点转化。

在课堂教学中,面对上述四方面的教学现实,教师由最初对学生错误的容忍到对学生弱点的宽容,教学宽容的层次不断提升,教师的精神境界也渐次提升。

二、教学宽容的价值

"犯过是日常生活常有之事——这是行动在人际关系网络中不断编织新的关系这一本质所使然,它需要赦免、宽恕,为的是通过把人们从在无知情况下所做的一切中解脱出来,使生命的延续成为可能。人们只有通过不断地从其所作所为的束缚中相互解脱,才能保留自己的自由行动者这个身份;也只有通过乐意转变其思想并重新开始,人们才配获得巨大的权力来开拓新的生活。"[③]可见,人需要被宽恕、宽容,才有进一步发展的可能。教学作为培养人的实践活动,更需要宽容,以促进学生生命发展的无限可能。一方面,学生尚处于身心发展的成长阶段,其思维及行为表现仍存在不成熟性,需要教师予以足够的容忍及关爱;另一方面,教学的伦理性也要求教师始终将宽容作为自身基本的道德素养。

1. 促发学生深度学习

深度学习是学生在教师的引领下,围绕具有挑战性的学习主题,全身心积极参与、体验成功、获得发展的有意义的学习过程。[④]在这一过程中,学生主动参与,积极建构,不仅能掌握学科核心概念与基本知识,更能深入探究知识形成的机理,形成积极的内在学习动机。为促发深度学习的发生,教师需要转变以往对学生单向知识灌输的教学倾向,给予学生活动与体验的机会,允许学生在不断的尝试中逐步获得新知。由于宽容,学生不再是被钳制的"乖巧的听众",被动地接受教师传授的知识,而是转变为学习的主体,主动参与其

① 约翰·密尔:《论自由》,许宝骙译,商务印书馆 1959 年版,第 20 页。

② 贺来:《宽容意识》,吉林教育出版社 2001 年版,第 7 页。

③ 汉娜·阿仑特:《人的条件》,竺乾威等译,上海人民出版社 1999 年版,第 231 页。

④ 郭华:《深度学习及其意义》,《课程·教材·教法》2016 年第 11 期,第 25-32 页。

中，有充足的机会大胆地表达自己对知识的理解和看法，多方面多维度提出自己的疑惑。对于自身不认同的观点，学生们亦可以反驳并合理地论证自己的想法。在不断的交流与探索中，生发意义学习，获得对知识更加全面深刻的理解。这是一种可以充分地将学生融入其中并调动其思维的深度学习。学生习得的知识结构更为丰厚与立体，同时在主动的知识建构中也渐次培育了学生理解知识、运用知识的能力。

2. 塑造师生良善人格

教学兼备工具理性和价值理性。在课堂教学中，学生不仅收获知识和能力，同时也使师生的人格得以全面提升和完善。教师的教学宽容在一定程度上克制了教师的表现欲，留以学生足够的表达空间，使学生有一种"主人翁"的在场感，能自觉地卸下以往教师专制权威所带给他们的压迫感与心理负担，置身于一种宽松且舒心的心理环境。在这样的环境中，学生与教师之间、学生与学生之间可以尽情地表现自我，充分自由地表达自己的观点。一方面，教师对学生的宽容使得学生群体感受到宽容所带来的舒心与愉悦，感受到教师的温情与包容，心灵深处埋下一颗温柔且善的种子；另一方面，学生潜移默化地模仿教师的言行，自觉地将自身所感受到的宽容迁移到与教师、与同伴、与他人交往的日常生活中，从而以一种包容、忍让的心态自觉地倾听他人的观点、理解他人的行为。可见，在宽容的教学环境熏染下，借助交往性的教学活动，教师与学生皆可养成宽容的品质，塑造与发展一种"宽以待人"的良善人格。

3. 彰显主体生命价值

尊重人的主体价值、提升主体生命质量是教学的最高旨归，这要求教学应是一种尊重生命的活动。首先，教学宽容强调即使不赞同他人的表现，依然不干预、不妨碍他人的表达，其实质是对于主体人的尊重，这是一种认可性尊重。正如柏陵特所言："认可性尊重，即尊重人的相同性，无论一个人来自哪里，与我们有多大的不同，其作为人与我们有一样的人性，有作为人的自主性和基本权利，我们都应给予其作为人的尊重。"① 正是因为教学宽容允许认可性尊重的存在，才使得教师尊重学生的人格，不以"居高临下"的姿态俯视学生。站在同一视角与学生互动，耐心倾听学生的心声，给予学生尊重。其次，教学宽容要求教师学会站在学生的角度思考问题，对学生产生同理心与责任心，从而为建立良好的师生关系、实现主体与主体间的真诚交流奠定基础。从这个意义而言，教师对学生的认可性尊重及良好师生关系的形成都体现了教师对主体生命价值的关怀，有利于促进师生生命的成长，提升师生的生命质量。

三、教学宽容的限度

教学宽容能更好地发挥教学的知识价值，塑造师生良好人格，彰显主体生命的蓬勃生机，但这并不意味着教学宽容是无限度的。如若教学中教师无视教学情境，滥施宽容，必将导致一些不良后果的发生。"无节制的宽容，播下的是吞噬宽容的种子，衍生的是毁灭宽容的魔鬼，培植的是取消宽容的邪恶。"②因此，教师应始终保持理性，合理地把握宽容的限度，具备边界意识的自觉，在教学中应做到以下几点：

1. 区分事实，坚持底线思维

在日常教学中，教师所面临的教学情景复杂多变，基于不同的教学情景所形成的学生行为表现或产生的事件也千变万化。这就要求教师具备甄别能力，即教师在基于客观事实的基础上，能敏锐地区分不同事实的性质，判断出哪些事件是可以容忍的。如学生的认知错误、学生提出的奇特观点等，这些行为的出现多是学生的认知水平、思维风格使然，不具备明显的道德色彩，大都属于教师可以宽容的范围。但学生明显带有某种恶意的人身攻击或故意破坏教学秩序的不道德行为，则是不能宽容的。如有些学生的行为并非为了探明知识，只是故意与教师唱反调，以博得大家的关注，对于这样的行为，教师必须及时干预并制止。

教师如何区分哪些行为应该宽容、哪些行为不应该宽容？首先，教师需要借助相关情景下学生的行为表现，同时也充分依赖教师日积月累的实践智慧去判断。结合教师对学生性格、成长背景、学习基础等的了解，在观察学生的面部表情、

① 高德胜：《宽容美德与宽容教育》，《全球教育展望》2020 年第 5 期，第 67-87 页。

② 贺来：《宽容意识》，吉林教育出版社 2001 年版，第 160-161 页。

神态及捕捉学生的眼神中,教师大体可以揣测学生行为的性质,进而做出合理的判定。其次,教师应坚持底线思维。教学现实中,如若因情景的复杂,教师一时很难判断哪些行为是应该宽容的,此时教师可以以“反向思维”的形式追问,哪些行为一定是不能宽容的?具体到教学中,教师宽容的底线则是法律,即学生的言行绝不能违反相应的宪法、法律法规及相关政府文件中对中小学学生言行的明确规定。如学生侮辱教师或他人的语言、同伴之间的打架斗殴等,这些明显触碰法律的言行是断然不能宽容的。

2. 把控程序,秉持公正原则

合理的程序实施是真正落实教学宽容的保障。教师可以在区分事实、坚持底线的基础上,合理确定出教学中宽容的范围。随之而来的问题是如何宽容才能确保其发挥最大的价值,即需要教师合理把控宽容的实施过程,秉持公正原则。“公正”从属于伦理学范畴,在《现代汉语词典》(第7版)中解释为“公平正直,没有偏私”。[①] 亚里士多德曾将抽象的“公正”概念具体化为两类行为:一类是表现欲、荣誉、钱物或是其他可析分的共同财富的分配上的公正;另一类则是在私人交易中起矫正作用的公正,即分配的公正和矫正的公正。[②]

教学宽容过程中的“公正”也相应地具备两方面的意涵:其一,教师教学宽容的实施必须合理地分配给每一位学生,即课堂中,每一位学生的知识性错误、独特观点等都应当被宽容;其二,在宽容学生的过程中,学生一旦遭遇不公平的待遇,就会出现公正的失衡。此时,教师应及时矫正现实中的不公正行为,秉持对等原则,即每位学生最终得到的,应与其所表现和所做出的成对应关系。[③] 如某位学生对一问题有全新的看法,教师应宽容其言行,准许其充分地表达观点。同样地,如若某位学生只是为了制造恶作剧,其行为损坏了他人的权利,那么该学生就应该承担相应的行为责任。分配的公正和矫正的公正确保了学生获得宽容的基本权利,也强调了每一位学生为获得权利而承担的相应责任。只有在两种公正的限度内行使宽容,才能确保教学宽容的真正落实。如若僭越公正原则,就意味着宽容过程的失控,进而引发一系列问题。

3. 处理有度,合理运用惩戒

宽容,意味着对他人不同于己的观点、行为能表现出一定的容忍,允许他人有自己的判断和自由。通过站在他人角度思考问题并克制自身主观意愿来达成对他人的尊重,这种品质减少了彼此间的对立,增加了更多的妥协与合作。而惩戒指对学生的管理、训导,是因无法原谅他人而对其施加的一种训诫。对比两个术语的蕴涵,二者好像是完全互斥的。宽容就是不能惩戒,惩戒就是不宽容的表现。然而,事情的悖论在于,如若我们对任何事、任何人一味宽容,这种“好心”有可能酿造伤害。对一个制造恶劣事件的学生宽容,就等于间接损害了班里其他学生被宽容的权利。不可否认,通过区分事实,尽可能地宽容学生的言行,能尽量避免不必要的惩戒,从而保障教学顺利进行。但在真实的教学情境中,如欲合理实施教学宽容,创造最大的教学价值,必须将宽容与惩戒结合起来。既能通过宽容,营造和谐自由的教学环境,同时也要通过惩戒坚守底线,维护教学活动的神圣与权威。可见,教师的教学惩戒也是必要的,问题的关键在于如何确定惩戒的尺度。这就需要教师在苛刻严酷的惩戒与完全消解惩戒二者之间取一中道,做到无辜的痛苦尽量避免,应该承受的惩戒也绝不缺席。[④]

具体来说,在教学中,对于学生一切违法违规的言行都应予以教育惩戒。2020年12月教育部颁布的《中小学教育惩戒规则(试行)》(以下简称《规则》)中,已明确界定了教师惩戒的范围及基本方式,教师可依据《规则》实施惩戒权。教师在施行惩戒时,首先,应坚持教育性原则。因为“惩”的目的不在于“罚”,而在于促使学生引以为戒,认识和改正自己的行为,因此,《规则》用“惩戒”代替了“惩罚”。可见,教学中的惩戒目的在于通过惩戒传达给学生社会良知和正确的价值观念。它以促进学生的发展为旨归。其次,惩戒要秉持“对事不

① 中国社会科学院语言研究所词典编辑室:《现代汉语词典》(第7版),商务印书馆2016年版,第453页。

② 亚里士多德:《尼各马可伦理学》,商务印书馆2019年版,第147页。

③ 贺来:《宽容意识》,吉林教育出版社2001年版,第172页。

④ 贺来:《宽容意识》,吉林教育出版社2001年版,第187页。

对人”原则。对于课堂中学生表现出的无法宽容的言行，无论是谁，教师都应一视同仁，悬置个人偏见进行适度惩戒。同时客观分析事件的性质，针对事件背后折射出的错误思想观念给予及时纠正，引导学生“迷途知返”。最后，坚持事后平等原则。一次惩戒过后，教师绝不能因惩戒而对部分学生产生个人偏见，进而在今后的教学中有意无意地压制这些学生的言行。通过惩戒，当先前不被宽容的学生认识到自己的错误，表现出“向好向善”的意愿且言行在合理的宽容范围内时，教师应再次赋予其被宽容的权利。

Teaching Tolerance: Connotation, Value and Limit

ZHANG Lanting[1,2]

(1. Department of Education, Shandong Normal University, Jinan Shandong, 250014; 2. College of Teacher Education, Taishan University, Taian Shandong, 271000)

Abstracts: Teaching tolerance is a kind of quality that teachers demonstrate and which reflect ethics of teacher education when they show patience and tolerance and admit students' differences and thus do not interfere with the words and behaviors of students which they do not agree with or which are entirely different from theirs. The understanding of teaching tolerance can be divided into four levels: Level 1, teachers' patience and tolerance of students' mistakes; Level 2, their tolerance of students' “unruly” ideas and behaviors; Level 3, their tolerance of students' direct opposition to their own ideas; and Level 4, their tolerance of students' weaknesses. The cultivation of teaching tolerance is conducive to promoting students' deep learning, developing teachers' and students' good personality and highlighting the value of life of the subject. But tolerance is not connivance. In teaching, teachers should make the proper use of teaching tolerance when they practice it, and it is better for them to distinguish facts, adhere to the bottom line thinking, control the process of teaching tolerance, uphold the principle of fairness, and deal with punishments in a reasonable manner.

Key words: tolerance, teaching tolerance, tolerance value, limit

从他律到自律:教师道德良知的生成

刘文一[1,2]

(1. 上海师范大学 哲学与法政学院,上海 200234;2. 承德医学院 社会科学教学部,河北 承德,067000)

摘 要: 为人与为师的冲突,以及教师角色伦理的不平衡等问题,是导致教育目标难于达成,以及道德教育和教育道德难于实现的现实伦理困境。教师职业伦理矛盾的解决主要依靠外在约束和内在规约两种途径,但归根到底要依靠教师道德良知的内在规约。教师道德良知是教师对社会与他人履行义务的道德责任感和自我评价能力,是教师个人意识中各种道德心理因素的有机结合。教师道德良知的生成是外在道德在实践中逐渐从他律转化为自律的升华过程,这一过程的实现既需要教育目标、教育责任等外在动力推动,也需要职业尊严等内在动力的促进。

关键词: 教师道德良知;生成自律;他律

"有两样东西,人们越是经常持久地对之凝神思索,它们就越是使内心充满常新而日增的惊奇与敬畏:我头上的星空和我内心的道德律。"① 教师内心的道德律出于教师道德良知,是教师道德品性外显的内在动力,对教育目的的达成起到保障作用,更是道德教育与教育道德得以实现的根本保障。而教师道德良知的生成是一个过程,受到经济、政治、自我经历等多重因素的影响。社会转型对教师道德良知提出了新的考问,笔者认为,在时间与空间的经纬线内重建教师道德良知,需要他律到自律的升华。教师的知识素养和道德素养对教育活动产生影响。知识素养似乎对教育目的的影响是直接性的,然而,教师的道德素养才是"师之为师"的根本。教师道德素养产生于教师良知,是教师职业道德的灵魂。

一、教师道德良知生成的意义

1. 实现教育目的

教育目的即教育旨在达到的目标或效果。教育是由教师施教与学生受教共同达到教育目标的实践活动。在教育实践的过程中,教育目的可分为三个层次:基础层面是实现知识的传承;中间层次是为了培养人的思维能力;最高层次则是为了人生境界的提升。教师的道德良知作为基础性伦理品质和保障性伦理品质,对教育目的的实现具有决定性作用。

齐格蒙特·鲍曼认为,后现代的伦理困境是由社会分工产生的,每个人都是产品生产的一个过程。因此,在教育领域中,我们也只看到考试成绩而看不到教师,只看到就业而看不到教育。在后现代社会中,对教育目的的思考多集中于工具理性层面,而教育在人类生活中诞生时的首要目的

作者简介: 刘文一,上海师范大学哲学与法政学院博士研究生,承德医学院社会科学教学部讲师,主要从事教育伦理学研究。

① 康德:《实践理性批判》,邓晓芒译,人民出版社 2019 年版,第 186 页。

是为了人类文明的继承和发展。知识的代际传承是人类社会持久存在与发展的基础保障，教师职业也因此形成并长期存在和发展。学生的进步、知识的传承、真理的彰显是对教师道德良知的鼓励，是使得教师的道德良知不断生长的外部动力。

教育的首要任务是知识的传授，对知识的探求来源于人之为人的本性。为了满足人类的求知欲与探索欲，教育随之产生。“知识只有以直接或间接的方式，有助于启迪行动，并且人们也清楚地意识到这一点，才能被公共舆论所欣赏。”[①] 出于良知的教育活动督促教师服务于人类整体的进步。也正是这种职业奉献精神成为教师道德良知生成的又一激发动力，教育活动才必然要成为具有生命力的、以个体为中心的启发式教育实践活动。

马斯洛提出人的五个需要层次：生理需求（Physiological needs），也称级别最低、最具优势的需求；社交需求（Love and belonging needs），属于较高层次的需求，如对友谊、爱情以及隶属关系的需求；尊重需求（Esteem needs），属于较高层次的需求，如成就、名声、地位和晋升机会等，其既包括对成就或自我价值的个人感觉，也包括他人对自己的认可与尊重；自我实现需求（Self-actualization），是最高层次的需求，包括对真善美至高人生境界获得的需求。人最高层次的需要是精神层面的需求。教育作为文明的传承工具、人类智慧的启发手段，其最高目的是提升人的精神境界，使人格趋向真善美的完满状态。职业尊重是教师道德良知生成最为重要的外在动力。“道德生活的根源就在于，人们开始感觉到并不完全属于自己。任何事情只要能够让我们清醒地意识到，自己身上有哪些东西并非属于我个人所有，也就为牺牲和奉献的精神开辟了道路。”[②] 教师只有对人类社会整体素质的提升产生责任意识，才能把教育的目的逐渐从知识的传承、思维的启迪上升到对受教育者精神境界的提升上来，才能获得完满的职业尊严感。

教师职业尊严和教师对人类社会发展之责任作为职业过程中的外在动力，督促着教师道德良知的生成，同时，教师道德良知又是教育目的得以实现的伦理动力，两者构成教育良性发展的闭合循环。

2. 实现教育道德和道德教育

教育道德即在教学过程中遵守师德规范，运用符合道德的手段、方式等达到教学的目的。教育道德的实现受教育制度、课堂氛围、学生特点、教师道德修养等多种因素的影响，其中，教师自身的道德修养对教育道德的实现起决定性作用。教师作为从事教育职业的人，对教育工作和学生有天然的责任，这种责任不仅受制于教育规章制度和教师职业准则的约束，更受制于教师的道德良知，集中作用于对其自身的内在约束和事后反省中。教师道德良知对内出于职业责任感，对外在于对职业尊严的维护。“责任首先是指道德主体应当承担和践履的行为、任务和使命，是一种出于义务的自觉担当。”[③] 出于责任的教师道德良知首先表现为正义。罗尔斯在《正义论》中建立的无知之幕，即是在无知（无差别）情况下同等对待，即绝对公正；在现实情况下则较多地表现为不同情况的差别对待，即相对公正。也就是说，教师道德良知要求教师在职业过程中，同等（平等）对待任何一位学生。而在面对特殊情况时，道德良知会促使教师调整教育手段、方式方法甚至执行例外原则，无论道德意志还是同情心都是教师道德的自我准则，不受外在条件的影响。此外，出于责任的教师道德良知表现为奉献。教师的奉献应寓于职业活动范围内，教师传授知识或者终身学习能不断提高其专业能力，从而更好地履行对受教育者的教育责任；教师在思想启发上不产生怠惰情绪，而是诲人不倦地运用适切的方法和手段启发学生思维，激发其创新意识；教师在对学生思想境界的提高上以身作则，身正为范，豁达大度，这些都是教师的境界超越。教师的职业伦理受到道德良知的督促，在职业过程中体现为奉献、包容和大度。教师道德的实现过程即教师追寻职业幸福的过程，这是道德良知带给教师个体的精神满足。

教育道德是教师作为教学主体把道德准则贯穿于整个施教活动中，道德教育则是学生作为主

① 涂尔干：《教育思想的演进》，李康译，商务印书馆 2016 年版，第 322 页。

② 涂尔干：《教育思想的演进》，李康译，商务印书馆 2016 年版，第 48 页。

③ 王正平：《教育伦理学》，人民教育出版社 2019 年版，第 252 页。

体在受教过程中接受道德的内容,形成高尚的道德良知,获得最高幸福的教育。对真理的追求,对心灵的陶冶,对灵魂的升华,是教育过程中师生所应共同追求的目的。教师在教育教学过程中不仅要带领学生求真,还要使其心灵向善,引其灵魂逐美。道德教育即教师带领学生实现心灵善与灵魂美的过程,亦是追求人生最大幸福的过程。"幸福是灵魂的一种合于完满德性的实现活动"①,道德教育在学生追求幸福生活中至关重要。而这一环节的实现需要教师道德良知起到保障作用,教师道德良知作为自我的内在法则,命令教师对学生进行道德教育。道德教育在教育实践过程中有两种方式:一是道德的说教;二是潜移默化的化育。道德的说教是教师结合实际情况运用语言、真实案例等对学生进行直接的道德灌输,学生逐渐把道德习俗、道德准则等内化为自我的道德品质。教师的道德说教若欲达到道德教化作用,就要求教师把自身道德良知转化为道德理念。在道德理念的指引下,道德说教才能生动、形象,具有较强的说服力和感染力。除此之外,潜移默化的道德化育,则有赖于教师的道德良知升华成为道德信念,道德信念即把道德作为坚信的理念并以此指导自身行为。道德教育既需要空间上的全方位,又需要时间上的连续性。道德教育是一个精神沟通和灵魂交流的过程,需要教师自身道德良知的深度自我发觉以保证道德信念的坚定稳固。如此,教师道德良知对自身的德行立法才能在教育教学过程中化育学生。

教师道德良知是对自身道德的绝对命令,道德教育需要教师道德的内化于心,教育道德需要教师道德的外化于行,因此,教师道德良知是教育道德和道德教育的内在保障。

3. 建立"师道"社会

教师外延的扩大已经成为现实,笔者认为,教师外延的扩大对建立"师道社会"更为有益。"师道社会"即通过教师数量和外延的扩大而提高社会整体知识和道德水平。因此,"师道社会"存在两个层面:个人层面和社会整体层面。从个人层面上讲,教师即意味着典范、楷模,"教师"一词本就具有的道德含义,让为师者天然具有道德良知。从社会层面上讲,无论哪个行业的教师都具有提高学生道德水平的责任。教师道德良知外化于行的实际表现即是对各个行业、各种人群道德水平的提高。教师外延的扩大和数量的增加,必然对提高社会整体道德水平颇有裨益。因此,随着教师队伍的壮大,教师道德良知作用的范围更广,更有利于建立起一个"师道社会"。

为有效达成教育目标,实现道德教育和教育道德都需要教师发挥道德良知的自律作用,同时,这亦是教师道德良知从外在约束转化为内在规约的升华过程。

二、教师道德良知激发的伦理困境

狭义的道德困境仅指道德上的两难境地。教师道德良知的激发受到内在因素与外在因素的双重影响,尤其是随着社会的发展,影响教师道德良知的因素越来越多,教师道德良知激发的伦理困境也越来越显著。

1. 为人与为师的道德冲突

教师在职业发展中除了要维护自身知识权威与道德典范的形象外,还有个人成长、职业发展等现实需求。由此,在人的欲望与教师职业道德之间必然产生伦理矛盾。

产生这一伦理矛盾的主要原因有两个方面:一方面,市场经济对社会整体秩序的裹挟。在市场经济环境下,人类对物质的追求与渴望已经成为一种常态,教师对基本物质利益的追求亦无可厚非。但教师道德良知由于经济利益的诱惑、交换思维的形成而逐渐丧失其道德法则对自身道德信念的支撑作用。在失去自身内在道德信念的同时,也丧失了作为道德典范的道德行为能力。随着教师道德化育内在动力的弱化或消失,外在德行的典范作用必然随之弱化和消失。

另一方面,除了经济利益的诱惑外,对权力的无止境追求也正在侵蚀教师的道德良知。权力对教师道德良知的侵蚀表现在两个方面:一是师生交往中人格的不平等。教师不仅是知识的传播者,也是知识的创造者和革新者。教师创造知识和革新知识的动力来自教师对教育事业的责任,

① 亚里士多德:《尼各马可伦理学》,廖申白译,商务印书馆2003年版,第32页。

以及对人类文明发展的责任，而这份责任正是教师道德良知对职业的“自我立法”。中国古代由于知识的单一、教育资源的不均衡，往往是为官者亦为师，“师道尊严”“天地君亲师”等都表现出上下级式的师生关系，也正是由于“官师重叠”的现象才赋予教师管理学生的无限权力。如此形成的官师体系虽已被当今社会的新秩序所打破，但官本位的思想仍存在于中国人的思想中。加之教师在与学生的交往过程中天然占据知识权威的地位，“唯我是从”的权力感很容易出现在教师的思想意识中。二是教师对行政权力的追求超过对专业素养的追求。知识的积累和输出都对教师时间和精力的投入提出了较高要求。在教育中，行政权力是对教育资源的分配权力，而教育资源的分配会直接影响教师、学生、学校甚至某区域的荣誉、经济利益等。因此，教师对权力的欲望正在随着教育管理架构的改变、教育管理政策的变化而增强。教师的一部分时间精力由教书育人转移到行政事务上，这就会导致教师对教书育人的投入不够。师德良知的激发需要其持续从事教育教学活动，持续保持对道德良知的自我认识与反思升华。

2. 教师多重角色的矛盾

现代社会，教师扮演着多重角色：教学工作者、科研工作者、教育管理者、家校合作者、学校与社会的沟通者等。在众多角色中，教师角色的矛盾也日益凸显。

教师角色矛盾的凸显，主要是由于角色交叉和时间分配失衡，进而动摇教师道德良知而造成的。例如，教师的日常工作包括教学与科研两个部分，若把主要的时间和精力用在教育教学中，则科研成果不足，会直接导致教师职称晋升受限和薪资待遇下降；反之，如果把主要的时间和精力用在科研中而对教育教学投入不足，则会影响学生升学和学校考核。如何在二者之间平衡，是每位教师都要面对的难题。再如，学校教育与家庭教育需要保持目标一致、相互配合，而家长的思维体系、价值观念等固有因素，都可能造成教师与家长的零沟通或无效沟通。更有甚者，家长与教师间的不信任则会加剧教师与家长沟通的难度。这些现实矛盾的存在，极易引起教师道德良知的动摇：有时是对某项工作的道德认知发生改变，为了自身利益而主观屏蔽教师对学生的责任；有时是对某位学生的责任意识下降，由于家长的不信任、不理解、不配合而放弃对某位学生的关怀，忽视良知的自我谴责；甚至有时是教师对职业责任的动摇与改变，面对诱惑与压力，泯灭良知，完全陷入追求利益或规避风险之中。教师在不同角色中遇到的伦理冲突，对教师道德良知而言是巨大的挑战。

三、从他律到自律的境界升华

教师道德良知是“教师对社会和他人履行义务的道德责任感和自我评价能力，是教师个人意识中各种道德心理因素的有机结合”。[①] 因此，教师道德良知的激发需要从他律到自律升华。

1. 时间维度：反思性升华

教师对教学内容的循环重复、教学环境的固定不变、教学形式的反复使用，都会导致教师对教育教学活动产生厌倦情绪。教师道德良知会在不断的重复中被教学程序化所掩盖。教师对道德良知的坚守，首先要面对时间的考验，而道德反思应是教师道德良知应对时间考验的重要方式。在教育教学过程中，教学内容的选择、教育方式的选择、教育手段的使用都会涉及伦理道德的问题。有时，教师面对习惯性作业或紧张的工作容易忽略教育教学过程中的伦理问题，甚至在面对伦理问题时处于无意识状态。例如，在讲授民族问题时很容易涉及民族禁忌、习俗、风俗等，而课堂讲授或图片展示、案例分析中，应该注意少数民族学生的感受和反应。课后的回顾与反思则是教师自律生成的路径。在课堂气氛、学生接受度或者学生反馈中发现伦理问题，以发现问题为起点，把问题转变成经验的过程，既提高了教师的道德敏感性，也把伦理问题放进了教师日后的备课中。长期的总结、思考和积累，是教师道德从外在监督到形成自律的过程，也是教师道德良知不断自我巩固与提升的过程。

在时间流动中，教师除了对教学本身的反思外，结合自身生活经历对社会道德习惯变化的观察、理解和反思，则会生成教师对时代价值观念的

① 李晓波，等：《教师专业伦理精神与道德修养》，上海三联书店 2017 年版，第 195 页。

解读和判断。教师道德良知随着时代发展的螺旋式生成,亦是其自律的重要方式。时至今日,教师与学生已成为教育教学活动中的双主体,师生人格平等,学生的积极参与对教育教学活动实效性产生深刻影响。在"教师主导"到"师生平等"伦理观念的变化过程中,教师对时代背景下"人格平等"观念的解读会直接影响教师教育观念的生成,教师道德良知对教育教学活动的判断和选择标准随之改变。这一变化亦是教师道德从外在适应到内化于心的过程。

2. 空间维度:慎独式升华

教师道德良知的养成,需要在教育教学过程中形成,在教育教学之外巩固。"君子慎独",在不受外界监督的无人之境仍能受到教师道德良知的内在督促,是教师道德从他律到自律的空间考验。教师慎独的本质是教师道德良知在无外界监督情况下的自我约束,也就是外在道德的内化过程。教师不仅是知识传授者,还是信息鉴别者、思想教育者和道德示范者。因此,教师道德良知的生成需要教师具有较高的道德敏感性和较强的道德意志力,以克服外在环境中的威胁或诱惑。这两者都需要教师在教育教学环境内外能够持续发现问题,坚持道德高标准。

自律性作为教师道德良知修养的核心,是教师在道德实践中所形成的意志品质,亦即教师进行的自我改造、自我陶冶、自我锻炼和自我培养。在流动的时间和所有的生活范围内强化道德自律意识,把外在道德转化为内在修养的过程,是教师道德良知得以巩固和发展的核心。教师从他律到自律的道德良知发展,会使教师职业获得感和尊严感不断提高,这亦是其人生境界的升华过程,更是为师为范的必由之路。

From Heteronomy to Self-discipline: The Formation of Teachers' Moral Conscience

LIU Wenyi[1,2]

(1. College of Philosophy, Shanghai Normal University, Shanghai, 200234;
2. Office of Science Administration, Chengde Medical College, Chengde Hebei, 067000)

Abstract: The problems like the conflict between "being a human being" and "being a teacher" and the imbalance of teacher's role ethics are the practical ethical reasons that make it difficult to achieve educational goals, moral education and educational morality. The solution of the contradictions of teachers' professional ethics mainly depends on external constraints and internal regulations. However, in the final analysis, it depends on the internal regulations of teachers' moral conscience, which is teachers' moral responsibility and self-evaluation ability to fulfill their obligations to the society and others and the organic combination of various moral psychological factors in teachers' personal consciousness. Its formation is a process of gradual sublimation of external morality in practice from heteronomy to self-discipline. The realization of this process needs not only external driving forces such as educational goal and responsibility, but also inner driving force like professional dignity.

Key words: teachers' moral conscience, formation of self-discipline, heteronomy

智能化信息技术支持下的精准教学实施策略研究

——以上海市梅园中学为例

毛 颖

(上海市梅园中学，上海 200237)

摘 要：依托智能信息技术支撑下的多元数据采集分析，该研究以“发掘学生潜质，培养学习素养，成就学生价值”为基本目标，以大数据资源库平台和学校教研系统为基础，通过学业动态数据的采集与分析，探索在信息化条件下实现适切本校学情的精准课堂教学、个性化自主学习、精细化学校管理的典型实施策略，形成学校自适应自主学习系统和教师信息化素养校本研修建设经验。

关键词：智能信息技术；精准教学；教学策略

“信息技术与教育深度融合的观念”是《上海基础教育信息化发展蓝皮书》的明确要求，是中考改革背景下“教与学方式”变革的新目标和培养创新型综合素质人才的新定位。公办初中应该在办学中立足“优质、均衡”的社会发展需求，积极开展以智能化信息技术为支撑的差异化教育实践研究，积累基于校情与学情的有效经验和策略方法，解决课堂教学精准施教和学生个体有效自主学习的瓶颈问题。

一、智能化信息技术与教育的深度融合

百度百科将“智能化”这一概念解释为事物在计算机网络、大数据、物联网和人工智能等技术的支持下，所具有的能满足人的各种需求的属性。[①] 结合学校教育的特定情况，本研究特指大数据和人工智能等现代信息技术在学校教学研究中的运用。“21 世纪后，世界各国的教育改革都倡导针对学生个体差异实施个性化教学，根据学生的学习行为大数据来调整教学策略，在课堂教学中采用基于证据的教学(Evidence-based Teaching，简称 EBT)，这一直是人们所追求的未来教育的理想形态。”[②] 教育智能化旨在利用人工智能技术，更深入、更微观地窥视、理解学习如何发生，如何受到外界各类因素(如社会经济、物质环境、科学技术等)影响，进而为学生高效地学习创造条件，这一点，正是信息化与教育深度融合实践研究的价值所在。

“精准教学”是教师根据课程标准和学生实际，准确把握教学目标，优化教学结构，促进学生可持续

基金项目：本文系上海市徐汇区教育科学研究项目“智能化应用系统支持下公办初中差异教育精准教学的实施策略研究”(立项编号：B2019-14)的成果。

作者简介：毛颖，上海市梅园中学校长，中学高级教师，主要从事学校管理与教育技术研究。

① 百度百科：智能化，载 https://baike. baidu. com/item/%E6%99%BA%E8%83%BD%E5%8C%96，最后登录日期：2022 年 1 月 8 日。

② 黎加厚：《与大数据同行：学习和教育的未来》，华东师范大学出版社 2014 年版，序言第 14 页。

发展,实现目标的活动过程;是教师通过分析课堂教学各要素,使课堂教学各要素之间相互渗透,相互支撑,有效整合,从而达成教学目标的科学、高效的现代教学模式。本文旨在通过建设学校大数据精准教学系统,研究和总结将现代信息化智能技术与教育教学深度融合的精准教学经验。

综上,我们提出精准教学,目的是促使教师根据学生客观存在的差异,有针对性地制订教学目标、设计课程内容、把握教学进度、调适教学方式、建立评估体系,从而使每位学生在最适合自己学习的环境中求得最佳发展,从而实现信息化技术与教育教学的深度融合。

二、智能化信息技术支持下的智慧校园构建:可行性分析

1. 研究基础

作为一所公办初中和徐汇区新优质学校,上海市梅园中学有良好的信息化研究基础,教师和教研组能够以"微格"摄录播系统为辅助,持续、渐进地开展主题化、系列化的教研活动,倾力打造"优质学习"课堂,有效促进了内涵发展,教师课堂教学设计和实践能力进一步增强,也形成了应用教学教研信息技术的积极心态和基本信息素养。

目前,学校以区"智慧校园"项目为依托,以徐汇教育数字基座项目建设为契机和平台,继续致力于提升教师信息化教学能力,结合市、区两级关于"信息技术能力提升工程 2.0"的相关培训要求,通过组建信息化骨干团队和集中培训、网络研修、分组教研、定期推进等形式,提升教师在实际教学场景中运用信息技术的能力;通过智学网"精准教学"平台、希沃"智慧黑板"、平板交互式智慧课堂等信息化设施,聚焦解决课堂教学精准施教和学生个体有效自主学习的瓶颈问题,逐步形成信息化数据背景下基于差异化特点的精准教学模式和学生自主学习模式。在促进教师理念的再更迭和转变中,助推信息化技术与教育教学的深度融合,最终形成构建智能化应用系统支持下的"智慧校园"的发展愿景。

2. 研究目标

通过建设学校大数据精准教学系统的实证研究,研究和总结教师队伍将现代信息化智能技术与教育教学深度融合的精准教学经验,形成学校基于信息化项目建设的教与学数字化转型发展。

(1)学生层面:多维度反映学生的学业情况,提供客观的作业及测试评价数据分析,及时发现每一位学生的知识结构薄弱点、学习需求和自主学习能力情况,指导学生进行学习反思、自我调控,以促进学生学习品质和能力的提升,并为发展性评价提供重要的参照。

(2)教师层面:通过校本研修,指导教师对教学评价过程中的数据进行收集、整理、分析,找准分层课堂教学的起点、重点、难点,从而达到精准备课、精准教学、精准评价、精准辅导的目的。

(3)学校层面:在信息化项目支撑下,探索学校分层教学的校本研修机制和教学管理机制。探索各学科分层教学目标,形成系列,在此基础上建立分层评价体系等。收集、整理、分析教育过程中的教学数据,提高教学管理水平,在教学实践中不断形成智能化的因材施教教育管理模式。

基于以上研究目标,学校从三个方面开展创新实践:一是学校有序组织教师运用智能化系统进行考试、阅卷、数据分析,并积极落实应用到课堂教学中去,打造具有"精准"特质的高效课堂。二是开展"挖掘数据背后的细节和价值"的研究,通过运用数据分析,关注学生的智力与非智力因素对其学习产生的效应,以促进学生学习动机、习惯、能力的养成与提升。三是建设覆盖全部学科、全体教师、全体学生的智能平台,建立智能化系统常态化运行机制。在部分年级、部分班级建设"智慧课堂"平板式教学,试点新授课课前、课中、课后全场景的教学应用。

三、智能化信息技术支持下精准教学的实施策略

1. 信息化智能分析驱动下的精准课堂教学策略

教师通过分析班级、学生等不同群体的随堂作业、课后作业、大小考试等过程性动态信息数据，为实施差异化教学提供了依据，帮助教师针对不同特点的学生群体，制订更精准的教学目标和重难点，进一步明晰教学目标和教学内容的匹配性和适切性，形成了满足不同层次学生学习需求的数据分析应用模式，如图1所示。

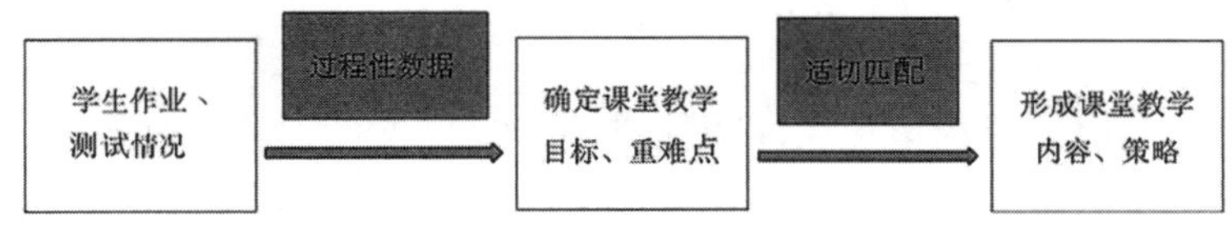

图1 精准课堂教学数据分析应用模型

在课型研究中，学校组织教师就大数据背景下的试卷讲评课进行了专题教研，形成了各学科讲评课的精准教学五环节范式，如图2所示。

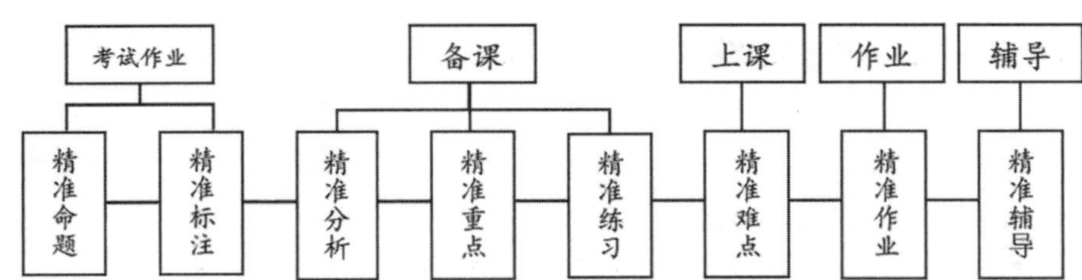

图2 大数据分析支持下“讲评课”精准教学五环节范式

具体实践流程为：利用双向细目表精准命题，依据学科课标要求进行知识点状标注，确保初次评价环节的精准性。在智能化平台数据分析的基础上，教师会根据共性问题和班级差异，充分备课，确定每个班级讲评课的教学目标和教学内容，以及教学重点和难点；根据班内差异，决策课内是否进行分层教学、活动设计等精准练习等工作。课堂上呈现学生突出的问题，通过个人反思、小组讨论等形式，分析问题的原因所在，以此保证上课环节的精准性。平台智能推送的匹配练习使纠错更加精准，可以确保作业环节的精准性。精准辅导则是讲评课的有益补充，教师会指导学生形成自主学习规划，或者解决具体知识能力问题；一些教师还会关注部分学习不充分（“吃不饱”或者“吃不下”）的学生，线上推送个性化学习资料、学习任务等学习资源包，打造学生泛在学习空间，随时随地根据需要满足学生的个性化发展需求。

策略一：依托数据，精准确定内容

我们通过教学实践，论证和构建了大数据技术与有效教学的必然联系：在现代课堂教学中，依赖智能化分析系统，进行学生学习行为和数据的收集，并挖掘与分析数据，抽取出有价值、有关联的数据。

以英语教学相关练习为例，学生通过信息化平台学生端完成练习，教师根据数据统计，了解学生的薄弱知识点，点击题号后还可迅速了解每道题的作答情况，由此教师能准确分析学生出错的原因。信息化支撑的大数据分析，为教师精准确定教学内容提供了便捷，使教师在教学中对“学生到底哪里发生了困难”实现了更为科学的分析研究，也为教师在教学研究中进一步观察学生思维品质的形成提供样本。

策略二：关注差异，精准实施分层

因受到时间和精力的限制，传统意义上的因材施教难以维持。我们借助大数据平台的相应功能，根

据学生的认知基础和学习水平,可以将其分为若干个层面,甚至更多元化的无数层面,即每位学生都可以成为一个独立的层面,有助于教师在教学设计中关注到每位学生个体的差异和发展需求。

以英语听说练习为例,教师可以通过信息化平台看到每一位学生的朗读得分,更重要的是发现:不同学生在听说方面,每个段落、每个句子甚至每个单词的发音都是不同的,教师就能更精准地进行分层教学,优化听说教学策略。在班级授课制的现实里,学生的学习空间存在一个多维结构和无限增长的可能,在信息化支撑下的教学环境中,学生可以获得更多自主发展的个性化空间。

策略三:人机协作,精准进行评价

人机协作批改作业可以使评价更加精准。教师利用信息化平台完成对学生写作的基础性批改,平台智能地用红色标出了学生作文中的个别错误,也有绿色标注的学生优质表达,给予学生鼓励,可视化的具体呈现提高了学生的写作信心和成就感。

在此基础上,教师批阅时可以由以往关注语法错误,转而关注学生作文的内容、逻辑关系、整体结构等,从而更加指向学生的学科核心素养培养和提升,并针对性地指导学生解决自主纠错学习中不能解决的学困点。多层次、全方位的过程性评价,促进了学生学习中新的生长点的发现和培育。

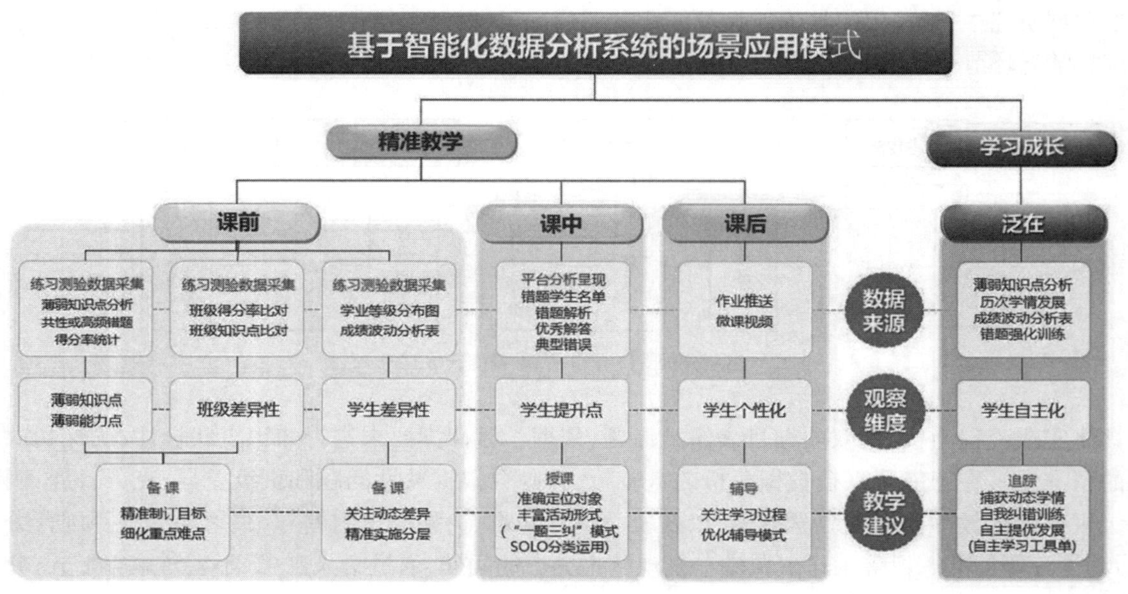

图3 基于智能化数据分析系统的场景应用模式

信息化手段在教育教学中的融合运用,是一个人机协作的过程。在每一个教学细节实现的过程中,大数据分析可以让我们更加关注生命个体的特性(优势和不足、习惯和品质、思维和能力等),充分体现对每一位学生成长的呵护和关注。深入探讨适应性学习(adaptive learning)和学习分析(learning analytics)理念。前者依照学生的个性化需求制定教学进度和内容,后者帮助我们寻找最高效的教学方式。①在实践中,我们形成了基于智能化数据分析系统的场景应用模式(图3),丰富多元的数据来源和观察维度,以及对数据分析的充分使用和挖掘,构建了精准课堂教学和学生的泛在学习成长。

2. 智能化信息技术支持下的学生自主学习策略

"学习品质是指学生在学习过程中表现出来的主动性与调控性的非认知特征,其内核是自我认知与

① 迈尔-舍恩伯格,库克耶:《与大数据同行,学习和教育的未来》,赵中建,张燕南译,华东师范大学出版社2014年版,第13页。

调控。"[①]课堂教学变革要实现学习增值，最需要解决的关键问题就是要去"唤醒"学生的力量，让每位学生经历真正的学习，从而培养他们的自我性、主动性和协作性。从学生个体成长来看，基于"学情跟踪"平台，全面精确地了解学生的强项知识点和薄弱知识点，成为教师指导学生进行自我剖析、自主规划的有效抓手。研究逐渐指向学生学习习惯的研究和学生学习动力、自主学习能力的培养，从而实现了聚焦"学生的个性化自主学习"和以信息化手段"发掘学生潜质，培养学习素养，成就学生价值"的基本目标。

策略一：合理制订学习策略，培养胜任感

为了指导学生成为自我学习者，教师以线上线下相结合的教学方式，基于"学情跟踪"平台，指导学生分析自我知识点掌握图谱，查看各学科学情趋势图，帮助学生全面认识并监控自我的学习过程。然后制订工具——"智学网"自主学习单，为学生搭建自我规划的"脚手架"，满足了不同学生的差异化学习需求，实现了个性化发展和胜任感。

教师通过课堂研究和学情分析，有意识地培养学生学习策略的建构能力，并遵循学生的学习差异，给予足够的自主调控空间，教师也提高了培养学生自主性学习的意识。学生可以利用信息化手段采集的数据分析，观察个人动态学情，及时开展自我学习和训练，探索自我提优发展策略，成为积极且主动的学习者。

策略二：创建温情的学习环境，增强交互性

学生的学习体验不仅有对自我个体学习的关注，还需要自我导向与互动协作相结合的学习环境，教师创建有情感支持且人人参与的学习环境，创设丰富灵活的生生、师生互动活动，可以让学生感到安全和受到重视。具体的教学环节有：课堂讲解通过比对同伴的答案，总结失分点；试题讲评通过错误选项的学生讲解思维过程，查找卡顿点；课后作业通过详细解析、优秀解答，寻找不足点；线上作业通过"作答"互相点评，定位提升点；通过英语作文个性化的可视化评价，建立自信点。教师引导学生总结创新的解法和策略，创造生生交流复盘思维过程的机会，从个体差异和不同学习需求出发，推动了协作化和个性化的自主学习模式。

只有基于学生内在矛盾冲突的教学活动，才可能引发真正意义上的学习需求。教师从学生熟悉的且聚焦薄弱点的错题资源出发，无论何种水平的学生，都能在原有基础上得到系统的帮助，促进学生探求学习的规律。总之，学生应当是自我指导、自我调节和自我激励的学习者，教师遵循了这一教学原则，并运用多种策略发展学生的自主学习能力，逐步实现了学生学习品质的提升。

四、智能化信息技术支持下精准教学的实施成效

1. 深度融合将推动学校教学质量管理体系的变革

智能化信息技术在打造学校精准教学样态的过程中，推动了学校教学质量管理体系的优化。除了传统的教学质量检测和学业质量基本情况分析报告之外，在实践研究中会形成富有校本特色的自适应学习系统。自适应学习系统产生于学生个性化学习的成长需求，其核心是数据，其运行原理是根据学生个体具备的知识和技能差异，动态调整课程或者学习内容的层次和类型，在学校教学质量管理系统中，通过自动或者人工干预的形式推送学习资源。这个系统包含四个维度：智能化采集和分析数据的信息系统；学校与之相匹配的质量管理制度、工作方案、绩效评价等机制；教师精准化教学的组织和实践能力；基于校情的校本资源库建设。

至此，学校管理从单纯的学习管理走向深度学习行为的引导，以信息化建设为抓手的精准高效课堂建设实现突破，初步形成"注重提升学生学习品质，建设校本的个性化学习支持系统"的学习场景和学校样态。

---

① 夏雪梅：《项目化学习设计：学习素养视角下的国际与本土实践》，教育科学出版社2018年版，前言第5页。

2. 深度融合需明确有效提升教师专业研究能力的关键

我们在研究中发现，与大数据同行的教学变革，教师的信息化素养和能力的提升非常重要，主要包括三个方面的能力提升：教师的信息技术应用能力、信息化教学力、信息化学习指导力。因此，学校以大数据分析指导下的精准教学研究为抓手，强调深度学习，培养教师利用信息技术开展学情分析、个性化教学的能力，推动教师有效教研。学科教师为了充分运用信息化平台的大数据分析功能，不仅要熟悉各种信息技术运用，还需要吃透教材，掌握学科矩阵要求。在教研组长组织下，教研组细化知识点和能力要求，有利于教师更清晰地了解学科核心知识和关键能力要求，更科学地开展命题工作和课堂教学中的情景创设、与生活实际相关联的问题设计等，从而提高教学创新和多维评价的能力。从精准教学之试卷讲评课研讨活动中可以看出，教师基于数据，能确定一节课的讲评内容和制订合理适切的教学目标、重难点，并且能根据当节课的教学内容进行矫正练习的组卷，具有针对性和实效性。

我们还发现，智能化信息平台的使用，引发了教师教学行为上的改变，推动了教师转变育人观念。教师的关注重点从练习和考试的学科成绩逐渐转为薄弱知识点的跟踪分析，且都有意识、有针对性地进行了指导学生再认知的强化练习。在“您是否根据‘精准教学’中的薄弱知识点或共性错题进行过针对性组卷和练习”的调研中，有 94. 12% 的教师进行过针对性组卷和练习，有 11. 76% 的教师进行过 4 次以上的针对性练习设计。两项数据均体现出教师越来越关注学生和班级的薄弱知识点，并有意识地运用大数据进行纠错，这种做法破解了传统教育模式下“育分”的功利心态，真正将教育的关注点落实到“育人”的本质中。

3. 深度融合需发现促进学生自主学习能力的规律

(1)学生个性化的自主学习

调研数据显示，98. 31% 的学生能够主动查看个性化错题本上的错题，88. 18% 的学生会在练习或者测试后尝试查看相关的题目解析，99. 44% 的学生会到“练习中心”完成个性化作业，这为后续学生的自我纠错和自主学习提供了可能。随着信息化项目的实施，学生的学习方式、自主意识、学习效果发生了改变，初步形成了线下线上相结合的方式。

为了培养学生长期的自主化学习能力，学校开展了学生日常学习中知识点掌握的图谱分析，教会学生学习查看自己的发展趋势图，以及各门学科多次练习和测试后生成的电子错题本。学生可以看到详细的试题解析，优秀答案的推送，可以在线重做错题，也可以将错题打印出来供日后学习，在课后的任何时间、任何地点，学生都可以进行错题的梳理和巩固。

(2)不同层次学生个性化的自主学习特征差异

随着项目研究的推进，对不同学习能力和学习习惯的学生(前 1/3、中 1/3、后 1/3)进行了分类观察，试图找出不同学习水平学生的自主性学习差异(见表 1)。

表 1 学生使用智能化信息平台功能的情况反馈

		前1/3	中1/3	后1/3
成绩报告	登录查看“成绩报告”	98.18%	96.53%	91.43%
	查看“成绩报告”月平均次数	3次及以上 78.7% 7次及以上 18.5%	3次及以上 74.8% 7次及以上 14.4%	3次及以上 71.9% 7次及以上 17.2%
错题本	认为对学习有帮助	88.89%	82.73%	70.31%
	查看个人阶段错题	85.45%	84.72%	81.43%
	完成针对性纠错练习	63.64%	72.22%	75.71%
	对学习有帮助	85.11%	81.87%	73.68%
	各模块使用频率排序	1.历次学情分析报告 2.试卷题目解析 3.错题情况	1.历次学情分析报告 2.错题情况 3.试卷题目解析	1.错题情况 2.历次学情分析报告 3.试卷题目解析

数据显示,学生对智能化信息平台的各项功能的使用率都比较高,查看“成绩报告”的平均次数在 3 次及以上的学生比例都达到 70% 以上,前 1/3 学生查看成绩报告更多地关注“学情分析报告”和“试卷题目解析”,中 1/3 学生和后 1/3 学生更多地关注“学情分析报告”和“错题情况”,说明学习能力越强的学生自我分析错因和自我完善的意识越强 。后 1/3 学生更多查看“成绩报告”中自己的“错题情况”,说明学习能力较弱的学生也有一定的学习积极性,希望能够解决学习中的困难点,教师要及时关注并帮助这一部分学生找到错因和学习上的卡困点。学生查看“成绩分析报告”时都会较多地查看历次学情分析报告,这有利于学生了解自己的各科学习现状和轨迹,客观分析各门学科的优劣势,从而制订出适合自己的自主学习策略。

(3)学生的个性化学习和成长

传统的学习过程中,各类考试的相关数据往往是单向的,容易形成对学生的单一性终极评价。而数据统计可以帮助教师动态准确地把握学生的学习过程,并及时给予反馈:鼓励和表扬大幅进步的学生,使其发挥榜样作用;关注明显退步的学生态度和思想动态;对临界生和波动生及时分析原因,采取个别辅导。大数据技术通过对学习过程中数据的采集和分析,使教师“不仅能纠正学生的错误,还能从教学和学生的行为数据分析错误的原因,从而从双向意义上来改进教与学的过程”①,即学生的个性化学习与教师的教学策略调整相互促进。

大数据支持下的个性化学习,“最令人印象深刻的特征是其动态性,学习内容可以随着数据的收集、分析和反馈加以改变与调整。如果一位学生对某个部分的学习存在困难,那么该部分的学习内容将被纳入之后的习题集,以确保该学生有足够的练习机会。这个常识性的概念被称之为掌握学习(mastery learning)”。② 可见,可以动态化、个性化、及时性调整学习内容,是智能化信息平台的巨大优势。

在大数据和人工智能应用的大背景下,各种借助信息技术实现教育升级的探索和研究越来越丰富和深入,信息赋能所特有的创新思维推动着教学改革,教学过程的理念由“被动接受、支配学习”到“自主建构、创造学习”,师生关系的主线由“主导、从属”到“交互、协作”。在今后的实践中,我们还可以进一步思考以下问题:多元创设场景,指向学科思维能力培养的教学范式研究;以学生为中心,以数据驱动大规模因材施教学校教育体系的构建探索等。

Research into the Implementation Strategy of Precision Teaching Supported by Intelligent Information Technology

— Taking Shanghai Meiyuan Middle School as an Example

MAO Ying

(Shanghai Meiyuan Middle School, Shanghai, 200237)

Abstract: With the multiple data collection and analysis supported by intelligent information technology, this research has taken “the exploration of students' potential, cultivation of their learning competence, and realization of their value” as the basic goal and treated the resource database platform and the school teaching and research system as the research basis. Through the collection and analysis of academic dynamic data, it has explored the typical implementation tactics to achieve precision teaching, individualized autonomous learning, and refined school management that are appropriate to the situations of the schools under the conditions of informatization in order to form the schools' self-learning self-adaptive systems and the experience of school-based research and training for the improvement of teachers' information literacy.

Key words: intelligent information technology, precision teaching, teaching strategies

① 张治,李永智,游明:《“互联网+”时代的教育治理》,华东师范大学出版社 2018 年版,第 29–30 页。

② 迈尔–舍恩伯格,库克耶:《与大数据同行:学习和教育的未来》,赵中建,张燕南译,华东师范大学出版社 2014 年版,第 38–39 页。

基于学科素养的深层次知识建构

耿中华[1,2],王作亮[1]

(1. 徐州工程学院 教育科学学院,江苏 徐州 221008;2. 中国矿业大学 公共管理学院,江苏 徐州 221008)

摘　要: 深层次知识建构是信息化时代教育改革的内在要求,其强调学习者的主动性与创新性,是一种指向复杂问题解决的知识习得方式。学科素养是学生在某一学科研习中所形成的专业品格与关键能力,是深层次知识建构的结果。打通深层次知识建构与学科素养的通道,应帮助学生明确学习目标,激发学生建立新旧知识联系,引导学生理解与反思学科内容,促进学生迁移与应用学科知识。

关键词: 深层次知识建构;学科素养;信息时代;教学改革

知识建构（Knowledge Building）是20世纪90年代以来世界学习领域的热点研究问题。澳大利亚学者比格斯（Biggs）将知识建构分为“浅层次知识建构”与“深层次知识建构”两种类型。浅层次知识是“识记、理解”层面的知识，“浅层次知识建构”是以比较明确的知识习得为目的的知识建构方式；深层次知识是“应用与评价”层面的知识，“深层次知识建构”强调学习者在知识建构过程中的主动性与创新性，是一种基于复杂问题解决的知识建构方式。“浅层次知识建构”体现出了机械化与制度化的特征，“深层次知识建构”则意味着知识建构的自然性与高质量。①

一、深层次知识建构的理据

学生建构知识的品质与方式具有历史性，在一定程度上受到其所处的社会文化形态和教育教学方式的影响，也总是随着社会的发展与教育教学改革的推进而发展变化。传统教学注重知识的传授，学生的知识建构方式过于重视对教师传授知识的记忆与理解，这样的知识建构方式难以生成高级的批判性思维能力，也无法实现由书本知识的学习向复杂性问题解决的有效迁移。这种知识建构方式已经不能适应时代发展的要求，也不符合教育教学改革所倡导的理念。

1. 深层次知识建构是对信息时代的回应

当今世界变化之复杂、发展之迅猛，已远远超出了人们的想象。在这样的时代，创新型人才的培养已经成为国际社会普遍关注的热点问题。世界经济论坛创建者施瓦布（Schwab,K.）指出，随着第四次工业革命带来的科学技术突飞猛进的发展，新技术不断更新与产出，创新型人才的培

基金项目: 本文系江苏省教育科学规划项目“信息化背景下乡村教师专业发展共同体建构”(项目批准号:J-c/2018/03)的研究成果。

作者简介: 耿中华,徐州工程学院教育科学学院副教授,中国矿业大学公共管理学院博士生,主要从事教育管理和思想政治教育研究;王作亮,徐州工程学院教育科学学院教授,主要从事教育学原理研究。

① Biggs J. “What do Inventories of Students' Learning Processes Really Measure? A Theoretical Review and Clarification”, *The British Journal of Educational Psychology*, Volume 63 (Pt1), 1993, pp. 3-19.

养已经成为时代的呼唤。①《国家中长期教育改革和发展规划纲要（2010—2020）》指出，各级各类学校应高度重视创新型人才的培养。② 创新型人才的核心特征是具有特定专业领域的知识结构，这种知识结构能促使他们在面对真实问题时，做出有意义的模式识别，并找出解决问题的办法。③ 这种知识结构就是深层次建构的结果。

面对信息时代的挑战，《新媒体联盟地平线报告：2016基础教育版》指出，为了满足21世纪对人才的需求，学校应该思考如何培养学生适应未来社会的技能。④ 深层次知识建构之所以成为信息化社会的时代选择：一是因为与以往社会相比，信息化时代对人才素养的要求发生了根本性的变化，仅仅拥有丰富的知识已经难以满足社会的需要，运用知识解决复杂问题才能应对时代的挑战；二是现代信息技术在教育中的应用，极大地推动了教学的深度改革，为学生的深层次知识建构提供了可能。可以说，现代技术有效地提高了学生建构知识的深度、广度与范围；三是深层次知识建构已经成为科技驱动社会必需的学习能力。加拿大学者富兰（Fullan,M.）指出，能够学以致用的学习才是真正有价值的学习，教学变革并不意味着仅仅在课堂中运用一些新的教育技术或者尝试一些新的教学方式，而是要看这些技术或学习方式发挥的作用，看到教学中真正改变的是什么。⑤ 美国学者兰德·J·斯皮罗（Rand J. Sprio）等通过对深层次知识建构机制进行研究，指出深层次知识建构是对学习内容的复杂性和知识运用不规则性的足够重视，是从不同的观点和案例角度表征问题，并从不同的概念和案例表征中把握问题的整体，且运用超文本的支持解决复杂问题的知识习得方式。⑥ 深层次知识建构是包括精深学科涵养、批判思维、情感态度、解决问题、协作与沟通等一系列相互联系的学习品质与能力的综合素养。“面对未来的挑战，我们培养的人才应该具备创新能力、协作交流能力、批判思维和解决实际问题的能力、社会责任和国家情怀等必备品格和关键能力。”⑦

2. 深层次知识建构是教学改革的价值诉求

为了应对未来社会的挑战，学生应该具备哪些最基本的知识、能力和态度，以及如何培养这些知识、能力与态度，这些是基础教育课程与教学改革无法绕过的核心问题。世纪之交开始的新一轮课程与教学改革，已经走过了20多年，这一轮改革所倡导的先进教育理念在某种程度上更新了教师的教育观念，转变了学生的学习方式，但课堂教学“模式化”“形式化”“浅层化”现象仍然比较严重。有些课堂虽然从表象上看似热闹，但学生建构知识的深度与厚度不足，学生的逻辑思维能力、解决问题的能力等方面的训练亦不够。也有的课堂仍然以讲授式、机械训练式为主，过于重视知识的传授，忽视解决问题能力的培养。

2018年1月，中华人民共和国教育部颁布了《普通高中课程标准》，在这次修订的标准中，各门学科均凝练出了本学科的核心学科素养，明确指出通过本学科的学习，学生应形成的正确价值观、必备品质和关键能力，并围绕学科素养的落实，重组教学内容、设计教学活动、提出评价建议。这一标准的颁布开启了基础教育课程与教学深化改革的新征程，课程目标直指学生学科素养的生成。为了实现课程目标，我们应该从根本上转变“浅层次”“碎片化”“机械化”的教学，积极探索促进学生深层次知识建构的教学改进

① 克劳斯·施瓦布，李菁：《第四次工业革命：转型的力量》，《中国商界》2016年第8期，第123页。

② 中华人民共和国教育部：《国家中长期教育改革和发展规划纲要（2010-2020年）》，载教育部官网：http://www.moe.gov.cn/srcsite/A01/s7048/201007/t20100729_171904.html，最后登录日期：2022年1月10日。

③ 李琼：《教师专业发展的知识基础》，北京师范大学出版社2009年版，第6页。

④ Adams Becker, S., Freeman, A., Hall, C., Cummins, M., and Yuhnke, B. (2016). Horizon Report: 2016 K-12 Edition. Austin, Texas: The New Media Consortium. 网址：https://library.educause.edu/resources/2017/12/horizon-report-k-12-edition-2009-2017，最后登录日期：2022年1月10日。

⑤ Fullan. M., & Lang wordthy, M. A Rich Seam: How New Pedagogies Find Deeplearning. 网址：https://michaelfullan.ca/a-rich-seam-how-new-pedagogies-find-deep-learning/，最后登录日期：2022年1月10日。

⑥ 莱斯利：《教育中的建构主义》，高文译，华东师范大学出版社2002年版，第68-69页。

⑦ 郑葳，刘月霞：《深度学习：基于核心素养的教学改进》，《教育研究》2018年第39期，第56-60页。

路径。

3. 深层次知识建构是学科素养生成的关键

学科素养是学生通过某一学科的专业学习而形成的专业品格与关键能力，既包括专业表达能力、专业思维与批判能力、专业反思能力等从事专业活动应具备的基础性素养，也包括学科知识与技能、学科思想与方法等综合性学养。对学科素养的理解应该把握某一学科的内在的本质以及该学科对学生的学力要求。如语文学科素养不仅要求学生掌握基本词汇、语法规则、篇章结构等，更重要的是要求学生通过语言实践活动，获得语言能力、思维方法与品质，形成情感、态度与价值观等。可见，学科素养涉及的不仅是静态的、浅层次的知识建构，更涉及动态的、应用层面的深层次知识建构。

学科素养的培育离不开学科教学。一方面，课堂教学应针对学科特点，有目的、有计划地引导学生建构该门学科的基本概念、基本原理等浅层次的知识；另一方面，应激发学生学习的内在动力，使学生能够通过反思、应用与评价等深层知识的建构方式，建构知识结构，形成专业智慧，生成解决问题的能力。因此，培养学生深层次知识建构的能力，促进学生学习方式的转变与学习质量的提升，是中小学教学改革的着力点。

二、深层次知识建构的内涵特质

深层次知识建构（Deep Knowledge Building）强调学习者在知识建构（Knowledge Building）过程中的创造性与能动性，是学习者运用多个图式、观点、组织原则等概念结构，在批判与反思的基础之上，主动建立学习内容各部分之间的有机联系，深刻理解学习内容的意义，并将学习内容进行有效迁移的知识建构方式。[①] 从这一概念，我们可以将深层次知识建构的特质概括为如下方面：

1. 深层次知识建构是原认知基础之上的自主建构

学习者建构新知识必须激活原认知结构。原认知结构是学习者已经建构的文本知识、生活经验、个人信念的整合，原认知结构可能与新知识相一致，也可能与新知识相冲突。香港大学卡罗尔·陈教授（Carol Chan）带领他的研究团队，对学习者如何深层次建构知识进行了深入研究。他们建议，在知识建构的准备阶段，学习者应明确新知识与自己的原认知之间的关系；在知识建构的实施阶段，应运用知识论坛、“问题式支架”等策略，建立新旧知识的联系。[②] 也就是说，不论在知识建构的准备阶段还是实施阶段，激活原认知结构，以及建立新旧知识之间的联系至关重要。

深层次知识建构是受“认知需求”驱动的自主建构过程。没有“认知需求”的驱动，没有学习的欲望，不可能存在深层次知识建构。“认知需求”指知识建构的目标、欲望、好奇心以及习惯等。学生在知识建构的过程中，会遇到富有挑战性的任务，当学生运用原有知识无法解决这些任务时，会产生认知差距，这种认知差距将激发学生主动建构知识的心理倾向。香港大学学者兹维克（Webster）指出，好的教学、明确的目标、适当的学习任务等课堂环境因素是影响学生深层次建构知识的重要因素。[③]学习是复杂的知识建构过程，明确的学习目标、富有创造性的认知内容等能够激发学生深层次知识建构的主动性。

2. 深层次知识建构是对新知识的深刻理解与批判反思

对知识的理解是知识建构的基础性环节，没有对知识的概念、规则、运行机制的深刻理解，就谈不上知识的迁移与应用。知识的理解意味着与原认知建立起了联系，并产生了新的意义，是跨越不同知识领域的结合关系，并能够有效迁移

① Marton F, Saljo R. “On Qualitative Difference in Learning: Outcome and Process”. *British Journal of Educational Psychology*, Vol. 46, (1976), pp. 4-17.

② 香港大学知识建构网络支援组:《知识建构教师发展网络计划教师手册》,网址:http://kbtn-resources. cite. hku. hk/files/UserGuides/TeacherGuideKB_chinese. pdf,最后登录日期:2014 年 3 月 3 日。

③ Webster B J, *et al.* “Undergraduates’ Learning Experience and Learning Process: Quantitative Evidence from the East”. *Higher Education*, Vol. 58, no. 3(2009), pp. 375-386.

的原则与假设。[①] 知识建构不是对知识的机械学习，而是对知识的概念、法则、逻辑关系、框架结构以及跨领域结合关系的深刻理解。

深层次知识建构不仅意味着对新知识的深刻理解，更意味着对新知识的不断审视、比较、调节与评价。学习者在新知识建构的过程中，既要对新知识的概念、法则、框架结构等进行批判与反思，又要对原认知结构的合理性、适切性等进行批判与反思；既要对知识建构的结果的科学性进行批判与反思，又要对知识建构过程的合理性等进行批判与反思。

3. 深层次知识建构是知识在复杂情境中的运用

深层次知识建构的目标指向解决复杂问题。对知识的批判与反思是知识的内化过程，解决社会生活实践中的复杂问题则是知识的外化过程，解决复杂问题也是知识建构的高级阶段。美国学者布卢姆（Bloom）从记忆、理解、应用、分析与综合、评价与创造等方面对认知领域的目标进行了分类。[②] 从这一分类维度，我们能得出这样的结论：人类学习是从对知识的较为简单记忆与储存，到对知识更高一级的理解与反思，再到更高层次的迁移与运用的过程。美国学者马顿和萨尔乔（Marton&Saljo）等运用“现象描述分析法”对深层次知识建构进行了界定，认为深层次知识建构是学习者采用高层次观念，主动建立学习内容之间的联系，建构学习内容的意义，有效迁移到实践情境的过程。[③] 卡罗尔・陈与简・范・艾尔斯（Carol Chan&Jan van Aalst）两位学者则强调，学生的学习应与社会实践和生活实际相联系，可通过与教师的面对面教学和知识论坛等形式进行深层次知识建构。

问题解决包括结构良好问题解决与结构不良问题解决两个方面，美国学者兰德・J・斯皮罗基于结构良好与结构不良知识的划分，认为深层次知识建构的实质是针对结构不良知识的学习，结构不良领域的知识具有概念的复杂性和案例交叉的不规则性等特点。对于初学者而言，不能期待他们将获得的知识迁移到新的情境之中，当“概念的复杂性和灵活运用知识成为极为重要的目标时，结构不良领域的复杂性和案例的多样性才成为学习和教学的重大问题”。[④]也就是说，深层次知识建构是学习的高级阶段，处于面对实践情境的问题解决阶段。

三、促进学生深层次知识建构的教学思路

学生的专业品格与关键能力，表现为面临复杂的实践情境时，能够运用所习得的知识解决问题。在教学过程中，教师应运用不同的教学策略，帮助学生改变浅层次知识建构方式，发展其理解与批判知识、迁移与运用知识的能力。

1. 帮助学生明确知识建构的目标

明确的目标是为学习者指明知识建构的方向，驱动学习者主动建构知识的内部动力。在知识建构的过程中，首先，学生应该明确目标，如文本的识记目标、理解目标、应用目标、分析与综合目标、评价与创新目标等。[⑤]学生不仅应明确目标的这些层次，而且要明确这些目标与自身已有水平之间的差距。其次，学生应该明确生成性目标，也就是通过知识的学习自身会发生怎样的变化，应该确定什么时候、采用什么样的方法与程序解决问题，这是生成性目标，相当于布卢姆的情感与动作技能目标。

深层次知识建构要求学习者将“高级思维能力”的发展作为知识建构的最重要目标。根据布卢姆的教育目标分类，“高级思维”属于“分析、评价与创造”层面的目标，是通过分析与评价，形成一个或多个方案，贯彻与执行方案，创造性解决思维主体所面临的问题的目标。[⑥] 发展“高

① Offir. B. Y. & Bezalel. R. “Surface and Deep Learning Processes in Distance Education: Synchronous Versus Asynchronous Systems”, *Computers & Education*, Vol. 51, no. 3(2007), pp. 1172-1183.

② 布卢姆:《教育目标分类学(修订版)》,外语教学与研究出版社 2009 年版,第 75 页,第 79 页。

③ Marton, F & Saljo, R. “On Qualitative Difference in Learning: Outcome and Process”, *British Journal of Educational Psychology*, Vol. 46, no. 1(1976), pp. 4-17.

④ 莱斯利:《教育中的建构主义》,高文译,华东师范大学出版社 2002 年版,第 71 页。

⑤ 布卢姆:《教育目标分类学(修订版)》,外语教学与研究出版社 2009 年版,第 75 页,第 79 页。

⑥ 王习胜:《高阶思维:专家型辅导员的必备素养》,《思想理论教育》2016 年第 11 期,第 96-100 页。

级思维能力”，学生可以借助思维导图，建立知识与知识之间的联系，厘清本节课学习内容的重点、难点，清晰本节课学习内容在单元、教材乃至整个学科体系中的位置；可以通过知识与个人的生活经验的联系，知识与社会实践的联系，建构知识的意义；可以通过寓于情境，在复杂的情境中培养解决问题的能力。

2. 激发学生建立新旧知识的联系

深层次知识建构是学习者在原有知识基础之上的主动建构。美国麻省理工学院的冯·格拉塞斯菲尔德（Ernst yon Glassersfeld）教授认为，学习者只有建立概念系统才能成功解决所面临的新问题，概念必须由学习者自己来理解。[①] 亦即，学习是学生主动建构知识的过程，这种知识建构离不开学生的原有知识结构，这些知识或经验被称之为“前概念”或“前知识”。深层次知识建构要求学生能够将新知识与“前概念”或“前知识”建立起明确的联系，并将其有效整合到学生原有的知识结构之中。只有这样，学生的知识、经验、态度、价值观等才能真正发生改变。

建立新旧知识的联系，学习者应养成“先学”的学习习惯。现代教育教学在信息技术的冲击之下，“异步教学”“先学后教”等理念正深刻影响着传统重视知识传授的“课上学，课后练”的教学模式。在重视知识接受的传统课堂中，学生的学习主要包括接受与内化两个阶段，接受就是认真听教师讲，内化就是通过背诵、作业、操作或实践等环节巩固所接受到的知识。那些“前知识”掌握不佳的学生，由于新旧知识链条断裂，通常很难实现深层次建构。“先学后教”的课堂要求学生课前先学，学生通过先学能够激活其原认知结构，为新知识的建构打好基础。学生有了课前先学，课堂上他们则能获得更多的互动、探究与质疑的机会。对于“先学”什么、怎样学，以及“先学”如何评价等，需要教师的设计与指导，现在中小学用“导学案”“微视频”等引导学生“先学”的做法，对于促进学生深层次知识建构都是有益的探索。

3. 引导学生对知识进行理解与反思

深层次知识建构属于知识建构的高级阶段，“它意味着学习者能基于已有的知识去创造属于自己的知识或反思他人的知识”。[②] 深层次知识建构是探索未知世界的学习，学生在知识建构过程中，必须深层次理解学习内容的核心概念。当学生将新知识与原认知结构建立起联系，便开始了理解。理解并非意味着对新知识字面上明白、了解、知道，而是对知识的意义提取。[③]意义提取意味着对知识内容更深层的思考，即对知识内容的诠释、反思、批判、验证、评价与应用，是更复杂的综合性建构。深层次知识建构要求学生把握知识内容的主旨，建立各部分知识的联系，能从学科的整体、自身的生活体验、知识在社会实践中的应用等多维视角，提取知识内容的意义。深层次知识建构还要求学生对知识的内容和知识建构的程度、方式、策略、结果等不断反思。通过反思，学生进一步调整知识建构的内容、改变知识建构的进程、更新知识建构的方式、监控知识建构的策略与结果等。

促进学习者对知识的理解与反思，应该建立对话与交流机制。现代诠释学将“理解”视为人存在的本质，而理解的最高形式则是“对话”。德国哲学家雅斯贝尔斯指出：“我只有在与别人的交往中才能存在着。”[④] 建构主义学习理论主张，学生的认知结构是学生个体与文本、与其他主体的对话活动，将存在于主体间的知识转化为个体知识的过程。学生要实现对知识内容的理解，首先应该与文本建立深层次对话关系，因为“学科核心素养—学科课程标准—单元目标—课时目标”等是相互联系的整体，所以学生应将新知识植入知识“整体”框架之中。教师也可以运用可视化教学手段，引导学生与课程建立深层次

① 莱斯利：《教育中的建构主义》，高文译，华东师范大学出版社 2002 年版，第 79 页。

② 吕林海，龚放：《中美研究型大学本科生深层学习及其影响机制的比较研究——基于中美八所大学 SERU 调查的实证分析》，《教育研究》2018 年第 39 期，第 111-120 页。

③ Beaten M. *et al.* “Students’ Approaches to Learning and Assessment Preferences in a Portfolio-based Learning Environment”. *Instructional Science*, Vol. 36, no. 5/6(2008), pp. 359-374.

④ 涂成林：《现象学的使命——从胡塞尔、海德格尔到萨特》，广东人民出版社 1998 年版，第 91 页。

对话；学生应与教师以及其他学习主体建立多维对话关系，通过主体间的对话与沟通，实现对新知识的深层次理解与反思。

4. 促进学生对知识的迁移与应用

理解与反思意味着学习者对人类创造的科学文化知识的内化环节；知识的迁移与应用则意味着面对生活与社会实践情境时，学习者将内化的知识外化为解决问题能力的环节。只有当学生知道在什么样的实践情境中应用所学的知识，在真实的实践情境中如何调适、修正自己的知识，如何建构模型解决真实情境世界中的问题时，深层次知识建构的最终目的才能实现。①知识的迁移与应用，既包括直接运用所学知识解决结构良好问题的过程，也包括面临复杂的实践情境时解决结构不良问题的过程。解决结构不良的情境性问题是知识迁移与应用的高级形式，这一层次的学习要求学生能够深度理解情境，建立知识与情境的联系，洞察关键要素，果断采取行动。

促进学习者对知识的迁移与应用，应该创设支撑情境。在教学中，教师应该将教学目标转化为相应的教学问题，再将“问题”嵌入学生学习活动的“情境”之中，激励学生在不同层次问题的解决中积极、主动地建构知识。“情境”是外在的公共理论知识通往学生个体的内在生活经验的通道，借助这条“通道”，新知识传递到丘脑，并进一步“涌现”为学生能够意识到的新经验。由于学习过程中的“问题情境”具有明确的目标导向性，它们能够牵引着学生的脑神经元向着预设的目标运动，因而对于学生深层次知识建构具有极其重要的教育价值。

In-depth Knowledge Building Based on Subject Literacy

GENG Zhonghua[1,2], WANG Zuoliang[1]

(1. College of Education Science, Xuzhou University of Technology, Xuzhou Jiangsu, 221008;

2. School of Public Policy and Management, China University of Mining and Technology, Xuzhou Jiangsu, 221008)

Abstract: In-depth knowledge building, an internal requirement of educational reform in the information age, emphasizes learners' initiative and innovation, and it is a way of knowledge acquisition that points to the solution of complex problems. Subject literacy is the professional character and key competence formed by learners' study of a subject as well as the result of in-depth knowledge building. Opening up the channel between in-depth knowledge building and subject literacy can help learners clarify their learning objectives, motivate them to establish the connection between old and new knowledge, guide them to understand and reflect on subject content, and encourage them to transfer and apply subject knowledge.

Key words: in-depth knowledge building, subject literacy, information age, teaching reform

① 郑葳，刘月霞：《深度学习：基于核心素养的教学改进》，《教育研究》2018 年第 39 期，第 56-60 页。

学生眼中的创造性学习:基于隐喻的分析

陈晴晴

(上海师范大学 教育学院,上海 200234)

摘　要: 利用隐喻可以透视学生对创造性学习的认知。通过对相关隐喻的分析发现:主要呈现出榜样的重要性、功能的多样性、场域的开放性、实践的关键性四种创造性学习观;创造性学习具有自主性、生成性、求异性和价值性等特征;创造性学习的实现条件涵盖主体品格、资本积累、重要他者等。从具体隐喻中可以看到学生关于创造性学习的认知,但同时也存在一些问题。基于此,创造性学习的责任主体需从"旁观者"转向"当事人";创造性学习的发生场域需从"单一封闭"转向"多元开放";支持资源应从"外部条件"转向"情感关怀"。

关键词: 创造性学习;特征;隐喻分析;学生;问题

创造性学习是建构21世纪学习化社会的一种重要学习方式,是培养创造型人才的关键路径,因此,创造性学习极其重要且必要。学生作为创造性学习的主体,其对于创造性学习的认知会影响到具体的创造性学习行为,直接关乎创造性学习是否可以高质量落实。基于此,本研究将学生作为直接研究对象,并借助隐喻分析方法,通过实际调研,尝试从学生的角度把握学生自身对创造性学习的认知,并对存在的问题提出策略与建议,以期助推学生创造性学习从认知到践行的良性发展。

一、研究问题及方法

1. 研究问题:学生眼中的创造性学习

创造性学习是一个历久弥新的话题。早在两千多年前,孔子便提出"不愤不启,不悱不发,举一隅不以三隅反,则不复也",注重学生在学习过程中的变通性与创造性。我国心理学家林崇德先生认为:"学习有两种,一种是重复性学习,另一种是创造性学习。前者是指死抠书本,人云亦云;后者则是指勇于探索、除旧布新。"① 当下《中国学生发展核心素养》亦彰显出对学生创造能力的重视。对学生个体而言,创造性学习是学生学习兴趣、理解程度和迁移能力的彰显,并影响学习的参与度和持久性。创造性学习可有效提升学生在学习过程中的获得感和自我认同感。同时,创造性学习是自我实现的重要途径,马斯洛曾将创造性视为个体对自我的追求。② 创造性学习的重要性不言而喻。

梳理我国对创造性学习的研究,发现,已有研究为"创造性学习"这一主题筑实了一定的理论和实践基础,但研究多是从"旁观者"的视角审视学生的创造性学习。即使这种视角站位于"学生立场",但由于

作者简介: 陈晴晴,上海师范大学教育学院博士研究生,主要从事课程与教学论研究。

① 林崇德:《创造性人才·创造性教育·创造性学习》,《中国教育学刊》2000年第1期,第5-8页。

② 亚伯拉罕·马斯洛:《动机与人格》,许金生译,中国人民大学出版社2012年版,第209-210页。

缺乏对学生个体认知的分析，也很难窥探学生视界中的创造性学习，亦无法保障创造性学习的有效进行。创造性学习是一种强调学生主体性的学习活动，应关照学生参与、重视学生体验，故从学生视角探究创造性学习是需要关注的论题，这亦是本研究要探索的问题。

2. 研究方法：基于隐喻的分析

隐喻是指一事物借助另一事物的名称[①]，以更好地澄清主体关于某一事物的认知。隐喻不是一种"替代"，也不仅仅是一种"改写"、一种修辞格，而是一种非定义的"真正的直接认同"。[②]其产生有内在的运作机制，关乎认知主体的作用[③]，被视为人类认知的基本方式。[④]隐喻具有形象性，可借助隐喻为切入点分析深层次问题。[⑤]其作用原理是使抽象或难以表述的事物和观点得以清晰呈现。隐喻作为教育活动中的一种研究方法，有利于清晰、简约、形象地表达教育研究的成果。[⑥]研究者常利用隐喻分析方法探索教育研究中的问题，如学生眼中的大学教育[⑦]、小学生对数学的认识[⑧]、儿童劳动观[⑨]等。

本研究考虑到学生相对于成人而言，其认知水平和个体经验有限，并不能清楚全面地界定概念以表述"创造性学习"。故而，借助隐喻来间接呈现学生关于创造性学习的认知，通过解读学生根据个人认知所赋予创造性学习的象征性描述，以透视当下学生的创造性学习观。

二、研究抽样与任务布置

研究选取义务教育阶段的学生，采用随机抽样法。在研究正式实施之前，对抽取的样本对象进行了预调研，发现小学低年级（1-3年级）阶段未认读"创造"一词，大部分学生未形成关于"创造"的概念图式，故小学低年级阶段的学生不纳入本研究的样本，最终的研究样本为小学高年级至初中阶段的学生。针对学生的认知发展水平，共分为两种不同的任务形式：（1）要求小学高年级学生完成"思考对创造性学习的认识，把'创造性学习是（像）_____'补充完整，并加以简要说明"这一题目；（2）要求初中学生以"创造性学习"为主题写作，并借助隐喻进行论述，作文体裁与字数不限。研究共面向300名学生样本布置任务，回收作业278份，并对每篇文章进行研读筛选，去除未呈现隐喻的作业15份，剩余有效作业为263份，回收率为92.67%，有效率为94.60%，具体见表1。

表1 研究样本统计表

年级	样本数量	回收样本	有效样本	有效率
四年级	50	45	42	93.33%
五年级	50	47	43	91.49%
六年级	50	48	47	97.92%
七年级	50	46	46	100%
八年级	50	45	42	93.33%
九年级	50	47	42	89.36%
合计	300	278	263	94.60%

① 亚里士多德：《形而上学》，吴寿彭译，商务印书馆2003年版，第56页。

② 商曼，傅淳华：《基于隐喻分析的儿童劳动观探询》，《教育科学研究》2020年第2期，第12-17页。

③ 陆国君：《隐喻产生的符号学分析及认知机制》，《外语学刊》2007年第1期，第117-120页。

④ 胡敏文：《当代隐喻学跨学科多元研究述评》，《湖南社会科学》2010年第1期，第153-155页。

⑤ 张会森：《论隐喻》，《修辞学习》1999年第5期，第12-14页。

⑥ 赵蒙成：《论隐喻在教育研究中的作用与规则》，《湖南师范大学教育科学学报》2008年第4期，第46-49页。

⑦ 高维：《学生眼中的大学教育：基于隐喻的分析》，《现代大学教育》2016年第3期，第6-14页，第51页，第112页。

⑧ 杨光伟，张波：《小学生数学隐喻的研究》，《数学教育学报》2006年第3期，第60-63页。

⑨ 商曼，傅淳华：《基于隐喻分析的儿童劳动观探询》，《教育科学研究》2020年第2期，第12-17页。

三、研究结果分析

1. 总体概况

(1)学生关于创造性学习的隐喻源域类型划分

对学生提交的文章进行仔细研读,抽离其中的隐喻,并在此基础上进行归纳分析。因每位学生提供不止一个隐喻,故得到隐喻总数超过样本数量,但是重复的隐喻较多,剔除重复的隐喻之后,共得到214个隐喻。将这些隐喻进行总结分类,可分为人物、物体、自然和事件四种隐喻源域类型,出现的频次分别为83、68、20、42,所占比例为38.79%、31.78%、9.35%、19.63%,其中有一个隐喻无法归入这四类,列为"其他"(见表2)。从四种隐喻源域来看,学生创作的隐喻都是其比较熟悉的事物,不同类型的隐喻体现了学生对创造性学习不同角度的认知。在属人物的源域中,主要通过课本、生活中的典型人物来隐喻具体的创造性学习。值得注意的是,"李子柒"出现的频次高达13次,映射出网络媒介对学生日常生活的影响;在属物体的源域中,以"百宝箱、机器人、魔法棒"等来类比创造性学习,主要呈现出创造性学习的功能性;在属自然的源域中,反映出创造性学习发生场域的开放性以及类型的多样性;在属事件的源域中,以典型事例来呈现创造性学习的过程,可清晰了解学生关于创造性学习的实际体验。

表2 隐喻源域分类表

隐喻源域类型	隐喻	频数	占比
人物	爱迪生、牛顿、李子柒、曹操、张海迪、鲁迅、李白、鲁班、匡衡、精卫、中国女排、妈妈、管理者、老师、科学家、XX(同学名字)、画家、设计师、婴儿、猿人、工匠、李可染、孙悟空……	83	38.79%
物体	兵法、指明灯、百宝箱、宝库、机器人、城堡、马良的神笔、魔法棒、电脑、钥匙、书、锋利的刀、袜子、磨刀石、射线……	68	31.78%
自然	太阳、小鸟、蜜蜂、蜘蛛网、蝴蝶、森林、大海、雪花、季节、小草、花朵、牛犊、变色龙、公鸡、鱼、蚂蚁……	20	9.35%
事件	研制新冠疫苗、做游戏、老师讲课、剥柚子、切苹果、学舞蹈、辩论赛、包饺子、下棋、过家家、婴儿学走路……	42	19.63%
其他	面包	1	0.47%

(2)学生对创造性学习的基本认知情况

学生在对所创作的隐喻展开论述时,关涉与创造性学习呈正相关和负相关这两种关键词:排名前十的负相关词汇是"枯燥""厌学""不爱动脑筋""被动""不举手回答问题""成绩差""分数""呆板""无聊""困难";排名前十的正相关词汇为"独立思考""主动探索""有意义""举一反三""质疑""理解""新颖""会学习""内心需要""有趣"。梳理发现,高频次关键词主要涉及学生之于创造性学习的主体、态度、体验、结果四个方面的认知:其一,学生认为自己是创造性学习的主体,创造性学习是一种根据主体内心需要进而主动探索学习过程的学习方式;其二,学生认为创造性学习往往呈现出积极主动的学习状态,且常对学习内容和惯有的学习方式持质疑、批判态度;其三,学习主体具有愉悦的学习体验感,学生认为创造性学习可使人远离厌学情绪,拥有学习的热情;其四,创造性学习的结果是发展而非累积,创造性学习表现出学习者举一反三的能力,可以激发学习兴趣、想象力,形成坚定的学习信念。

2. 具体分析

(1)人物类隐喻——榜样的重要性

多数学生将创造性学习类比为学习生活中常见的人物，这些人物的来源主要分为三大类：一是学校教材，二是生活领域，三是媒体网络。其中大部分人物曾经被或当下公认为具有创造性学习的特质，另有一些人物是学生根据自己的判断进行识别，如妈妈、老师、同伴。学生以人物来类比创造性学习，并认为这些人物的创造性学习经历及其表现出的创造性品质，对自己进行创造性学习具有榜样示范作用：一是方向引领。学生认为创造性学习具有积极的价值导向，创造性学习的行为及结果具有贡献性，如猿人、鲁班、科学家，有学生写道，“创造性学习像科学家，为社会创造出高科技产品，使人们的生活更加便利”；二是方式启发。创造性学习具有极大的自主性，要求敢于突破常规，善于思考，如孙悟空、牛顿、设计师。有学生论述“牛顿从另一个角度思考苹果落地的原因，启示我们从多个角度思考问题”；三是精神激励。创造性学习并非限于学习的方式和结果，其本身蕴含着创造性学习者的可贵精神，对学生而言具有极大的激励性，如匡衡、张海迪、工匠。有学生总结，“创造性学习非一日之功，需要克服困难，持之以恒，才能探索出属于自己的创造性学习道路”。

(2)物体类隐喻——功能的多样性

物体类隐喻的共同点是学生对创造性学习重要性的认可，在学生的认知中，创造性学习是一种功能强大的学习方式。如“创造性学习像马良的神笔，可以帮我解决学习上遇到的问题”，“创造性学习像百宝箱，可以为我提供不同的学习思路”。具体而言，学生主要关注创造性学习在知识获取和考试成绩两个方面的作用：其一，学生认为创造性学习是一种新奇、灵活、高效的学习方法，希望通过创造性学习方便快捷地掌握教师所教的知识，例如“创造性学习像魔法棒，可以把黑板上的知识全都收入到我的脑子里”；其二，学生将创造性学习视为考试“利器”，认为其能够使自己在考试中获得好成绩，正如有学生谈到“创造性学习像一把钥匙，可以使我在考试中顺利打开每一道题”。此外，有部分学生认为创造性学习具有屏障作用，可以隔离学习中的消极体验，如“创造性学习就像盾牌，让我免遭学习之苦”。

(3)自然类隐喻——场域的开放性

通过分析自然类隐喻的具体呈现，发现学生认为创造性学习的发生场域具有开放性，既包括学校学习亦涵盖日常生活中的学习。同时，此类隐喻所指的创造性学习类型多为课外技能，且目标指向更具多样性，如“创造性学习像蜜蜂采蜜，要采无数朵花才能酿造一滴蜜，我要像蜜蜂一样，学习多方面的技能，以使自己茁壮成长”，“创造性学习像大海……我学习唱歌也要如此，将每一个小音符汇成大海”。但是，将创造性学习类比为自然类事物的多为小学高年级学生，初中生在论述创造性学习时极少出现此类事物。可见，小学高年级与初中阶段的学生在创造性学习发生场域方面呈现较明显的认知分野。

(4)事件类隐喻——实践的关键性

以具体事件来类比创造性学习，是将创造性学习视为一种实践过程。从具体事件中可以探知，学生是事件发生的主体或重要在场者，如“创造性学习像辩论赛……每场辩论赛都在考验我随机应变的能力”，“创造性学习像婴儿学走路……弟弟自己尝试的倒退走法，何尝不是创造性学习”。同时，学生在事件中的阶段性体验反映出在创造性学习过程中的态度变化，即认为创造性学习并非绝对“轻松”，亦非“一帆风顺”，而是一个不断试误、反思、改进、践行的过程，如“创造性学习像包饺子，刚开始饺子馅老是露出来，但是我并未放弃。我向妈妈学习时，发现妈妈的方法并不适合我，因为妈妈的手大而我的手小，于是我不断尝试新的方法，终于成功学会了包饺子，妈妈夸我的饺子是‘独家包制’”。可见，学生在具体的实践过程中，可以真实地体验创造性学习，而且其独立思考的能力和行动能力也在潜移默化中得到提升。

四、研究总结与反思

1. 研究总结

学生关于创造性学习的隐喻以及具体阐述，呈现出其对创造性学习的独特认知，从所属的维度、隐喻创作的角度、隐喻以及目标域进行归纳汇总，大抵可归为两条明显的可视化线索，即创造性学习的特征和创造性学习的条件。详见表3和表4。

(1)创造性学习的特征

学生眼中的创造性学习具有自主性、求异性、生成性和价值性等特征。自主性是相对于“他主性”而言，学生自己拥有学习的话语权。很多学生认为创造性学习首先是一种自发的学习活动，是根据内心需要和兴趣所指，自主制订学习目标、选择学习方法、探索学习内容的过程；从学生列举的隐喻中发现，“求异”是创造性学习的关键特征。求异性指学习敢于突破常规，跳出固化思维的围墙，敢于质疑权威，善于另辟蹊径；过程性是指创造性学习并非一蹴而就，而是一个不断积累、螺旋发展的过程，在这一过程中获得学习反馈并不断进行调节；价值性是创造性学习的一个重要特征，即学生认为创造性学习具有积极作用，创造性学习的价值功能主要可归为三类，即服务他人、自我成长和贡献社会。

表3 创造性学习的特征

维度	创作角度	隐喻	目标域
创造性学习的特征	自主性	做游戏、过家家、音乐创作人、匡衡、管理者	自愿学习、主动发现问题、内心需要
	求异性	切苹果、剥柚子、李可染、孙悟空、XX(同学名字)	突破陈规、敢于创新、善于质疑
	生成性	包饺子、辩论赛、过家家、下棋、城堡、设计师	不断探索、借助想象、连续闯关
	价值性	科学家、爱迪生、李子柒、精卫、猿人、妈妈	服务他人、自我成长、贡献社会

(2)创造性学习的条件

创造性学习的条件指如何实现创造性学习，主要包括主体品格、资本积累和重要他者三个方面。无疑，学生是创造性学习的第一责任体，隐喻中暗含了创造性学习主体应该具备的品格：对学习内容抱有好奇心，具备探索的勇气和饱满的热情，在过程中对所面临的困难持自信、乐观的态度，具有持续钻研的精神，同时应具有理解能力和迁移能力等。除重要品格之外，创造性学习的实现需要学习者前期具有一定的资本积累，如日常经验、知识基础、技能掌握等，只有在不断积累的基础上才能实现创造。另外，“重要他人”对创造性学习具有重要影响，在诸多隐喻中，无论是人物类隐喻还是事件类隐喻，他人的创造性学习经验会给学生带来诸多启发，并起到良好的榜样示范作用。

表4 创造性学习的条件

维度	创作角度	隐喻	目标域
创造性学习的条件	主体品格	诸葛亮、张海迪、工匠、逆水行舟、卢瑟夫、一休、婴儿	好奇心、热情、毅力、自信、勇气、乐观、迁移、钻研、理解能力
	资本积累	教师、科学家、画家、妈妈、学钢琴、辩论赛、书、记单词	学习知识、获得技能、日常积累、不断进取、实际检验
	重要他者	中国女排、教师、妈妈、研制新冠疫苗	学习榜样、良好示范、成功案例、受益匪浅、尝试、获得启发

2. 研究反思

从具体隐喻中可以看到学生关于创造性学习的认知，但是其中存在的一些问题也是显而易见的，需要教育者从以下几个方面予以关注：

（1）创造性学习的责任主体应从“旁观者”转向“当事人”

诚然，学生将创造性学习视为一种极具自主性的学习方式，并且可以清晰地将自己所认知的创造性学习进行多种类比。但是在详细阐述中大部分学生都未涉及自我经验，多以旁观者的身份间接体验他人的创造性学习。在梳理学生提供的隐喻时发现，仅有 21 人谈及了自己的创造性学习经验。可见，创造性学习虽然是学生心中关于学习的一种理想方式，但实际上处于一种悬置状态。针对学生对创造性学习的“愿景式”认知，需要引导其将身份从“旁观者”转向“当事人”。只有经过具身体验，才能真正理解并实现创造性学习。

如何实现学生身份的转变？首先，必须意识到在学习的过程中大部分学生都扮演着追随者的角色，长存依赖的学习心理，缺乏自主探索和创造意识，而这似乎成了教育中的一种惯性，使学生自身的创造性学习难以萌发。这就要求教育者注重对学生的学习动机、热情以及学习责任感的激发，尤其是在日常的学习中强调榜样作用的同时，要鼓励并持续关注学生对榜样行为的践行。将学习榜样与自主发力相结合，引导学生自主探索独具特色的创造性学习路径。其次，尊重学生个性化学习的话语与行动。创造性学习是一种建立在个人经验、需要以及兴趣之上的活动，以一种“在场”的方式进行自主探索，而且在这个过程中学生应立足于自我之维进行学习、反省和评价，进而在诸多影响学习的复杂要素之间形成个性化的认知体系，并在形成创造性学习的过程中丰盈精神空间，获得学习的意义感与自我价值感。

（2）创造性学习的发生场域应从“单一封闭”转向“多元开放”

在分析初中阶段的学生关于创造性学习的隐喻时，发现隐喻的所属场域多为课堂和学校，而“成绩”是此阶段学生在描述创造性学习时出现频率较高的关键词。学生在论述中指出阻碍创造性学习的主要原因是家长和学校对成绩的过度重视。很多学生认为创造性学习是“自己喜欢的学习方式”“质疑精神”“不背答案”“举一反三”等，而成绩取向的学习目标之下，创造性学习难以立足。同时，提高成绩又成为学生对创造性学习的重要期待。比如，“创造性学习像锋利的刀，可以助我在考试时过关斩将，取得高分”。不难发现，在学生的潜意识里，创造性学习是附属于学校教育中的学习活动。

鉴于此，教育者要从学生学习环境的整体性进行考量，既要关注学生在学校学习中的创造性，又要关注学生日常生活中的创造性。这便要求创造性学习发生的场域应从“单一封闭”走向“多元开放”，以破除创造性学习的场域边界，同时应加强对多元场域的整合，实现学生创造性学习的跨场域落实。在“非正式”空间、其他校外场所和学校环境之间建立联系，可以提高学生的参与度和积极性，从而提高创造性成果。①一方面，在学校教育层面应进一步明晰学生学习的基本逻辑，将尊重学生的创造性作为教学层面的逻辑起点。在关注学生学业活动的同时，注意到学生的个体差异，避免“一刀切”式的教学方式以及学习评价影响学生创造性潜能的萌芽。另一方面，学生在学校之外的创造性行为在一定意义上也会引导或制约学生在学校内的学习表现。这就要求对学生创造性学习思维的激发根植于学生日常的创造性经验，鼓励学生进行创造性学习迁移，实现校内外创造性学习的融通。

（3）创造性学习的支持资源应从“外部条件”转向“情感关怀”

从学生关于创造性学习的隐喻清单里可以看出，诸多与创造性学习呈负相关的词汇如“低头”“沉默”“不举手”等，不仅映射出当下中学生存在的不良学习态度及行为，同时也反映了学生期望借创造性学习将此克服。但常见的充满奖励、竞争和频繁的考试的教学环境，以及结合外部奖励和惩罚的教学实践对于创造力的培养不是最佳选择，内在动机永远比外部激励重要，可以带来更深层次和持久的学

① Dan Davies, Divya Jindal-Snape, Chris Collier, Rebecca Digby, Penny Hay, Alan Howe, “Creative Learning Environments in Education—A Systematic Literature Review”, *Thinking Skills and Creativity*, Vol. 8, no. 7(April 2013), pp. 80-91.

习。[①]故而,应批判地审视现有的激励机制,从重“外部支持”转向重“情感关怀”,提高学生的内在积极性。

具体而言,教师在学生的创造性学习中扮演着“重要他者”的角色,学生在关于创造性学习的论述之中,较常提及教师的教学方式对自身学习的影响,教师作为促进学生创造性学习的重要责任体,需为学生提供情感关怀。首先,在课堂学习中应加强师生之间的意义性对话。对话作为一种教育原则,强调的是师生的平等交流与知识共建,挑战关于师生关系、知识本质以及学习本质等方面的思维成见。[②]借助对话破除课堂中师生之间的“无声”痼疾,为学生创造性意识的萌发筑基。其次,指引学生的想象落地。想象是学生对创造性学习的设想与期待,作为被排斥的和被忽视的“装饰品”,是我们开展高效和富有成效的学习的最有效工具。[③]想象承载着学生对学习和个人发展的创造性见地。亦如学生对创造性学习进行的隐喻论述,每个隐喻都蕴涵着学生的想象。教师应提供适当的时间和空间放飞学生的想象,为学生的思维解压。同时,赋权学生进行自由想象应注重对学生的适切引导,创造性学习目的要有一个明确的指向。再次,关注偶发的创造性学习事件。创造性思维有时是一种突发性的灵感,教师要善于从偶发的创造性学习事件中突破,捕捉学生的创造性思维及行为,帮助学生认识自身的创造潜能,以增强学生的自我效能感。同时,将有利于学生进行创造性学习的各种要素进行整合,实现各要素之间的意义建构,助推“偶然”常态化发生,以帮助学生更深层次地认识自我,树立创造性学习的信心。

Creative Learning in the Eyes of Students: An Analysis Based on Metaphor

CHEN Qingqing

(College of Education, Shanghai Normal University, Shanghai, 200234)

Abstract: The use of metaphors can reveal students' cognition of creative learning. Through the analysis of related metaphors, it is found that there exist four creative learning concepts, including the importance of role models, the diversity of functions, the openness of the field, and the criticality of practice; creative learning has the qualities of autonomy, generativeness, difference and value; and the conditions for its realization includes the character of the subject, capital accumulation, and significant others. From specific metaphors, we can see students' cognition about creative learning, but there are also some problems. Based on this, the responsible subject of creative learning needs to shift from "bystanders" to "people in charge"; its field needs to shift from "a single closed place" to "the one with multiple opening"; support resources should shift from "external conditions" to "emotional care".

Key words: creative learning, characteristics, metaphor analysis, students, problems

① 巴格托,考夫曼:《培养学生的创造力》,陈菲,周晔晗,李娴译,华东师范大学出版社 2013 年版,第 306-317 页。

② 戴维·伯姆:《论对话》,教育科学出版社 2004 年版,第 10 页。

③ Kieran Egan:《走出“盒子”的教与学》,王攀峰,张天宝译,华东师范大学出版社 2010 年版,第 4 页。

教育伦理学视域中的学习竞争道德失范与规范

曹周天

（人民教育出版社 课程教材研究所，北京 100081）

摘 要：学生在处理学习竞争问题时的道德失范行为，主要表现在私自占有公共教育资源和自我封闭两个方面。从美德论来看，学习者在面对学习竞争时产生的自私心理常常会把原本为集体共享的利益据为己有，封闭心态容易将同伴群体排斥于自我之外；从功利论来看，学习竞争道德失范则会搅乱人际关系，诱发恶性竞争；从道义论来看，学习者制造恶性竞争的动机和手段缺乏正当性，其行为反映出的利己主义违背了集体主义道德原则。我们倡导“竞于道德”的学习竞争观，在合作中实现共同发展。为此，学习者应当以开放包容的心态积极参与竞争，学校和社会要营造有利于良性竞争的学习生态。

关键词：学习过程；竞争问题；道德失范；学习伦理；教育伦理学

纵观学生的学习过程，竞争与合作可以说是一对永恒的矛盾。一方面，优质教育资源毕竟是有限的，为了获取更好的机会、更优质的教育资源，学生在学习过程中必然存在着竞争关系；但另一方面，学生接受学校教育的过程又不是在一个完全真空的状态下进行的。在当前普遍实施以班级授课制为主的教学组织形式中，学生与同伴群体共同学习已成为常态。从这个意义看，学生在学习过程中如何恰当处理与同伴的关系问题，以及如何正确开展学习中的竞争与合作活动，就成为教学论的理论和实践研究关注的重点。本文所要探讨的正是这个问题，只不过考察的重点是学生在学习过程中处理竞争问题时的道德失范行为，并以此为突破口，运用伦理学相关理论进行剖析，最后提出我们所倡导的学习竞争观。

一、“竞争”的基本理解

1.“竞争”的多维解读

追溯历史可以发现，最早从资源的角度谈竞争源起的是战国末期的思想家荀子。他在《荀子·富国》篇中写道：“欲多而物寡，寡则必争矣。故百技所成，所以养一人也，离居不相待则穷，群而无分则争。穷者患也，争者祸也。救患除祸，则莫若明分使群矣。”对此，荀子提出“明分”这个概念来试图解决这一矛盾，也就是要确立一种封建等级制度——“礼”。在《礼论》篇中，荀子进一步阐发了他的这一观点，认为由于客观上存在着“资源的有限性与人的欲求无限性”二者之间的矛盾，就必然会产生竞争，“礼”的调节和控制才是有效解决竞争冲突这一矛盾的重要途径。战国末期法家学

基金项目：本文系中国博士后科学基金第68批面上资助项目“新中国统编教材建设史的系统考察（1950—2000年）”（项目编号：2020M680605）的研究成果。

作者简介：曹周天，人民教育出版社课程教材研究所助理研究员，博士，主要从事课程与教学论、教育伦理学、教育出版史研究。

派的代表人物韩非子,比较关注资源与人口这两个客观因素之间的矛盾。他认为,人们相互竞争并不是由于道德沦丧,而是因为"财寡"。虽然具体观点存在一些差异,但荀子和韩非子共同主张"争则乱"。因此,中国古代社会对竞争往往采取限制和禁止的政策。在西方,英国经济学家马尔萨斯认为,资源的有限性引起的竞争是促进历史进步的动力之一。从其积极意义来看,这一理论肯定了竞争作为社会历史发展动力的本质特性,它较之我国古代社会对竞争问题的认识是一次较大的飞跃。

由于竞争普遍存在于社会各领域之中,因而,不同领域对竞争概念的界定也值得关注。比如,生物学认为,竞争是生物交互作用的一种,通常指同种或异种个体间为了争夺资源而相互施加不利影响的现象。它主要发生在资源有限的情况下,一般可划分为掠夺式竞争和干扰式竞争两大类别。①

又比如,社会学将竞争界定为"人与人、群体与群体之间对于共同目标的争夺"。② 综合来看,竞争主要是围绕有限资源所展开的力量角逐。在学生学习领域,有限资源可以理解为优质公共教育资源,如何运用正当合理的方式去获取这些优质公共教育资源,则需要学习伦理视野的观照。

2. 竞争是普遍存在的社会现象

达尔文在《物种起源》中根据生物界中存在竞争的事实,提出"自然选择"理论,并指出自然选择是生物进化的一种淘汰机制。竞争是普遍存在的社会现象,我们并不能回避或彻底消除竞争,关键在于如何正确认识和对待竞争。从教育资源的分配来看,学习中的竞争是客观存在的,这一点是无法回避的事实。比如,我国的各类升学考试,其本身就带有明显的选拔与竞争意图。"竞争本身是一种实力较量过程,一种择优机制和奖励机制,因此它就排斥了平等地占有和分配社会资源,而必然造成资源占有上的不平等。"③ 既然竞争是不可避免、客观存在的社会现象,那么,如何正确地认识竞争,并让竞争积极发挥其正向促进功能,就成为我们思考的关键问题。

二、学习竞争道德失范的典型表现

通常来说,"道德失范包含着人们精神和行为失范两个方面的内容,从精神上讲是内在道德心理的失落、混乱和道德观念的缺失、动摇,从行为上讲是举止仪表和动作语言的混乱或犯分乱理,或者说是行为的无度与越轨"。④ 聚焦到学生的学习领域,主要包括学生在学习观念及行为层面的道德失范表现,即不合道德规范的学习观念和学习行为。

笔者以为,之所以会出现这种状况,一方面或多或少受到当前弥漫在整个教育领域中的攀比文化的影响,正如顾明远先生所说,"攀比是教育竞争的推手"⑤;另一方面也与优质教育资源紧缺的社会现实不无关系。这些外在因素固然是不可忽略的,但从学习者个体来说,学习者自身应当认真反思学习竞争的内涵、意义和价值,从而积极寻求破解之道,这正是伦理学视角观察学生学习竞争问题的出发点和归宿。

三、教育伦理学视域下学习竞争道德失范的理论反思

1. 学习竞争道德失范的美德论反思

竞争问题所关注的焦点是,在对共同资源和利益的追求和分配过程中人们的动机观念和行为方式问题。美德论要讨论的核心问题是"我们应该成为什么样的人",它关注的重点是"人的品

---

① 中国大百科全书总编辑委员会《生物学》编辑委员会:《中国大百科全书(生物学Ⅰ)》,中国大百科全书出版社1991年版,第768页。

② 中国大百科全书总编辑委员会《社会学》编辑委员会:《中国大百科全书(社会学)》,中国大百科全书出版社1991年版,第125-126页。

③ 袁振国:《当代教育学》(第4版),教育科学出版社2010年版,第301页。

④ 朱贻庭:《伦理学大辞典》(修订本),上海辞书出版社2011年版,第21页。

⑤ 顾明远:《中国教育路在何方:顾明远教育漫谈》,人民教育出版社2016年版,第10页。

质”。[①] 因此，从竞争者的品质来看，学习竞争中的道德行为失范者主要存在自私心理和封闭心态两种惯习。

（1）自私心理

在如何处理个人与集体关系时，自私心理是一种常见的惯习。自私者没有正确认识人与人之间的相处之道，往往希望能独占公共资源，甚至不惜采用恶意手段阻碍他人获取。现实中，持有自私心理的学习者不在少数，这固然与优质公共教育资源紧缺有关，但更体现出其缺失高尚的道德品质和善良心态。总之，在学习竞争过程中，要努力克服内心的自私，充分发扬人性中热忱、友爱的善端，多为他人着想，力争做一个利他、大度的学习者。

（2）封闭心态

某些学习者正是由于自私心理的不断滋长，从而形成了自我封闭的心态，这很容易导致在认识上对学习活动的性质及其竞争问题存在片面化理解。人在本质上是社会性动物，总是存在于一定的社会关系之中。然而，内心封闭者却看不到人和人之间所形成的关系共同体，而只看到人与人之间的排斥、敌对等冲突关系。在他们看来，他人和集体的存在不是为自己提供帮助，而相反成了影响个人利益获得的阻碍因素，这是内心封闭者所持的固有逻辑。从美德论角度看，一个人应该拥有开放、包容的美德，要做一个愿意与他人交流、分享智慧的人。学习的过程本身就需要开放包容的心态。而且在与同伴相处过程中，也要有开放包容的心态，要积极融入集体之中，既多向他人学习，也要善于帮助别人，不能使自己脱离集体。

2. 学习竞争道德失范的功利论反思

（1）搅乱人际关系

学习者的不良竞争心态会直接搅乱原本和谐的人际关系。举例来说，比如一个班级因为某些学习者不良竞争行为的存在，就会导致同伴之间的相互封闭，从而形成“独学而无友”的尴尬局面。这一格局的产生就源于学习共同体中的成员对竞争内涵的理解偏差，进而会在一定程度上搅乱同伴之间的关系，导致人与人之间缺乏最基本的信任和真诚。大家都会不自觉地把同伴看作自己潜在的竞争对手，那么人际关系之复杂、紧张程度可想而知。学习氛围的紧张还会间接地引发学生个体的紧张、焦虑甚至抑郁等心理问题。这些都是由学习者不良竞争心态而可能引发的一连串问题。

（2）诱发不当竞争

其实，搅乱人际关系只是表层现象，从深层看，学习竞争中的道德失范很有可能诱发同伴之间的不当竞争，不论对学习者个人，还是对整个学习共同体来说，其危害性更大。首先，学习的恶性竞争会变相地加重学习者的学习负担，增加学习者的心理压力。这导致的直接后果是，一方面，学习者会不断地给自己加压，生怕疏忽大意就会落后；另一方面，也会逐渐封闭自己，而不愿意与同伴交流，担心自己的优势被别人模仿学去。其次，不当竞争还会影响通过团队协作共同完成学习任务的效果。一个恶性竞争的学习环境会潜在地给每一位学生的发展带来许多无形的障碍，原先可以通过合作学习就能解决的诸多问题，都需要由个人独自承担并完成，从而会相应地提高个体成长发展的成本。总而言之，不当竞争会导致同学之间相互提防，不能坦诚相见，进而破坏学习共同体的优良教育生态，其危害性巨大。

3. 学习竞争道德失范的道义论反思

道义论审视的是竞争的动机和手段是否违背法律和伦理的规范，是否存在不当的动机和行为。反观案例中的诸多竞争道德失范的动机和行为，我们不难看出，一方面，学习者不当竞争的动机和手段均缺乏正当性；另一方面，学习者所表现出的利己主义违背集体主义原则，下面具体展开论述。

（1）不当竞争的动机和手段均不正当

竞争应当在公平的环境中进行，学习者的不正当竞争主要体现在以下两方面：第一，动机不正当。第二，手段不正当。良性竞争应当是一种合情、合理、合法的竞争。我们倡导学习者要寻求一种正当的竞争方式，即通过自身的努力、合乎规则地参与竞争。

（2）利己主义违背集体主义原则

竞争应当在遵循规则的前提下，合情、合理、

① 肖群忠：《规范与美德的结合：现代伦理的合理选择》，《西北师大学报（社会科学版）》1999 年第 5 期，第 39-44 页。

合法地进行。马克思主义伦理学认为,利己主义与集体主义是根本对立的。而那些总是把集体利益占为己有、蓄意制造恶性竞争的学习者所表现出的极端利己主义,违背了集体主义原则。学生的学习并不仅仅为了获取知识,在学习过程中促进个体的社会性发展也是一项重要的目标。自私与封闭的心态既不利于个体的社会化发展,同时也会对集体利益造成损害。

四、竞于道德:学生学习竞争道德的规范

基于上文分别从美德论、功利论和道义论三种视角对学生学习竞争道德失范行为的分析,笔者认为,处理学习竞争道德失范问题的关键突破口是要大力倡导"竞于道德"的学习竞争观,鼓励学习者在合作中实现共同发展。在学习过程中,一方面,学习者应当以开放包容的心态积极参与学习竞争活动;另一方面,学校和社会也要努力营造出良性竞争的学习生态。

1. 以开放包容的心态积极参与竞争

理性客观地认识学习中的竞争问题是处理并解决学习竞争道德失范问题的前提和基础。从教育资源的分配来看,学习中的竞争问题是客观存在的,这一点是任何社会乃至个人都无法回避的基本事实。英国哲学家休谟(David Hume)在《论艺术和科学的兴起与进步》一书中说过:"高尚的竞争是一切卓越才能的源泉。"[①] 从上文中的分析可以看出,不当竞争的产生虽然在客观上受到社会环境诸如攀比文化、优质公共教育资源短缺等因素的影响,但学习者自身的心态以及世界观、人生观和价值观取向也是不容忽视的重要影响因素。因此,要培养学生树立科学、理性的竞争观,兼顾竞争意识和竞争伦理,提倡学习中的良性竞争,确立互惠双赢意识,以平等、合作为关系基础,以共同成长、共同进步为目标指向。"用交往伦理学的观点来说:合作是以相互理解为基础的一种交往行为。"[②] 历史事实和经验表明,牢固的同学友谊必然建立在良性学习竞争关系的基础之上。数理逻辑学家王浩回忆当年在西南联大求学的经历时曾感慨道:"教师与学生相处,亲如朋友,有时师生一起学习新材料。同学之间的竞争一般也光明正大,不伤感情,而且往往彼此讨论,以增进对所学知识的了解。离开昆明后,我也交过一些别的朋友,但总感觉到大多不及联大的一些老师和同学亲近。"[③]

2. 营造有利于良性竞争的学习生态

营造良好的竞争环境对学习者理性竞争观的养成是大有裨益的,具体可以从文化建设和制度建设两个方面着手。在文化建设方面,首先是加强教育,引导学习者合理设定奋斗目标和学习榜样,追求适度竞争,不能蓄意制造过度竞争;倡导良性竞争,抵制恶性竞争。其次是要用好课堂教学主战场,引导学生在学习中建立互帮互助的良性竞争关系。正如夸美纽斯(Comenius)所说的那样,班级教学,相对于个别施教,学生之间"可以相互刺激,互相帮助","对于这种年龄的孩子,竞争确是一种最好的刺激"。[④] 在制度建设方面,2019年6月23日中央印发的《关于深化教育教学改革全面提高义务教育质量的意见》明确规定,要"从严控制考试次数,考试内容要符合课程标准、联系学生生活实际,考试成绩实行等级评价,严禁以任何方式公布学生成绩和排名"。[⑤] 严格控制考试次数,降低频繁考试给学生带来的学业和思想上的负担,走出以考试主导教学的竞争怪圈,也可适当减少因学习竞争问题给学生带来的烦恼。

3. 竞于道德:学习竞争观的价值追求

韩非子曾说:"上古竞于道德,中世逐于智谋,当今争于气力",这三句话可以说是对人类社会竞争形态的精当概括。张培锋主张可以将韩非子所提出的三种竞争形态做次序的调整,其中"竞于道德"是竞争形态的最高境界[⑥],它的含义是:"现代社会竞争应当建立在道德的前提下,以公平与正

---

① 雨桥:《人生智慧——世界名人名言精华》,上海人民出版社1998年版,第226页。

② 刘玉静:《合作学习的伦理深思》,山东师范大学博士学位论文,2006年,第1页。

③ 陈平原:《抗战烽火中的中国大学》,北京大学出版社2015年版,第141页。

④ 夸美纽斯:《大教学论》,傅任敢译,人民教育出版社1984年版,第139页。

⑤《中共中央国务院关于深化教育教学改革全面提高义务教育质量的意见》,《光明日报》2010年7月9日,第1版。

⑥ 张培锋:《竞争论》,天津社会科学院出版社2002年版,第248页。

义为基础,以诚信与合作为基本方式,以有序性和有限性为基本准则。"①

《管子·霸言》有言曰:"合则强,孤则弱。"朱光潜先生认为,"一个人如果常有团体合作的训练,在学问上可以免偏陋,在性情上也可以免孤僻,他会有很浓厚而愉快的群的意识,他会深切地感觉到:能尽量发挥群的力量,才能尽量发挥个人的力量。"② 互助论伦理思想的代表者——克鲁泡特金的《互助论》一书中贯穿着一条重要的伦理思想,即"互助"是生物的本能,"互助法则"是包括人类在内的一切生物的进化法则。③ 由此可见,以合乎道德的方式开展学习中的竞争活动,是促进教学活动健康发展的必要前提。

纵观学生在学习过程中所遇到的竞争问题,笔者认为,学习者多半只是将竞争视为目的,而并未将之视为促进个体进步的积极推动手段,正因为如此,才会出现一些过度竞争甚至不当竞争的情况。从一个人漫长的成长历程来看,得与失的关系往往处在不断变化之中,二者之间具有相对平衡性。学友间的竞争关系如果能使学生各尽其才,充分发挥个人潜能,全面调动学习积极性,那么这种竞争关系与氛围就会对学生的学习产生积极的促进作用。总而言之,合作与竞争作为学习过程中的一对矛盾,需要得到妥善处理。处理得好,则有利于实现学友间的双赢;处理不好,则很可能造成两败俱伤。

Moral Anomie and Norm in Learning Competition in the Perspective of Educational Ethics

CAO Zhoutian

(Curriculum and Teaching Materials Research Institute, People's Education Press, Beijing, 100081)

Abstract: Students' moral anomie behavior in dealing with the competition of learning is mainly manifested in private possession of public education resources and self-closure. From the perspective of virtue theory, the selfish psychology of learners in the face of learning competition often takes the interests originally shared by the collective as their own, and the closed mentality tends to exclude the peer group from the self. From the perspective of utilitarianism, moral anomie in learning competition will disturb interpersonal relations and induce vicious competition. From the perspective of deontology, learners' motivation for and means of the creation of vicious competition lack legitimacy, and the egoism reflected in their behavior violates the moral principle of collectivism. We advocate the concept of "competition in morality" and realize common development through cooperation. Therefore, learners should actively participate in competition with an open and inclusive mind, and schools and society should create a learning environment conducive to healthy competition.

Key words: learning process, competition issue, moral anomie, ethics learning, educational ethics

① 张培锋:《竞争论》,天津社会科学院出版社 2002 年版,第 252 页。

② 朱光潜:《朱光潜读书与做人》,国际文化出版公司 2014 年版,第 169-170 页。

③ 宋希仁:《西方伦理思想史》(第 2 版),中国人民大学出版社 2010 年版,第 409 页。

指向深度学习的高中语文阅读教学路径探索

张　硕

(上海市七宝中学,上海 201101)

摘　要: 深度学习强调知识的整合、迁移和运用,以及对问题的批判和评价,重视培养和提升高阶思维,可以有效提升阅读教学品质,促进学生语文核心素养发展,帮助教师专业成长。高中语文阅读教学可以结合深度学习的内涵与特征,通过创设不同的实践情境,提高阅读体验;立足单元设计,实现整体阅读;加强反思与评价,落实创造性阅读。基于此,推动阅读教学走向深度,进一步培养和提升学生的语文学科核心素养。

关键词: 深度学习;高中语文阅读教学;内涵;特征;意义;策略

一、引言

普通高中新课程新教材(以下简称“双新”)实施以来,高中以“立德树人”为改革目标,重点关注学生核心素养的发展情况。《普通高中语文课程标准(2017年版2020年修订)》(以下简称《课程标准》)强调:“发挥语文课程的独特功能,促进学生语文学科核心素养全面发展。”语文学科具有独特的育人价值,阅读是高中语文教学的重要内容,也是培养学生核心素养的重要方式,尤其是统编版高中语文教材使用以来,完善了整本书阅读、群文阅读、任务群阅读、思辨性阅读等内容,强化了阅读意义,使得阅读教学方式更加丰富,内容更有深度,让学生的阅读活动走向深度学习。1976年,美国学者弗伦斯·马顿(Ference Marton)和罗杰·萨尔乔(Roger Saljo)共同发表的论文《学习的本质区别:结果和过程》,提出“浅层学习(Surface Learning)”和“深度学习(Deep Learning)”概念,指出:浅层学习是一种被动的、机械的学习方式,学习者蜻蜓点水、走马观花式地接收知识,类似于国内的填鸭式教学;深度学习是在浅层学习基础上的进一步拓展,更关注学习者的主观能动性,强调对知识的理解、实践和创新。“深度学习”作为一种科学、高效的学习理念,被国内很多专家和教育工作者关注,成为近年来语文教育研究的热点话题。何玲、黎加厚是国内较早研究深度学习的学者,他们认为:“深度学习是指在理解学习的基础上,学习者能够批判性地学习新的思想和事实,并将它们融入原有的认知结构中,能够在众多思想间进行联系,并能够将已有的知识迁移到新的情境中,做出决策和解决问题的学习。”[①] 在语文教学领域,很多学者也提出了自己的看法,有的学者认为深度学习是一种思维培养模式,可以促进语文思

基金项目: 本文系上海市闵行区教育科学研究课题“基于核心素养的高中语文深度阅读教学策略研究”(课题批准号:QY20201380)的阶段性研究成果。

作者简介: 张硕,上海市七宝中学一级教师,硕士,主要从事高中语文教学研究。

① 何玲,黎加厚:《促进学生深度学习》,《现代教学》2005年第5期,第29页。

维的提升[①②]；有的学者认为深度学习侧重语言的运用，可以提高学生的语言表达能力[③]；还有的学者认为深度学习旨在挖掘作品的审美意蕴和情感价值。[④]尽管对于深度学习很难形成统一的认知，但恰恰如此才让深度学习的内涵更加丰富，更有研究价值。本文基于深度学习的内涵特征和其对高中语文阅读教学的价值意义，探究阅读活动走向深度学习的实践路径，以促进学生语文学科核心素养的发展。

二、深度学习对高中语文阅读教学的意义

深度学习强调“深”，主要是指学习者在学习过程中对问题的思考要深入、透彻、到位，将理解能力作为深度学习的基础，这需要学习者具备良好的知识素养和必要的思维水平。深度学习可以让学习者建立旧知识与新知识的联系，从多个角度分析知识的内在价值，做到与自身经验的有机融合，并在掌握大量知识的基础上，举一反三，学以致用，解决实际问题。学习者通常会综合运用理解、分析、推理、归纳、探究等方式，培养和提升高阶思维。具体到高中语文阅读教学层面，至少有三个重要意义：

1. 提升阅读教学品质

阅读是高中语文教学的重要内容，但是，近年来由于升学压力、社会泛娱乐化倾向以及信息爆炸的冲击等，使得阅读教学逐渐演变成以考试为目标的应试阅读，填鸭式教学让学生只能被动理解文本。教师对文本的解读和教学设计则更多从考点、答题思路入手，违背了阅读教学的育人本质，课堂教学效果很难达到预期。在这种背景下，一方面，学生会屈从于考试的压力，快餐式地进行阅读；另一方面，电子产品的更新、泛娱乐化的环境、快节奏的生活等诱惑使得学生很难静下心来阅读。久而久之，学生对阅读难以提起兴趣。

深度学习可以有效解决上述困境。有学者指出：“语文深度学习强调多样化的学习方式，传统的语文学习多是接受式学习，而语文深度学习强调应根据学习内容，合理运用基于探究性学习，并包括自主学习、合作学习、方式学习在内的多元的学习方式。”[⑤]对于阅读来说，多样化学习可以增加理解的多样性，教师在设计教学内容时会思考更多与文本相关的问题，对文本的研读会更加深入、全面，教学设计也会更加科学合理，具有更强的课堂操作性。由于统编版高中语文教材的大单元的设计理念，文本之间的联系更加紧密，而深度学习可以使学生对文本的解读更有创造性，在阅读教学过程中有更多收获。

2. 促进学生语文核心素养发展

语文核心素养包括“语言建构与运用”“思维发展与提升”“审美鉴赏与创造”“文化传承与理解”四个方面，而深度学习可以更好地帮助高中语文阅读教学培养学生这四个方面的核心素养。

在语言层面，浅层学习只是简单地掌握字词句的内涵，读懂文本的基本内容，并能够运用语言表达简单的想法。而转入深度学习后，阅读教学会给予学生更多的语言知识，不仅可以理解字词的表层义和深层义，而且可以对文本的语言进行梳理、归纳、总结，掌握作品的语言风格和表达效果，并尝试构建自己的语言系统，形成独特的话语经验，能够在具体生活情境中运用语言，展现语言的独特魅力。

在思维层面，学生基于深度学习理念阅读文本，对文本进行全方位的剖析，从语言风格、表达技巧、结构层次、思维逻辑、思想主旨等方面理解作品，再对接收到的信息进行综合分析，辩证地思考文本内容，得出独到的见解甚至是具有创造性的观点，从而提升思维能力。

在审美层面，深度学习可以让学生深入文本，感知作品的艺术魅力，培养独特的审美趣味。教师需要引导学生欣赏作品的语言美，从词语的选择到句式的表达以及艺术手法的使用，让作品里的文字充满艺术气息。此外，作品中的人物塑造、环境描写、主题构建等，都可以体现作品的艺术魅

① 陈雁雁：《深度学习，培养语文思维能力》，《中学教学参考》2020年第2期，第19页。

② 沙华中：《审美体验与语文深度学习融合的阅读教学》，《语文教学通讯》2021年第3期，第20页。

③ 康晓棠：《语文教育：学生语言表达能力提升的路径选择》，《语文建设》2016年第12期，第25页。

④ 沙华中：《审美体验与语文深度学习融合的阅读教学》，《语文教学通讯》2021年第3期，第20页。

⑤ 李敏，李辉：《语文深度学习是一种整体性学习——李敏访谈录》，《语文教学与研究》2021年第5期，第7页。

力,学生通过审美体验和评价提高鉴赏品位。

在文化层面,深度学习可以帮助学生更好地理解文本的创作动机和写作背景,透过作品文字看到更多精神层面的内容。统编版高中语文教材中选取了丰富的文本题材,涉及不同时期、不同地域。这一方面拓展了学生的阅读视野,丰富了学生的文化内涵,另一方面也让学生从这些作品中感受到了中华民族优秀的传统文化和现代精神,增强了文化自信,并了解世界各地的优秀文化。

3. 帮助教师专业成长

从文本的角度来看,教师应该理性客观地分析文本,避免感性阅读。作品本身往往是复杂的,这就需要教师运用专业知识对文本进行全面的阅读。无论是作品的语言风格、表达技巧、思想意义,还是作家的人生经历、创作背景、社会评价,都是教师备课时需要考察的内容。这就需要教师根据现有的积累不断扩充更新专业知识,提升自身的专业素养。

从教学的角度来看,深度学习给教师的教学设计带来了更多的思考和挑战。上海市中学语文特级教师王林先生提出的高中语文"教学解读"理论,特别强调在教学设计中学生的主体性地位。其指出,教师应该把学生放在首位来设计教学内容,在此过程中,对文本的解读是基础,如何能够引导学生更好地理解文本才是关键。因此,深度学习在阅读教学的课堂设计中增强理论的深度,一切以具体的学情为准,可以有效激发教师设计出更有意义的教学内容。

从学生的角度来看,深度学习下的高中语文阅读教学可以让教师更了解学生,让教学更有成效。学生是阅读教学的主体,教师想要引导学生深度解读文本,不仅要熟悉文本内容、掌握文本的分析技巧、做好教学设计,而且要了解学生的知识水平和认知能力。过于浅显或者晦涩难懂的解读都会影响学生对文本的理解,教师不能凭自身的经验想象学生的审美品位,而需要多与学生交流,了解学生的需求和特点,在教学实践中不断反思,提高自身的专业素养。

三、指向深度学习的高中语文阅读教学实践路径

1. 创设情境,重视体验式阅读

《课程标准》多次强调"体验"的重要性,学生作为阅读的主体,如果能够在阅读活动中获得更加真实的情境体验,就有助于更好地理解文本。学习活动要尽可能设置情境,这不只是为了激发兴趣,更是为了给教学的开展提供背景、条件和氛围。有时候情境就是课堂教学内容涉及的语境,对学生的学习活动而言,这种情境或者语境必须是真实的,能和他们的生活经验贴近,并能促进深度学习。体验式阅读需要教师创设良好的阅读情境,帮助学生了解作家的生平事迹、写作环境,作品的时代背景、情感意蕴等,以此提高学生的理解能力,增强阅读的实效性。在阅读教学中,教师需要创设的情境主要有以下三类:

一是文本—生活情境。"不管什么样的作品,要做出深刻的分析,只用今天的眼光去观察是不行的,必须放到产生这些作品的时代(历史)背景中去,还原到产生它的那种政治的、经济的、文化的、艺术的气候中去。"[①] 统编版教材中的很多课文都是文学史中的经典作品,具有一定的时代背景,如果学生从今天的社会发展角度去理解分析文本,必然会造成一些困惑和误解。教师应该引导学生立足历史,还原当时的社会现状、文化特征、经济状况等,从不同方面体验作品的历史背景。如毛泽东的《沁园春·长沙》写于 1925 年,当时革命形势高涨,群众运动风起云涌,反帝反封建斗争如火如荼。谁将成为主宰中国未来发展方向的力量?所以诗中才会有"怅寥廓,问苍茫大地,谁主沉浮?"的呐喊,这是基于当时社会背景的深切思考,不仅体现了诗人的历史责任感,更凸显了革命青年勇于改造世界的战斗精神。将生活情境代入文本是作家对生活的观察和提炼,但是学生的生活阅历有限,无法完全理解文本的内容,这就需要教师引导学生还原情境,深入了解历史与当时的社会生活状况,从而理解文本的艺术魅力。

二是语言—思想情境。文本的语言是作者表达情感的重要形式,语言符号所承载的意义和思

① 孙绍振:《文本分析的七个层次》,《语文建设》2008 年第 3 期,第 6 页。

想也是丰富多样的，这就形成了多样化的作家风格和作品类型。因此，教师需要引导学生体悟作品的语言魅力，探寻作品的情感世界，从而达到深度学习的目的。如李白的《将进酒》，开篇写“黄河之水天上来”，大气磅礴，充满想象，画面感十足，现实中很难找到像李白这样的人，更难体验到诗中营造的情境。唯有加强代入感，进入作品当中，才能体验到诗人情感的力量。“惟有饮者留其名”，淋漓尽致地体现了李白的生命情调。因此，在教学设计时，可以从语言角度入手，让学生通过深度阅读感悟作者的人格特征和情感世界。如把握诗歌的语言节奏，感受语言魅力；分析诗歌的表达技巧，理解表达效果；解读诗歌的语言层次，体悟情感意蕴。

三是内容—实践情境。《课程标准》指出：“真实、富有意义的语文实践活动情境是学生语文学科核心素养形成、发展和表现的载体。”[①] 学生通过阅读理解文本内容，运用想象和联想再现作品塑造的虚构世界，但这些仍与现实社会存在距离，更谈不上深度学习的实践意义。教师在阅读教学中搭建实践平台，帮助学生走进作家的精神世界，感受作品的独特魅力，体验文学的强大感召力，能使学生的语文素养在实际生活中得到锻炼和提升。如曹禺的话剧《雷雨》，运用传统的课堂教学方式很难让学生深刻理解人物的矛盾冲突、封建资产阶级家庭的悲剧、作者对旧社会的控诉等主题。阅读教学设计可以以创设实践情境为导向，梳理剧本情节、人物关系、人物形象特征等，并分角色扮演剧中的人物，提高学生阅读的参与度。还可以安排学生根据剧本内容排演话剧，在排演过程中学习剧本创作原理，对原文进行适当加工，仔细揣摩戏剧语言的舞台性和动作性，通过排演帮助学生进一步理解和把握角色的特征，促使其研读剧本，加深对文本的细读和探究。

2. 立足单元，构建专题式阅读

深度学习激发了高中语文阅读教学的整体意识和全局观，尤其是统编版高中语文教材使用以来，进一步落实了《课程标准》提出的课程结构和课程内容要重视整合与实践，使得课文不再像以往那样基本是单篇成课或多以文体聚合，而是以主题、内容或写法聚合，打破文体限制，以单篇加多篇的方式组合成单元，带有明显的整合性质。高中语文提倡“学习任务群”教学，体现大单元教学设计理念，突出教学的整体性，针对阅读教学中的群文阅读、比较阅读、专题阅读等的研究也日趋丰富和成熟。结合深度学习，高中语文阅读教学需要完成由点到线、由线到面，再由面到体的逻辑理路：

第一，以单篇文本为中心促进深度阅读。每一篇课文都是独立的整体，都有许多值得深入分析的问题，深度阅读文本内容可以让学生提高对作品的理解，感悟作品的艺术魅力，把握作者的精神世界。教师需要引导学生对文本内容展开多维度思考，由浅入深，由表及里，从作品的语言、内容、表达、技巧、构思、逻辑、情感、主题等不同角度进行分析，力求吃透文本，实现深度阅读。例如蒲松龄的《促织》足以成为深度阅读的重点内容，其以“责虫—觅虫—卜虫—得虫—失虫—化虫—斗虫—献虫”跌宕起伏的情节展开，曲折传神，环环相扣，动人心弦，成功塑造了一个在官府逼迫之下痛苦挣扎的社会底层的贫苦读书人形象，充分体现了作者的艺术创作技巧。深度分析小说的环境、情节、人物、语言、技巧、主题等内容，以点概面，把文本读“厚”，通过对单篇的深度阅读形成对问题的全面理解，为整体阅读打下良好的基础。

第二，以“1+X”模式实现整体阅读。单篇阅读教学可以帮助学生聚焦文本内容，深入挖掘文本价值，形成对文本的深度理解，尤其是经典篇目，需要细读、精读、研读，才能把握作品的内在价值。但是，单篇阅读教学无法帮助学生拓展阅读视野，难以形成对问题的整体认识与提升学生的全局意识。“双新”实施以来，高中语文阅读教学更是加强了课内外联动，以教材为核心，以课外阅读为延展，形成了“1+X”发散式阅读教学模式。教材中的课文作为阅读教学的基础和重点，联结课外相关文本，不仅拓宽了学生的阅读视野，也增强了学生对课文的理解。如教学《喜看稻菽千重浪——记首届国家最高科技奖获得者袁隆平》时，教师可以引入其他文本或影视资料对袁隆平的介绍和评价，强化其形象特征，丰富人物的精神内

① 中华人民共和国教育部：《普通高中语文课程标准（2017 年版 2020 年修订）》，人民教育出版社 2020 年版，第 48 页。

涵,让学生更好地理解科学家的使命感和责任心,以及实事求是、勇于创新的精神品格。也可以与介绍劳动模范张秉贵的《心有一团火,温暖众人心》、介绍钟扬的《"探界者"钟扬》等人物通讯对比阅读,分析两篇文章在写作上的异同。还可以从劳动的主题入手,提高学生对劳动精神的认识,帮助学生树立正确的劳动观。

第三,以任务驱动为导向进行"群"阅读。"双新"实施以来,普通高中非常重视课堂教学与教材使用的创新改革,统编版高中语文教材以人文主题和学习任务群双线组织单元内容,落实语文学科人文性和工具性的特点。单元的核心任务是以真实的、富有意义的语文学习实践活动情境为基础设计的,再通过结构化的具体任务加以落实。专题阅读、群文阅读、整本书阅读等都是立足于大单元的设计理念展开,以任务驱动进行深度阅读,这有利于提升学生的语文核心素养。如必修上册第六单元选取了《劝学》《师说》《反对党八股(节选)》《拿来主义》《读书:目的和前提》《上图书馆》6篇文章,从不同角度论述有关学习的问题:或阐述学习的意义,或讨论学习的态度和方法,或描述读书的经历和感受。在阅读教学时,教师可以以"学习之道"为核心,引导学生梳理、探究和反思,形成正确的学习观,改进学习方法,提高学习能力,并且学习文章的不同说理方式和语言特色,学会使用常见的论证手法。学生可用文字、表格、树状图、思维导图等方式呈现思考的结果,联结每一篇文章,形成"群"阅读现象,提高阅读教学的质量。

3. 强化反思与评价,实现创造性阅读

语文核心素养以"语言建构与运用"为立足点,引导学生进行积极的语言文字实践活动,让学生在学习和运用语言的过程中自然提升其他三个方面的素养,"思维发展与提升、审美鉴赏与创造、文化传承与理解"又在"单元学习任务"中逐步落实,让学生带着问题在一定情境中阅读与鉴赏、表达与交流、梳理与探究,教师引导学生在课文阅读中品味选词炼字之妙,分析修辞运用之巧,感受语言风格之异,体悟思想主题之丰等。深度学习强调学习者的主体地位,这意味着阅读文本时应该发挥师生的主观能动性,围绕文本展开多维思考、分析、交流、评价,打破传统阅读的桎梏,实现创造性阅读,具体路径如下:

一是鼓励质疑文本,培养问题意识。深度学习关注学生的问题意识,善于提问体现了学生思考的深度和广度。教师依据课程目标、文本类型、学生特点等设计教学内容,把握问题设计的层次感、开放性和创新性,学生在教师的引导下积极主动思考,敢于质疑,培养自己的探究意识。如《庖丁解牛》中蕴含了庄子所代表的道家学派对"道"的解读,有的教师会设计很多问题来引导学生理解"道",如这篇文章讲了什么故事,涉及哪些人,主人公是谁,庖丁解牛的特点是什么,等等。这些问题杂乱无章,东一句西一句,学生会一头雾水,抓不着重点。如果以"解牛"和"道"的关系来设计问题,就会清晰很多,而且更符合教学设计的要求,如本文主要讲什么事情,庖丁解牛经历了哪些阶段,每个阶段的特点是什么,这些特点是如何体现"道"的内涵的,文章带给我们的启示是什么,问题环环相扣,层层递进,学生在逐步深入思考的同时,也加深了对课文的理解。

二是开展思维训练,激发深度阅读。深度学习非常重视学习者思维的提升,要求学习者能够综合运用理解、分析、判断、论证等方式认知、掌握所学内容。阅读教学应着力培养学生的思辨能力,引导学生发现问题、提出问题、探究问题、解决问题,在阅读过程中不断与文本进行对话,推进思辨性阅读。沟通交流是课堂教学的一种重要形式,有助于学生碰撞出思维的火花,激发创新意识。教师需要着力营造多维的对话氛围:首先是学生与文本之间的对话,学生在获取知识的同时,对文本展开思考,提出自己的看法;其次是教师与学生之间的对话,教师结合自身的专业素养和教学能力引导学生思考文本,学生表达自己的真实想法;最后学生之间的对话,学生围绕同一个文本展开多维思考,交流对同一个问题的看法,或者不同问题的立场等。如《六国论》是一篇典型的论述性散文,文章按照"提出问题—分析问题—解决问题"的思路展开,论点鲜明,逻辑清晰,结构严谨。教师在阅读教学时应合理安排教学步骤,由浅入深地引导学生展开思辨性阅读。教师可以采用圈画、批注等方式,梳理文章的内在逻辑,理解文本想要表达的真实意图,用可视化的方式(如思维导图)来表现文章的行文脉络,从而达到更好的思维训练效果。

三是提倡多元评价，完善阅读体系。高中阅读教学要改变传统的终结性评价，采用多元化的评价方式，如过程性评价、表现性评价、诊断性评价、反思性评价等。过程性评价可以丰富评价环节和内容，教师可以采用教学记录的方式，建立学生学习档案，能够清楚地观察学生在阅读活动中的心理状态、方法技巧、学习心得等，及时反馈学生的问题，更加科学合理地评价学生的深度学习情况；表现性评价一般伴随阅读的整个过程，教师在阅读教学中引导学生理解文本，通过问题设计和教学步骤让学生参与其中，学生对每一个问题的思考和反馈以及观点的表达，都是表现性评价重点关注的内容；诊断性评价一般是对发现和提出的问题进行诊断所产生的评价，如阅读文本前的准备工作，梳理掌握文本类型、作者经历、写作背景等，在阅读过程中对文本内容产生怀疑并解决疑问以及回答教师的问题的情况；反思性评价强调对自我表现的重新审视，师生以不同身份和任务参与阅读教学。教师反思教学准备、教学设计、教学步骤、教学效果等，归纳总结整个教学过程出现的问题，为进一步丰富教学经验和提高教学质量打基础。学生反思阅读表现，如对文本的理解是否深入全面，阅读能力是否提升，出现的问题是否全部解决。不同评价方法各有所长，共同促进阅读教学的深度开展。

四、结语

总而言之，深度学习有效提升了高中语文阅读教学的质量，有助于培养学生语文学科核心素养。高效优质的阅读教学可以极大促进学生的思维发展和能力提升。深度学习关注知识的整合、迁移与建构，强调对问题的理解、批判与评价，重视高阶思维的培养与提升，可以有效提升阅读教学品质，培养学生审美鉴赏能力，帮助教师提升专业素养，让阅读教学更有深度。高中语文阅读教学结合深度学习，创设文本、生活、语言、实践等情境，提升阅读体验，立足单元任务，实现“1+X”模式的整体阅读，强化反思与评价，用思辨性阅读激发学生创造性思维。显而易见，深度学习是新时期高中语文阅读教学的必然选择，在阅读教学中，教师应充分发挥引导作用，引领学生作为阅读主体对文本进行深度解读。

Exploration into the Teaching Path of Chinese Reading in High Schools Oriented to Deep Learning

ZHANG Shuo

(Shanghai Qi Bao High School，Shanghai，201101)

Abstract: Deep learning emphasizes the integration, transfer and application of knowledge, the criticism and evaluation of problems, and the cultivation and promotion of higher-order thinking, which can effectively improve the quality of reading teaching, promote the development of students' key competence in Chinese, and help teachers' professional growth. Chinese reading teaching in high schools combines the connotation and characteristics of deep learning and improve reading experience through the creation of different practical situations, realize the overall reading based on the unit design, and encourage reflection and evaluation for creative reading. Thus, based on this, teachers should apply deep reading to their teaching and further develop and improve students' key competence in Chinese.

Key words: deep learning, Chinese reading teaching in high schools, connotation, characteristics, meaning, strategies

建构“文学思维”的课堂互动教学路径

刘婷婷[1]，郭 婧[2]

（1. 上海大学 国际教育学院，上海 200444；2. 上海市师资培训中心，上海 200233）

摘 要：“文学思维”是阅读过程中形成的想象、创新、批判、反思的思维能力，产生于读者与读者、读者与文本、读者内部持续互动的思维过程。以培养“文学思维”为目标建构的课堂是基于互动的课堂，但目前就全球范围的课堂教学来看，互动形式普遍模式化，课堂教学实践常常偏离了文学思维的目标，导致课堂互动前后不一致的矛盾，即“两难困境”。针对普遍存在的教学困境，可采用“接触区”教学、“冲突教学”、多视角教学三种策略，建构以“文学思维”为导向的课堂教学路径。以文学思维为导向建构的课堂，应是一个师生、生生平等对话的“接触区”，是展示不同专业解读差异的“冲突教学”场所，也是促成多视角阅读、联系文本世界与生活世界的桥梁。

关键词：文学思维；语文教育；课堂互动；教学策略

语文能力应是人类最重要的能力之一。语文教育必须同时促进学生思维能力的发展和思维品质的提升。① 语言与思维的关系早在20世纪初便受到西方教育学者的关注，而文学与思维的关系却鲜有从教学层面谈及，教育界亦对文学阅读的方法与思维研究少有建树。文学思维与文学教学法已被长期忽视。② 那么，文学可以培养什么思维？教师如何通过课堂教学培养学生的文学思维能力？本文围绕上述两个问题探析文学思维及其教学策略。

一、“文学思维”及其表征

在听说读写四项基本语文能力中，阅读最为重要。③ 阅读教学的目的并非仅是文本体裁知识的传授，阅读教学的核心在于培养文学思维。④ 文学思维产生于读者与读者、读者与文本、读者内部持续

基金项目：本文系上海市哲学社会科学规划课题“高校学生移动媒体阅读心理与阅读效果研究”（课题编号：2018EYY006）、上海市“浦江人才”计划资助项目“核心素养视域下国际母语读写素养理论及中国丹麦读写教学实证对比研究”（项目编号：18PJC059）的研究成果。

作者简介：刘婷婷，上海大学国际教育学院讲师，博士，主要从事阅读教学与汉语国际教育研究；郭婧，上海市师资培训中心发展规划部副研究员，博士，主要从事教师教育研究。

① 中华人民共和国教育部：《教育部关于印发普通高中课程方案和语文等学科课程标准（2017 年版 2020 年修订）的通知》，载教育部官网：http://www.moe.gov.cn/srcsite/A26/s8001/202006/t20200603_462199.html，最后登录日期：2022 年 1 月 10 日。

② 朱迪思·朗格：《在各学科内培养语言能力》，刘婷婷译，上海教育出版社 2015 年版，前言。

③ 李宇明：《语言学习与教育》，华东师范大学出版社 2018 年版，第 157 页。

④ 樊亚琪，刘正伟：《以想象为中心构建文学课堂——朱迪思·朗格的文学教学理论与实践》，《语文学习》2014 年第 12 期，第 4-12 页。

互动的思维过程，指的是阅读过程中读者解读文本、提炼分析观点的思考方法，包括想象与创新、批判与反思的思维能力。因为人文学科本身包含“理性、思想、意识、价值、感觉、感情、行为和目的等所描述的人类世界”①，阅读也因融入读者自身的生活世界而具有多元化、差异性特征。阅读教学培养的文学思维是读者自身生活世界与文本世界关联的产物，是积极读者观的一种体现。② 具体来说，文学思维表征为如下两种形式：

1. 文学探索思维

文学思维源于阅读经历，这种经历是读者在阅读过程中通过探索、创造情节来获得的。读者反应理论的代表罗森布拉特（Rosenblatt）早在1978年便提出“文学阅读即是一种探索”③的观点，即在开放式阅读中，读者利用想象力和创造力阐释一部作品，探索文本的言外之意或弦外之音。读者基于不同社会文化背景、阅读经验、知识、思维方式对文本意义进行主动探索和再创造，相应地产生了不同认识与理解。文学思维表现为阅读过程中创造性地探索文本意义、解读文本的思维能力，即读者主动建构文本意义的能力。这一层形式称为“文学探索思维”。

“探索”的本质是读者与文本展开积极对话的过程，探索语言文字符号背后作者表达的深层意义世界，即读者与文本互动；并主动把个人的生活世界与文本世界进行联系，如“体验、移情、理解、对话、反思”④，由此产生思想或情感的交集、共鸣，这便是主动建构意义的过程，即读者内部互动。在阅读过程中，读者主动探索文本解读的各种可能性，这些可能性包括其他读者未曾发现，甚至包括原作者不曾设想的新角度、新理解。读者结合社会文化背景、阅读经验及其他搜集到的各种可能性材料，对文学作品进行多方位甚至是创造性地诠释。随着阅读深入进行，新内容、新材料、新视角、新发现促成读者对文本的新认识与新理解，最终形成新观点，读者的语言能力与思维能力也在这一过程中得到提升。

2. 文学读写思维

文学思维表现为对不同读者的文本解读进行批判性思考，并反思自身的能力。这一层称为“文学读写思维”⑤，即读者带着怀疑、批判的眼光，理解、辨析不同视角的差异性，反思自身，借鉴吸收并完善自身理解的能力。文学读写思维把读写行为视作发展思维能力的工具，体现了读者与读者之间的对话对读者自身建构文本意义的重要作用。例如，人们阅读一部文学作品后，与他人讨论其中的情节与人物，在表达观点的同时，对他人的不同观点提出质疑、异议，或表示赞同，或根据他人理解与观点反思自己，对自己的理解予以补充。此时阅读活动已结束，但伴随读写行为的认知思维活动仍在读者之间、读者自身内部持续进行。⑥ 并且，互联网的迅速发展加速了读写思维外延的拓展，伴随数字化阅读的思考活动，如对数字化平台所呈现的不同文本内容、不同解读、不同观点进行分析、判断、反思、批判的思辨能力，都属于读写思维的范畴。

文学思维的以上两种表现形式在阅读过程中并非线性呈现，而是交叉共现。“文学探索思维”有助于培养学生在阅读中的主观能动性，使他们积极搭建自身生活世界与文本世界的联系，创造性地探究并形成新的理解，在思想、情感、阅读体验上有所收获。“文学读写思维”有助于学生在与其他读者交流的过程中掌握文本的不同诠释，通过比较分析、批判反思，从不同角度深入理解与思考文本，丰富自身原有理解，提升思辨能力。简言之，以“文学思维”为导向构建课堂教学，关注学生阅读与

① 马克斯·范梅南:《生活体验研究——人文科学视野中的教育学》,宋广文译,教育科学出版社 2003 年版,第 4 页。

② 刘正伟:《语文现代性探索》,商务印书馆 2015 年版,第 232 页。

③ Rosenblatt, L. M, *Literature as Exploration (5th Ed.)*, New York: The Modern Language Association, 1995.

④ 刘正伟:《语文现代性探索》,商务印书馆 2015 年版,第 236 页。

⑤ 刘婷婷,刘正伟:《朱迪思·朗格想象构建教学法及各学科实践》,《语文学习》2016 年第 9 期,第 17-23 页。

⑥ 刘婷婷,刘正伟:《朱迪思·朗格想象构建教学法及各学科实践》,《语文学习》2016 年第 9 期,第 17-23 页。

思考的方法，是提升学生语言与思维能力的一种有益尝试。

二、偏离文学思维的教学困境

课堂教学对培养文学思维起着重要的指导作用。旨在培养“文学思维”的课堂教学是基于课堂对话的教学，这是由文学课堂教学所具备的双重对话性决定的：一是显性对话，即师生和生生之间口头与书面的外在对话；二是隐性对话，即读者与文本之间的内在对话。过去传统的阅读教学习惯于把课文视为被赋予单一语义即作者写作意图的文本，把阅读过程视作一个单向理解作者写作意图的过程，从而拒绝了读者与文本的对话。因此，学生只是单方面地接受文本意义，而无法发挥主观能动性来建构意义和文本世界。这样的阅读教学很难培养出善于思考的读者。近20多年来，国际上对于文学的阅读教学开展了很多研究，但目前就全球范围的课堂教学来看，课堂互动常常固化为两种普遍形式，抑或是陷入一种文学教学困境。

1. 普遍存在的课堂互动形式

美国学者马克·福斯特（Faust Mark）把文学课堂最普遍的互动形式比喻为“法庭”与“市场”。① “法庭”隐喻下的课堂，关注的焦点是教师视角下“正确”的文本意义解读。教师确信文学阅读的目的是揭示作者表达的隐含义，因而教师扮演法官的角色，站在文本的角度，要求学生对文本的解读必须严格忠实于原作者的创作意图，明确只有一种正确解读，而学生的回答通常是为了迎合教师的预期。以“法庭”隐喻构建的文学课堂，阅读是教师“一言堂”的分析过程，也是教师引导学生获得教学参考书上标准答案的过程，学生并没有机会将个体阅读经验与情感带入文本，从而进行其他可能性意义的探索。

以“市场”隐喻架构的课堂，各种观点犹如商品为求生存而相互竞争“出售”。20世纪70年代末期，英美文学阅读理论的关注点从文本本身转移到文本与读者之间的“交易”过程上。②以“市场”为隐喻的课堂，是以学生为中心并呈现出“多元声音”的课堂，但读者漫无边际的“发声”是脱离文本的任意解读，并非读者积极建构文本意义的结果。在“市场”隐喻构建的课堂中，各种“声音”之间是否碰撞，擦出思想火花，促使读者反思，最终在文本理解上达成共识，则取决于教学是否促成了师生、生生、生本之间的真正对话。

“法庭”隐喻的互动形式是把文本作为客观存在而进行的形式主义的解读，而“市场”隐喻的对话形式则又给读者留有太多的主观空间。从思维方式上看，“法庭”强调的是同质化的思维方式——“群体思维”；“市场”强调的是个体差异的思维方式——“个体思维”③，而课堂对话教学要培养的“文学思维”超越群体思维，具有个体差异性，但同时又区别于具有主观性与独立性的个体思维。“文学思维”倡导阅读是个性化的行为，鼓励读者的个性思维，同时注重群体中的个体思维之间的对话与合作。

2.“邀请与拒绝”的教学困境

近些年，文学理解过程及教学对话越来越受到关注，学界在理论上高度认可对话教学(dialogic teaching)对于促成学生成为独立、积极的读者有着重要作用。但调查研究显示，课堂教学实践常常偏离文学思维的目标，陷入一种教学困境。教师习惯用IRE/IRF的形式来组织课堂互动，并称之为“课堂讨论”，即教师提问（Initiation），邀请一个或更多学生回答(Response)，教师对回答做出评价（Feed-

---

① Faust, M., “Reconstructing Familiar Metaphors: John Dewey and Louise Rosenblatt on Literary Art as Experience”, *Research in the Teaching of English*, Vol. 35, no. 1(2000), pp. 9–34.

② “交易”（transaction）一词源于美国读者反应理论早期代表路易斯·罗森布莱特（Louis Rosenblatt）的交易阅读理论（Transaction Theory）。交易阅读理论强调读者的文学体验与文学想象力的重要性，指出文学作品的意义产生于读者与文本的相互作用。

③ 陈学强，徐学福:《走向集体思维:超越课堂中的群体思维和个体思维》,《教育研究与实验》2021年第11期，第63–69页。

back，Evaluation）[①]，继续问另一个问题，邀请另一个学生回答……如此往复。以中国东部一所高中（高一）的语文课《我与地坛》（主题：讨论课文中的写景描写）为例[②]，片段如下：

师:我们请一个小组的同学说说你们对这段文字的感受和体会。

生 1:嗯……我觉得那个古柏好。

师:古柏好在哪里？我们讲一个细节,“古柏站在那儿,站在那儿,站在那儿！”对吧？怎么好？

生 1:……(沉默)

师:就是感觉它好,但是不大说得出来？你再体会一下,为什么这个古柏好？“苍黑的一排挺立在那儿”,你注意“你忧郁的时候,它们镇静地站在那儿,你欣喜的时候,它们依然镇静地站在那儿”。你觉得这传达出什么味道？生命的什么？

生 1:无常？

师:无常吗？它很坚定的,它没有无常,其他人、事在转换,它都很坚定地站在那儿,这是生命的什么感觉？……(沉默)是不是有点怅惋？对不对？

在上述片段中，教师的初衷是邀请学生结合自身阅读体验，开放式地阐述对课文景物描写的理解。学生找到了他最喜欢的句子，却不知如何表达自己的理解。当学生沉默时，教师通过一个接一个带有明显指向性和预设性的问题，代替了关注学生个体回答的真问题[③]，把学生的思考导向教师的思路及书中某个具体细节。师生之间所谓的讨论及学生的开放式阅读在此时被拒绝，甚至最后教师急于在讨论结束前，做出权威性解读，教师以为完成了对文本理解的教学，而学生作为读者的阅读想象及思维空间也被教师权威性的解读填满。教师“邀请”与“拒绝”前后不一致的矛盾行为，却是文学课堂普遍存在的现象。马克·福斯特把语文教师在实施课堂互动前后不一致的矛盾称为“两难困境”，即教师一方面邀请学生展开讨论，另一方面却以权威性阐释结束了与学生的实质且有效的对话。[④] 这一过程切断了学生与文本以及学生之间的进一步交互，限制了读者内部的持续性思考。

三、以“文学思维”为导向的课堂教学策略

文学课堂的教学困境表明：语文教师一方面试图寻找一种教学形式，为学生的个体阅读预留空间；另一方面他们又希望学生以专业的视角去阅读、理解和阐释文学作品，从而产生了预期与实际的不一致。事实上，教师对文本的解读通常归属于学术话语群体的专业解读，教师很容易辨识并熟练运用专业的阐释文本的方法。而学生处于学术话语群体之外，他们不能辨识也不能运用专业解读的方法。教师认为学生理所当然应该理解教师的提问，而事实上学生无法理解教师所掌握的专业性术语与词汇，从而不可避免产生与教师理解不一致的“偏见”。以“文学思维”为目标着力构建的阅读教学若要让教师与学生真正对话，关注学生的独特理解，应当允许这种“偏见”出现。故而，以“文学思维”为目标的教学应积极搭建专业阅读（教师为代表）与非专业阅读（学生为代表）之前的对话桥梁，在教师引导下，学生逐步掌握思考文学的视角、方法（即文学思维），学会用专业的术语、词汇

① Liu，T.，“Dialogic Teaching and the Dialogic IRE Model：Discussing the Features and Forms of Dialogic Teaching Based on the Case Study of a Second Year English Literature Class in a Danish High School”，*Journal of Chinese Language Education*，Vol. 14，no. 1(2016)，pp. 45-66.

② 文中课堂片段均由作者在项目研究中亲自观察记录所得。

③ Liu，T.，“Dialogic Teaching and the Dialogic IRE Model：Discussing the Features and Forms of Dialogic Teaching Based on the Case Study of a Second Year English Literature Class in a Danish High School”，*Journal of Chinese Language Education*，Vol. 14，no. 1(2016)，pp. 45-66.

④ Faust，M.，“Reconstructing Familiar Metaphors：John Dewey and Louise Rosenblatt on Literary Art as Experience”，*Research in the Teaching of English*，Vol. 35，no. 1(2000)，pp. 9-34.

进行思考与表达。

巴赫金（Bakhtin）的“主动意义建构”（Active Understanding）和罗森布拉特的“阅读交易理论”（Transaction Theory）是文学课堂对话教学的理论源泉，该理论注重读者在阅读过程中与文本的积极对话与意义建构。基于上述对话教学理论，以“文学思维”为导向的课堂教学可采用以下三种教学策略：

1.“接触区”教学:对话的平衡与协调

玛丽·路易斯·普拉特（Mary Louise Pratt）曾借用 “接触区”（Contact Zone）的概念表明文学课堂是不同观点在此相遇、碰撞的场所。[①] 当教师把课堂视作“接触区”，意味着他确信文本是开放性的，为来自不同社会文化背景的读者预留了空间。平等是对话的前提，教师不会扮演权威的角色，也不会施加权力强迫学生按照他自己的思路理解文本，或是回答教师预设的问题，而是邀请学生平等地、连贯地表达自己的想法。在教师引导下，学生从不同角度思考、理解文本，并积极促成彼此间的互动。教师会鼓励学生为自己的观点争辩，同时把他人的观点视作文学探索过程中的其中一种可能性（促成文学探索思维），不断改进、丰富自己的观点，提升语言建构能力，从而在不同解读的辨析中提升运用语言表达观点、阐述理由以及论证观点的思辨能力（促成文学读写思维）。

以“接触区”为特征的课堂，教师通常要思考几个问题：教师的提问是否为学生的思考预留了空间？学生与学生之间是否有互动交流？教师如何看待学生的回答？学生如何看待教师与他人的观点？如何反思、修改、丰富自己的观点？在教学过程中，教师的作用是协调不同社会文化的文本解读（源于不同的读者）之间的平等对话，经过比较、借鉴、改进，学生可以渐渐掌握阅读、解释、思考的方式。

2.“冲突教学”:专业解读的辨析

文学课堂是一个展示各种阅读方法与理解之间冲突的场所。杰拉德·格拉夫（Gerald Graff）提出在文学课堂上采用“冲突教学”（Teaching the Conflicts）的方法[②] 来训练学生以专业视角鉴赏文学作品的能力。“冲突教学”主张，教师应培养学生掌握专业学者群体进行阅读与思考的方法。教师对文学作品进行解读、阐释，而不是提问，解读阐释的目的是向学生展示文学领域内部的冲突：不同话语团体、不同社会文化背景下不同解读之间的冲突。事实上，专业学者在文学理论与阅读方法上也并未达成一致。“冲突教学”意味着将这些专业学者解读的差异在课堂上展示，揭示不同专业学者的多元的解读路径。

以“冲突教学”为特征的课堂，教师通常要思考几个问题：对于一部文学作品中的某个现象或问题，教师是不是展示了不同的专业解读？这些专业解读之间是否具有差异性？这些差异是否表明了不同的阐释思路？学生能否对某个专业解读进行批判性的思考，并提出自己的观点？

当一位教师采用“冲突教学”的方法组织课堂互动，首先，运用学生易懂的语言揭示不同专业学者的观点，引导学生领会这种专业性理解是如何表达的。其次，引导学生对专业解读进行比较、分析，发现其中的差异与共性。然后，引导并鼓励学生搜集其他辅助性阅读材料，探索、提出更多可能性的阐释。最后，针对某个专业解读选择自己认可的解读加以佐证，或对某个观点进行批判性反思，并提出质疑，或与其他学生讨论，在反思、辩论中，吸收或修改自己的理解。在深入探索、辨析专业性理解的过程中，逐渐形成自己的思考文学的方法，促成“文学思维”的养成。

3. 文本进入与抽离:多视角阅读

读者在文学阅读过程中普遍持有两种目的倾向：一是有明确指向性，即针对某个文学现象、解释、知识点，查找更多、更全面的信息；二是没有明确指向性，即开放式探索文本，对文本情节发

---

① Pratt, M. L., *Arts of the Contact Zone*, New York: Modern Language Association, 1991, pp. 33 - 40.

② Cain, William E., & Gerald. Graff, *Teaching the Conflicts: Gerald Graff, Curricular Reform, and the Culture Wars*, New York: Garland Publication, 1994, pp. 186-187.

展、内容解读、作者观点持有开放包容的视野，探索多种可能的思路和解释，抑或作者未尽之言、言外之意。阅读教学需要同时融合两种目的倾向，教学过程并非单一路线，而要多视角展开。

在阅读教学过程中，教师若关注文本内的细节或局部教学，如字、词、句、段的教学，或是引导学生查找能够反映作者意图、观点等信息的关键句，忽视对文本的整体感知，则往往以指向性问题引导学生查找文本信息，或组织课堂问答，学生参与阅读和思考的程度受到指向性问题的制约。学生的视角也常常停留在文本内，而不能拓展到文本外的生活世界，对于文本的理解也因此常常停留在文字表面，很难深入探究文字背后隐藏的深意，或是有意发现作者并未提及的新东西。而以“文学思维”为导向的阅读教学，一方面，教师带着学生进入文本，沉浸在文本世界的探索中。对于文本整体的把握，有助于学生构建整体的阅读经验，在掌握全面信息的基础上，形成自身的观点与解读；另一方面，在阅读过程中引导学生随时从文本中抽离出来，反观已有的理解。反观促成了更高层次的认知，而抽离是反观的前提。

丹麦教师S的文学课堂展现了多视角阅读的教学方法。该教师认为文学课最主要是培养学生独立自主的阅读能力与思考能力，她的课程安排与教学形式体现了从文本内到文本外、从课内到课外，多视角促进学生自主阅读的特点。

在教学内容方面，丹麦教师有一定的自主性和自由性，教师可根据大纲自由选择编排教学内容。本案例提到的一项主题是关于一位德国歌手及其歌词的研究学习是由学生提议的。经协商，最终该主题并被采纳为教学内容之一。

整个主题采用的是小组学习的形式，这位德国歌手的歌词创作被视作文学作品来解读。教学过程概述如下：（1）前两次课，每个小组选择一首歌对其创作背景、歌词大意、文学内涵、文化含义进行文学解读与意义探索。在此基础上，课后以小组为单位完成PPT制作。（2）第三次课，原各小组成员被打乱重新组成新的小组。在新的混合小组中，各学生汇报所在原小组的讨论结果，并展示PPT。交叉汇报的目的是各组学生能与其他组成员充分交流，尽可能多地听取其他小组成员的观点与建议。这是学生从文本中到文本外的第一次抽离与反观（如表1）。（3）最后一次课上，教师请学生对德国歌手及其歌词创作的主题学习及阅读效果做出评价。此时，学生从局部到整体，实现了第二次的文本抽离与反观（如表1）。这次总结评价为学生今后的自主阅读及小组学习提供了反思、借鉴及更多经验。

表1 丹麦教师S课堂教学多视角阅读实施步骤

教学内容	互动形式	视角
1. 安排课程内容	师生互动	文本外
2. 小组学习：选择作品、讨论并解读作品	生生、生本互动	第一次进入文本
3. 小组交叉报告	生生互动	文本抽离的第一次反思
4. 小组修改PPT	生生、生本互动	第二次进入文本
5. 学生评价	师生互动	文本抽离后的整体反思

四、以“文学思维”为导向的对话教学建构路径

以上三种教学策略并非完全孤立、线性发生，而是相互关联、有机融合。进入文本阅读后，教师可结合“接触区”教学引导学生根据阅读经验，暂时抽离文本后互相交流表达观点（如上述案例中的第一次抽离与反思），促进不同解读之间平等的交流与碰撞，可能产生疑惑、不解，甚至冲突，学生带着这些回到文本进行新一轮的探索（如上述案例中的第二次进入文本）。或者同时结合“冲突教学”展示专业解读之间的差异，引导学生审视差异，并将不同解读视作可能的思路与解读，带着这些可能

性回到文本探索更多元的解读（第二次进入文本）。最后，抽离并超越文本，联系实际。对文学作品反映的文化内涵、思想精髓进行提炼，将其与当代文化、社会思想主题进行关联，以探究的形式对该主题相关问题开展深入的讨论与交流，从而建构起有关这一问题的知识（文本抽离后的整体反思）。

文学课堂的双重互动特征有助于培养学生的文学思维能力。以文学思维为导向建构的课堂，应是一个师生、生生平等对话的“接触区”，展示不同专业解读差异的“冲突教学”场所，也是促成多视角阅读、联系文本世界与生活世界的桥梁。以“文学思维”为目标的互动教学建构路径，如图1所示。

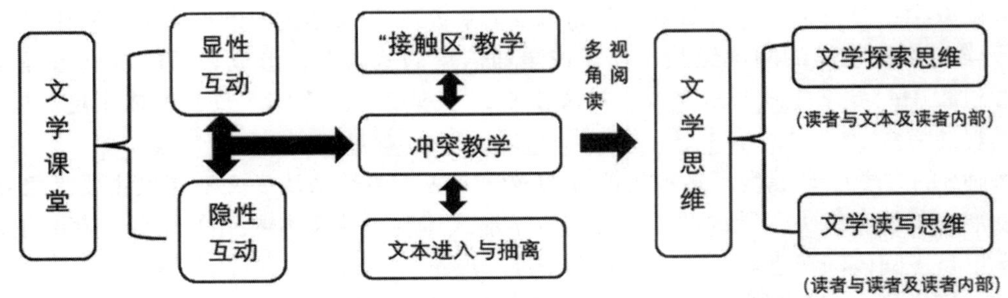

图1 基于“文学思维”目标的互动教学建构路径

以“文学思维”为导向的阅读应是从文本内的局部解读拓展至整体探索，到文本外不同读者彼此交流与碰撞，延伸至与当代的社会文化及语文生活的关联，多视角推进师生、生生、生本之间的持续互动。

A Research into Interactive Teaching Path for Fostering “Literary Thinking”

LIU Tingting[1], GUO Jing[2]

(1. College of International Education, Shanghai University, Shanghai, 200444; 2. Shanghai Teacher Training Center, Shanghai, 200233)

Abstract: “Literary thinking” refers to the thinking competence for imagination, innovation, criticism and reflection formed in the process of reading, which arises from the thinking process of continuous interaction between different readers, between readers and texts, and inside readers’ inner minds. The literature class with the purpose of fostering “literary thinking” is based on the interaction in class. However, in terms of classroom teaching around the world at present, there exists the “double-bind”, that is, the inconsistent classroom interaction which results from a fixed model in the form of interaction and the frequent deviation between classroom teaching practice and the goal of literary thinking. For such a common teaching dilemma, three strategies of teaching in the “contact zone”, “conflict teaching” and multi-perspective teaching can be adopted to construct a class teaching path oriented towards fostering students’ “literary-thinking”. Such a literature class should serve as a “contact zone” of equal dialogues between the teacher and students, and between students themselves, a “conflict teaching” place to show the differences in interpretation of texts from different majors, and also a bridge to connect the world of texts and that of real life, facilitating reading from multiple perspectives.

Key words: literary thinking, literature education, classroom interaction, teaching strategies

全视角学习理论下“学习中心”绘本阅读教学实践研究

刘静园[1,2]，王荣生[1]

（1. 上海师范大学 教育学院，上海 200234；2. 泰山学院 教师教育学院，山东 泰安 271000）

摘　要：全视角学习理论为“学习中心”教学提供了更开阔的理论视野和更有效的实践指导。该理论强调，所有学习都包括“个体与环境互动、心理获得”两个过程以及“动机、互动和内容”三个维度。据此，“学习中心”绘本阅读教学取向的内涵应包括：三个维度关联的整体性学习、关于学习者的理解性学习和互动的阅读理解过程。因此，在绘本阅读教学实践中，教师应关注学生的学习动机，凸显其阅读态度；关注互动，在阅读学习过程中实现对话；关注内容，落实到学习内容的维度上。

关键词：全视角学习理论；学习中心；绘本阅读教学；教学取向

一、问题的提出

《普通高中语文课程标准（2017年版）》指出，学科核心素养是学科育人价值的集中体现，是“学生通过学科学习而逐步形成的正确价值观念、必备品格和关键能力”。① 核心素养的提出，意味着当前我国语文课程改革从“知识本位”转向“素养本位”，也意味着要寻求新的教学取向。致力于培养学生核心素养的“学习中心”教学，开始受到教育界的重视。

全视角学习理论为“学习中心”教学提供了更开阔的理论视野和更有效的实践指导，它对“学习”进行了全方位的讨论，既覆盖了传统经典学习理论，又吸收了当今学习研究领域的最新成果，把有关学习的多个理论有机整合在同一个理论体系当中。全视角学习理论认为，所有的学习都包括“两个过程”和“三个维度”②：“两个过程”指的是“个体与他所处环境的互动过程”和“心理的获得过程”，主要回答“学习如何发生”的问题；“三个维度”指的是动机、互动和内容。动机维度包含动机、情感和意志，回答“是什么推动了学习”；互动维度包含活动、对话与合作，回答“学习环境是怎样影响学习的”；内容维度关注的是知识、理解与技能，回答“学习了什么”。“两个过程”与“三个维度”密切关联。内容维度和动机维度主要构成了学习的获得过程，而互动维度则描述了个体如何与环境进行互动的过程。

有研究者指出，“全视角学习理论作为一种整体性学习理论，超越了以往学习理论对于学

作者简介：刘静园，上海师范大学教育学院博士研究生，泰山学院教师教育学院副教授，主要从事语文课程与教学论研究；王荣生，上海师范大学教育学院教授，博士生导师，博士，主要从事语文课程与教学论、语文教师专业发展研究。

① 中华人民共和国教育部：《普通高中语文课程标准（2017年版）》，人民教育出版社2018年版，第4页。

② 克努兹·伊列雷斯：《我们如何学习：全视角学习理论》，孙玫璐译，教育科学出版社2014年版，第23-29页。

习的某个方面、要素或观点的关注”①。以全视角学习理论来关照当前的课程与教学，有助于我们更全面地理解学习，在清楚“如何学”的基础上更懂得“如何教”。因此，基于全视角学习理论，阐释“学习中心”绘本阅读教学取向的内涵及其实践路径成为现实的迫切需要。

二、“学习中心”绘本阅读教学取向的内涵

立足于全视角学习理论“两个过程”“三个维度”的理论框架，“学习中心”绘本阅读教学取向，强调关注学生绘本阅读学习的三个维度，注重学生在知识、情感、动机、意志、理解、互动等诸多方面的整体提升，在理解性的学习中，促进绘本阅读的多重互动。

1. 三个维度关联的整体性学习

在全视角学习理论视域下，“学习是一个整体”②，且学习的整体性“必须涵盖学习的三个维度”③。因此，理解和分析任何一个特定的绘本阅读学习情境，必须将其视为一种整体性学习，始终顾及三个维度。

一是内容维度。绘本阅读学习以理解为目标，其学习内容不仅局限于文本自身一些静态的关于绘本阅读的系统化知识，还应该学习与所读绘本相适应的阅读理解的方法与策略。二是动机维度。学习动机是绘本阅读学习中不可缺失的重要因素，是推动学生学习阅读绘本的根本动力，对学生学习结果有重要的制约作用。对绘本阅读学习起关键推进作用的，是要建立学生与绘本的链接。任何学习都具有情境性，在课堂教学情境下，在学生与特定的绘本作品互动的过程中，需要发挥个体的积极性，还要形成支持其学习的环境，关注学生的阅读动机、主观意愿、阅读兴趣等，也为其后续学习提供源源不断的动力。三是互动维度。在课程改革背景下，活动、对话与合作成为阅读学习关注的主要互动方式。与学生的互动，实践共同体的建构成为值得关注的内容。绘本阅读学习应更加重视真实情境下的阅读，关注学生与绘本之间互动的全过程，包括阅读前、中、后；关注特定情境下学习内容、学习动机、学习方式的有机融合。

上述三个维度是相互作用、相互关联的整体，具有内在的一致性。遵循三个维度相互关联的绘本阅读学习，才能更好地促进学生在知识、情感、动机、意志、理解、互动等方面的整体提升。

2. 关于学习者的理解性学习

全视角学习理论认为：“学习的内容还必须在一些更为深远的种类中加以理解……学习中一个日益显露紧迫性的内容领域是，学习关于我们自身，认识自己，理解自己的反应、倾向、偏好、优势和弱势。”④ 在这里，全视角学习理论是将学习者的自我和自我理解作为学习内容并成为学习日益紧迫的一个重要层面，格外强调学习是一种理解性学习。

在绘本阅读中，“理解”侧重于“倾听”作者和文本的声音，“理解”并不是阅读主体被动地接受作者的思想，而是阅读主体与作者、绘本文本的对话过程，通过对作者意图、文本内容的理解、想象和推论，了解绘本文本中作者对自然、社会、人生的思考和看法。

绘本是兼具文和图两种媒介表达意义的特殊艺术形式。绘本的“理解”，重点关注对文和图关系的理解，绘本“是文章说话，图画也说话，文章和图画用不同的方法都在说话，来表现同一个主题”。⑤ 绘本阅读理解过程的实质，可以表述为“依据绘本的特征、特点”⑥ 的阅读方法和阅读策略的运用。

3. 互动的阅读理解过程

全视角学习理论指出，所有学习都包含个体与环境之间的互动过程，以及内部心智获得

---

① 秦丽楠:《基于全视角学习理论的教师学习建构研究》,《现代基础教育研究》2020年第4期,第65页。

② 克努兹·伊列雷斯:《我们如何学习:全视角学习理论》,孙玫璐译,教育科学出版社2014年版,第132页。

③ 克努兹·伊列雷斯:《我们如何学习:全视角学习理论》,孙玫璐译,教育科学出版社2014年版,第132页。

④ 克努兹·伊列雷斯:《我们如何学习:全视角学习理论》,孙玫璐译,教育科学出版社2014年版,第23页。

⑤ 松居直:《我的国画书论》,郭雯霞,徐小洁译,新疆青少年出版社2017年版,第241页。

⑥ 王荣生:《阅读教学设计要诀(第二版)》,中国轻工业出版社2021年版,第33页。

与加工的过程。阅读教学研究也强调阅读是一种互动交往的过程。“阅读是一种社会性交往活动”①，“作者写作时，是希望读者能分享文本代表的意义，并成为相互理解的共同体中的一分子”。② 同时，文学阅读研究者也认为，文学的乐趣来自互动。培利·诺德曼（Perry Nodelman）在论述阅读儿童文学的乐趣这一话题时指出，“文学的乐趣正是对话的乐趣——读者与文本之间的对谈、读者与其他读者针对那些文本的对谈”。③ 这里的“对话”体现的正是阅读学习过程多重互动的特点。通过对话，学生与他人、自己、文本建立多重链接，最终在对话互动中实现自我建构。

美国哥伦比亚大学师范学院的读写项目基于200多所学校的实践探索，加深了我们对绘本阅读教学互动学习过程的认识和理解。该项目“坚信阅读具有社交性”④，并指出，“教授阅读理解，我们大多是在教授深度倾听、理解和回应”。⑤ 换句话说，阅读学习的过程就是不同阅读主体围绕绘本作品相互倾听、理解和回应的过程。这两个角度与全视角学习理论所提出的两个过程是相符的。

与其他文本体式相比，绘本的双重媒介功能更具建构的空间，在课堂教学情境下更体现出绘本阅读互动学习的特点。“无论我们从文字或是图片开始读，都会对另一个产生期待，它们轮流提供新的体验和新的期待。”⑥ 在绘本提供的文和图互动创造的想象空间中，学生每一次对文字或图片的重新阅读都是不断学习，为文和图整体的阐释和理解奠定基础。在课堂教学情境下，绘本阅读学习通常发生于教学实践和学习共同体之中，若学生在其中多一些互动和责任，其学习的可能性就会更大，更能够主动学习。绘本阅读学习的互动过程，包括两个要义：一是学生与绘本作品互动的过程；二是学生与其所处的学习环境的社会性交往互动的过程。

三、“学习中心”绘本阅读教学取向的实践路径

依据全视角学习理论，绘本阅读教学可以从三个维度的任一维度展开，但无论哪一维度的探索，都不能忽视与其他维度之间的内在联系。

1. 关注动机：凸显阅读主体的阅读态度

全视角学习理论强调学习动机是推动学习的根本动力。“学习的动机维度涵盖了有关心智能量的范畴和特性，这种心智能量是学习的驱动力，即通常来说的动机、情绪、态度和意志，个体将其投入到学习情境或学习过程之中。”⑦ 阅读态度是阅读动机的直接表现，阅读主体的阅读态度，包括阅读兴趣、实际的阅读面与阅读量。

（1）以阅读能力的提升，推进阅读兴趣的持续

阅读主体的阅读态度与阅读能力关系密切。关注阅读主体的阅读态度，必须关联内容维度和互动维度。正如克努兹·伊列雷斯（Knud Illeris）指出的，“内容与动机维度通过源自个体与环境之间互动过程的冲动，以一种整合性的方式被激活”。⑧ “有效的阅读是高度自主自愿的活动。越是高能力的阅读者，阅读的主观愿望越强烈，一旦丧失了阅读的主观愿望，阅读活动就难以维系，因而阅读者也无从养成较高的阅读能力。”⑨

（2）重视阅读面的扩大和阅读量的增加

在绘本阅读教学中，绘本阅读面和阅读量是衡量学生对待绘本阅读态度的重要的外在表

① 王荣生：《阅读教学设计要诀（第二版）》，中国轻工业出版社 2021 年版，第 21 页。
② 培利·诺德曼，梅维丝·雷默：《阅读儿童文学的乐趣》，刘凤芯，吴宜洁译，天卫文化图书股份有限公司 2009 年版，第 72 页。
③ 培利·诺德曼，梅维丝·雷默：《阅读儿童文学的乐趣》，刘凤芯，吴宜洁译，天卫文化图书股份有限公司 2009 年版，第 42 页。
④ 露西·麦考密克·卡尔金斯：《如何创设适宜的阅读环境与课程》，祝玉娟译，教育科学出版社 2018 年版，第 13 页。
⑤ 露西·麦考密克·卡尔金斯：《如何创设适宜的阅读环境与课程》，祝玉娟译，教育科学出版社 2018 年版，第 15 页。
⑥ 玛丽亚·尼古拉杰娃，卡罗尔·斯科特：《绘本的力量》，李继亚译，华东师范大学出版社 2018 年版，第 2 页。
⑦ 克努兹·伊列雷斯：《我们如何学习：全视角学习理论》，孙玫璐译，教育科学出版社 2014 年版，第 100 页。
⑧ 克努兹·伊列雷斯：《我们如何学习：全视角学习理论》，孙玫璐译，教育科学出版社 2014 年版，第 28 页。
⑨ 王荣生：《阅读教学设计要诀（第二版）》，中国轻工业出版社 2021 年版，第 4 页。

现。《义务教育语文课程标准（2011年版）》指出："要重视培养学生广泛的阅读兴趣，扩大阅读面，增加阅读量，提高阅读品位"[①]，这一倡导正是关注了学生的阅读态度。

优秀教师在绘本阅读教学中都十分重视学生扩大阅读面和拓展阅读量。闫学所研制的《绘本阅读课程纲要》，"课程总目标"第一条即是"通过绘本阅读，点燃阅读兴趣"。[②] 在"课程阶段目标"中对阅读量有明确要求：

低段（1-2年级）：能借助图画和简短的文字，至少阅读200本绘本，并乐于和同伴交流分享。

中段（3-4年级）：至少阅读500本绘本，乐于和他人进行交流分享。

高段（5-6年级）：至少阅读800本绘本，能主动和他人进行交流分享。

关于阅读面，"课程内容"亦进行了说明：绘本阅读课程各年级必读书目分为"儿童智慧开启""儿童心理治愈""儿童哲学启蒙""儿童美学鉴赏""儿童亲情体味""儿童品德涵养""儿童人际交往""儿童国际理解""儿童创作表达"9个类别。

依据全视角学习理论，凸显阅读主体的阅读态度，虽然侧重动机维度，但若脱离了内容维度和互动维度，则破坏了学习内在的整体性、一致性，割裂了学习目标、学习内容与学习方式的有机融合。

2. 关注互动：在阅读学习过程中实现对话

全视角学习理论提出，所有的学习都不是单一的获得过程，而是获得和互动两个过程。"对于学习的理解来说，非常关键的是这两个过程及其互动都必须能够被顾及。"[③] 个体和环境两个要素总是在各自形成的过程中，以一种整合性的方式发生着互动；在获得过程中，内容与动机之间总在进行着互动。在此基础上，克努兹·伊列雷斯提出"活动、对话和合作"是互动维度的三个符号性词汇，"它们在我们与所处环境的交流和联系中是非常重要的因素，而且与此相关的是，它们提升了个体在相应社会情境与共同体中的整合。通过这种途径，互动维度对学习者社会性的发展做出了贡献，社会性是一种恰当地卷入和参与进入到人们多种社会互动形式的能力"。[④] 因此，在绘本阅读教学中，关注阅读学习过程需要厘清活动、对话和合作三者之间的关系。

(1)在活动中实现与文本对话

学生绘本阅读学习的过程是其与文本对话的过程。"学习中心"绘本阅读教学取向强调，在这一过程中学生完成个体的获得。

上海师范大学心理学系吴念阳教授在2010年发起成立了"大带小"项目。该项目采取"立体式绘本阅读"[⑤] 的理念和操作方式，通过模仿和表演、绘画、折纸、搭建积木、思维导图等科学、有趣的多种拓展活动，使学生与绘本建立了链接。在活动中，教师与学生、学生与课程、绘本所承载的人类知识与儿童经验、绘本阅读知识学习与能力培养、知识学习与品格养成及情感需要成为有机的整体。以《母鸡萝丝去散步》为例，带读过程设计了两个活动环节：

第一，请小朋友口述自己感兴趣的情节，并指出该情节发生在线路图的哪个位置。如果小朋友不记得了，可以再次翻阅绘本正文，来回对比。

第二，用积木拼出母鸡萝丝散步的线路图，对着积木复述完整故事。

学生通过拼积木、对着积木作品复述故事，降低了他们复述故事的难度。本来不能完整复述故事的学生，在用积木完整摆出故事的全部场景后，就可以指着各"景点"逐步复述全部故事。上述课例表明，学生在活动中实现了与文本的对话，加深了对文本的理解。

(2)在活动中促进高水平伙伴间的合作与交流

① 中华人民共和国教育部:《义务教育语文课程标准(2011年版)》,北京师范大学出版社2012年版,第23页。

② 闫学:《绘本课程这样做》,中国人民大学出版社2017年版,第215-217页。

③ 克努兹·伊列雷斯:《我们如何学习:全视角学习理论》,孙玫璐译,教育科学出版社2014年版,第23页。

④ 克努兹·伊列雷斯:《我们如何学习:全视角学习理论》,孙玫璐译,教育科学出版社2014年版,第28页。

⑤ 吴念阳:《跟着儿童心理学家玩绘本》,上海教育出版社2021年版,第14页。

全视角学习理论认为，知识是在社会交往中获得的。"学习者在与他人交流的过程中吸收新的信息，和已习得的知识进行对比，发现认知中的冲突之处，从而重新建构自己原有的知识体系，实现认知的平衡。在课堂上，教师的角色就是提供这样的帮助，让学生在自己的最近发展区内学习知识和技能。但是研究发现同学之间也可以通过彼此交流促进双方的认知发展。"①

有研究者指出，当前阅读教学活动中存在的突出问题是，"阅读研讨停滞于浅表，学习者自说自话式的书本评论、搜寻答案式的零星回应、汇报想法式的单一罗列等现象依然充斥课堂，缺乏对话讨论对阅读者的深度引领"。② 美国哥伦比亚大学师范学院的读写项目提供了活动中师生合作、生生合作与交流学习的范例。"当我们长期跟一个孩子一起阅读时，我们知道他目前的水平，并向他示范我们希望他达到的那种阅读水平和状态，然后再让他继续练习。用维果茨基的话说，我们做的示范，应该是在孩子最近发展区之内的。跟其他的交流一样，这样的交流也是建立在我们对孩子读书方面的第一次观察基础之上的。基于这个理念，我们参与到伙伴活动中。"③ 可见，"学习中心"的绘本阅读教学取向关注阅读学习过程，强调在活动中通过示范对学习者进行深度引领，促进高水平伙伴间的合作与交流。

综上，"学习中心"的绘本阅读教学取向，关注在阅读学习过程中对学习者进行深度引领，而通过在活动中促进高水平伙伴间的合作与交流可以实现这一点。

3. 关注内容：落实到学习内容的维度上

"学习中心"绘本阅读教学取向强调要凸显阅读主体的阅读态度，关注阅读学习过程，这些最终都要通过课程与教学内容来实现，即落实到学习的内容维度上。

(1)以"学会阅读"的立场来提取绘本阅读的概括性知识

在"学习中心"的绘本阅读教学取向下，要以学会阅读绘本的立场来提取绘本阅读的概括性知识。绘本是基于视觉和文字两种信息媒介组合而成的艺术形式，"图片的功能是描绘和表现，文字的功能主要用于叙述。文字常常是连贯的，而图片是非连续性的，并且没有给出直接的阅读说明。正是这两种功能的张力给绘本中的图片和文字的互动创造了无限的可能性"。④ 培利·诺德曼指出："一本图画书至少包含三种故事：文字讲的故事，图画暗示的故事，以及两者结合后所产生的故事。"⑤

例如，有研究者提供了"绘本要这么读"的可行路径，即"解构绘本的图像意涵、理解绘本的文字意义"。⑥ 具体而言："图片的背景用色、线条构图，绘画笔触，人物描绘中藏着许多故事的信息，包含着主角的情绪和感受，故事情节的发展，事件发生的原委脉络，摆脱了文字的束缚，读者可以天马行空地自由想象图像的意涵，赋予故事的一个新生命。"⑦

(2)"以学生的探究为中心"的学习方式

文学圈读书会是"以学生探究为中心"的学习方式较好的示例，它以聊书谈书的方式，使学生在探索文学的过程中认识自我、认识别人与周遭的世界，培养学生合作学习及自主学习的能力。文学圈的做法大致为：分享个人的想法；倾听、回应别人的想法；整理分析彼此的想法，并探索这些想法的关联与对彼此的意义；鼓励合作与互动；提供选择权与责任；诱发自然产生的对话；鼓励多元角度的回应文本。⑧

"学生需要较长的时间来探索如何回应文

① 李文玲，舒华：《儿童阅读的世界(3)：让孩子学会阅读的教育理论研究》，北京师范大学出版社 2016 年版，第 151-152 页。

② 李金云，李胜利：《指向深度学习的整本书阅读研讨：性质、定位及其核心教学策略》，《课程·教材·教法》2019 年第 2 期，第 81 页。

③ 露西·麦考密克·卡尔金斯：《如何创设适宜的阅读环境与课程》，祝玉娟译，教育科学出版社 2018 年版，第 130 页。

④ 玛丽亚·尼古拉杰娃，卡罗尔·斯科特：《绘本的力量》，李继亚译，华东师范大学出版社 2018 年版，第 1-2 页。

⑤ 培利·诺德曼：《阅读儿童文学的乐趣》，陈中美译，少年儿童出版社 2008 年版，第 268 页。

⑥ 王林：《绘本赏析与创意教学》，河北教育出版社 2010 年版，第 6 页。

⑦ 王林：《绘本赏析与创意教学》，河北教育出版社 2010 年版，第 6 页。

⑧ 侯秋玲，吴敏而：《文学圈之理论与实务》，朗智思维科技 2005 年版，第 27 页。

本”①，以下是教师设计的帮助学生探索如何回应文本的任务单：

我有话题要和大家一起谈。

这个故事让我想到……（某些经验，或人或故事）。

我有话对故事的某个角色（人或动物）说。

我有话对作者说。

读出来给你听。

找些字与词来谈。

画出来给你看。

色彩的发展，使用图像来记录事情。

教师强调任务单是阶段性任务，当学生已具有自由回应文本或自由对谈的能力时，就可以停止使用任务单。在文学圈读书会形态中，不仅“回应”如此，“分享”“倾听”“合作”“互动”“选择”“对话”等都需要用探究的方式，来获得对“如何分享”“如何倾听”“如何合作”“如何互动”“如何选择”“如何对话”的体验性理解。

在绘本学习中，学生探究的是绘本阅读的概括性知识。“探究”就意味着学生去“发现”，发现概括性的绘本阅读知识，并且不断地对概括性的绘本阅读知识有新的理解。

全视角学习理论为“学习中心”绘本阅读教学的开展提供了较好的实践框架。基于“动机、互动和内容”三位一体的“全视角”，实施“学习中心”取向的绘本阅读教学，可以拓宽绘本阅读教学内容，激活学生阅读动机的内在动力，打通阅读互动的多维路径，为学生阅读兴趣的培养、阅读方法的掌握和阅读素养的逐步养成，探索一条行之有效的实践路径。

Research on the Teaching Practice of “Learning-Centered” Picture Book Reading under the Theory of Comprehensive-perspective Learning

LIU Jingyuan[1,2], WANG Rongsheng[1]

(1. School of Education, Shanghai Normal University, Shanghai, 200234;

2. College of Teacher Education, Taishan University, Taian Shandong, 271000)

Abstract: The comprehensive-perspective learning theory provides a broader theoretical perspective and more effective practical guidance for “learning-centered” teaching. It emphasizes that all learning includes two processes of “individual-environment interaction and psychological acquisition” and three dimensions of “interaction, motivation and content”. Accordingly, the connotation of the teaching orientation of “learning-centered” picture book reading should include holistic learning associated with three dimensions, comprehension learning about learners and interactive reading comprehension process. Therefore, in the teaching practice of picture book reading, the teachers should pay attention to students' learning motivation and highlight their reading attitude; focus on interaction, and realize the dialogue in the process of reading learning and take notice of content, which should be implemented in the dimension of learning content.

Key words: comprehensive-perspective learning theory, learning center, picture book reading teaching, teaching orientation

① 侯秋玲，吴敏而：《文学圈之理论与实务》，朗智思维科技2005年版，第32-33页。

小学数学教师“问题提出”教学信念及其课堂教学行为研究

张莎莎[1]，宋乃庆[1,2]，蔡金法[3]
（1. 西南大学 数学与统计学院，重庆 400715；2. 西南大学 教育学部，重庆 400715；
3. 美国特拉华大学 数学系，纽瓦克 19716）

摘　要：“问题提出”是培养学生创新能力及核心素养的有力抓手，当前，有关“问题提出”的课堂教学研究是最主要的研究议题。研究以参加小学数学“问题提出”教学工作坊的两名学员为对象，采用质性研究方法，通过课堂观察和半结构访谈分别考察其“问题提出”教学行为及其行为背后的教学信念，并探讨二者之间的关系。研究发现：两位教师的“问题提出”教学信念发生了不同程度的转变；均能在教学中围绕教学目标设置恰当的“问题提出”教学任务，特别是在选择教学内容领域和设置任务情境时表现出一定的相似性；“问题提出”教学信念与其课堂教学行为之间呈现出较为一致的关系。

关键词：小学数学教师；问题提出；教学信念；课堂教学行为；质性研究

50多年来，数学教育领域一直专注于问题解决。与问题解决具有同等甚至更高价值的“问题提出”，直到1983年《问题提出的艺术》① 一书出版才开始被数学教育研究者关注。1989年，美国《学校数学课程与评价标准》明确提出，应将“问题提出”整合到学校课程与课堂教学中，从此“问题提出”成为独立的研究对象。然而，现有小学数学教材中“问题提出”教学任务的占比较小②，远不能满足“问题提出”教学的需要。此外，作为一种新兴且非常规的教学手段，“问题提出”所彰显的知识的发生性与建构性，对教师驾驭课堂教学的能力提出了更高要求。③ 因此，教师运用“问题提出”进行教学，面临着巨大的挑战。

小学数学“问题提出”教学工作坊为帮助教师获得“问题提出”相关知识、转变教学信念，以及提升相关教学能力提供了良好契机。然而，关于小学数学教师“问题提出”教学信念是如何影响其教

基金项目：本文系国家社科基金后期资助项目“中小学问题提出的理论与实践探索”（项目编号：20FJKB006）、西南大学引进人才（教育部“长江学者”讲座教授）计划项目“数学问题提出对教师专业发展和学生创新能力提升的长期跟踪研究”（项目编号：SWU118118）、“小学数学教师‘问题提出’教学能力测评模型构建”（项目编号：2021-06-020-BZPK01）的研究成果。

作者简介：张莎莎，西南大学数学与统计学院博士研究生，主要从事数学教育与教师教育研究；宋乃庆，西南大学数学与统计学院教授，博士生导师；西南大学教育学部教授，博士生导师，主要从事基础教育、数学教育与统计研究；蔡金法，美国特拉华大学数学系教授，博士生导师，主要从事数学教育研究。

① Brown, S. I., Walter, M. I., *The Art of Problem Posing*, Lawrence Erlbaum Associates, 1983.

② Jia, S., Yao, Y., “70 Years of Problem Posing in Chinese Primary Mathematics Textbooks”, *ZDM Mathematics Education*, Vol. 53, no. 4 (2021), pp. 951-960.

③ 李怀军，张维忠：《问题提出融入课堂教学的困境与突破》，《课程·教材·教法》2020年第11期，第92-98页。

学实践的，目前知之甚少。此外，虽然已有众多研究考察了教师信念与教学实践的关系，但由于未将教师信念的研究深入到微观层面，而课堂教学行为的考察却是较细致微观的，二者在层次上的不对应导致其关系不一致的结论可能存在偏差。① 因此，本研究以参加重庆市小学数学“问题提出”教学工作坊的两名学员为研究对象，采用质性研究方法，通过半结构访谈和课堂观察分别考察其“问题提出”教学信念和教学行为，并深入探讨二者之间的关系，以期促进小学数学教师提升课堂教学水平，为推动教师专业发展活动的变革提供建议。

一、概念界定

1. 问题提出

数学“问题提出”，是指基于某个问题情境，通过接受已知或改变已知的方式来提出新的数学问题,然后将其以问题的形式表达出来。② 其中，情境包括可以提出新问题的数学内部的情境，如表达式、图表、模式等，以及来自外部事物的现实情境。在学校教育中，“问题提出”既可以作为一种认知活动，也可以作为教学目标来促进学生“问题提出”能力的发展，还可以作为一种教学手段，即通过“问题提出”来教数学。③

2.“问题提出”教学信念

对“信念”这一概念的界定，目前学界还未有统一的认识。④ 教学信念作为信念的下位概念，国内外学者对其内涵的认识也不尽相同，但大都涉及教育教学中的主要因素。⑤ 就数学学科而言，数学教学信念的基本成分包含数学本质的信念、数学教学的信念和数学学习过程的信念。⑥⑦ 借鉴数学教学信念的定义，本研究将“数学‘问题提出’教学信念”界定为：教师在运用“问题提出”进行数学教学的过程中，对与之密切相关因素的认同的看法和观点，主要包括三个方面：数学教师对“问题提出”的信念，运用“问题提出”教学的信念，对学生运用“问题提出”学习的信念。

3.“问题提出”课堂教学行为

在数学课堂教学中，一个完整的“问题提出”活动通常要经历如下过程：教师呈现“问题提出”情境，而后给出“问题提出”任务的具体要求，学生提出问题、分析问题，教师或学生选取一个或多个问题最终解决问题。⑧ 在这一过程中，教师充当教学任务设计和组织实施的重要角色，学生行为、师生互动行为是由教师行为引发的，逻辑上不是并列关系。故此，本研究将“教学行为”限定为“教师的教学行为”，但并未与学生的学习行为、师生互动行为相脱离，而是将之视为教师教学行为实施后的结果。⑨综上所述，笔者将“‘问题提出’课堂教学行为”界定为：教师基于问题提出的教学理念和自身的教学技能、实践经验及个性心理特征，围绕小学数学教学的目标和要求，将问题提出作为教学目标和教学手段，在教学过程中采取的外显的和内隐的教学行为方式的总和，主要包括教师设置问题提出教学任务和处理学生提出的数学问题两个方面。

---

① 脱中菲:《小学数学教师信念结构及特征的个案研究》,东北师范大学博士学位论文,2014 年,第 16 页。

② 蔡金法,许天来:《数学问题提出的例子、类型和内涵》,《小学教学(数学版)》2019 年第 Z1 期,第 34-40 页。

③ 蔡金法,姚一玲:《数学“问题提出”教学的理论基础和实践研究》,《数学教育学报》2019 年第 4 期,第 42-47 页。

④ 朱旭东:《教师专业发展理论研究》,北京师范大学出版社 2011 年版,第 9 页。

⑤ 高一波:《新时代背景下教师教学信念取向现状与发展建议》,《中国电化教育》2021 年第 12 期,第 123-130 页,第 150 页。

⑥ Ernest,P. , *Mathematics Teaching: The State of the Art*, London:Falmer Press,1989,pp. 249-254.

⑦ Grouws,D. A. (Ed.), *Handbook of Research on Mathematics Teaching and Learning*, New York: MacMillan,1992,pp. 127-146.

⑧ 徐冉冉,李丹杨,等:《指向教学改进的“问题提出”数学教学》,《数学教学》2020 第 10 期,第 1-8 页。

⑨ 喻平:《教学认识信念研究》,科学出版社 2016 年版,第 167 页。

二、研究设计

1. 研究对象

2018年1月至2019年6月，重庆市连续举办了四期小学数学“问题提出”教学工作坊。本研究综合考虑了教师性别、教龄、职称等背景变量，采用目的性随机抽样的方式，遵从自愿原则，从15名学员中选择2名教师作为研究对象：D教师（女，教龄9年，小学一级职称），X教师（男，教龄23年，小学高级职称）。

2. 研究工具

(1)访谈提纲

小学数学教师“问题提出”教学信念访谈提纲的编制，参考了欧内斯特（Ernest）对数学教师信念内容维度的划分，并进一步借鉴了谢诺丰托斯（Xenofontos）等人对数学问题解决信念访谈问题的设计。[①]所不同的是，由于教师教学信念的内隐性，采用直接的常规问题可能无法真实揭露教师的“问题提出”教学信念。因此，本研究运用情境提示法，即部分访谈问题以“问题提出”教学典型范例和教师自身的教学经历为背景，初步确定了5个访谈问题。此后，在咨询“问题提出”领域专家意见后进行修改，之后进行预访谈，在学习访谈技巧的同时，修正访谈问题的不当表述，最终形成正式访谈提纲，具体包含：①请谈一谈您对“问题提出”的理解；②在工作坊中，我们观摩了“用字母表示稍复杂的数量关系”一课，您认为这节课（课例2）与传统的授课方式（课例1）有什么不同？您更赞同哪种授课方式，为什么？请结合该案例具体谈一谈；③课例用“问题提出”进行“三位数乘两位数”的教学实践，您认为这节课有哪些值得学习的地方？④请您谈一谈对“周长”这一课例的看法；[②]⑤请您结合自身的“问题提出”教学经历，谈一谈您是如何设计和实施“问题提出”教学任务的？在实施过程中您遇到了哪些挑战，如何应对的？

(2)课堂教学录像的编码

依据上述数学“问题提出”活动具体的教学过程，教师设置的“问题提出”教学任务以及处理学生提出的问题，可以清楚地描绘出运用“问题提出”来教授数学的过程。数学课堂教学始于教师设置的教学任务，教师选择和使用的任务是学生学习质量的主要决定因素，因此，本研究首先对教学任务进行编码，并确定“问题提出”教学片断。教师如何处理学生提出的问题是以学生提出数学问题为前提的，因此，本研究在对学生提出的数学问题进行编码基础上，对教师处理学生提出的数学问题的方式进行编码。

3. 资料收集与分析

资料的收集于2020年秋季学期至2021年春季学期进行，为最大限度地降低对被试正常教学秩序的影响，课前访谈、录课以及课后访谈采取“线下线上相结合”的方式。课前访谈主要通过网络电话会议的方式，根据访谈提纲提出问题，并依据访谈内容及时追问。访谈内容用录音笔录音以方便记录，访谈时间持续40分钟左右。在课前访谈完成后，由教师自行拟定授课内容，研究者采用参与式观察的方式，观察并运用录像设备记录被试课堂中发生的真实境况；课后访谈于录课结束一周内进行，以了解教师行为背后的意图。所获资料逐字转录后导入NVivo 12 Plus软件进行编码分析。

① Xenofontos，C.，Andrews，P.，“Prospective Teachers' Beliefs about Problem-solving：Cypriot and English Cultural Constructions”，*Research in Mathematics Education*，Vol. 14，no. 1(2012)，pp. 69-85.

②《用字母表示稍复杂的数量关系》的课例2与课例1为同课异构，发表于《数学教育学报》，另两个案例发表于《小学数学教师》，均被视为“问题提出”教学的范例。

三、研究结果

1.“问题提出”教学信念

由于访谈时允许受访者充分表达，在对资料进行初步整理和分析时发现，受访者的回答会出现不同主题相互交织的情况，如教师在提及“问题提出”教学的相关内容时也会涉及学生学习的话题，两者相互穿插。因此，本研究对原始访谈资料的编码未采用依据访谈问题进行归类编码的方式，而是采用“自下而上”的方式，首先对受访者所有的回答进行开放式编码，以识别所有可能直接表达或间接隐含的“问题提出”教学信念主题；之后，将受访者的回答进行概括，形成类属；最后，对类属进一步提炼与整合，形成主题。这一过程共产生3个主题，与访谈提纲预设的3个维度高度契合。

(1)对“问题提出”的信念

教师对“问题提出”的信念涵盖了“问题提出”的内涵和“问题提出”适用的课型或教学环节两个类属，其中，“问题提出”的内涵又包括对“问题提出”本质的认识和“问题提出”的具体形式。

它是一种全新的教学方式，以往的教学是以书本和教师提出问题让学生去解决这个问题为主，更注重的是让学生解决问题，而那个“问题提出”呢，它的这个方式很新颖，它打破了常规，它是让学生根据这个算式去提出问题。(D教师)

根据我们培训的情况，“问题提出”教学跟我们平常的问题解决是不一样的。以前我们主要是给学生一些信息，根据信息和问题让学生来解决问题。而现在我们是让学生根据信息来提出问题。跟以前不一样，现在的问题不是固定的，而是学生根据信息提出不同的问题，然后根据不同的问题进行解决和解答。(X教师)

就比如说在计算过程当中，无论是计算课、概念课，还是解决问题，都可以用到这些方面。(D教师)

其实“问题提出”在解决问题这方面效果很明显，因为数学书上的问题解决本来也是一个大的板块，从来没有进行过整理和归纳，但是我们通过一个算式就能把所有板块不同类型的问题归纳到一起，可以帮助学生更好地理解，我觉得用到解决问题里来是非常好的。(D教师)

从两位教师言语中可知，“问题提出”被定义为一种教学方式或手段，问题产生对象的不同，是“问题提出”不同于“问题解决”教学的显著特征。D教师还提及，“问题提出”的具体操作形式是让学生根据算式提出问题，认为“问题提出”适用于多种课型，特别是在解决问题方面的适用性。如前所述，“问题提出”不仅是一种教学手段，同时是一种教学目标，这也是培训中向教师传达的理念，其操作形式丰富多样。

(2)对“问题提出”教学的信念

教师运用“问题提出”教学的信念侧重于对“问题提出”教学的倾向性、给教师带来的挑战两个方面。D教师就“用字母表示数”这一课例而言更倾向于“问题提出”教学的方式，而X教师则更倾向于一种折中的方式。尽管工作坊中通过相关研究和案例向学员展示了“问题提出”教学对学生问题解决能力、非智力因素等方面的积极影响，但X教师仍认为“问题提出”教学不利于学生“双基”的培养和成绩的提升。例如：

更赞同“问题提出”教学。第一种完全是按传统的授课方式来上，教师引导学生解决，那么这堂课出彩的地方只能看到教师的智慧，学生展示出来不多。但是第二种(问题提出)课例，开放性强多了，它完全是不断地激发学生去提问、去思考、去创造，学生占主导，是主角，而教师只是一个穿针引线的人。(D教师)

我还是非常喜欢“周长”这节课的设计，因为开放性很大。(D教师)

如果为了培养学生基础知识和基本技能的话，第一种要好一些，采用问题解决的方法。但是如果侧重于学生以后的发展，以及数学思想的培养，那么就用第二种，能让学生在开放思维中提出更多的问题，能够为后续的学习奠定基础。如果时间充裕的情况下，或者知识相对简单的情况下，我愿意用“问题提出”的方式来授课。如果知识较难，或者涉及的能力较难，我觉得还是要用问题解决的方法，那样学生掌握起来更容易一些。但是对于简单的知识或者学生有兴趣的问题，可以用问题提出的方式。(X 教师)

两位教师均认为“问题提出”教学“开放性”很大，学生提出的多种问题对教师课堂组织能力要求较高，特别是D教师认为，鉴于课时限制教学目标可能难以达成。具体表述如：

用这种方式进行教学的话确实对教师的考验非常大，因为每堂课都有每堂课的目标和教学任务，而且一学期也是有课时的要求以及学生掌握情况的一个考核，那么在这一堂课当中教师需要抓取这堂课的重难点并得到解决。(D 教师)

因为比较开放，跟书上的那种具体情境不一样。所以要寻找这么多不同的样本，是比较难的。(X 教师)

(3)对学生运用“问题提出”学习的信念

关于对学生数学“问题提出”学习的信念可归为两个类属：“问题提出”对学生数学学习的价值以及给学生带来的挑战。“问题提出”教学在激发学生兴趣和主动性、促进学生创新等能力发展，以及加深知识理解等方面具有优势。两位教师对此非常认同，例如：

我觉得可以培养学生的创造性，也能够激发他们的自主学习，然后让他们学会思考。坚持这种方式，学生的思维会非常灵敏，语言表达能力也是很强的。(D 教师)

学生自己提出的问题或者说自己寻找的样本，自己来解决，这种感觉与传统学习完全不一样。他感觉很有兴趣，也愿意去算，参与度会更高。(X 教师)

问题提出给学困生造成较大的学习障碍，例如：

其实是学习能力比较强的学生，他能够越学越好。那中等生或者后进生会更加吃力，两极分化会越来越大。(D 教师)

对于优等生没有多大问题，关键是对于班上的那一部分后进生，感觉是会有问题的。(X 教师)

总体而言，D教师秉持一种比较积极的“问题提出”教学信念。“问题提出”是一种有别于传统的全新的教学方式，她认为“问题提出”适用于概念课、计算课的教学，尤其是适用于解决问题板块的教学。在实际教学中，该教师表示更倾向于运用“问题提出”的方式来教授数学，因为“问题提出”教学能激发学生的学习兴趣和自主性，有助于提升学生的学习能力，加深学生的数学理解。但她同样认为，“问题提出”教学给自身教学和学生学习带来挑战，“问题提出”教学的“开放性”对其教学组织能力提出较高要求，而且学生所提问题不能紧密契合教学目标，浪费课堂教学时间，使得教学目标难以达成。

概而论之，X教师持有一种模糊的“问题提出”教学信念。该教师对“问题提出”的认识不太全面，他仅从“问题提出”与“问题解决”的对比来阐释对“问题提出”的认识，可以推断出他同样将“问题提出”视为一种教学方式。对于运用“问题提出”进行教学的认识有失偏颇，他认为“问题解决”教学更有利于双基培养，“问题提出”能够促进学生数学思想、能力等的发展，但会影响学生成绩。加之其认为学困生提出问题较为困难，因此，在知识点较为简单的情况下他才会考虑采用“问题提出”开展教学。

2.“问题提出”课堂教学行为

表1呈现了两位教师所授课时及其教学目标、设置的“问题提出”教学任务。他们均选择了“数与代数”领域中的内容实施“问题提出”教学，教学任务都为纯数学情境，其中D教师设置的“问题提出”任务类型属于“根据相同的数学结构提出类似的问题”，X教师设置的“问题提出”属于“提出与特定数学运算相匹配的数学问题”这一类型。围绕教学目标，审视教师如何设置“问题提出”教学任务和处理学生的问题，具体如表1所示。

表1 被访者所授课时及其教学目标、设置的"问题提出"任务

教师	所授课时	教学目标	"问题提出"任务	教学环节
D	西师版三年级上册"24时计时法(问题解决)"	1.结合具体情境能算出从一个时刻到另一个时刻的间隔时间 2.利用24时计时法的知识解决生活中的简单实际问题,并形成一些基本策略 3.结合自己的生活经验,体验时间的长短,感受珍惜时间和合理安排时间的重要性	依据学习内容"如何计算经过时间(经过时间=结束时间-开始时间)",发挥自己的想象力,创编应用题	练习
X	人教版三年级下册"一位小数的加减法"	1.在具体情境中理解小数加减法的意义,并掌握计算方法,会正确计算一位小数的加减法,能用一位小数的加减法解决实际问题 2.经历一位小数加减法计算方法的探索过程,在合作交流中掌握计算方法 3.体会一位小数加减法与生活的密切联系,在探索过程中获得成功的体验,增强信心	根据这三个算式0.8+0.6,0.8-0.6,1.2-0.6提问题,尽量想到很多的问题情境,尽可能多地提出问题	引入新课

D教师在学生完成了三个问题解决任务后创设了一个"问题提出"任务,前者分别体现了计算经过时间的三种不同类型(同一天时间连续、同一天时间不连续、涉及两天时间)。"问题提出"任务让学生根据自身生活经验提出问题并解决,感悟所学内容与自身实际生活的紧密联系,能加深学生对24时计时法的理解。学情不同的学生能提出不同情形的问题,并获得更多的学习机会,每位学生都以书面形式提出了数学问题。在学生分享了4个问题并归类后,教师将其他40个问题同样按不同解决策略分别归属为三类,特别对具有创新性的问题予以重点关注。这一教学过程充分调动学生的学习兴趣,学生分享问题的积极性极高,形成解决经过时间问题的基本策略,并且保证了学习机会的最大化。然而值得注意的是,D教师在给出"问题提出"任务后并未给学生思考和书面提出问题的时间。通过课后访谈了解到,她将"问题提出"任务提前布置给学生,由学生在课余时间完成,在课前已熟知学生所提数学问题的大致情况,因此,课上处理学生问题时已然是"心中有数"。

X教师在引入新课环节设置了三个"问题提出"任务,删去教科书中的情境问题,仅保留三个一位小数加减法算式形成的。这三个"问题提出"任务指向教学目标1和目标3,相较于让学生解决实际问题,根据算式编数学问题能拓展学生的数学思维,而不仅限于"购物"情境,为学生提供更多的学习机会,有助于学生在自己建构的生活情境中理解一位小数加减法的意义,感悟数学与生活的密切联系,提升解决实际问题的能力。教师出示"问题提出"任务后,要求学生尽可能多提问。经过独立思考和小组交流讨论,学生共分享了18个数学问题,涉及长度、面积、重量等,在发展学生数学问题提出能力的同时,亦提升了学生的量感。接着,在学生分享问题的过程中,X教师鼓励学生提出问题,并对于不恰当的数学问题能够及时纠正和反馈。但有一点值得注意,教师引导学生总结提出所有问题的特点后,未能有效利用学生比较熟悉的数学问题来探索一位小数加减法的算法和算理,而是直接要求学生用列竖式笔算的方式进行计算,这样不利于对学生"体会算法的多样性及对算理的理解"这一重难点的突破。

3."问题提出"教学信念与课堂教学行为的一致性分析

D教师的"问题提出"教学信念与其"问题提出"课堂教学行为之间表现出较为一致的关系。具体来说,当谈及对"问题提出"的理解时,她认为"问题提出"是一种不同于常规的教学方式,适合

于概念课、解决问题等，尤其是“问题提出”用于解决问题板块的优越性。这一信念在其教学中得到了一致的反映，该教师在访谈中反复提及“开放性”这一概念，既包括对“问题提出”这种开放的教学方式彰显学生主体地位的赞同，也包括对如此开放的教学方式的担忧。前者在其课堂上体现在为学生分享问题创造空间，后者则导致该教师在授课时选择“预演”的方式，避免课堂失序的局面发生。教师表示，在课堂上布置“问题提出”任务并让学生通过小组合作的形式进行提问时间也是充裕的，然而，关于“问题提出”教学给自身教学和学生学习带来挑战的想法仍占据了主要地位，致使在授课时避开了“处理学生生成”这一难题。

X老师的“问题提出”教学信念与其“问题提出”课堂教学行为在两方面是一致的。他设置的三个“问题提出”任务旨在让学生根据算式提出数学问题，从不同的角度提升学生提问的丰富程度，仅停留在目标上，未能结合学生所提出的数学问题来探究一位小数加减法的算法和算理。此外，观察该教师的课堂，我们发现与其教学信念是一致的，他选择了“一位小数的加减法”来开展“问题提出”教学，首先本节课知识点比较简单，并且该教师在区域教研活动多次以公开课的形式展示过该课，他对教学时间和知识内容的把握都游刃有余。

四、结论与讨论

1. 两位教师的“问题提出”教学信念发生了不同程度的转变

总而言之，D教师的“问题提出”教学信念较为积极，X教师则表现出不够清晰的教学信念。工作坊前期调查表明，学员在学习之前并没有“问题提出”相关知识和经验。可以说，工作坊对两位教师“问题提出”教学信念的转变产生了重要影响，这也印证了先前相关研究。[①] 首先，二者教学信念的差异可能是受到教龄等因素影响，有研究发现，教龄为6—10 年的数学教师更倾向于接受新的事物和教学理念，教龄在21年以上的教师的数学学习认识信念和数学教学认识信念，均显著落后于前者。[②] X教师作为教龄较长的教师，相对于D教师而言，其传统的教学信念更为根深蒂固，也较难发生改变。其次，对于经验型教师来说，信念的改变往往出现在学生学习结果发生积极变化之后。[③] D教师表示在实践中在努力尝试“问题提出”教学，尽管学生在提出问题时不如预期，但经过教师引导也可达成教学目标。而X教师由于在学校担任重要的行政职务，教学精力有限，他表示还未真正实施过“问题提出”教学，更未收获教学成效。因此，在工作坊构建学习共同体时应改变随机分组的做法，需将教龄作为重要因素考虑在内，促进学员之间的深层交流。鼓励教师在实践中以试误的方式渐进性改变教学实践，而后通过不断对教学成效的反思重构教学信念。[④]

2. 两位教师均能在教学中设置恰当的“问题提出”教学任务，顺利实施教学

两位教师均能围绕教学目标设置合理的“问题提出”教学任务，并顺利实施“问题提出”教学，但在处理学生的问题方面有所欠缺。调查显示，教师在参加工作坊之前并没有或很少有数学“问题提出”学习的经历及教学经验，现行教科书中已有“问题提出”活动的纯数学情境类型占比明显低于现实情境[⑤]，从而说明教师设置“问题提出”任务情境主要是受工作坊学习经历的影响，特别是案例学习、课堂观摩、同课异构等活动为教师“问题提出”教学任务的设计与实施提供了重要的示范。D教师在执行“问题提出”教学任务过程的“表面连贯”折射出我国教师对教学互动中连贯性的重视，教

① 宋乃庆，张莎莎，等：《基于“问题提出”的小学数学教师主题式专业发展：理论建构与实践探索》，《数学教育学报》2021年第1期，第12-18页。

② 谢圣英：《中学数学教师认识信念系统的教龄差异研究》，《数学教育学报》2017年第6期，第67-71页。

③ Guskey，T. R.，“Professional Development and Teacher Change”，*Teachers and Teaching*，Vol. 8，no. 3(2002)，pp. 381-391.

④ 尹弘飚，李子建：《论课程改革中的教师改变》，《教育研究》2007年第3期，第23-28页。

⑤ Cai，J.，Jiang，C.，“An Analysis of Problem-posing Tasks in Chinese and US Elementary Mathematics Textbooks”，*International Journal of Science and Mathematics Education*，Vol. 15，no. 8(2017)，pp. 1521-1540.

师将教学中的新兴事物视为对教学连贯性的威胁。[①] 未来工作坊在选择培训主题时可兼顾“图形与几何”“概率与统计”等内容领域，将“如何有助于教学重难点的突破”和“学生提出问题后的教学处理”等作为重要的培训内容。

3.“问题提出”教学信念与其课堂教学行为之间呈现出较为一致的关系

具体来说，D教师对“问题提出”内涵和适用课型的理解，影响了她对教学内容的选择和“问题提出”任务的应用；对“问题提出”价值的认同，决定了她如何设置合理的教学任务以现实教学目标；对问题提出教学给自身课堂教学组织能力和学生学习带来的挑战的忧虑，影响了对“问题提出”教学任务的具体实施方式。X教师对“问题提出”教学价值认识有所缺失，致使教学任务未能在突破教学重难点方面发挥作用；对“问题提出”教学的倾向性，决定他对教学内容的选择。这也印证了“数学教师的信念对课堂教学实践的影响深远”这一观点。[②③] 因此，工作坊应尤为重视帮助教师树立正确的“问题提出”教学信念。首先，工作坊中的课例示范应尽量涵盖不同的领域内容，以突破教师对“问题提出”具体操作形式、适用课型等方面的局限性认识；其次，在培训中应着重提升教师的专业知识与技能，化解因教学技能不佳而阻碍教学信念向教学行为转化的困境，实现知识、技能与教学信念的协同发展；最后，为教师培训后的教学实践提供持续的专业支持，使教师在实践中逐步增强对“问题提出”教学的认同度，树立积极的教学信念。

通过对两位小学数学教师“问题提出”课堂教学行为、教学信念的检视及二者关系的探讨，研究表明了教师“问题提出”教学信念对其课堂教学行为的深远影响，同时进一步证实了工作坊对帮助小学数学教师树立“问题提出”教学信念、转变课堂教学行为的有效性。

Research on Elementary School Mathematics Teachers' Teaching Belief of "Problem Posing" and Their Classroom Teaching Behavior

ZHANG Shasha[1], SONG Naiqing[1,2], CAI Jinfa[3]

(1. School of Mathematics and Statistics, Southwest University, Chongqing, 400715; 2. Faculty of Education, Southwest University, Chongqing, 400715; 3. Department of Mathematics, University of Delaware, Newark USA, 19716)

Abstract: Problem posing is a powerful starting point for cultivating students' innovative ability and core literacy. At present, classroom teaching research of problem posing has been the most important research topic. This research has taken two mathematics teachers who participated in the teaching workshop of "problem posing" in elementary schools as research objects, adopted the qualitative research methods to investigate their problem posing teaching beliefs and teaching behavior through semi-structured interview and classroom observation, and discussed the relationship between them. It has found that the two teachers' teaching beliefs have changed in varying degrees. Both can set appropriate problem posing teaching tasks around teaching objectives, especially when they have shown similarities in choosing teaching content fields and setting task situations. There exists a consistent relationship between their teaching beliefs and classroom teaching behavior.

Key words: elementary school mathematics teachers, problem posing, teaching beliefs, classroom teaching behavior, qualitative research

---

① Cai, J., Ding, M., Wang, T., "How do Exemplary Chinese and U.S. Mathematics Teachers View Instructional Coherence?", *Educational Studies Mathematics*, Vol. 85, no. 2(2014), pp. 265–280.

② Stipek, D. J., Givvin, K. B., Salmon, J. M., et al., "Teachers' Beliefs and Practices Related to Mathematics Instruction", *Teaching and Teacher Education*, Vol. 17, no. 2(2001), pp. 213–226.

③ Wilkins, J. L., "The Relationship among Elementary Teachers' Content Knowledge, Attitudes, Beliefs, and Practices", *Journal of Mathematics Teacher Education*, Vol. 11, no. 2(2008), pp. 139–164.

党史教育融入中小学思政课教学的路径探析

祝叶飞

（上海海洋大学 马克思主义学院，上海 201306）

摘　要：目前，中小学的党史教育融入思政课教学还处于初步探索的阶段，尚存在师资专业素养和能力薄弱，教学内容与教材知识融合度不够，教学方式方法不够科学，合力育人机制不健全等问题。鉴于此，中小学校可以通过以下路径将党史教育融入思政课教学的各环节：提高站位，切实增强思政课教师的党史专业素养；立足教材，充分挖掘百年党史与教材知识的联接点；创新形式，有效采取多样化的教学方式与方法；联动资源，科学建构中小学大思政“红色育人生态圈”。

关键词：党史教育；思想政治教育；实践路径

“欲知大道，必先为史。”百年党史，跨越时空，历久弥新，深深融入党、国家、民族、人民的血脉之中，理应成为新时代中小学思政课教学的内容之一。习近平总书记高度重视青少年党史教育工作，多次提出要“抓好青少年学习教育，着力讲好党的故事、革命的故事、英雄的故事，厚植爱党、爱国、爱社会主义的情感，让红色基因、革命薪火代代传承”。[①] 为切实加强中小学党史教育工作，教育部专题部署了在中小学组织开展“从小学党史，永远跟党走”主题教育活动。这为中小学开展党史教育指明了方向，提出了要求，同时也表明，党史教育已成为当前中小学思想政治教育教学的一项重要任务。

然而，目前国内学术界关于党史教育的理论和实践研究，大多集中于高校和党校层面，对于中小学党史教育关注较少。虽然很多中小学能够结合实际，因时因地开展丰富多彩和特色鲜明的党史专题教学和实践活动，但教学内容、教学方法等大都由学校和教师自行把握，成效并不十分突出。针对这一现实问题，亟须加强中小学党史教育教学的研究，构建党史教育有机融入中小学思想政治教育教学的路径，积极引导青少年“扣好人生第一粒扣子”。

一、党史教育融入中小学思政课教学的价值意蕴

百年党史融入中小学思政课教学的重要性不言而喻。青少年正处于价值观形成的关键期，在他们心中埋下爱党爱国爱社会主义的种子弥足重要。中小学思政课教学和党史教育的根本目标都铸魂育人，二者在教育内容和育人价值等方面高度契合。百年党史镌写着党带领人民救国、兴国、富国、强国的生动史诗，蕴含着丰富的思想内容和伟大的哲学智慧，充分挖掘其中的思想政治教育教学资源，有助于在新时代更好地提升中小学思政课教学的成效。

作者简介：祝叶飞，上海海洋大学马克思主义学院讲师，中共中央党校博士后，主要从事思想政治教育与马克思主义中国化研究。

① 习近平：《在党史学习教育动员大会上的讲话》，人民出版社 2021 年版，第 26 页。

1. 党史教育与中小学思政课教学具有目标的一致性

《教育部办公厅关于在思政课中加强以党史教育为重点的"四史"教育的通知》指出,要"将主题教育活动与思政课教育教学等相结合"①,引导中小学生坚定不移听党话、跟党走。因此,在中小学开展党史教育,最主要的目标就是塑造听党话、跟党走和能够担当民族复兴大任的时代新人,不断传承红色基因和延续红色血脉。为党育人、为国育才是中小学思想政治教育的关键核心。中小学思政课教学的主要目标是积极"引导学生立德成人、立志成才,树立正确世界观、人生观、价值观,坚定对马克思主义的信仰,坚定对社会主义和共产主义的信念",从而增强"四个自信",厚植爱国主义情怀,"把爱国情、强国志、报国行自觉融入坚持和发展中国特色社会主义事业、建设社会主义现代化强国、实现中华民族伟大复兴的奋斗之中"。② 从中可以清晰看出,中小学思政课教学与党史教育的共同目标都是铸魂育人,全面贯彻党的教育方针,积极培养和塑造"听党话、跟党走,德智体美劳全面发展"的社会主义建设者和接班人。

2. 党史教育与中小学思政课教学具有内容的共通性

习近平总书记指出:"我们党带领人民在革命、建设、改革过程中锻造的革命文化和社会主义先进文化,为思政课建设提供了深厚力量。"③百年党史本身就是中小学思想政治教育的重要内容,是中小学思政课教学最优质的资源。百年激荡的党史篇章中,一场场重要会议,一个个重大事件,一位位革命先烈,构成了思想政治教育教学的"活教材"。纵观目前统编版中小学《道德与法治》教材,党史内容分布在每册书乃至每一章节中。可见,将党史教育有机融入中小学思政课教学十分必要。这样,既可以实现思想政治教育的生动展现,又可以实现让学生走出课堂、走出学校、走向社会,用心感悟一个个鲜活的红色地标;既可以有效解决纯理论灌输的弊端,又可以把"思政小课堂"与"社会大课堂"有机联系起来,帮助学生实现能力与知识的辩证统一,培养学生用历史观照现实、用理论照鉴实践的能力。

3. 党史教育有利于提升中小学思政课教学的成效

百年党史是党的"大百科全书",其中所蕴含的优质教育资源,不仅能拓展中小学思政课教学的学理深度,也能大大提升教学效果。"我们党的百年历史,就是一部党与人民心连心、同呼吸、共命运的历史。"④百年党史中一批批为国家前途和民族复兴不懈奋斗的革命先烈、无名英雄和无数默默奉献的普通党员,他们用实际行动践行了爱国、救国、报国、兴国的情怀,默默地诠释爱国主义的丰富内涵。把百年党史中这些可歌可泣的爱国人物和他们的英勇事迹融入新时代中小学思政课教学,可以帮助青少年透过历史,清楚地看到中国共产党人践行初心使命、以人民为中心的伟大写照,在汲取革命精神的营养中弘扬民族精神和时代精神,从而厚植爱国主义情怀。总的来看,将百年党史融入中小学思政课教学,既能丰富思政课教学的内容,提高思政课教学的生动性,还能提升中小学思想政治教育的成效。

二、党史教育融入中小学思政课教学的困境与原因

自开展党史学习教育以来,各地中小学结合实际,开展了不同类型、各有特色的教育教学活动,取得了较好的成效,但还存在很大的提升空间。有研究指出:"大多数中小学校对于如何把握党史教育的教学内容、活动方式等,还处于初步探索的过程中,亟须加强研究并提出解决思路。"⑤在党史学习教育教学上,总的来说,主要还存在以下几个问题:

① 中华人民共和国教育部办公厅:《教育部办公厅关于在思政课中加强以党史教育为重点的"四史"教育的通知》,载中华人民共和国教育部官网:http://www.moe.gov.cn/srcsite/A13/moe_772/202105/t20210511_530840.html,最后登录日期:2021 年 5 月 12 日。

② 中共中央办公厅 国务院办公厅:《关于深化新时代学校思想政治理论课改革创新的若干意见》,载中华人民共和国中央人民政府官网:www.gov.cn,最后登录日期:2019 年 8 月 14 日。

③ 习近平:《习近平谈治国理政》第三卷,外文出版社 2020 年版,第 329 页。

④ 习近平:《在党史学习教育动员大会上的讲话》,人民出版社 2021 年版,第 15 页。

⑤ 袁帅,宋美亚:《中小学党史教育应强化六种意识》,《基础教育课程》2021 年第 13 期,第 31-36 页。

1. 师资专业素养和能力薄弱

在中小学进行党史教育的本质内涵，就是要通过对百年党史的学习，传承党的理念信念和奋斗精神，塑造担当民族复兴大业的时代新人。从这个意义上说，党史教育兼具知识教育、价值教育和信仰教育的三重功能，需要教师具备较高的理论知识和教学能力。目前中小学思政课教师中除党史和历史专业出身外，有相当一部分其他专业的教师对党史缺乏系统了解和深度学习，难以科学把握党史教育的核心精髓。同时，“因教师的受教育程度、知识储备量、专业能力水平等因素的影响，他们对党史知识的认知逻辑和思维程度不同，对党史内容的阐释、传承、创新等也不尽相同，不同教师之间容易产生思维冲突。”①教师的能力和水平直接决定了教学的成效，这就造成很多中小学的党史教育无法使学生入心入脑。因此，要想使党史教育工作取得实效，就必须加强对教师的培训和教育，使教师提高专业素养，从而形成“有信仰的人讲信仰”的良好氛围。

2. 教学内容与教材知识融合度不够

将党史学习教育融入中小学思政课，应立足学科核心素养和课程标准，在遵循现有思政课教学安排和教材体系的基础上开展。现阶段，由于党史教育尚未有统一的课程标准和教材体系，再加上很多思政课教师的精力和能力不足等问题，因而，在思政课堂上就会出现党史教育的内容脱离教材知识，二者割裂的问题。党史教育融入思政课，不能把思政课讲成历史课，而是要在立足思政课的课程标准与核心素养的基础上，将百年党史的素材与思政课教材的知识点有机结合，充分发挥二者的铸魂育人功能。

3. 教学方式方法不够科学

由于学校和教师对党史教育的重要性认识不够，导致“目前中小学课堂中的党史教育还是以教师讲授为主，单项灌输多，碎片式的知识性内容多，入脑入心效果有待进一步提升”，“大部分都是在围绕历史知识、传承革命精神和传统文化等方面开展，教材之外的文字资源多是历史著作、理论著作，难以吸引中小学生的学习兴趣，也很容易在教育过程中出现就党史讲党史、缺少方法论指导、与新时代脱节等问题”。②这种忽略学生内心感受和情绪体验的党史教育难以受到欢迎。另外，只注重唱红歌、看电视和红色研学等表面形式，忽略红色文化精神内核的教学也必然难以长久，因为“中小学生随着思维的发展，已经不再满足于学习的娱乐化层面，有了理性探究事物发展背后内在逻辑的需要”。③ 因此，中小学开展党史教育，要充分考虑教育教学方法的适当性和学生的主体性，真正将党史融入教育教学全过程。

4. 合力育人机制不健全

中小学开展党史教育，不是独立的教学任务，也不是单一的思想政治教育活动。它是一项系统工程，需要凝聚各方力量，应该置于中小学思想政治教育总体框架中进行整体理解和系统思考。如果仅仅把党史教育看成一项政治教学任务，那么其他学科教师会认为这是思政课教师的工作，与自己无关，置身事外。如果把党史教育看成一项活动任务，那么活动结束则工作结束，无法延续。因此，将党史教育看成思政课教学任务或政治活动的片面看法，是无法完成党和国家的育人初衷的。然而，目前大多数中小学党史教育的主要任务和工作都由思政课教师承担，显然，这项任务仅仅靠思政课教师是不够的，因此，学校要加大统筹各方力量，加快形成党史教育的合力。

三、党史教育融入中小学思政课教学的路径

鉴于现存的问题，结合中小学教育教学实际，本文提出以下将党史教育融入中小学思政课教学的路径：

1. 提高站位，切实提升思政课教师的党史专业素养

中小学开展党史教育，一方面，要用党史理论知识来表达和阐述党的政治性、阶级性、先进性、人民性与实践性，注重以理服人；另一方面，还要将党史知识的学理表达落实到党的政治性、阶级性、先进性、人民性与实践性之中，最终要做到“学

① 林炜：《党史教育进课堂的驱动、困境与路径》，《中学政治教学参考》2021 年第 29 期，第 75-76 页。

② 袁帅，宋美亚：《中小学党史教育应强化六种意识》，《基础教育课程》2021 年第 13 期，第 31-36 页。

③ 徐高虹，朱素玲：《红色基因传承在中小学思政教育中的实践策略》，《基础教育参考》2021 年第 5 期，第 3-6 页。

史明理、学史增信、学史崇德、学史力行”。[①] 要实现这一目标,关键就在思政课教师的党史专业素养。

将党史教育有机融入中小学思政课教学,首先,要解决的就是“为什么教的问题”。马克思曾说道:“如果你想感化别人,那你就必须是一个实际上能鼓舞和推动别人前进的人。”[②] 只有中小学思政课教师真懂、真信党史,才能在党史教育中充分发挥主导性作用。因此,应坚持“教育者先受教育”的理念,通过专题培训,强化每一位思政课教师对党史教育重要性的认识,燃起他们的使命感和责任感。其次,要切实提升思政课教师的党史育人水平和能力,发挥思政课教师的主导性。习近平总书记强调:“办好思想政治理论课关键在教师,关键在发挥教师的积极性、主动性、创造性”。[③]通过邀请有关方面的专家学者进行专题培训,组织党史名家与思政课教师结对,定期组织开展党史沙龙等形式,建设一支真正懂得融会贯通、活学活用党的理论知识的教学团队,从而实现让“有信仰的人讲信仰”。这既是中小学办好思想政治理论课的前提,也是党史教育融入思想政治教育教学的关键因素。

2. 教材为基,充分挖掘百年党史与教材知识的联接点

党史教育融入中小学思政课教学的关键在于,立足思政课现有的教材体系和教学框架,充分挖掘百年党史的“资源库”与思政课教材知识点的联接点。要在遵循中小学统编教材逻辑结构和叙事顺序的基础上,科学设立与教材知识相匹配的教学目标、手段、环节和党史素材等,这样才能使党史教育真正“融”入教材、“走”进课堂、“植”入头脑。

如《道德与法治》五年级下册第一单元“我们一家人”第3课“弘扬优秀家风”,主要教学目标是了解并理解家风背后的中华民族传统美德和中华民族精神,懂得家风对个人成长、国家发展、民族进步、社会和谐的重要意义,并借助各种形式宣传优秀的家风。教师可以选取在继承祖辈朱子家训的基础上形成的“立德树人、勤俭持家”朱德元帅的“朱家家风”,来作为优秀家风的典例详解。通过典例教学,既可以让学生充分感受共和国开国元勋朱德元帅的高风亮节,汲取榜样力量;又能以“朱家家风”建设中对祖传家训的继承和发展的例子,让学生认识到对待优秀传统文化要根据时代要求进行创造性转化和创新性发展,自觉担负起继承和弘扬优良家风的光荣使命。如此,实现了思政课教学目标和党史教育目标的完美融合。

3. 创新形式,采取多样化教学方式方法

为提高党史教育融入中小学思政课教学的实效性,思政课教师必须在融入的方式、方法、载体等方面不断进行新的探索,应该根据学科特点,结合青少年认知发展规律和特点,重点加强党史教育的故事融入、体验融入和载体融入,实现多种教学方式的同频共振。在信息化智能时代成长起来的青少年偏爱直观、多样的表达方式和有亲和力、感染力的叙事风格。针对这种特点,思政课教师还要在精选内容的基础上,充分利用影音、VR等现代信息技术,打造全媒体时代的智慧教育方式,将党史故事、党史地标等搬到课堂上,增强党史教育的体验度和感染性,使党史课堂“活”起来。

在中低年级可以多通过“讲党史故事或人物”等方式开展启蒙性学习,激发学生学习党史的意愿和热爱党的朴素情感。如《道德与法治》三年级下册第11课“四通八达的交通”,就可以在教学中以“复兴号”相关视频导入课程,带领学生感受当今交通的便利。然后话锋一转,通过讲解1905年詹天佑主持修建中国的第一条铁路(京张铁路)的故事讲起,一直到今天我们拥有世界上最快的高铁列车“复兴号”和最长的高铁网络。教师通过讲故事的形式,让学生在掌握教材知识的基础上,深刻感受100多年来我们国家的交通是如何从落后追赶上来,从而领略党的正确领导和人民的奋斗精神。

中高年级应多组织开展红色研学等体验性学习,引导他们真正理解“没有中国共产党就没有新中国”的深刻内涵,激发他们热爱党、热爱祖国、热爱社会主义的热情。需要指出的是,利用红色场馆资源开展红色研学等活动,与一般意义上的参观红色场馆不同,这需要思政课教师在课前进行精准设计和准备,结合教学内容,通过设计任务的

① 习近平:《在党史学习教育动员大会上的讲话》,人民出版社2021年版,第11页。

② 《马克思恩格斯文集》第1卷,人民出版社2009年版,第247页。

③ 习近平:《思政课是落实立德树人根本任务的关键课程》,人民出版社2020年版,第10页。

形式，选取有针对性的红色场所，组织学生探究完成任务，由此实现党史教育与思政课教学的有机统一。如在《道德与法治》九年级上册第1课“踏上强国之路”之“坚持改革开放”的教学中，上海的中学教师可以让学生在课堂学习的基础上，带着学习任务去参观“浦东开放陈列馆”和“浦东开发开放主题展”，也可以给学生提供“改革开放”主题相关的场馆资源或在线资源。学生结合教材的知识点进行自主探究性学习，从而使学生充分体验和感悟改革开放的不易和40多年来中国共产党带领中国人民的伟大创造。参观学习结束后，回到课堂，再让学生对自己的所思所得进行分享展示。

4. 联动资源，建构中小学大思政“红色育人生态圈”

新时代，党史教育已成为中小学思政课教学的常态化工作，这就需要建构“全员、全过程、全方位”的大思政“红色育人生态圈”。在大思政格局下，每一位教师都担负着为党育人、为国育才的责任，每一门课程都承担着党史教育的任务。在中小学开展党史教育，既要充分发挥思政课程的主渠道作用，也要注重将党史教育有机融入思政课教学中。同时，也要在遵循各门课程的教学目标和内容的本质特征的基础上，探寻其与党史的内在关联性，优化整合教学体系，将党史内容有效、合理地融入各科的教学体系中，使党史的思想理论和精神实质贯穿于学科教学内容之中。如在语文统编教材中既有礼赞革命英烈的专题文章，还有反映革命伟人优秀精神品质的篇目和作品，教师就可以以文化人，积极引导学生深刻体会优秀共产党员的高尚品质。再如，在中小学艺术学科上，统编教材中也有大量与党史相关的艺术作品，如歌曲《我们是共产主义接班人》、舞蹈《白毛女》、油画《井冈山会师》等，艺术学科的教师可以通过多种形式的教学活动，以潜移默化的方式有效开展党史教育。

构建“红色育人生态圈”可以有效实现学校与党和政府部门、社区、家庭等有关单位的紧密协作，共同营造党史育人的浓厚氛围，让党史教育生活化，提升党史育人的成效。在这样的“红色育人生态圈”，教师与学生不再是单向教与学的固化育人模式，而是一种“主体间性”理念下的多元化、可循环的平等交流和良性互动的师生学习共同体，学生从教育客体转变成为学习主体，在体悟践行中，推动中小学党史教育入脑入心入行。在这样的“红色育人生态圈”开展中小学党史教育，可以有效融通和整合各方资源，汇聚起老红军、退休党员、抗疫先进人物、校内外知名红色文化专家等各方力量。这既可以弥补校内党史教育资源的短缺，又可以扩大党史教育的影响力，形成校内外常态化有机互动、全社会齐抓党史教育的良好氛围。

An Analysis of the Path of the Integration of Party History Education into the Teaching of Ideology and Politics in Primary and Secondary Schools

ZHU Yefei

(School of Marxism, Shanghai Ocean University, Shanghai, 201306)

Abstract: At present, the integration of Party history education into the teaching of ideology and politics in primary and secondary schools is still in the stage of preliminary exploration. Thus, there still exist such problems as teachers' weak professional literacy and ability, inadequate integration of teaching content and its knowledge, unscientific teaching methods and the imperfect mechanism to educate people with combined efforts. In view of this, primary and secondary schools can integrate Party history education into all aspects of ideology and politics teaching through the following path: improving the position and effectively enhancing the party history professional quality of the ideology and politics teachers; based on the teaching materials, fully exploring the connection between the history of the century-old party and the knowledge of the teaching materials; innovating forms and effectively adopting diversified teaching methods; and linking resources and scientifically constructing "Red Education Ecosystem" in ideology and politics teaching in primary and secondary schools.

Key words: Party history education, ideological and political education, practice path

指向核心素养的高中化学单元教学设计与实践

——以沪科版新教材必修一"原子结构"为例

李锋云

(上海市上海中学,上海 200231)

摘　要: 基于学科核心素养进行单元教学,对推动课堂教学转型、落实新课程理念具有重要意义。文章以沪科版高中化学新教材必修一"原子结构"为例,实施指向"证据推理与模型认知"核心素养的单元教学。通过分析新教材相关内容的编排特点与承载的素养发展功能,规划单元课时,确定单元教学目标,设计单元教学活动,精选案例进行教学实践,并进行评估反思,提出培养证据推理意识、发展逻辑推理能力的教学策略。

关键词: 化学学科核心素养;单元教学设计;证据推理;模型认知;原子结构

一、研究背景

单元教学诞生于19世纪末,并在20世纪得到了长足发展。自20世纪20年代单元教学理念引入我国后,经过长期的实践探索,其有效性也得到了广泛认可。2016年,教育部公布了"中国学生发展核心素养"正式框架,并将其写入2017年版普通高中课程方案中。学科核心素养的形成和发展是以课堂教学为基础的,通常需要跨越若干个课时;而单元教学设计是教师根据选定的单元内容统领若干课时教学活动的过程设计,从这个角度而言,"学科核心素养"和"单元教学设计"之间具有天然的契合性。钟启泉指出,"单元教学设计不是单纯知识点传输与技能训练的安排,而是以一定主题的教学内容单元作为教学设计的基本单位,基于学科核心素养安排和设计课堂教学"。[①] 当前,基于学科核心素养进行单元教学设计已成为课堂教学的主流研究方向,这对学科核心素养落地、推动课堂教学转型具有重要意义。

《普通高中化学课程标准(2017年版2020年修订)》(以下简称"新课标")的重要变化之一就是提出了化学学科核心素养,并以此统领课程目标、课程内容、课程实施和课程评价等。化学学科核心素养主要从5个维度进行阐述,这5个方面的核心素养虽各有侧重,但相辅相成。"证据推理与模型认知"是化学学科核心素养的一个重要组成方面,它不仅具有非常鲜明的学科特征,更是学科核心素养的思维核心。新课标指出,"证据推理与模型认知"核心素养具体表现为三个层次:其一是"具有证据意识,即能基于证据对物质组成、结构及其变化提出可能的假设,通过分析推理加以证实或证伪";其二是"建立观点、结论和证据之间的逻辑关系";其三是"知道可以通过分析、推理等方法认识研究对象的本质特征、构成要素及其相互关系,建立认知模型,并能运用模型解释化学现象,揭示现象的本质和规律"。[②]"证据推

作者简介: 李锋云,上海市上海中学高级教师,主要从事化学教学研究。

① 钟启泉:《学会"单元设计"》,《中国教育报》2015年6月12日,第9版。

② 中华人民共和国教育部:《普通高中化学课程标准(2017年版2020年修订)》,人民教育出版社2020年版,第4页。

理”是基于事实证据或实验证据等，经过逻辑思维活动，形成假说并进行论证；而“模型认知”则是为理解和阐释科学事实而建立科学模型，或为认识、理解和运用科学理论而建立认知模型，并运用模型解决问题和揭示规律。因此，“证据推理”是“模型认知”的前提和基础，而“模型认知”则是“证据推理”的进阶和高级形式。①

2021 年 9 月，依据新课标编制的沪科版高中化学新教材（以下简称“新教材”）② 已全面施行，为使指向学科核心素养的单元教学能够更有效地落实新课程、新教材的理念，笔者以新教材必修第一册“原子结构”教学内容为例，实施了指向“证据推理与模型认知”核心素养的单元教学设计与教学实践探索。

二、单元教学内容分析

“原子结构”是高中化学必修课程“物质结构基础”主题的核心知识，也是物理学和化学的跨学科知识。新教材必修一将原子结构的内容编排在第 4 章“原子结构和化学键”的第 2 节和第 3 节，该章第 1 节是元素周期表和元素周期律，第 4 节是化学键。总体而言，整章的编排体现了“从宏观辨识到微观探析的认知发展、从孤立的微粒观到微粒作用观的观念进阶”的特点。原子结构的内容包括原子结构探索历程及原子的构成、核素及其质量的计量、核外电子排布等板块，具体如图 1 所示。

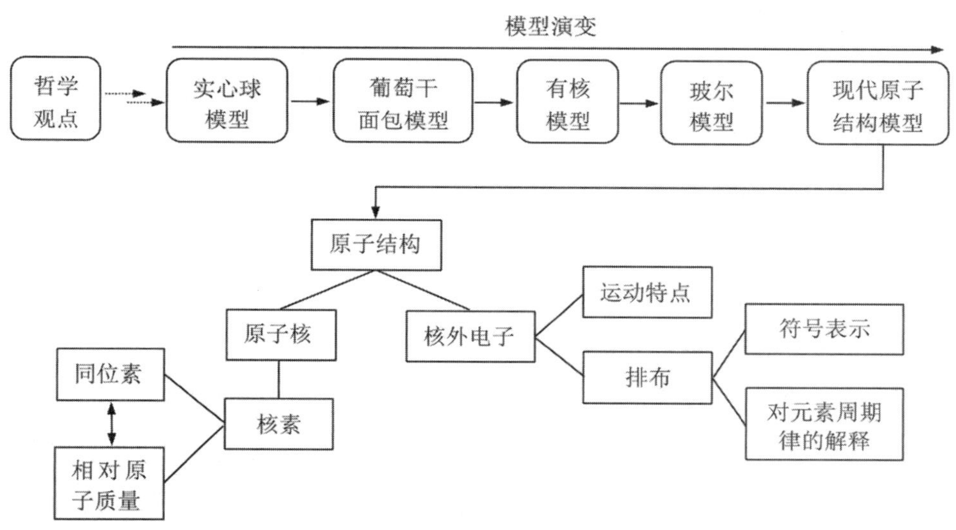

图 1 新教材“原子结构”内容结构图

“原子结构探索历程及原子的构成”板块，围绕“物质是怎样构成的”这一核心问题，从古代先哲的观点谈起，再到近现代科学家基于实验证据提出有代表性的原子结构模型，最后引出现代原子结构模型，并介绍构成原子的微粒及其性质。“核素及其质量的计量”板块，则将研究对象聚焦于原子核，通过给出“三种质子数相同而中子数不同的氢原子”，引出核素和同位素的概念；再由“某些核素会发生放射性衰变”推出放射性同位素的应用；最后以“原子的实际质量过小而不便计量”引入相对原子质量，并结合核素的丰度将其延伸为元素的基本参数之一。“核外电子排布”板块，将核外电子作为研究对象，基于核外电子运动的特点，指出“科学家主要运用量子力学等方法研究电子的运动规律”，进而建构了“电子在原子核外不同电子层上分层排布”的模型；通过给出“核电荷数为 1—20 元素原子和第 18 族部分元素原子

① 赵铭，赵华：《证据推理与模型认知的内涵与教学研讨》，《化学教学》2020 年第 2 期，第 29-33 页。

② 麻生明，陈寅：《普通高中教科书 化学 必修 第一册》，上海科学技术出版社 2021 年版。

的电子层排布情况”,引导学生归纳出核外电子排布的规律,建立“位置—结构”认知模型,再通过研究“元素化学性质与原子最外层电子排布”的关系,建构“结构—性质”认知模型;然后介绍了结构示意图和电子式这两种表征电子排布的符号工具,而这两种表征工具是建立在核外电子的排布规律基础上的;最后通过探究“元素性质随原子序数递增呈现周期性变化”的原因,建立了“位置—结构—性质”三者之间关系的认知模型。

因此,新教材认识“原子结构”核心知识的基本思路可从认识对象、认识顺序、认识视角及承载的素养发展功能等方面进行归纳,如图 2 所示。

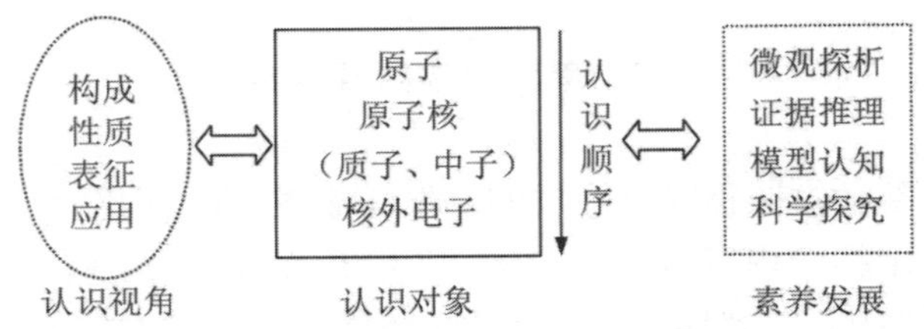

图 2 认识“原子结构”核心知识的基本思路

“原子结构”内容承载了上述核心素养的发展功能,其中“证据推理与模型认知”素养的发展是贯穿内容始终的。新教材中,无论是基于“阴极射线”“α 粒子轰击金箔”等实验证据提出原子结构模型,还是通过量子力学研究核外电子运动状态、建立核外电子分层排布的抽象模型,都是科学家基于事实或实验证据,经过逻辑思维推理进而建立的科学模型。科学模型具有表征、解释、预测、重演等功能。[①]结构示意图和电子式都是科学模型的符号化表示,可以表征核外电子排布;玻尔模型可以解释大多数原子均呈现稳定的状态;根据核外电子排布的情况可以预测元素的化学性质。学生在 4. 1 节“元素周期表和元素周期律”的学习中,已经建立“位置—性质”关系模型;学习“核外电子排布规律”时,又将逐步建立“位置—结构”“结构—性质”的关系模型;最后在“核外电子排布对周期律的解释”中整合原有的关系模型,形成“位置—结构—性质”的认知模型。运用这个认知模型,学生能够分析和解决有关元素及其化合物的性质问题,进而形成科学的认识思路和思维模型。

三、单元教学设计思考

单元教学设计一般包含单元课时规划、单元教学目标、单元教学活动及评价等要素,本研究暂不涉及单元教学评价。

1. 单元课时规划

根据新教材“原子结构”主题各板块的内容体量和编排特点,单元课时规划为“原子的构成”(1 课时)、“核素及其相对原子质量”(1 课时)、“核外电子排布”(2 课时),共计 4 课时。

2. 单元教学目标

分析新课标“物质结构基础”主题的内容要求和学业要求,发现涉及“原子结构”单元的主要有:认识原子结构、元素性质与元素在周期表中位置的关系,能利用原子结构解释元素性质及其递变规律和分析、预测、比较元素的性质;知道元素、核素的含义,了解原子核外电子的排布,能画出 1—20 号元素的原子结构示意图。[②]追溯学生已有的学习基础,厘清单元教学的起点,才能更好地设计单元教学目标。学生在初中阶段已初步认识物质的微观构成,而在前面 4. 1 节学习中知道了元素周期表的结构,认识了同周期和同主族元素性质的递变规律,并建构元素在周期表中位置和元素性质之间的关系模型。在明确

① 陈进前:《理解“模型认知”素养的不同视角》,《课程·教材·教法》2020 年第 4 期,第 108-113 页。

② 中华人民共和国教育部:《普通高中化学课程标准(2017 年版 2020 年修订)》,人民教育出版社 2020 年版,第 18-21 页。

本教学单元主要承载的学科核心素养发展要求，以及新课标对本教学单元的导向性要求后，再结合学生已有的认知发展水平，可以确定本单元教学目标，具体见表 1。

表 1 “原子结构”单元教学目标

单元目标	课时安排		课时目标
1. 能从实验和事实中收集证据，提出假设，建立原子结构模型，并能基于证据认识所建模型的局限性，进而探寻模型的优化； 2. 能基于事实证据，通过推理归纳出核外电子排布的规律，建构核外电子分层排布的模型，并学会用符号工具进行表征； 3. 认识原子结构、元素在周期表中位置与元素性质三者之间的关系，建构“位置—结构—性质”的认知模型，并基于该模型解释、预测元素及其化合物性质与变化	原子的构成 （1 课时）		了解原子结构的探索历程，体会假说、模型、实验等方法在科学研究中的重要作用； 认识构成原子的微粒，知道构成原子的微粒之间的数量关系； 认识到科学理论并非是永恒真理，体会到科学理论是不断经历修正和完善的
	核素及其相对原子质量 （1 课时）		认识元素、核素和同位素的含义； 通过运用加权平均的方法处理数据，掌握元素的相对原子质量的计算； 了解放射性同位素的应用，认识事物往往具有两面性，学会运用辩证的观点来认识事物
	核外电子排布 （2 课时）	课时 1	通过分析部分元素原子的电子层排布情况，运用归纳的方法得出原子核外电子排布的规律，体会科学方法在发现事物规律中的作用，感悟学科知识的内在逻辑； 理解元素在周期表中的位置和原子结构特点的关系，形成“位置—结构”认知模型； 理解原子的最外层电子排布和元素的化学性质的关系，建构“结构—性质”认知模型，形成“结构决定性质”的学科观念
		课时 2	认识结构示意图、电子式等化学符号，并学会运用它们表示原子的核外电子排布，体会化学符号的工具性和应用价值，感悟化学符号对推动化学学科发展的意义； 理解元素在周期表中位置、原子结构和元素性质三者之间的关系，建构“位置—结构—性质”认知模型，学会运用原子核外电子排布的变化规律解释元素性质的周期性变化，发展“证据推理和模型认知”核心素养

3. 单元教学活动安排

学生的学习活动需要教师精心设计和引导，如果说确定教学单元和制定教学目标解决单元教学“教什么”的问题，那么设计教学活动则解决“怎么教”的问题。[①] 结合新课标的变化和新教材的编排特点，主体承担“证据推理与模型认知”核心素养发展的单元教学活动设计，应关注关键性问题的处理，如下所示：

（1）基于实验证据推动科学模型的建立和演变，进而实现认知的进阶

早在古代文明时期，中外思想家就曾思考“物质的构成”问题，也提出一些观点，但这并非基于实验证据推理而来。直到近现代，科学家才开始基于实验或事实的证据提出论点，对物质的构成乃至原子结构的认识不断发展：基于质量守恒定律、定比定律和倍比定律，认识到原子的存在；基于阴极射线实验，认识到原子是有结构的；基于 α 粒子轰击金箔实验，认识到原子核的存在和核外电子绕核高速运动的状态；基于大多数原子呈现稳定状态的事实，认识到电子在原子核外空间特定的轨道上绕核运动；基于核外电子的运动特点，认识到需用量子力学研究其运动规律。

① 叶佩玉：《中学化学教学设计》，上海教育出版社 2016 年版，第 248 页。

本单元教学的第一课时“原子的构成”沿着历史发展的脉络,再现科学家探究物质构成和原子结构的历程,旨在使学生体会基于实验证据建立的原子结构模型不断演变的发展过程;第三课时“核外电子排布”则聚焦于原子的核外电子,通过描述核外电子运动特点,提出研究方法,进而建立电子分层排布的抽象模型,再基于“部分元素原子的电子层排布情况”的事实证据,推理归纳出多电子原子核外电子排布遵循的规律。整个单元的教学大体上按照先整体后局部的线索依次展开,“实验证据”“科学模型”“模型认知”这三个要素协同发展,从而更好地达成教学目标。以第一课时为例,证据、模型和认知的逻辑关系如图3所示,需要指出的是,这也是单元课时教学活动演进的核心线索。

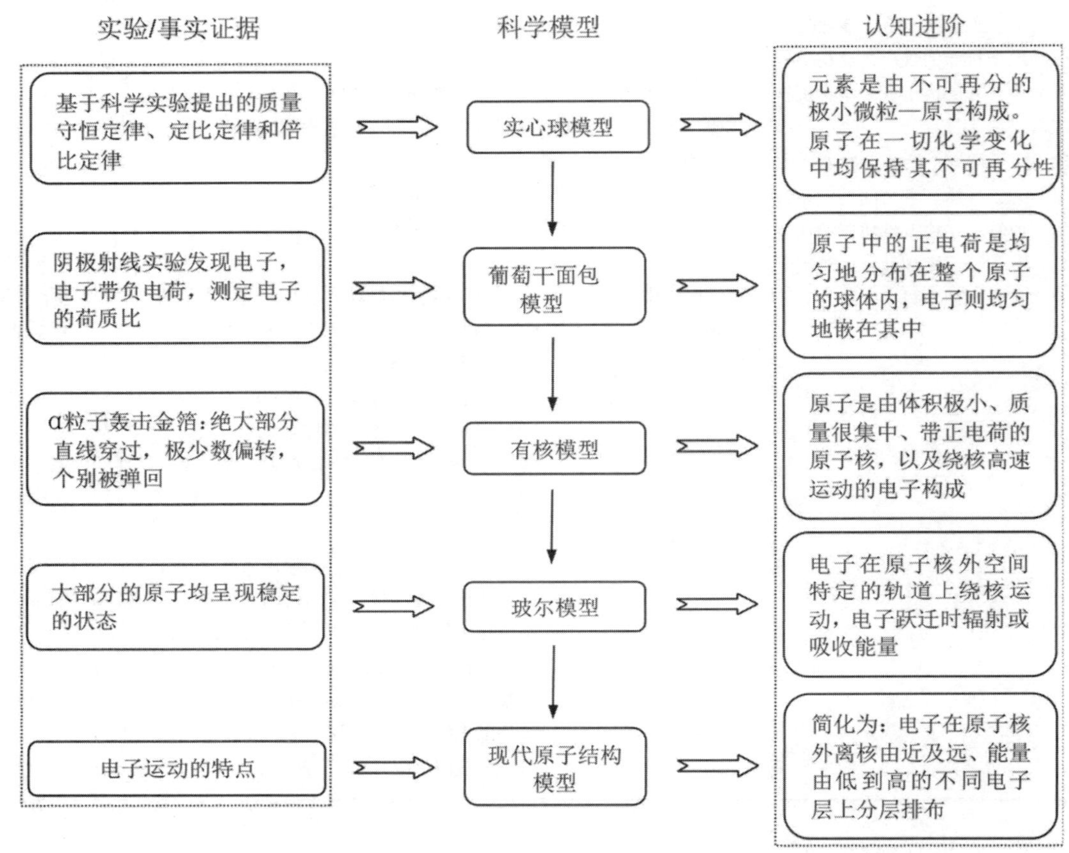

图3 原子结构的“证据—模型—认知”逻辑关系

(2)基于核心知识建构关系模型,实现认知模型的进阶设计

如果说教学目标指引着教学的方向,那么教学的起点则对教学设计具有定位作用。按照新教材的编排顺序,在开展“原子结构”单元教学之前,学生已经完成了“元素周期律(表)”单元的学习。学生通过元素周期律(表)的学习,已经认识“元素在周期表中位置”与“元素性质”之间的内在逻辑关系,建立“位置—性质”二维认知模型,这也是本单元教学的起点。如前所述,本单元教学主要承担的核心素养发展功能之一,就是引导学生建构“位置—结构—性质”的三维认知模型,并基于该模型分析、比较元素及其化合物的性质。然而,该认知模型的建构和发展并非一蹴而就,而是随着核心知识遵循其内在逻辑逐步展开而逐层推进的,这就需要教师在设计单元教学活动时予以整体考虑。

本单元教学的第三课时,提出了“确定未知元素原子的电子层数和最外层电子数”的实际问题,引导学生探究“周期序数与电子层数”“族序数与最外层电子数”等关系,进而建立“位置—结构”二维认知模型;第三课时,研究金属单质和非金属单质的化学性质,得出“元素的化学性质与原子的最外层电子排布密切相关”，形成“结构—性质”二维认知模型；第四课时，从研究“为什么元素的性质会随着原子序数的递增呈现周期性变化”入手，引导学生从研究原子中核外电子排布变化规律的角度，去理解元素性质的周期性变化规律，整合已有的二维模型，厘清“位置”“结构”和“性质”三者之间的内在逻辑，形成“位置—结构—性质”的三维认知模型。本单元教学活动中的驱动性问题、核心知识和认知模型的逻辑关系如图4所示，这也体现了认知模型的进阶设计。

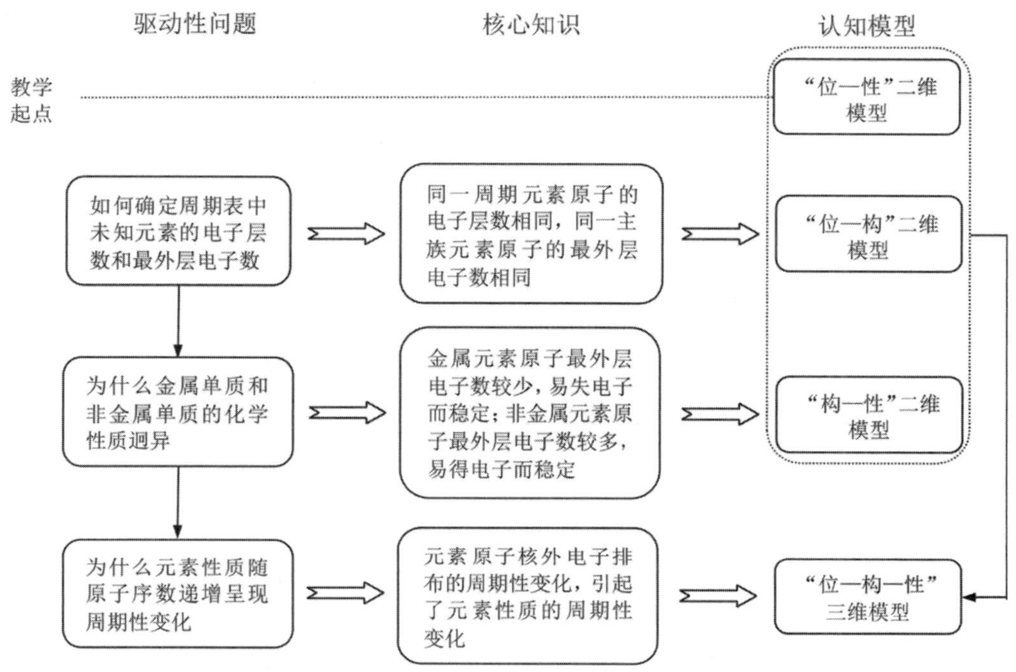

图4 “位置—结构—性质”三维认知模型的进阶设计

（3）设计基于历史情境的对话活动，体会模型方法的重要作用

知识能否转化为素养很大程度上取决于教学活动的设计与实施，这其中包括学生活动的设计。情境能够为学生的学习活动提供必要的信息，从而支持和促进学生的学习活动。教学情境的创设离不开情境素材，教学内容不同，情境素材的应用策略也不同。

原子结构的探索历程实际上是科学家基于实验事实和计算建立各种原子结构模型并不断演进的过程。而教学的难点就在于如何让学生在课堂教学的有限时间内，理解科学家基于实验证据推理建构原子结构模型的思维过程。因此，教学时可以将原子结构的探索历程设计成情境，引领学生进入科学发现时期的历史情境，通过设计系列对话活动，增进学生对知识的理解，形成基于证据进行推理的意识，体会模型方法在化学研究中的重要作用，进而内化为学科核心素养。

教师利用本单元教学的第一课时，设计分析推理、解释说明类的对话活动，如设计“如果你是道尔顿，如何运用提出的原子论来解释质量守恒定律、定比定律和倍比定律”的对话活动，引导学生通过解释说明进一步加深对“道尔顿是如何基于实验证据建立原子论”的理解；又如设计“如果你身处汤姆孙发现电子的时代，关于原子的结构，你又会有何想法”的对话活动，引导学生基于“电子带负电荷，而原子是电中性的”进行分析推理，重走汤姆孙当年建立葡萄干面包模型的思路历程；再如设计“根据α粒子轰击金箔实验的结果，有人认为原子内部有可能存在多个相同的、带正电荷的核，如果你是身处那个时代的卢瑟福，会如何回应”的对话活动，引导学生运用运动学的碰撞规律进行分析推理，排除这种可能性，进而沿着卢瑟福的思考轨迹“建立”有核模型。在第二课时，教师可设计比较分析类的对话活动，如设计“原子的质量极小，如果你身处道尔顿提出原子论的时代，如何方便地表示原子的质量”的对话活动，引导学生通过比较建立数据分析模型，做出当年科学家曾做的选择，即以某种原子的质量作为标准，采用相对质量进行计量。

四、单元教学实践案例剖析

依据单元课时的规划和拟定的教学目标，遵循单元教学活动的设计，以“原子的构成”一课的教学片段为例，进行“原子结构”单元的教学实践。

1. 创设情境，引出物质的微观构成问题，了解古代先哲的观点

教学片段1：

(情境)展示金块被不断切割的图片，让学生想象把一片金块不断切成更小的小块最终能得到什么，从而引出物质的微观构成问题。

学生思考，猜测可能是分子、原子等微粒。

教师：同学们做出了不同的猜测，我们暂且搁置争议，先来了解一下古代先哲的观点。大约公元前400年，中外思想家都曾思考过类似的问题。古希腊哲学家德谟克利特在原子唯物论学说中认为，物质由极小的、不可分割的被称为“原子”的微粒构成。同时代的中国战国初期思想家墨子认为，物体分到不能再分成两半的时候，就不变了，因为它已经到“端”了。这种“原子”或“端”的概念，只是一种哲学观点，并没有经过实验的验证。

学生认识到古代中外思想家的观点也只是猜想，需要实验证据来证明是否正确。

2. 体验近现代科学家基于实验证据推理建立科学模型的过程，认识到科学模型是不断经历修正和完善的

教学片段2：

(α粒子轰击金箔实验动画演示)绝大多数的α粒子都直线穿过金箔，但有极少数α粒子发生偏转，有个别α粒子甚至被直接反弹回去。

教师介绍：1909年，卢瑟福领导的科研小组就做了该实验。根据实验结果，运用运动学规律，分组讨论原子内部的结构。

组1学生：绝大部分α粒子能直线穿过金箔，说明原子几乎是空的。

组2学生：极少数的α粒子发生偏转，有个别甚至被直接弹回，说明原子内部存在一个很小的、密度很大且带正电荷的核。

教师提问：原子内部有可能存在多个相同的、带正电荷的核吗？

组3学生：如果每个原子有多个相同的核时，每个核拥有的质量与只有一个核时相比会下降不少，根据运动学的碰撞规律，高速运动的α粒子若撞上核，也很可能无法直接弹回。

教师总结：大家刚才的分析已推翻了汤姆孙的葡萄干面包原子模型。1911年，卢瑟福提出了原子结构的有核模型。

3. 认识原子的构成，基于证据推理构成原子的微粒之间的数量关系

教学片段3：

(素材)列表给出质子、中子和电子的质量、相对质量和电荷等基本数据。

教师启发：根据表中所列数据，小组讨论下列问题：在原子中，质子数、核电荷数和核外电子数之间存在怎样的数量关系？原子的质量主要由哪些微粒决定？

组4学生：每个质子带1个单位正电荷，中子不带电荷，故原子核的核电荷数等于其核内的质子数。原子整体显电中性，而每个电子带1个单位负电荷，所以核电荷数也等于核外电子数。由表中数据可知，电子的质量大约只有质子或中子的1836分之一，可以忽略不计，因此原子的质量主要由质子和中子决定。

五、单元教学设计的反思与改进

“原子的构成”教学的主体内容在旧教材中也基本覆盖，但是新课标新教材对该内容提出了更高的要求，赋予它学科核心素养发展功能的要求。这就决定了“原子的构成”的教学设计与实施都是以素养发展为导向的，且主要指向“证据推理与模型认知”核心素养。通过课堂观察、抽样访谈，探查单元课时的教学效果，笔者总结出如下策略：

1. 基于证据的教学，促进学生证据推理意识的养成

基于证据的推理是人类重要的科学思维方式之一，而这要求学生具有证据意识，形成“证据支持观点”的论证思路，学会“有理有据”地思考推理。苏霍姆林斯基认为，学生希望自己就是一个发现者、研究者、探索者。[①] 如果教师在教学中能立足情境收集证据、基于证据进行推理，就会激发学生的求知欲，进而促进证据推理意识的养成。基于证据进行推理的实践贯穿“原子的构成”的教学始终，无论是基于“阴极射线偏向于正电极板”推理出“阴极射线由带负电荷的电子组成”，还是基于“绝大部分 α 粒子能直线穿过金箔”推理出“原子几乎是空的”。抽样调查发现，学生基本都能认识到原子结构模型是科学家在大量实验证据的基础上经过推理提出的抽象模型；每一次模型的提出，都是对以前模型的质疑，都要用新的实验去验证质疑的合理性，也都受到当时科技水平的限制。

2. 聚焦推理的过程，促进逻辑推理能力的进阶发展

基于证据经过严密的逻辑推理过程得出观点，是证据推理的核心所在。教师在引导学生认识各种原子结构模型时，要让学生思考并体验这一过程。如果基于证据进行逻辑推理的教学过程都被直接给出的观点所替代，那么“基于证据进行推理，进而建构科学模型”的素养发展就失去落脚点，科学探究精神的实践也丧失殆尽。证据推理能力的发展主要受到知识基础、逻辑思维、学习方式等因素的影响。

（1）借助跨学科知识，为逻辑推理奠定知识基础

基于证据进行逻辑推理时，往往需要运用学科知识对证据进行分析、推理、演绎、归纳，而这也是教学难点之一。例如，原子结构模型的建立需要跨学科知识的支撑，尤其对学生的物理学知识提出了较高的要求；在对“α 粒子轰击金箔实验结果”进行分析时，对学生的碰撞理论知识提出了较高的要求；而分析“有核模型”的缺陷时，又对学生的电磁学理论知识提出了要求。笔者在进行这些内容的初次教学时，通过课堂观察发现很多学生难以跨越这个难点，课后调查发现，这与学生缺少“运用跨学科知识进行分析”的意识有很大关系。因此，教师可通过课前发放资料包的形式引导学生回顾或学习相关物理学知识，后续在其他班级的教学中成效明显。

（2）充分发挥“质疑”的纠错功能，促进逻辑推理能力的发展

质疑是推动科学研究不断前行的原动力。学习原子结构模型的建立和演变需要学生具备较强的逻辑推理和科学思辨的能力。在教学中，学生观察到“有个别 α 粒子被直接弹回”这一实验现象时，教师可以引导学生进行思考辨析“如果参照‘葡萄干面包模型’，实验现象又该是怎样的”，进而对“葡萄干面包模型”提出质疑，然后再基于发现的新证据进行推理，从而促进学生逻辑推理能力的进阶发展。其实也正是不断经历这样的过程，原子结构模型才得以不断演变和发展。

（3）借力合作学习，提升证据推理的成效

调查发现，大多数学生认为，个体通过证据直接推理原子内部可能的结构还是很具有挑战性的，如基于“有个别 α 粒子被直接弹回”推理出“原子内部存在一个很小的、密度很大且带正电荷的核”，可以通过设计小组合作学习，思考争论，集思广益，能有效地突破这个难点，从而提升课堂推理的成效。

① 苏霍姆林斯基：《给教师的 100 条建议》，杜殿坤译，教育科学出版社 2015 年版，第 63 页。

“证据推理与模型认知”核心素养指向的原子结构教学，关注的不仅是学生认识各种原子结构模型的知识指向，还应更关注培养学生基于证据进行质疑的意识、通过逻辑推理提出假说的能力和运用模型解决问题的观念。

Unit Teaching Design and Practice Pointing to the Core literacy

— A Case Study on *Atomic Structure* of Shanghai Senior School New Textbooks

LI Fengyun

(Shanghai high School, Shanghai, 200231)

Abstract: Unit teaching based on subject core literacy is of great significance to promote the transformation of classroom teaching and implement the new curriculum concept. This paper has taken “atomic structure” as an example, which is a part in one of the new textbooks of chemistry for high schools, published by Shanghai Science and Technology Press, and tried to implement the core literacy of “evidential reasoning and model cognition” in unit teaching. After the analysis of the characteristics of relevant content arrangement in the new textbooks and the function of literacy development contained, teachers can well plan unit class hours, determine unit teaching objectives, design unit teaching activities, select the cases for teaching practice, evaluation and reflection, and put forward the teaching strategies to cultivate the awareness of evidential reasoning and develop the competence for logical reasoning.

Key words: core literacy of chemistry, unit teaching design, evidential reasoning, model cognition, atomic structure

中学体育教学中的风险分析及安全运动启示
——以同场对抗项目为例

李云翔[1,2]，陈舒月[3]，朱玉珍[2]
（1. 南京师范大学 教育科学学院，江苏 南京 210097；2. 上海师范大学 体育学院，上海 200234；
3. 上海市园南小学，上海 200231）

摘 要：同场对抗项目具有很高的运动风险，损伤发生率高。通过分析2014–2019年中学篮球和足球伤害事故案件发现，身体相撞、动作犯规是篮球和足球项目的高风险动作；学生是高风险动作的主要责任人。基于此，提出中学同场对抗项目教学安全运动启示：提升学生的身体对抗技能和冲撞缓冲技巧，以防止撞伤和摔伤；强化学生运动规则意识的培养，以规范各种犯规动作；加强学生课堂管理，以减少因不遵守纪律引起的意外伤害。另外，还要消除体育场地器材设施安全隐患，规范教师职业行为，以最大限度确保教育教学活动安全有序开展。

关键词：中学体育教学；篮球教学；足球教学；同场对抗项目；风险；安全运动

为实现让学生享受运动乐趣、增强体质、健全人格和锤炼意志的“四位一体”目标，近年来，学校体育不断强化体育课和课外锻炼，并逐年提高体育在中考中的分值。目前，已有36所高校实行高考招生“强基计划”，把体育作为选择人才的重要参数指标。政策文件还特别强调了运动风险防控，要加强学校安全事故预防。2021年1月21日，《教育部办公厅关于做好2021年中小学幼儿园安全管理工作的通知》指出，要进一步健全校园安全管理制度，准确研判风险，聚焦关键环节，最大限度减少安全事故发生。[①]但运动伤害事故的突发性和偶然性一直是学校体育面临的巨大挑战，尤其诸如篮球、足球之类同场对抗较为激烈的项目，运动风险更高。

2019年9月2日，国务院新闻办公室发布的《体育强国建设纲要》提出，要全面推动足球、篮球、排球“三大球”的普及和提高，打好青少年训练基础。2020年9月22日，教育文化卫生体育领域专家提出，“十四五”时期，要探索中国特色“三大球”发展路径，凸显它们在整个体育发展过程中的带动作用。在国家政策的引导下，“三大球”在学校如火如荼地开展，也成为学生喜欢的运动项目，但篮球和足球项目运动强度高、对抗性强，极易发生运动伤害。在中学体育教学中，如何通过教学过程的调整，实现运动风险的防控，是摆在学校、教师和学生面前的关键问题之一。本文对82例裁判文书进行内容分析，试图发现篮球和足球运动的高风险动作，以及造成伤害的主要责任人，以期为中学同场对抗项目教学提供安全运动启示。

作者简介：李云翔，南京师范大学教育科学学院博士研究生，上海师范大学体育学院讲师，主要从事学校体育研究；陈舒月，上海市园南小学教师，主要从事学校体育研究；朱玉珍，上海师范大学体育学院副教授，博士，主要从事学校体育研究。

① 中华人民共和国教育部：《教育部办公厅关于做好2021年中小学幼儿园安全管理工作的通知》，载教育部官网：http://www.moe.gov.cn/srcsite/A06/s3321/202102/t20210203_512358.html，最后登录日期：2021年10月15日。

一、中学篮球和足球教学风险的已有研究

研究显示,篮球和足球是小学、初中、高中三个学段中的高风险项目,尤其初高中阶段,篮球导致伤害事故的数量最多,足球次之。① 新疆地区民族中小学体育风险事件发生率最高的是初中学生,引发事故的主要运动项目是篮球和足球,主要时段是体育训练与竞赛。② 重庆市18所中小学生体育事故数量最多的为初中,其次为高中,体育课的教学风险最高。③ 学生运动风险集中发生于体育课、体育训练以及课外体育活动中。④ 58例裁判文书显示,学校体育伤害事故主要集中在初中阶段,足球和篮球运动发生风险的几率最高。⑤ 综上,中学是体育课教学风险的高发阶段,篮球和足球是易引发事故的高风险运动项目。导致运动损伤的原因多为项目固有风险,即篮球、足球等项目本身就具有高风险的特点⑥,但这些高风险具体体现在哪些方面鲜有报道。也有研究显示,学校存在过错,未尽到教育保护职责,导致学生发生运动风险⑦,或者学校管理不到位,场地器材存在安全隐患、教师因素等都可能存在运动风险,继而引发运动伤害事故⑧,但明确学校责任的边界是关键。⑨为深入探索中学体育教学的风险及其启示,本研究以篮球和足球两种同场对抗性项目为例,对2014年至2019年初高中体育教学中发生的事故的裁判文书进行挖掘,梳理高风险专项动作及主要责任方,分析其与中学体育教学以及中学生运动能力的关系,以期为中学篮球和足球教学、学生安全运动提供实践参考。

二、研究方法

1. 研究目的

篮球和足球是中学体育课上事故发生率最高的项目,运动的高风险不仅不利于课堂教学的正常进行,而且影响学校体育的健康发展。本研究以2014—2019年中学篮球、足球伤害事故案件作为研究对象,对82例裁判文书进行内容分析,厘清不同项目的高风险动作及责任方,得出针对性较强的安全运动启示,为体育教师安全开展课堂教学、维持正常的体育课秩序提供参考。

2. 案例来源

司法裁判文书是案件最重要、最严肃的法律材料。⑩ 本研究以裁判文书网上的判决案例为样本,探索出的中学篮球和足球导致损伤的动作具有一定代表性,能够为篮球和足球的正常教学提供参考。

首先,在中国裁判文书网上,以“伤害”为案由,时间设置为2014年1月1日至2019年12月31日,检索全国各级人民法院判决的相关案件裁判文书;然后,对检索结果进行全文包括“体育课”的二次搜

① 李云翔,李雅风,朱玉珍:《中小学体育伤害事故:特征与风险规避》,《现代基础教育研究》2021年第1期,第228-234页。

② 李宝国,张朋,吴建华:《新疆地区民族中小学体育风险管理研究》,《广州体育学院学报》2014年第5期,第16-19页。

③ 黄晓灵:《学校体育安全事故的现状及成因——以重庆市为例》,《北京体育大学学报》2011年第4期,第82-87页。

④ 刘水庆:《论学生体育伤害事故中的校方责任及其追究限度》,《中国体育科技》2019年第6期,第71-80页。

⑤ 闫建华:《学校体育运动伤害事故的特征、法律归责及风险防控措施研究——基于对58例裁判文书的荟萃分析》,《成都体育学院学报》2017年第5期,第13-19页。

⑥ 方芳:《学生伤害事故责任认定及风险防范——基于2017年510例司法诉讼案件的实证研究》,《复旦教育论坛》2018年第6期,第27-33页。

⑦ 庄静:《学校体育伤害事故法律归责及预防措施研究》,《武汉体育学院学报》2014年第1期,第53-56页。

⑧ 谭静:《试析学生体育伤害事故的防范与处理》,《成都体育学院学报》2013年第8期,第90-94页。

⑨ 唐勇:《我国学校体育伤害案件的司法实践与法理评析——基于91份民事裁判文书的统计分析》,《武汉体育学院学报》2016年第4期,第61-67页。

⑩ 梁成,韩小雨:《学生伤害事故司法案件司法诉讼现状及特征分析——基于517份民事裁判文书的实证研究》,《教育学报》2018年第4期,第47-55页。

索，共得裁判文书 1115 份。剔除幼儿园、小学、大学的案例和“因交通事故无法上体育课”“运动学校、武术中心造成伤害无法上体育课”等无关案例后，得到学校体育课伤害事故裁判文书 308 份，其中涉及一审和二审的案件，以二审判决书为最后结果。根据研究目的，筛选体育课上篮球和足球导致的事故案例分别为 40 起和 42 起，纳入最终数据分析。

3. 研究方法与过程

采用文献资料法，在中国裁判文书网上，检索“伤害”事故的裁判文书，接着对检索结果进行二次检索，检索条件为全文包括“体育课”；然后剔除与研究主题无关的裁判文书，有一审、二审的案件，只取二审判决结果，确定并下载最终纳入分析的裁判文书。

采用案例分析法，对裁判文书进行内容分析，梳理初中、高中篮球和足球伤害事故的损失类型，析取这两项运动的高风险动作与责任方，最后提出相对应的安全运动启示。

采用数理统计法，利用 EXCEL 2016 软件，将案例内容分条录入软件，转换为表格内容；运行 EXCEL 2016 软件，厘清所需各项内容，通过计算、统计，得出数据；最后采用对比、分析、综合、归纳等方法，对结果进行逻辑分析。

三、研究结果与分析

篮球和足球是中学阶段的高风险项目，容易导致损伤。为深入剖析初高中体育教学中篮球、足球项目的高风险动作和相关责任方，对 82 篇裁判文书进行梳理发现，初高中篮球教学发生事故的案例数分别为 30 例和 10 例，足球教学分别为 23 例和 19 例。其中，只有 9 例未构成伤残，其余 73 例均造成不同程度的伤残，占比为 89. 02%。损伤类型呈现多样性，主要是骨折和眼睛损伤。篮球、足球导致骨折的数量分别为 24 例和 21 例，眼睛损伤为 6 例和 10 例，其中初中篮球、足球导致骨折的数量为 21 例和 15 例，足球导致的眼睛损伤分别为 5 例和 4 例。

1. 身体相撞和动作犯规是篮球项目的高风险动作

为进一步了解篮球教学存在的具体运动风险，本研究对案例中造成损伤的高风险动作进行了梳理，结果见表 1。

表 1 篮球运动中造成伤害事故的高风险动作

受伤原因	具体动作	初中	高中	小计	总计
相撞受伤	教学比赛相撞	12	1	13	25
	抢篮板球时被撞	4	1	5	
	争球	0	3	3	
	投篮练习抢球受伤	1	0	1	
	防守时被撞	1	0	1	
	进攻时相撞	1	0	1	
	练习时被撞	1	0	1	
犯规致伤	防守犯规	0	3	3	7
	推人犯规	2	0	2	
	防守时受伤	1	0	1	
	防守队员将手插入学生眼睛	1	0	1	
被器物伤	进攻时被防守队员碰到眼镜	1	0	1	2
	投篮时被篮球打到	0	1	1	

（续表）

受伤原因	具体动作	初中	高中	小计	总计
其他受伤	摔倒受伤	2	0	2	6
	动作过大，自己摔倒	1	0	1	
	跳起落地受伤	1	0	1	
	非受迫受伤	1	1	2	
	总计	30	10	40	40

表1显示，篮球教学中，相撞受伤和犯规受伤数量最多，分别为25例和7例，共占比80%。相撞受伤中，教学比赛相撞、抢篮板球和争球致伤的概率最高，这可能与学生的身体对抗能力和冲撞缓冲技巧的掌握有关。犯规致伤中，推人犯规和防守犯规是致伤的主要原因，这与学生的规则意识不强有关。被器物伤3例，可能与学生的反应速度不高或应对经验不足有关。其他受伤6例，占比15%，这类受伤的偶然性较高，防不胜防。

2. 动作犯规、身体相撞、被球打到和摔倒是足球项目的高风险动作

我们对足球项目教学案例中造成损伤的专项动作进行了梳理，结果见表2。

表2 足球运动中造成伤害事故的高风险动作

受伤原因	具体动作	初中	高中	小计	总计
犯规致伤	被同伴用足球踢伤	2	0	2	14
	踢伤	3	3	6	
	阻挡时被踢伤	0	3	3	
	防守时被绊倒	1	0	1	
	争球被同伴抱起摔倒在地上	1	0	1	
	争球奔跑时被同伴压倒在地	1	0	1	
相撞受伤	被同伴撞到	1	0	1	11
	争球受伤	3	1	4	
	两人相撞受伤	1	2	3	
	踢球对抗相撞摔伤	0	1	1	
	踢足球时发生碰撞、踩踏	1	0	1	
	进攻时被撞到	1	0	1	
被球打到	传球时被球打到	2	7	9	9
摔倒受伤	摔倒	3	2	5	7
	运球摔倒	1	0	1	
	救出界球摔倒	1	0	1	
打架受伤	争球发生矛盾，学生打架受伤	1	0	1	1
	总计	23	19	42	42

表2表明，犯规致伤、相撞受伤、被球打到和摔倒受伤是足球项目导致损伤的主要原因，共占比98%。其中，犯规致伤14例，主要为踢伤和被侵犯摔倒受伤，这一方面反映学生的足球规则意识不强，另一方面，一定程度上体现了学生的倒地缓冲技巧不足；相撞受伤11例，可能因为学生的身体对抗能力

较弱，未能熟练掌握冲撞缓冲技巧；被球打到9例，学生未能及时躲避来球，表明学生的反应速度和动作速度较慢；摔倒受伤7例，占比16.7%，属于足球项目的意外伤害。

综上，在同场对抗项目教学中，导致损伤的高风险动作具有明显的共性特点。其中，动作犯规和身体相撞在两个项目中均占有很高的比例，需要引起教师和学生的高度关注。

3. 学生是高风险动作的主要责任人

为继续探索中学同场对抗项目高风险动作的主要责任方及具体原因，本研究对裁判文书进行了内容分析，结果见表3和表4。

表3 篮球项目高风险动作责任方及原因

高风险动作责任方		具体原因	初中	高中	小计	总计
学生	其他学生	动作不规范，犯规	2	2	4	16
		两人相撞	10	2	12	
	受伤学生	安全意识薄弱，自我防控能力差	10	2	12	14
		不遵守课堂纪律，私自打球	1	1	2	
运动自身风险		对抗性强	6	2	8	8
学校管理		未安排专业教师授课	0	1	1	1
教师		未尽到安全教育和安全管理职责	1	0	1	1
		总计	30	10	40	40

结果显示，学生是篮球项目的高风险动作责任人。其中，其他学生导致的两人相撞、受伤学生自身的安全意识薄弱、自我防控能力差是导致损伤的主要原因，各12例。篮球项目的高对抗性位居其次，两者共占比95%。篮球教学比赛对抗激烈，学生易发生身体碰撞，导致受伤。在有些篮球比赛中，学生遵守了比赛规则，教师也按照体育教学规律和学生特点组织了教学比赛，但仍有学生发生运动伤害，这是因篮球自身的对抗性太强所致。因其他学生动作不规范、动作犯规发生运动损伤的数量位居第四，也是高风险动作责任人的具体行为。

表4 足球项目高风险动作责任方及原因

高风险动作责任方		具体原因	初中	高中	小计	总计
学生	受伤学生	安全意识薄弱，自我防控能力差	5	6	11	23
		不遵守课堂纪律	2	0	2	
		活动强度大，奔跑速度快	2	0	2	
		控球能力差	4	4	8	
	其他学生	动作不规范，犯规	4	0	4	5
		动作不规范，行为失当	1	0	1	
运动自身风险		对抗性强	3	8	11	11
学校管理		场地器材设施不符合标准，存在安全隐患	1	0	1	1
教师		上课期间擅离工作岗位	1	1	2	2
		总计	23	19	42	42

表4显示，在足球运动中，学生是高风险动作的主要责任人。受伤学生自身的安全意识薄弱、自我防控能力差和项目自身的强对抗性是导致运动损伤的主要原因，各11例。有学生在运球跑动的过程中摔倒造成损伤；也有学生因控球能力差导致自身受伤，这可能是由学生未能熟练掌握足球基本功、专项

运动能力较低造成的。其他学生动作不规范、动作犯规或行为失当导致他人受伤有5例,这提示教师在足球教学中,要强调动作的规范性和合理性,培养学生正确的运动规则意识。

综上,学生是同场对抗项目导致运动伤害的主要责任人,受伤学生安全意识薄弱、自我防控能力差,其他学生动作不规范和动作犯规是主要原因。但两大球的高风险动作责任方及原因又呈现不同的项目特征:篮球项目中,受伤学生和其他学生的行为是导致运动损伤的主要原因,而受伤学生的各种不规范行为是足球项目损伤的主要原因。

四、中学同场对抗项目教学安全运动启示

本研究结果显示,身体相撞和动作犯规是篮球项目损伤的主要原因,运动受伤的数量也最多,占比高达80%,动作犯规、身体相撞、被球打到和摔倒是足球项目导致损伤的主要原因,共占比98%;参与运动的学生是主要责任人,篮球占比75%,足球占比67%。综而观之,相撞受伤多与学生身体对抗能力较弱、未能熟练掌握冲撞缓冲技巧有关,犯规致伤则与学生的运动规则意识薄弱有关。基于此,下文提出同场对抗项目教学中的安全运动启示。

1. 提升学生的身体对抗技能和冲撞缓冲技巧以防撞伤

篮球和足球之类激烈的同场对抗项目,需要大量的身体对抗作为前提,才能在同场竞技中夺得球权。身体碰撞/对抗是教学和比赛中最常见的动作,也是极易导致运动损伤的动作。因此,在同场对抗项目教学过程中,教师需要特别重视身体对抗技能的教学,增加身体对抗练习,规范身体对抗动作,加强身体对抗技能。但长期以来,我国中学体育教材中篮球和足球项目的教学内容大多侧重技能动作,教学过程和教学评价也都过于注重单个动作的掌握,而忽视比赛情境中运用基本技能所需要的身体对抗能力。如果在教学中加强身体对抗技能的练习,学生之间的交互竞争不仅会激发其练习热情,有效提升学习效果,还可在无形中增强抗损伤能力,值得中学体育教师予以关注。

研究表明,我国男子篮球运动员身体对抗性弱,尤其力量素质欠缺。[①] 这提示,相撞受伤可能与学生的身体综合素质相关。一方面,说明学生的身体素质可能无法匹配项目的需求,例如力量素质综合反映了学生的骨密度、肌肉围度等指标,如果学生这些指标不达标,被撞时就容易导致骨折等损伤。同场对抗项目比赛激烈,学生需要集中精力,时刻关注场上形势,及时做出合理的预判,还要一直注意球的运动轨迹,以便球来时快速做出反应,这要通过长期训练,不断提高反应速度、动作速度、移动速度以及灵敏素质,才能及时避免被撞受伤。另一方面,身体相撞/对抗能力也是身体素质的综合反映,运动员水平的高低取决于其在身体对抗中运用基本技能的高低,每一回合的胜负最终都体现为身体素质的强弱。力量素质强可以顶开防守队员轻松上篮,速度素质强就可以将防守队员甩在身后,灵敏素质强可以让防守队员的身体对抗着力点打在“棉花”上,协调素质强可以用幅度更大的假动作“骗过”防守队员。因此,提高身体综合素质,加强身体对抗技能,能有效提升学生的比赛能力,这应该成为中学同场对抗项目的教学重点。

相撞受伤或摔倒受伤,说明学生缺乏应付身体冲撞或摔倒的策略,如果学生熟练掌握了减轻重撞或摔倒的缓冲技巧,即使来不及避免相撞或摔倒,也能有效降低损伤程度,甚至避免损伤的发生。因此,身体缓冲技巧的学习与练习也是中学体育教学的重要内容之一。

综上,在同场对抗项目教学中,增加身体对抗和冲撞缓冲技巧的专项练习,使学生熟练掌握这两项技能,可以减轻冲击和倒地的力度,防止撞伤或摔伤,降低甚至避免运动伤害。

---

① 欧岳山,刘艳芳:《析当代竞技篮球比赛身体对抗特征——兼论我国男子篮球队身体对抗差距与成因》,《中国体育科技》2010年第3期,第34-38页。

2. *强化学生的运动规则意识培养以避犯规*

无论篮球还是足球，动作犯规都是运动损伤的主要原因之一。动作犯规、动作不规范和行为失当等是同场对抗项目的高风险动作，极易导致学生自身及其他学生发生运动伤害。因此，正确的运动规则意识也是中学生安全运动的重要条件。表3和表4中的其他学生犯规、动作不规范或者行为失当，表明中学生运动规则意识较为淡薄，主要体现在两个方面：(1)对运动规则知之甚少，不清楚哪些行为属于犯规动作、违例动作等，当比赛进行到白热化阶段，就出现了各种违反运动规则的行为，极易造成自己或对方队员受伤。(2)对运动规则的明知故犯，此类行为常发生在运动水平相对较高的学生身上，尤其是比赛呈胶着状态或进行到白热化阶段时，很多学生就会用犯规行为达到阻止对方的企图，相比对运动规则一无所知的学生，这种明知故犯的失当行为更加“有的放矢”，极大地增加了对方队员受伤的几率，这种现象尤其需要引起教师的注意，及时发现并将其扼杀在萌芽之中，尽最大可能防患于未然。

因此，在中学同场对抗项目的教学中，要始终把运动规则当成重要的教学内容。教师要强化项目规则的教授，培养学生的运动规则意识；让学生掌握正确的动作，强调动作技术的合理性与规范性，不仅可以有效降低运动风险，对其后续的运动成长也有十分重要的意义。

3. *加强课堂管理以使学生守规范*

学生是高风险动作的主要责任人，除了提高学生的专项运动素质，强化学生的运动风险防控能力外，还要加强学生课堂管理。本研究结果显示，学生不遵守课堂纪律、不听从教师教学安排，也易导致运动伤害。在案件中，有的学生不听从教师教学安排，私自在体育课上打篮球受伤；有的学生在体育课中，在队尾追逐打闹，将正在练习篮球的其他学生撞倒受伤。因此，学校和教师要进一步细化《中小学生守则》和《中小学生日常行为规范》，加强学生运动安全教育，并依据教育部修订的《中小学生守则》和《中小学生日常行为规范》，组织开展多种形式的校内外教育活动，增强学生守法、守规、守纪的意识；充分发挥学校、家庭和社区的作用，采用多种教育途径，保证学生安全运动。

另外，学校未安排专业教师授课(见表3)、场地器材设施不符合标准(见表4)均可导致学生运动损伤，这种现象虽少，但体育课相比其他学科，具有很高的运动风险，学校要依据教育部办公厅的各项通知，高度重视学校安全管理工作，消除运动场地器材设施的安全隐患，配备专业的体育教师，最大限度地确保教育教学活动安全有序开展。教师未尽到安全教育和安全管理职责(见表3)、上课期间擅离工作岗位(见表4)也是运动伤害发生的原因。体育课具有区别于其他学科的明显的特点，学校一方面要注重体育教师的专业成长，加强其安全意识和安全管理培训，使其掌握突发事件的应急和运动损伤的急救等；另一方面要结合实际，依据教育部印发的《新时代中小学教师职业行为十项准则》①，对体育教师的行为准则进行细化，明确岗位要求，规范职业行为，增强体育教师的责任感，提高教学安全性。

五、结语

身体对抗是同场对抗项目的核心特征，它既是此类项目的看点，也是运动风险较高的根源。数据显示，有89.02%的案例造成不同程度的伤残，其中，身体碰撞和动作犯规是篮球和足球的高风险动作，学生是高风险动作的主要责任人。

结合中学体育教学的实践，其原因可能在于中学体育教学内容形式化，表面上学生在学习篮球和足球技术，但实际上他们并没有掌握身体对抗技能和身体缓冲技巧，也没有意识到运动规则的重要性，这是损伤致残的根本原因。

为此，提出中学同场对抗项目教学安全运动启示：强化学生身体对抗技能，使其熟练掌握冲撞缓冲技巧，以防止撞伤和摔伤；增强学生的运动规则意识的培养，将正确的运动伦理贯穿整个体育教学过程，

① 中华人民共和国教育部：《教育部印发新时代教师职业行为十项准则 进一步规范教师职业行为》，载教育部官网：http://www.moe.gov.cn/jyb_xwfb/gzdt_gzdt/s5987/201811/t20181115_354886.html，最后登录日期：2021年10月15日。

让学生充分认识并熟练识别犯规动作、违例动作等。只有在规则规范的框架下,学生才能尽情享受运动的快乐,降低运动风险,这既有利于学生的成长,也利于我国篮球和足球项目的可持续发展。

此外,学生作为高风险动作的主要责任人,除提高学生的专项运动素质,强化其运动风险防控能力外,还要进一步加强学生课堂管理,强化学生遵规守纪的意识,使其安全运动。在此基础上,消除运动场地器材设施的安全隐患,增强教师的责任感与使命感,规范其职业行为,也是体育教学安全运动前提和基础。

Risk Analysis and Safe Sports Enlightenment of Middle School Physical Education

— Taking the Sports with Physical Confrontation on the Same Field as an Example

LI Yunxiang[1,2], CHEN Shuyue[3], ZHU Yuzhen[2]

(1. School of Education Science, Nanjing Normal University, Nanjing Jiangsu, 210097; 2. Physical Education College, Shanghai Normal University, Shanghai, 200234; 3. Shanghai Yuan Nan Primary School, Shanghai, 200231)

Abstract: There is a high risk and high injury rate in the sports with physical confrontation on the same field. By analyzing the cases of basketball and football injury accidents in middle schools from 2014 to 2019, this paper has found that body collision and foul movement are high-risk actions in basketball and football teaching, which students are mainly responsible for. Based on this, this paper has put forward the safety sports enlightenment for the teaching of the sports with physical confrontation on the same field in middle schools: improving students' physical confrontation skills and collision buffer skills to prevent collision and fall injuries; strengthening students' awareness of sports rules to prevent all kinds of foul movement; strengthening class management for students to reduce the chance of accidental injuries caused by non-compliance with the discipline. In addition, it is necessary to eliminate the potential safety hazards of sports facilities on the field, and standardize teachers' professional behavior, so as to ensure the safety and orderly development of teaching activities in physical education to the greatest extent.

Key words: middle school physical education, basketball teaching, football teaching, same field confrontation, risks, safety campaign

核心素养语境下的数字博物馆教育：理论概述与实践路径

王　旦[1]，侯浩翔[2]

（1. 江苏省无锡市教师发展学院，江苏 无锡 214062；2. 江南大学 教育学院，江苏 无锡 214122）

摘　要：数字博物馆教育是博物馆教育在信息技术快速发展背景下的产物。基于核心素养的理论视角，数字博物馆教育成为学生文化基础、自主发展和社会参与素养提升的重要途径。数字博物馆教育在促进学生的文化基础知识体系建构、推动学生自主发展素养提升，以及对学生社会参与素养的正向引领方面发挥着显著作用。为支持数字博物馆教育的优化开展，应当坚持核心素养的基本立场，兼顾不同层次学习者的文化基础学习需求，合理设计数字博物馆教育教学项目，坚持以“立德树人”为指导思想，促进学生的价值观生成和人格的完善。

关键词：数字博物馆教育；核心素养；信息技术；馆校结合

随着信息技术发展的日新月异，数字化技术被广泛应用于各行各业，博物馆的数字化革命产生于20世纪90年代。数字博物馆的产生，适应了学习者对文化多层次、多方面的需求，使博物馆教育从收藏保管转变为教育服务，从“以物为本”转化为“以人为本”。新颖的互动体验在冲击人们感官的同时，潜移默化地传播了知识，使数字博物馆成为传播知识的教育平台。2020年10月，中华人民共和国教育部、国家文物局联合印发了《关于利用博物馆资源开展中小学教育教学的意见》，文件中提出要“加强博物馆网络教育资源建设”，结合互联网信息技术打造区域内“网上博物馆资源平台和博物馆青少年教育资源库”，实现中小学网络教育资源的衔接，兼顾智慧博物馆、藏品数字化的教育功能，进一步扩大博物馆教育资源的覆盖面。

一、为什么要从核心素养视角来审视数字博物馆教育

随着博物馆功能的日益增强，它的职能已不再局限于最初对藏品的收藏、保存和展示，而是成为人们日常活动的学习场地。人们在博物馆中进行休闲娱乐、学术研究、参观交流等一系列实践活动，数字博物馆已经逐步成为传统教育教学的有机补充。

数字博物馆教育的作用体现在：借助更便捷和多样化的信息技术工具，扩大博物馆资源的覆盖范围，以生动形象的方式增加学生的知识学习范畴，结合项目式实践活动及探究学习培养学生的思维发展水平、问题解决能力，使学生长期浸润在传统文化、英雄事迹和名人事迹中，有利于塑造其积极向上、热爱国家的精神品质。

作者简介：王旦，江苏省无锡市教师发展学院研训员，博士，主要从事博物馆教育研究；侯浩翔，江南大学教育学院副教授，博士，主要从事教育政策研究。

数字博物馆教育与学生核心素养所强调的相关能力、精神品质具有一定程度的相关性,可以将数字博物馆作为载体,培养学生适应社会发展所需的核心素养。核心素养是学生在接受教育的过程中,所形成的能够适应社会发展需要及终身发展要求的关键能力及必备品格。学生核心素养的核心是学生的全面发展,包括自主发展、社会参与及文化基础三个领域,以及人文底蕴、科学精神、责任担当、实践创新、学会学习、健康生活六个核心素养指标。[①] 对核心素养的内容框架进行国际分析,能够发现:首先,UNESCO、OECD、欧盟以及其他国家和地区的 21 世纪核心素养体系[②],同样包括与文化知识相关的素养,涉及人文及科学知识;其次是与自我发展有关的各项能力、身心素质;最后是和社会发展相关的价值观念,能够承担各项社会责任等素养。核心素养的理念、维度结构与数字博物馆的教育目标体现出一致性,故而,可以通过数字博物馆教育实现学生核心素养的综合提升。

二、核心素养语境下数字博物馆教育的内涵概述

1. 博物馆教育:"校园围墙之外的第二课堂"

(1)博物馆教育是对学校教育的补充

在博物馆开设的活动项目中,学生可以获得感官体验、情感体验和认知体验,寓教于乐,提升切身感知程度及实践教学效果。也有不少研究者将博物馆教育与学校教育联系起来,将其视为"学校教育的补充""校园围墙之外的第二课堂",这反映了博物馆与学校的关联与合作日渐密切。吉诺韦斯(Genoways)等人认为,创建儿童博物馆的目的是为那些希望培养爱好、提高兴趣的儿童提供一个有吸引力的场所,创造一个与课堂教学相关、为儿童提供日常帮助的教育中心,为儿童提供课余时间思考的新主题。[③] 作为学生第二课堂的博物馆,有丰富的教学资源,可以补充学生的课外知识,与课堂内所学知识相互补充与促进。奥地利博物馆学家韦达赫(Waidacher)认为,博物馆的教育方式不同于学校的教育方式,它是非正式的、自由的教育,不分班级和年级,也没有教学计划和考试。博物馆教育的重心是激发观众的学习热情,提高他们的想象力,从而唤起他们在观感上的共鸣。[④] 博物馆教育让学生走出校园,从博物馆中获取学习能力,而全新的实践体验亦使博物馆教育的功能得到充分体现。

(2)数字博物馆是网络时代博物馆教育的基地

随着科学技术日新月异的发展,当馆藏文化与科学技术相遇时,呈现在虚拟空间的展品,让人们身临其境地参观实体博物馆。这种沉浸式的学习过程,带给人们的是一种全新的体验模式。施韦本茨(Schweibenz)认为,数字博物馆是由各种媒介组合而成的逻辑相关的数字对象集合,由于能够提供连接性和各种访问点,它适合于超越传统的交流和互动方式;它没有真实的地点或空间,它的对象和相关信息可以在世界各地传播。[⑤] 数字博物馆是一个基于互联网的系统,是以实体博物馆的资源为基础信息,在网上建立的数字化的博物馆。博物馆的数字化能够把现代信息技术、多媒体技术等应用到实体博物馆中,让参观者得到沉浸式体验和互动式体验。数字博物馆综合运用计算机网络、虚拟现实(VR)、增强现实(AR)、三维图形图像、互动娱乐、特种视效等多种新技术,将实体博物馆以三维立体的形式完整呈现在网络上。

---

① 林崇德:《中国学生核心素养研究》,《心理与行为研究》2017 年第 2 期,第 145-154 页。

② 黄四林,左璜,莫雷,刘霞,辛涛,林崇德:《学生发展核心素养研究的国际分析》,《中国教育学刊》2016 年第 6 期,第 8-14 页。

③ Hugh H. Genoways, Mary Anne Andrei:《博物馆起源》,路旦俊译,译林出版社 2014 版,第 160 页。

④ 弗德利希·瓦达荷西(Friedrich Waidacher):《博物馆学——德语系世界观点(理论篇)》,张誉腾等译,五观艺术 2015 版,第 7-11 页。

⑤ Schweibenz W, "*The Virtual Museum: New Perspectives For Museums to Present Objects and Information Using the Internet as a Knowledge Base and Communication System*", Vol. 34, no. 2(1998), pp. 185-200.

2. 以核心素养为指向的数字博物馆教育

(1)数字博物馆资源助力学生核心素养的实现

数字博物馆中丰富的馆藏资源、多样化的教育主题设计、开阔的学习空间环境，能够助力学生全面发展核心素养。其中，学生核心素养中的“人文底蕴”可以借助数字博物馆中丰富的历史文化资源加以实现；“科学精神”的培养则离不开多样化的博物馆教育项目的设计；“学会学习”的素养培养依赖于主题探究式、体验式的博物馆学习方式；“健康生活”可以通过生活化的活动体验促使学生养成健康的生活习惯；“责任担当”精神的培养需要设计历史文化、名人事迹等在线资源，使学生得到精神的熏陶；“实践创新”素养的培养则是由于数字博物馆中设置了自我发展导向的学习环境，便于学生创新实践能力的增长。

(2)移动互联网技术达成博物馆教育功能的实现

自幻灯片等媒体技术问世以来，它们就被应用于博物馆教育中。根据历史学家保罗·塞特勒(Paul Saettler)的观点，在 20 世纪的前 10 年里，许多博物馆通过分发便携式博物馆的展品，立体图、幻灯片、电影、研究版画、图表和其他教学材料，已经充当视觉教学的中央管理单位。① 数字博物馆作为博物馆的技术延续，同样具备了改善教育效果、提升教育质量的功能。宋若琳提出，博物馆数字化是借助大数据、网络技术等相关新技术，以计算机技术和多媒体技术为载体，采用数字信息化的形式在网络平台上展现实体博物馆的藏品展示，通过网络实现信息资源共享，参观者通过交互设置实现与博物馆的互动，数字博物馆具备实体博物馆不能替代的优势，完成博物馆教育功能的实现。② 在多样化信息技术的辅助下，学校可以联合博物馆建立虚实融合的协同式教学平台，借助物联网技术中的传感器对相关信息进行实时采集，并和智能推送技术相结合，满足学生的个性化学习需求。③ 移动互联网技术在博物馆教育活动中的广泛应用，能够实现学生对博物馆学习资源的线上学习，及时获取课上学习所需的历史文化信息，成为日常学习的有机补充。

结合已有相关研究成果，可以将数字博物馆教育定义为：数字博物馆教育是以馆藏资源为基础，用数字化技术为藏品建立数字档案，结合计算机多媒体影像技术、增强现实技术 AR、虚拟现实技术 VR、交互技术等新技术，利用移动互联网、物联网将实物展品与虚拟内容相结合，为参观者打造全新的体验空间，实现虚拟空间的教育。

三、核心素养语境下数字博物馆教育的价值彰显

数字博物馆拓展了现代博物馆的教育功能，作为博物馆教育的前沿阵地，可以让学生突破时空的局限，在基础知识及技能建构、自主问题处理和社会价值观念养成方面发挥积极作用(见图 1)。

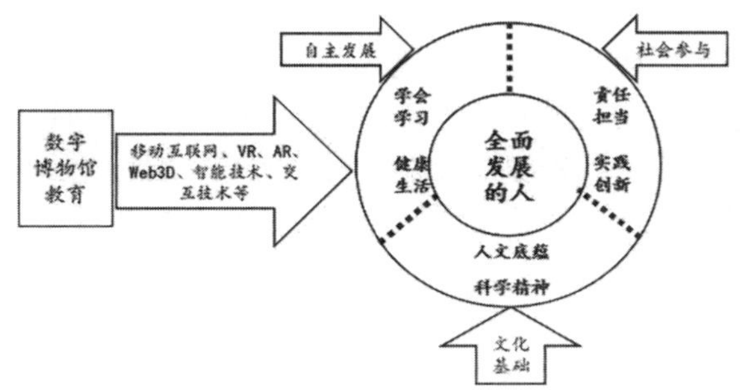

图 1 数字博物馆教育助推学生核心素养发展

① Paul Saettler, *A History of Instructional Technology*, New York, America: McGraw-Hill, 1968, p. 17.

② 宋若琳:《博物馆的数字化建设策略思考》,《中国民族博览》2019 年第 4 期，第 237-238 页。

③ 赵慧勤，张天云:《基于学生核心素养发展的馆校合作策略研究》,《中国电化教育》2019 年第 3 期，第 64-71 页，第 96 页。

1. 数字博物馆教育助力学生基础知识体系的建构

核心素养中的文化基础,涉及人文知识积淀和科学理性训练所形成的人文情怀、审美情趣、理性思维以及批判质疑的态度,凸显了知识积累的基础性地位。在人文知识框架及科学原理体系得以构建的前提下,才能使相应的价值情怀、科学思维得到培养。

(1)数字博物馆的学习环境,有助于学生建构更加完善的知识图谱

数字博物馆带给学习者的是全新的体验空间和视听体验,属于建构式的学习过程,数字博物馆中的学习环境有助于学习者建构更加完善的知识图谱。建构主义学习理论认为,学习者的人生经历和知识储备都会影响他的学习,学习者会以原有经验、心理认知结构和思想信念为基础来建构自我知识结构,强调学习活动的主动性、社会性和情境性。学习者主动建构内部心理结构的过程,具体包括两层意思:一是学习者对新的信息意义的理解;二是学习者对原有知识结构的改造和重建,与皮亚杰强调通过"顺应"与"同化"实现知识的双向建构理念是一致的。由于建构主义强调学习过程的主动性与建构性,这与数字博物馆教育的特征具有高度的吻合性,因此建构主义成为数字博物馆教育的重要理论源泉。乔治E·海因(George E. Hein)认为,建构主义强调知识是学习者对新信息进行主动加工和建构而成,其中的"情境、协作、会话和意义建构"是学习环境的四大要素。①数字博物馆有助于创设建构知识的真实情境,搭建协作互助的合作平台,促进馆校之间、师生之间以及学生之间生成对话的共享机制,实现教育意义建构的最终目标。

(2)数字博物馆的教育体验,有助于促进学生的个性发展

法国博物馆学家安德烈·德瓦列(André Desvallées)提出,博物馆教育可视为通过整合来自博物馆的知识,促进个人的发展与成就。博物馆教育的目的是培养新知识、新感悟和新体验。②学习者通过知识的吸收和转化,获得满意的数字博物馆参观体验,完成博物馆社会教育和文化传播的使命。学习者在数字博物馆中的参观体验是人们生活体验的一种特殊方式,其以展品为基础,以参观者为中心,以数字媒介为手段,以虚拟空间为容器,以提升参观者的认知为终极目标。

2. 数字博物馆教育推动学生自主发展素养的生成

核心素养中强调学生的自主发展,其要点包括:学生具备问题解决能力以及坚持不懈的问题探究精神,采用适当的学习方法并具备自主学习的意识与能力;能够对自身所处情境进行审视与反思;适应信息社会的发展需要,具备数字化生存能力。此外,还要求学生能够健康生活,珍爱生命,具备安全意识及自我保护能力,形成健全人格,进行自我管理。

1967 年美国哈佛大学哲学家纳尔逊·古德曼(Nelson Goodman)创立以艺术教育为宗旨的"零点计划"(Project Zero),旨在提升学生的科学思维方式。心理学家霍华德·加德纳(Howard Gardner)于 1979 年加入该计划研究,在研究过程中,他发现原先以皮亚杰(Piaget)为代表的认知理论无法全面地解释人的发展,他逐渐相信人的智能是多元的,并提出了多元智能理论,目前该理论已经成为影响学校教育的理论之一,也对数字博物馆教育产生了深远的影响。该理论认为人有八种智能,分别是言语—语言智能、逻辑—数理智能、视觉—空间智能、音乐—节奏智能、身体—运动智能、人际交往智能和自我内省智能、自然观察者智能、存在智能。③ 这八种智能存在于每个人身上,但发展是不平衡的,在不同的人身上有不同的优势组合。教育者首先要承认人的智能的差异,其次要扬长补短、因势利导,开发学生的短板智能,促进学生全面发展。数字博物馆教育是线上教育,更需要关注利用好学生的多元智能,因材施教,有机施策,促进学生多元智能发展和综合素质的提升。

在数字博物馆教育中要充分考虑学生多元智能的差异,通过深度学习实现"为理解而教"的教育目的,使学生的综合素质得以发展。数字博物馆的教育资源是潜在的,其学习资源具有科学性、教育性等

① George E. Hein, *Learning in the Museum*, London, England: Routledge, 1998, p. 588.

② André Desvallées, *Concepts Clés de Muséologie*, Paris, France : Armand Colin, 2010, pp. 32-33.

③ 沈致隆:《多元智能理论的产生、发展和前景初探》,《江苏教育研究》2009 年第 9 期,第 17-26 页。

特点，能够为参观者提供有价值的信息和学习通道。可见，数字博物馆促进了博物馆教育的长远发展，为提高学生的全面素质起到推动作用。

3. 发挥数字博物馆教育对学生社会参与素养的正向引领作用

社会参与素养要求学生在责任担当和实践创新方面得到更高层次的发展，能够主动担当社会责任，在国家认同和国际理解方面得到较高程度的发展；实践创新素养则指出学生应当具有劳动意识，积极参加社会实践，善于解决问题和应用技术。从核心素养的视角理解数字博物馆教育所承担的社会功能，可以看到：通过对数字博物馆进行教育教学设计，利用经典传统文化展示、家国情怀事迹表述、人物形象示范、实践创新平台打造等方式，能够提升学生责任担当和实践创新素养。

蔡元培认为，美育对学生人生观的形成与发展有很大的影响，其曾撰文提出：博物馆对学生社会美育的正向作用，需要九种专设机关——其中的“美术馆”“历史博物馆”“古物学陈列所”“人类学博物馆”“博物学陈列所”均属于博物馆。[①] 因此，数字博物馆具有爱国主义教育、科学教育、人文教育、道德教育、创新教育等功能，数字化的信息包罗万象，适合不同层次、不同年龄段、不同教育背景参观者的需求，参观者可以各取所需进行自主学习，从而推动数字博物馆教育的功能得以最大体现。

四、核心素养语境下数字博物馆教育的实践路径

在核心素养语境下，促进学生的全面发展，必须确立学生的主体性，通过社会实践、教育教学、人际交往促进学生的自主个性发展，同时进一步明确学生发展的社会性，重点处理学生个体与社会之间的关系，培养适应社会发展所需要的道德准则、实践问题处理能力。[②] 数字博物馆教育作为一种特殊的教育形式，也应该指向学生的全面发展。

1. 兼顾不同层次学习者的文化基础学习需求

随着网络技术的发展，博物馆与信息技术的结合成为发展趋势，其将藏品的知识信息和学习资源转移到虚拟领域，这种新颖的处理方式使得博物馆成为越来越多年轻观众的喜好。数字化是博物馆物体的一种特定形式，它与任何其他艺术品一样，以特定的方式塑造了分类体系和认识论框架，这些体系和框架反过来构成了博物馆以及收集和展示艺术品的实践。换言之，博物馆中的数字化为理解物体、知识、人与环境之间的关系创造了一种认识，使学习者的知识学习有了新的形式、载体和场所。

当前博物馆教育存在的问题，包括课程有同质化、模式化倾向，缺乏创新血液的注入，忽视了教育功能的设计。[③] 相应的数字博物馆教育课程要注重授课者与学习者的交流与反馈，加强对展品学习的引导工作。数字博物馆教育的作用是通过博物馆中陈列的实物，对参观者进行直观的教育体验活动，从而激发他们的学习兴趣，引发他们的想象力，从而唤起他们观感上的共鸣，使他们在参观体验中获取知识，从而达到知识学习的目的。数字博物馆教育的实施应考虑全年龄段和不同知识背景的学习者。[④] 因此数字博物馆教育的内容设置需要让学习者有自由发挥的空间，同时与大众的日常生活有紧密联系；鼓励学习者多表达，与博物馆开展多层次、多维度交流；同时开发多平台多形式的交流，这样才能让学习者在数字博物馆教育过程中既收获文化基础学习，又增加对数字博物馆教育的兴趣。

2. 合理设计数字博物馆教育项目，着眼于学生的自主发展

数字博物馆中的教育资源类型繁多，其展示形式以藏品的图片、文字、照片等静态数字资源，对学习者讲述与展品相关的故事、历史事件以及其他延伸的相关教育内容，使学习者从每个不同的展览中得到不同的博物馆教育体验，从中享受到博物馆与科技相结合带来的乐趣。其能够激发学习者的学习热情、

---

① 蔡元培：《美育实施的方法》，《教育杂志》1922 年第 6 期，第 2–6 页。

② 林崇德：《构建中国化的学生发展核心素养》，《北京师范大学学报（社会科学版）》2017 年第 1 期，第 66–73 页。

③ 张凌波：《认知教育学视角下的博物馆课程开发》，《决策与信息》2020 第 1 期，第 89–96 页。

④ Elieean Hopper-Greenhill：《博物馆教育学的力量》，段炼译，《湖南省博物馆馆刊》2009 年第 6 期，第 569–577 页。

求知欲和探索精神,培养他们的自主发展素养。

数字博物馆教育是学校教育的拓展和延伸,但它有别于学校教育,属于自由的、非正式的社会教育,数字博物馆教育具有直观性、自主性、社会性、寓教于乐等一系列特点。学校教育工作者可以利用博物馆的资源将课堂教学搬到博物馆中,也可以将博物馆的资源带到学校的课堂教学中。正是由于数字博物馆教育方式的独特性,学习者可以根据自己的兴趣、喜好自主安排学习活动。数字博物馆本身所具备的教育功能,成为教育活动设计和实践课程的重要组成部分。因此在设计数字博物馆教育活动或展览时,最重要的是考虑学生的发展需求,在设计教育内容时考虑受众的多样性、差异性。由上可见,数字博物馆教育是在博物馆内的依托实物进行的教学活动,能够获得学校教育外部的新型学习体验,从而达到学习者多项能力发展的效果。

3. 坚持“立德树人”的指导思想,增强学生的社会参与素养

数字博物馆教育必须将社会主义核心价值观融入数字博物馆教育过程中,将“立德树人”作为数字博物馆教育的根本指导思想,使其适应我国人才培养发展的需要,促进学生的价值观生成和人格的完善。有研究者认为,博物馆教育是最广义的教育,应着眼于人的全面发展,支持不同层次、不同阶段、不同背景的人的学习。① 博物馆教育适合不同发展阶段的人进行终身教育,同时关注学习者的综合素养的发展。

在数字博物馆教育的建设过程中,我们要学习推广数字博物馆教育中先进的教学理念、创新的教学形式、丰富的教学项目、广泛的教学合作,及时把握博物馆教育的发展趋势,追踪国际博物馆的前沿,将新技术带来的科技成果融于博物馆的教育之中。进一步将国家课程标准带入数字博物馆的教育中,使数字博物馆教育与学校教育紧密结合。数字博物馆教育则有必要改进教育途径,积极为学校教育提供服务,将体现国家意志的国家课程内容与博物馆资源深度融合,开发基于博物馆藏品的教学方案,在课程实施中设计多样化的学生活动,培养学生的核心素养,亦以此彰显博物馆作为育人场所的社会教育功能。

Digital Museum Education in the Context of Core Literacy: Theoretical Overview and Practical Path

WANG Dan[1], HOU Haoxiang[2]

(1. Wuxi Teacher Development Institute, Wuxi Jiangsu, 214062; 2. Jiangnan University, Wuxi Jiangsu, 214122)

Abstract: Digital museum education is a product of the rapid development of museum education in the context of information technology. Based on the theoretical perspective of core literacy, digital museum education has become an important way to enhance students' cultural foundation, independent development and social participation literacy. It plays a significant role in the better construction of students' basic cultural knowledge system, the improvement of literacy in their self-development, and the positive guidance for students' social participation literacy. In order to support the optimal development of digital museum education, the basic stance of core literacy should be insisted on, the cultural-based learning needs of learners at different levels need to be taken into account, digital museum education programmes should be rationally designed, and the guiding principle of establishing moral education in digital museums should be adhered to in order to promote the development of students' values and personal integrity.

Key words: digital museum education, core literacy, information technology, museum-school integration

① 宋向光:《博物馆教育的新趋势》,《中国博物馆》2015年第1期,第1-5页。

法国馆校美育合作的策略与启示

岳 妍

（上海师范大学 美术学院，上海 200234）

摘 要：目前，我国馆校美育合作仍存在单一化、表面化、短期化与随意化等问题。法国中小学与博物馆在合作开展美育的过程中，制定标准化方案，引入第三方机制，注重项目审查与评估，强化教师培训及家庭教育等，以此保证合作的质量。其实践经验对于分析我国馆校双方融合互动以实现美育效果的提升具有重要借鉴和启示意义。在我国馆校美育合作中，建立规范化制度架构是合作稳定开展的核心，打造专业化师资队伍是馆校美育合作效能稳定发挥的关键，开展多样性教学形式是合作质量提升的保证。

关键词：馆校合作；美育；法国博物馆；艺文教育政策

美育的实施不能局限于学校教育范畴，而应涉及社会的方方面面。遵循美育的规律和特点，推进学校内外的美育工作者协同施力，是构建新时代美育体系，实现“以美育人”“以美化人”的关键。

博物馆因为丰富的艺术资源以及其在历史和文化体系中的重要性，成为学校向外寻求合作的首选机构。[①] 而其能在多大程度上影响学校美育全过程，往往取决于馆校合作的方式与美育资源共享的方式。近年来，我国出台多项文件，从政策层面鼓励和支持中小学与博物馆开展美育合作。如2020年9月中国中央办公厅、国务院办公厅联合印发的《关于全面加强和改进新时代学校美育工作的意见》[②]，以及同年10月教育部、国家文物局联合印发的《关于利用博物馆资源开展中小学教育教学的意见》等文件，无不体现出国家大力推动博物馆资源融入学校美育体系，力图提升学生美育效果的决心。然而目前馆校合作在我国依然属于新兴的美育形态，一些美育合作项目的实施仍存在表面化、短期化、随意化等问题。

法国政府历来注重文化机构在中小学美育中的作用，并在建立行之有效的合作机制方面积累了丰富的经验。鉴于此，本文选取法国中小学与博物馆合作开展美育的探索实践，分析馆校双方如何融合互动以实现美育效果的提升，为我国构建新时代中小学美育体系提供新的思路和借鉴。

基金项目：本文系上海教育科学研究项目2020年度一般项目“学校与博物馆协力美育开展的行动研究”（项目编号：C2-20200001）的研究成果。

作者简介：岳妍，上海师范大学美术学院讲师，博士，主要从事艺术教育研究。

① Allard et Lefebvre, “Musée, culture et éducation”, Le musée à la confluence de la culture et de l’éducation(2000). *Québec: Editions Multi Mondes*, 2000, pp. 55-70.

② 中华人民共和国国务院办公厅：《关于全面加强和改进新时代学校美育工作的意见》，载中华人民共和国中央人民政府官网：http://www.gov.cn/zhengce/2020-10/15/content_5551609.htm，最后登录日期：2021年9月20日。

一、法国馆校合作开展美育的历史

“馆校合作”指的是学校和博物馆为实现共同目标,通过双方的资源分享而实施教育项目并建立伙伴关系。① 在法国的文化传统中,博物馆和中小学肩负着同样的使命:“文化的传承和人类的培养”。20 世纪上半叶以来,两者凭借各自的资源和战略积极互动,共同影响着法国的美育事业。法国馆校美育合作的历程大致分为三个阶段:

1. 探索期

据资料记载,20 世纪 20 年代之前,法国博物馆并未设置专门面向儿童的美育活动。到 1936 年,巴黎的某些博物馆为中小学教师制订了参观计划。② 第二次世界大战结束后,博物馆和学校之间是否存在互动的可能,成为学术界和教育界共同关心的议题。博物馆开始接待来自学校的团体访客,并招聘工作人员专门负责接待儿童。③

这一时期,随着两者关系的演变,法国出现了“博物馆教学化”的趋势,即某些教师离开学校,以借调或雇佣的方式参与博物馆的工作,为博物馆的活动开展提供不同角度的建议。在此期间,博物馆试图通过教学化的措施,满足学校的需求;而学校则将博物馆看作艺术教学材料的仓库。④ 这一阶段的合作偏向于学校一方,忽略了博物馆在身份、职能等多方面的定位,但双方积极沟通与交流,对各自在专业领域中的认可,为日后合作打下了良好的基础。

2. 发展期

20 世纪 70 年代到 80 年代,法国各个阶段的学校与社会各界进行更多的接触,以保证教育的多元化,充分调动学生的积极性;与此同时,博物馆和其他相关艺术文化机构也为学生的参观制定了更为具体可行的方案,如专题研讨会、公共开放日、访问讲座,以及在国家教育部门的协助下,举办多种多样的艺术培训班等。⑤

在这一时期,“伙伴关系”的建立使学校与博物馆的合作进入一个新的阶段。虽然在项目的具体实施中,这种转变所产生的作用并不完全是积极的,比如,在有些合作中,学校教师与博物馆教育人员仍坚持着固有的教学理念和模式,各自的工作范畴和职责无法进行明确划分。但无可否认的是,“伙伴关系”直接推动艺术教学授课形式、公共文化资源整合利用方式的创新,从而提升美育的效果。

3. 深化期

1998 年 7 月,法国文化部和教育部联合发布的《从幼儿园到大学的艺术教育》公报指出,法国国民教育的一个重要目标是“在整个学校教育过程中持续且连贯的艺术教育”。⑥ 2015 年 7 月,法国教育部颁布“艺术与文化教育发展路径”的决议,规定了如何在校内外不同时段通过各教育机构的合作开展艺术与文化教育(下文简称为“艺文教育”),此决议将馆校间不稳定的自发性行为转向由国家指导、以合约形式约束的义务性活动。

随着艺文教育制度的日趋成熟及经验的逐渐丰富,法国各博物馆与学校尝试了多元化美育合作。例如卢浮宫博物馆与中小学举办的“卢浮宫与港湾”项目,带领学生参观该博物馆的古希腊、罗马艺术品;又在巴黎某高中举办了为期五年的“卢浮宫班”项目,引导学生进行专题艺术创作,并提供馆内场地举办展览⑦;甚至将馆内藏品的复制品借出,供多所小学用于艺术教学,此项目被称为

① Audrey Béchu,“Le partenariat《le musée à l'école》avec le musée du Louvre”, *Université Paris Est Créteil*, 2019.

② Cohen Cora et Girault Yves,“Quelques repères historiques sur le partenariat Ecole-Musée ou quarante ans de prémices tombées dans l'oubli”. *Aster*, no. 29(1999), pp. 9-26.

③ Cohen, Cora. “Quand l'enfant devient visiteur : une nouvelle approche du partenariat École/Musée”, *Paris : L'Harmattan*, 2001, pp. 11.

④ Cohen, Cora. “Quand l'enfant devient visiteur : une nouvelle approche du partenariat École/Musée”, *Paris : L'Harmattan*, 2001, pp. 11.

⑤ Schaub, Johannes,“L'amélioration de l'accueil des scolaires dans les musées”, *Publics et Musées*, no. 4(1994), pp. 113-123.

⑥ 法国教育部:《从幼儿园到大学的艺术教育》,载法国教育部官网:https://www.education.gouv.fr/bo/1998/31/ensel.htm,最后登录日期:2021 年 5 月 30 日。

⑦ 见卢浮宫博物馆 2006 年年报第 83 页。

"从博物馆到学校"。[①] 2017 年，奥赛博物馆与巴黎某高中合作，在常规的导览活动之外，围绕当时举办的展览进行了多次圆桌会议。[②]名为"艺术自陈"的合作项目则在该博物馆与两所高中间展开，由馆内的客座艺术家陪同学生参观以书籍为主题的一系列作品，并深入探讨书籍在艺术作品中的角色和意义。之后，学生用六周的时间思考自身对阅读的理解、阅读与生活的联系，由博物馆藏品激发的思考和灵感，最终形成摄影、绘画或文字等形式的作品，并寄往奥赛博物馆，被选中的学生作品将在博物馆及其网站公开展出。[③] 根据法国文化部发布的调查数据，2018-2019 学年，全国共有 42% 的小学和 47% 的中学参加了馆校美育项目。[④]

二、法国馆校合作开展美育的策略

法国馆校开展美育合作至今，学校与博物馆不仅发挥原有的资源优势，为各年龄段的学生提供多元的教育支持，也不断尝试着互动融合的新途径、新方式，力图形成合力，共同推动美育质量的提升。具体而言，其策略主要有以下几方面：

1. 制定标准化方案，保证合作的持续性与稳定性

在馆校美育合作项目的推进中，博物馆和学校都在寻求保证合作持续性和稳定性的方法。在"艺文教育"制度框架下，馆校合作从属于国家教育，而制定标准化的方案有利于项目的规范化实施。标准化方案包括可选择的作品介绍、合作的具体内容、项目实施过程中的对外宣传，以及项目结束时的展览活动等。

2014 年，法国博物馆联合会与文化部、教育部三方联合签订了一份为期三年的合约，以加强馆校美育工作的常态化。合约规定，法国博物馆负责接待学生群体，目的是让他们直接接触艺术作品并教导他们参观的方式。在博物馆联合会策划的展览上，及师生参观国家所辖博物馆的藏品时，博物馆有义务为教师和学生提供导览服务，该项服务由联合会的讲解员主持。此外，各学区、各地文化事务局、联合会和相关博物馆根据当地教育政策和艺术文化资源，签署更为具体的合作协议。为监督项目的推进，由文化部、教育部和联合会组建监察委员会，该委员会负责审查和确认各地各学年馆校合作项目的实施情况。[⑤] 法国文化部、相关地区文化事务局以及教育部则根据不同情况，为合作项目提供相应的经费支持。[⑥]

2. 引入第三方机制，解决合作双方的权力分配问题

在法国馆校合作中，博物馆和学校往往借助第三方比如教育顾问专业人士的协调沟通。教育顾问就职于国家教育机构，不受博物馆和学校双方约束。这种第三方机制有助于合作双方客观地了解对方的实际要求。此外，假如双方在合作过程中产生矛盾，第三方将扮演协调人的角色，化解双方的矛盾，保证合作计划的推进。[⑦]

以卢浮宫与中小学的合作项目为例，首先，教育顾问将为有意参与此项目的辖区所属的学校提供参考文件，如《馆校合作指南》，加深校方对该合作项目的认识与博物馆的基本要求；接着，校方撰写项目申请书，申请书将由博物馆和国民教育地方服务部共同审核，并与通过初选的学校举行三方会议，对校方教学投入、教师培训以及校内展览条件进行确认；最后，在教育顾问的协助下，入选的学校与博物馆签署合作协议。[⑧]健全完整的第

① 载卢浮宫博物馆官网：https://www. ozp. fr/spip. php? article21625，最后登录日期：2021 年 6 月 15 日。

② 载奥赛博物馆官网：https://www. musee-orsay. fr/fr/agenda/evenements/en-partenariat-avec-le-college-des-bernardins，最后登录日期：2021 年 6 月 15 日。

③ 载奥赛博物馆官网：https://www. musee-orsay. fr/fr/enseignants/projets-education-artistique-et-culturelle-eac-partenariats，最后登录日期：2021 年 6 月 16 日。

④ 载法国教育部官网：https://www. culture. gouv. fr/Sites-thematiques/Etudes-et-statistiques/Publications/Collections-d-ouvrages/Chiffres-cles-statistiques-de-la-culture-et-de-la-communication-2012-2020/Chiffres-cles-2020，最后登陆日期：2021 年 6 月 20 日。

⑤ 见法国教育部官网：https://www. education. gouv. fr/bo/14/Hebdo27/MENE1400279X. htm.

⑥ 见法国教育部官网：https://www. education. gouv. fr/bo/2005/5/MENE0500078C. htm.

⑦ Sarfati，Jean-Jacques，"Réflexions générales sur la politique de partenariat à l'école"，*Éducation et socialisation*，no. 34(2013)，p. 412.

⑧ 载卢浮宫博物馆官网：https://www. louvre. fr/enseignants/partenariats#tabs. 最后登录日期：2021 年 7 月 7 日。

三方机制可以解决学校和博物馆曾经存在的权力分配问题,让双方能够将更多的精力投入馆校合作的项目本身,最大限度地达成馆校合作项目的顺利实施。

3. 注重项目审查与评估,强化合作期间的教师培训

法国的馆校合作项目需要经过严格的审查,如果学校申请政府资助美育合作项目,其审查责任由学校所在学区及当地文化事务局共同担负。审查的重点在于学校所提交的项目是否达到相当水平、是否与学校的美育教学任务一致,以及所选择的校外合作方是否有能力承担这一项目。在必要时,学校所在地政府也有必要参与审查过程。①对于通过审查的美育项目,会以合约方式明确责任分配,推进项目的落地。

在项目开始之前,合作学校的教师需要接受数次博物馆主办的密集培训。据了解,初期培训内容一般包括参观展厅,了解藏品在馆内的陈设及其历史和艺术价值。馆方人员在培训中以简要的说明方式讲解作品,指引各科教师基于本学科教学需要、从不同视角来阐述作品内容,并引导教师将作品与学校的美育教学大纲接轨。而后期培训中,各科教师将会陈述个人体会和教学经验,与同行及馆方分享,并建立共识。②强调教师和馆员之间学习互动,有助于双方对美育合作的内容和目标有更深刻的理解。

在项目完成后,法国文化部及教育部必须对所取得的成果进行评估。文化事务局将要求被资助的馆校双方对美育项目进行详细的总结;而在教育领域,学区长办公室将对馆校所提交项目中的参与度及所开展的行动质量进行评估。这些以参照交互指标议定的内容,将被送到文化部与教育部,作为评估的基准。③为了评估项目效果,上文中所述的监察委员会负责审查和确认在协议有效期内,各地各学年馆校合作项目的实施情况。④

4. 实现合作的系统性与多维度,将美育渗入家庭教育中

馆校合作的目标是提高学生的审美素养,促进学生的全面发展。正因为此,法国的馆校美育合作项目的运行一般持续时间较长,例如“从博物馆到学校”这一项目的周期是一学年,在此期间,学生可以在校内多次欣赏藏品,甚至可以在教师的陪同下触摸藏品。以此为基础,学校还可以安排与艺术作品直接或间接相关的拓展课程甚至是课外活动,合作不局限于作品的欣赏,从而实现合作效益的最大化。

在教学形式上,“从博物馆到学校”项目积极探索和挖掘更加灵活多样的教学渠道。比如,校方组织摄影小组,在每个周五下午,小组成员以指定的复制品为蓝本,自由发挥创作,构建出具有自己独到理解的画面。学校会公开陈列画作的复制品并提供明确的标示,便于学生赏析作品。

此外,美育离不开家长的积极参与。在馆校合作过程中,校方会带领学生和家长前往博物馆免费参观。这一模式使得美育对象不仅仅是教师和学生,还有学生的家长。因此,博物馆为学生家长提供免费的参观机会,达成学校和家庭对于教育内容的共同认可,将把馆校美育合作的效果推向一个新的水平,不失为一个行之有效的策略。

三、对我国馆校合作开展美育的启示

1. 规范化制度架构是合作稳定开展的核心

从法国馆校美育合作历史上看,博物馆与学校的合作成功得益于制度的规范。“艺术与文化教育”理念的确立与相关政策法令的陆续出台,为法国馆校合作提供了可靠的制度环境。

有鉴于此,我国应积极出台地方或国家性制度,为馆校合作推进美育提供保障。首先,通过国家干预、制定合约等方式,博物馆和学校明确责任分配,推进长期项目的落地,使馆校合作从松散的

---

① 载卢浮宫博物馆官网:https://www.louvre.fr/enseignants/partenariats#tabs. 最后登录日期:2021 年 7 月 7 日。

② Béchu Audrey. Le partenariat, “‘le musée à l'école’ avec le musée du Louvre : comment la présence de reproductions d'œuvres au sein d'une école permet-elle de créer du tissage ?”, *Paris, L'université Paris-Est-Créteil-Val-de-Marne*, 2019, pp. 66-67.

③ Béchu Audrey. Le partenariat, “‘le musée à l'école’ avec le musée du Louvre : comment la présence de reproductions d'œuvres au sein d'une école permet-elle de créer du tissage ?”, *Paris, L'université Paris-Est-Créteil-Val-de-Marne*, 2019, pp. 66-67.

④ 载法国教育部官网:https://www.education.gouv.fr/bo/14/Hebdo27/MENE1400279X.htm,最后登录日期:2021 年 7 月 18 日。

自发行为变为国家教育体系的组成部分。其次，国家和地方政府为馆校合作提供经费支持，这不仅可以减缓博物馆和学校双方的财政压力，而且可以提高美育合作项目实施的可能性。再者，在项目开展中，可由第三方机构参与项目，实现博物馆资源与学校教学的有机融合。

2. 专业化师资队伍是合作效能发挥的关键

专业化师资队伍的建设是馆校美育合作效能得以稳定发挥的关键所在。在实施合作项目前，可参考法国经验，开展集中培训、专题研讨、聘任学校教师参与课程开发等多种方式，既可以打造一支高素质的专业美育师资队伍，又可以使馆校双方建立起牢固的关系。在实施合作项目过程中，馆校双方应重视学校教师和博物馆教育人员的互动与沟通，并要求为其所实施的美育项目制定更加具体可行的方案，开展有针对性的教育活动，以保证美育教学的质量。在合作项目完成后，馆校双方教学人员应重视对美育价值的判断，认真听取反馈意见，对馆校合作教学的效果进行详细的总结，评估产出具有参考性的数据。

3. 多样化教学形式是合作质量提升的保证

法国“艺文教育政策”的推行，结合学校的美育目标和博物馆自身的特点，针对不同需求实现了多样化合作。相比之下，我国馆校合作形式较为单一，合作方式局限于馆内学习参观，参观博物馆也被弱化为简单的教学参考作用。

有鉴于此，我国馆校双方应探讨如何利用各自的资源互动融合，开展具有鲜明特色的多样性教学形式。各类馆校合作项目应充分展现出博物馆的不同资源优势，且针对不同的学生类型，设计结合博物馆资源的特色美育课程，让学生能够真正融入馆校共同创设的美育情境。在具体实施层面，博物馆提供的知识和体验不同于学校教学，教学形式的差别应产生在学生的教育水平、合作的具体内容和学生的自主性等方面，例如，对于高年级的学生，可针对性地设计诸如讲解员培训之类的活动，引导学生将自身对于艺术作品的体会与原有的讲解词结合，从而拓展学校美育的社会实践性，培养学生视觉素养和批判性思维，有助于学生对社会、对世界产生更为完整的认识。

Strategies and Enlightenment of Cooperation for Aesthetic Education between French Schools and Museums

YUE Yan

(College of Fine Arts, Shanghai Normal University, Shanghai, 200234)

Abstract: At present, there still exist some problems in the cooperation between museums and school for aesthetic education in China because such cooperation tend to be simple, superficial, short-termed and random. In the process of aesthetic education cooperation between French primary and secondary schools and museums, the quality of cooperation has been ensured by formulating standardization schemes, introducing third-party mechanisms, paying attention to project review and evaluation, and improving teacher training and family education. Its practical experience has important reference and enlightenment significance for analyzing how to cooperate and interact between schools and museums to improve the effect of aesthetic education in China. For this cooperation in China, the establishment of standardized institutional framework is the core of stable cooperation; building the teams of professional teachers is the key to show the good effect of such cooperation; and developing diversified teaching forms is the guarantee of improving cooperation quality.

Key words: cooperation between museums and schools, aesthetic education, French museums, arts and literature education policy

图书在版编目（CIP）数据

现代基础教育研究. 第45卷 / 何云峰主编. — 上海：上海教育出版社，2022.6
ISBN 978-7-5720-1492-5

Ⅰ. ①现… Ⅱ. ①何… Ⅲ. ①基础教育 - 研究 - 中国 Ⅳ. ①G639.2

中国版本图书馆CIP数据核字(2022)第094116号

执行编辑　孙　珏　王中男　张雪梅
责任编辑　戴燕玲

现代基础教育研究　第45卷
何云峰　主编

出版发行　上海教育出版社有限公司
官　　网　www.seph.com.cn
地　　址　上海市闵行区号景路159弄C座
邮　　编　201101
印　　刷　上海昌鑫龙印务有限公司
开　　本　889 × 1194　1/16　印张 15　插页 3
字　　数　440 千字
版　　次　2022年6月第1版
印　　次　2022年6月第1次印刷
书　　号　ISBN 978-7-5720-1492-5/G · 1190
定　　价　50.00 元

如发现质量问题，读者可向本社调换　电话：021-64373213

马克笔建筑画《工业遗产建筑》297×420mm 2022年

江 滨

作者：江滨 上海师范大学美术学院教授，设计学博士，主要从事环境设计研究。

马克笔建筑画是当代绘画的一种形式，由当下的建筑快速效果图演变而来的。它除了表达建筑设计效果之外，因其具有独特的审美价值，故越来越倾向于成为一个独立的画种。此系列作品选择以建筑与工业遗产景观为主题，辅以新具象手绘表现创作理念，既表现工业遗产建筑真实的外部客观环境，又展示作品所要表达的主观精神世界和审美追求。作者是通过画面展现了主观感悟和主观创作的心象，旨在培育和引导一种新的手绘趣味和绘画形式创新。

国画《太行山色》100×50cm　2021年

丰　旻

作者：丰旻，号大丰，上海第二工业大学附属浦东振华外经职业技术学校教师。

绢本设色山水画作品《太行山色》取材于山西写生途中所见，又结合了传统山水画浑厚华滋的笔墨韵味，希望表达巍巍太行山脉之雄浑、厚重。整幅作品以竖幅取势，近景的夹叶和点叶树穿插描绘，亭台楼阁掩映其中。蜿蜒起伏的山路贯穿画面下部，刻意压低作品的地平线，也将画幅中主要空间留给起伏的峰峦。运用爽利的点皴和小斧劈皴用笔，对峰峦叠嶂中的山石肌理进行深入的细节刻画，再配以赭石色罩染山脚，最后以石绿色分染山顶，使得整幅作品的墨与色淋漓尽致地展现出来，全画的亮点与“画眼”也同样聚焦于此。画中远景以花青色没骨山渲染，延展出画面之纵深的同时，中景与远景山也有了虚实的变化。作品也展现了作者对于丘壑林泉的喜好，又将传统笔墨的锤炼与追求，幻化为表现心中的山水意境。这正是唐代张璪所言“外师造化、中得心源”的艺术追求。

向上而行 汇翼高飞

——上海市徐汇区上汇实验学校简介

上海市徐汇区上汇实验学校（以下简称“上汇实验”）创办于2021年，是一所由上海市上海中学和徐汇区教育局合作开办的九年一贯制义务教育公办学校。上汇实验秉承“尊重差异、呵护天性”的办学理念，努力创设多样化发展平台，使学生在开发天赋潜能中追求卓越，让每位学生都成为具有良好体格、品行，具有国际视野的负责任、有理想、能力强的独立自主的学习者。

杨嵘校长

上汇实验充分发挥合作办学的优势，积极落实“双减政策”，在严格执行国家义务教育课程方案与学科课程标准的基础上，努力构建具有中国特色、上海特点、徐汇智慧、上中基因的学校课程体系。除义务教育规定学科外，学校增设戏剧、篮球、舞蹈、啦啦操等素质教育类社团课程，并筹备开设语文、数学、英语等学科类校本课程和乐高、人工智能、昆曲、戏剧等兴趣类课程。在教育教学上，必修分层走班与选修分类走班等教学形态充分呈现；启发式、互动式、探究式教学方式与研究型、项目化、合作式学习方式充分运用；语文、数学、英语常规教学形式与创新型学科特色活动充分协调，在项目化学习中发现问题、研究问题、解决问题，提高创新思维能力。

上汇学子在上中冰场迎奥运

上汇实验重视学生德行培养，坚持德育为先，着眼于学生的综合素养提升，为每位学生量身定制跨时段、跨阶段的诚信档案，落实“全员导师制”，并通过德育课堂、校内外志愿服务、主题晨会与班会、心理探究课等形式，培养学生良好的行为习惯和道德品质。学校引进生命科学、昆曲艺术、社会法制类讲座，提供学科竞赛、科学研究、社会探究、艺术展示等竞赛指导，举办古诗文竞赛、英语拼词竞赛、“国风”迎新年等校园文化主题活动。多类型、多层次、多选择的校内外活动体系，为学生的个性发展和潜力发掘营造有深度、有内涵的创智空间。

2022年迎新活动

学校师资由上海中学本部与国际部骨干教师以及公开招聘的优秀师资组成，集聚了一批来自大学、科研院所等机构的专家指导队伍，共同推进学校教育教学高起点、高品质、高质量发展。

朴实无华 格物穷理

——华东理工大学附属小学简介

顾文校长与学生在一起

华东理工大学附属小学(以下简称“华理附小”)创办于1995年。学校旨在为每一个来自普通家庭的学生提供不普通的学习经历和课程资源，让学生喜欢，让家长信任，指引每位学生健康成长，使他们能够适应未来社会发展的需要。

华理附小的育人目标“朴实无华，格物穷理”，它不仅将校名“华理”两字融入其中，更反映了学校对学生的期望：为人上，朴实无华；为学上，格物穷理。格物，推究事物的道理，贵在有研究探索的行为；穷理，追寻事物的究竟，指穷究事物的原理、道理。

学校现有25个教学班，1124名学生，69名教职工，专任教师65人。在岗教师中，上海市特级教师1名、上海市名师名校长后备人选3名、区拔尖人才1名、区学科带头人1名、局学科带头人3名、局中青年骨干教师15名、局“三奖”获得者（含提名）8名；正高级教师1名；中高级教师38名，占58.5%；本科及以上学历的教师占95%，其中研究生5名。

学生科技活动

华理附小的校园吉祥物小花栗，叫花栗鼠，且“花栗”与“华理”谐音。学校以花栗鼠为形象标志，将“探究性科技创新类特色项目”作为要层层剥开、探究内里的“坚果”，以“小学生问题能力系统培育的实证研究”为主线，以“善于观察—学会提问—学会探究—寻找答案—素养养成”为目标，通过多元的课程建设、多彩的实践活动、多方的资源整合，普及与提高并举，实践与研究同行，让华理附小的每一位学生都能成为会提问、爱科学、有梦想、乐创新的学生。近年来，学校每年都有10余位学生在市创新大赛中获奖，有的还获得了“中国少年科学院小院士”“光启区长奖”等称号。

校园文化：古韵廊

学校被评为全国五子棋特色校、首批上海市文明校园、上海市文明单位、上海市安全文明校园、首批上海市依法治校示范校、“十四五”期间首批上海市科技教育特色示范校、上海市“一校一品”校园文化特色校、区工人先锋号、区新优质示范校、区行为规范示范校、区绿色学校示范校、区体育特色校等。

以心育心 以德树人

——上海市世界外国语中学“全员心育”实践介绍

全员心育市级课题论证会

上海市世界外国语中学(以下简称“世外中学”)，是一所办学质量一流的民办中学，同时也是上海市心理健康示范校。学校以“培养走向世界的中国人”为办学目标，始终将立德树人和学生的全面健康发展作为学校工作的责任与使命。2020年以来，学校在市级项目引领下，以“人人都是德育工作者，人人都是德育工作的受益者”这一理念为指导，创新构建了“全员心育”实践模式。

★探索立体式培训系统，实现教师心育能力的提升

学校针对教师心育能力提升，探索立体式的培训系统，以每一位学生的全面健康成长为目标，坚持心育的发展性取向。从心育工作小组的学校心理教师到班主任、学科教师，有层次有侧重地将心育能力纳入学校教师专业发展的基本要求，最终实现全体教师的角色转变，同时，通过各种实践路径促进教师认知和把握学生心理发展规律，进一步促进其专业能力的提升。

家长沙龙活动

在“全员心育”的心育模式的实践过程中，学校通过平台的搭建与创设，积累形成许多鲜活的课例、案例，并初步转化为成果，形成世外独有的心育品牌与文化。

★整合资源，赋能全体家长，组成立体开放式的心育联盟

自2015年起，学校即开始逐步探索家长沙龙的模式，首先开展的是家长互助的形式。2019年起，继续尝试深挖家长资源与潜能，让一部分家长成为“爱心家长”，辐射自己的教育资源与能量，同时调动全体家长的积极性和参与性。

★立足终身教育，多维度引导学生规划生涯发展

为进一步提升学生的综合素养和能力，引导学生积极规划生涯发展，学校成立高中生涯指导中心。

学校着力打造“自我认知—融入适应—探索实践—服务引领”的学生成长体系。引导学生不断激发学习潜能，端正正确、理性的价值观念。学生在学习研究中感悟家国情怀；在服务实践中认知个人的责任担当，实现学校“一体多维”的浸润式生涯教育格局。

学生“心之旅”体验活动

同学恰华茂 逸夫正青春

——上海市徐汇区逸夫小学25周年办学历程回顾

学校创办者与现任校领导合影

2021年，上海市徐汇区逸夫小学迎来了25岁生日，这是学校发展史上的一件盛事，也是学校新世纪的一次重要发展机遇。

学校创办于1996年9月，因香港实业家邵逸夫先生捐赠部分建筑资金，故以“逸夫”命名。学校是中国创造协会创造教育专业委员会先进实验基地、教育部青少年法治教育协同创新中心实验校，并被评为上海市文明单位、上海市首届文明校园、上海市优秀教师专业发展校、上海市科技教育特色学校、上海市优秀家长学校、上海市家庭教育示范校、上海市中小学行为规范示范校、上海市生态文化学校、上海市校园文化建设“一校一品”特色学校。

逸夫学子欢庆学校25岁生日

学校创建之初，确定“开发潜能、张扬个性，让每一位师生在快乐中得到和谐可持续的发展”的办学理念和“具有扎实基础、综合素质、创新素养”的育人目标，以“尚德、益智、添能、立人”为校训。

学校构建了以创造教育为核心的学校课程框架，重在培养学生的创新素养，开发学生的创造潜能，为培养高素质、创造型人才打下扎实的基础。

近三年，学校教师在全国、市、区范围内执教公开课近60节，其中全国18节，市级31节；教师获课题立项13项，其中全国1项，市级课题5项，区级课题7项；学校数学、语文教研组获“区示范教研组”称号；语文学科获上海市中小学优秀作业、试卷案例评选一等奖；英语学科获得2020上海小学英语课堂教学与教师发展观摩活动教学展评一等奖、优秀教学效果奖、技术应用奖等。正是一支高素质的师资队伍，创造出一流的教育教学业绩，输送一批又一批品学兼优的毕业生。

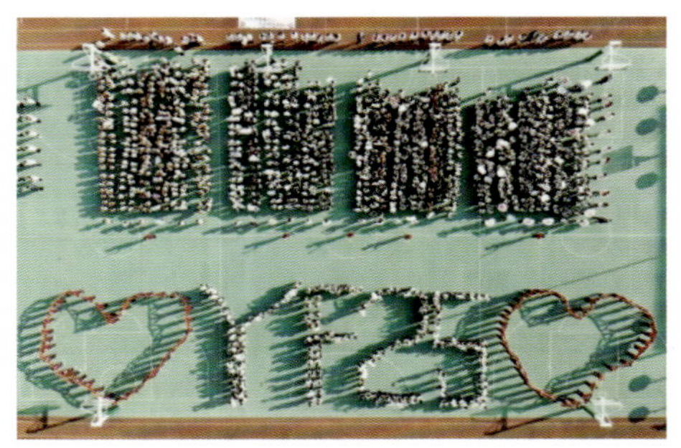
逸夫人火炬接力航拍图

25年是一个继往开来的新起点，在“逸夫”这方沃土，教师用真诚无私的关怀滋润了每一位学子的心房，启迪了他们的智慧，培养了他们的品格，帮助他们托起了梦想的翅膀。憧憬未来，学校将继续努力遵循校训，以学生发展为本，以教师发展为本，以学校发展为本。坚持为培养“基础扎实、习惯良好、综合素质高、实践能力强、创新精神优”的高素质人才而不断奋进。